大型卷铁心节能牵引变压器理论建模与制造工艺

高仕斌 周利军 张陈擎宇 ◎ 著

西南交通大学出版社
·成都·

图书在版编目（CIP）数据

大型卷铁心节能牵引变压器理论建模与制造工艺 / 高仕斌，周利军，张陈擎宇著. —成都：西南交通大学出版社，2023.6
ISBN 978-7-5643-9154-6

Ⅰ.①大… Ⅱ.①高… ②周… ③张… Ⅲ.①高速铁路–牵引变压器– Ⅳ.①U264.3

中国版本图书馆 CIP 数据核字（2022）第 255408 号

Daxing Juantiexin Jieneng Qianyin Bianyaqi Lilun Jianmo yu Zhizao Gongyi
大型卷铁心节能牵引变压器理论建模与制造工艺

高仕斌　周利军　张陈擎宇 / 著

出 版 人 / 王建琼
责任编辑 / 李芳芳
责任校对 / 谢玮倩
封面设计 / GT 工作室

西南交通大学出版社出版发行
（四川省成都市金牛区二环路北一段 111 号西南交通大学创新大厦 21 楼　610031）
发行部电话：028-87600564　028-87600533
网址：http://www.xnjdcbs.com
印刷：四川玖艺呈现印刷有限公司

成品尺寸　185 mm×240 mm
印张　23.75　字数　481 千
版次　2023 年 6 月第 1 版　印次　2023 年 6 月第 1 次

书号　ISBN 978-7-5643-9154-6
定价　120.00 元

图书如有印装质量问题　本社负责退换
版权所有　盗版必究　举报电话：028-87600562

前 言

"节能减排"是构建和谐文明社会的永恒主题。我国在网运行变压器1700万台,每年变压器电能损耗约2500亿千瓦时,超过了2座三峡水电站2020年的总发电量（2×1118亿千瓦时）,因此,变压器节能降耗意义重大。

自变压器问世以来,大型变压器一直采用叠铁心结构。叠铁心的拐角区域存在平行、阶梯、交错等各种类型的接缝,为了形成完整闭合磁路,磁力线只能在接缝处发生层间跃迁,难以避免发生溢出现象（即漏磁通）。漏磁通在绕组、磁屏蔽件、其他金属结构件或变压器油箱内壁中感应出涡流,产生能量损失。同时,层间缝隙会加剧磁致伸缩现象,产生噪声。理论上,卷铁心结构可以消除接缝与拐角,是变压器高效节能的技术途径之一。但是,卷铁心变压器大型化面临"损耗计算""制造工艺""试验技术"三大挑战。

在国家重点研发计划、国家自然科学基金、中国铁路总公司科技研究开发计划、四川省科技厅应用基础计划（重大前沿）等5个课题的支持下,作者瞄准"节能减排"国家战略,立足变压器结构创新,攻克了大型卷铁心变压器设计、制造与试验成套技术。据此,西南交通大学（本书作者为主要成员）与常州太平洋电力设备（集团）有限公司组建大型卷铁心变压器研发团队,开展大型卷铁心变压器设计研究,建设大型卷铁心变压器生产线和出厂试验系统,研制了世界首台220kV/（31.5+25）MVA卷铁心牵引变压器及110 kV、220 kV系列卷铁心牵引变压器与卷铁心电力变压器,实现了卷铁心变压器大型化。本书是上述研究成果的全面总结。

本书由西南交通大学高仕斌、周利军和张陈擎宇合著。全书内容共分为7章。第1章为绪论,分析了卷铁心变压器的技术特征及其大型化面临的技术问题。第2~4章阐述了大型卷铁心变压器设计理论。第2章为牵引变压器卷铁心涡流场建模及其损耗计算,建立了牵引变压器卷铁心涡流场的分析模型,提出了高效和准确计算大型卷铁心涡流损耗的方法。第3章为卷铁心牵引变压器绕组分布参数建模与计算，建立了大型卷铁心牵引变压器绕组网络电路模型，提出了绕组分布参数的准确计算方法。第 4 章为卷铁心牵引变压器温升建模与热性能分析，建立了油流-温度耦合的牵引变压器温升模型，提出了冲击负荷下牵引变压器内部温升的准确计算方法。第 5 章为卷铁心变压器设计与制造技术，包括铁心、绕组与绝缘、整体设计和专业加工设备研发、制造工艺流程。第 6 章为大型卷铁心牵引变压器故障诊断方法，建立了极二值化特征量故障诊断方法、多级图像特征故障诊断方法和片间短路、多点接地故障诊断方法。第 7 章为 QYS-R-（31500＋25000）/220 型卷铁心牵引变压器试验与应用。

在本书付梓之际，作者收到了 3 个好消息：一是国家出版基金已将本书列为 2023 年度资助项目，这是本书第 1 作者第 3 次获得国家出版基金资助。二是据《中华人民共和国工业和信息化部公告》2021 年第 30 号和 2022 年第 29 号，本节作者团队研发的 SZ22-RL-50000/110-NX1 型卷铁心电力变压器入选 2021 年度"能效之星"且是电力变压器类产品唯一入选者，SSZ22-RL-180000/220-NX1 型有载调压卷铁心电力变压器入选 2022 年度"能效之星"。三是墨西哥 951 km 的玛雅高铁全线采用作者团队研发的高电压/大容量卷铁心牵引变压器，此前，作者团队研发的大型卷铁心变压器已在国内高铁、城市轨道交通、电力系统和工业企业得到广泛应用并出口到印度尼西亚、泰国等 7 个国家，但在海外长距离大运量高铁全线应用尚属首次。

作者相信，在全社会推动"双碳"战略目标实现的过程中，大型卷铁心变压器技术必将对支撑国家重大工程建设、促进社会和谐经济发展发挥积极作用。

感谢大型卷铁心变压器研发团队的韩正庆、何晓琼教授，王东阳副教授，王保国、李强、何祥照教授级高级工程师，高国凯、高旻东、吴志强、钱鹏、万洪新等企业家们。感谢国家出版基金管理委员会及其规划管理办公室对本书的认可。感谢西南交通大学出版社和李芳芳编辑对编辑出版本书的辛勤付出。

作　者

2023 年 05 月 01 日

大型卷铁心节能牵引变压器理论建模与制造工艺

目 录

第1章 绪 论 ········· 1
  1.1 牵引供电系统简介 ········· 2
  1.2 节能型卷铁心牵引变压器概述 ········· 3
  1.3 高电压/大容量卷铁心牵引变压器面临的理论与技术问题 ··· 6
    1.3.1 理论问题 ········· 6
    1.3.2 技术问题 ········· 7

第2章 牵引变压器卷铁心涡流场建模及其损耗计算 ········· 8
  2.1 多层梯级渐变硅钢片涡流损耗解析计算方法 ········· 9
    2.1.1 二维矩形域涡流场解析计算 ········· 9
    2.1.2 单层梯形硅钢片的损耗计算与仿真分析 ········· 25
    2.1.3 多级连续梯形硅钢片的涡流损耗计算 ········· 31
    2.1.4 小 结 ········· 34
  2.2 卷铁心电磁各向异性的均质化涡流场分析模型 ········· 34
    2.2.1 电磁特性参数的坐标规范 ········· 35
    2.2.2 等效电导率矩阵横向参数求解 ········· 36
    2.2.3 等效磁导率矩阵法向参数求解 ········· 54
    2.2.4 涡流场有限元分析及其损耗计算 ········· 58
    2.2.5 模型验证和试验分析 ········· 63
    2.2.6 小 结 ········· 69
  2.3 面向实际工程的卷铁心涡流损耗计算方法 ········· 71
    2.3.1 磁通分级约束下的涡流损耗解析计算 ········· 72
    2.3.2 非线性磁特征下的涡流损耗解析计算 ········· 88

2.3.3 考虑相异磁边值和非线性磁特性的损耗耦合模型·106
2.3.4 小　结………………………………………… 115

第3章　卷铁心牵引变压器绕组分布参数建模与计算………… 117

3.1 N 阶梯形网络电路模型……………………………… 118
3.2 分布电感参数计算…………………………………… 120
3.3 分布电容参数计算…………………………………… 129
　　3.3.1 介质的等效介电常数………………………… 129
　　3.3.2 纵向等值电容参数…………………………… 131
　　3.3.3 对地电容参数………………………………… 136
　　3.3.4 绕组间电容参数……………………………… 136
3.4 分布电阻参数计算…………………………………… 138
3.5 状态空间方程建模…………………………………… 139
3.6 模型验证与优化……………………………………… 144

第4章　卷铁心牵引变压器温升建模与热性能分析………… 147

4.1 卷铁心牵引变压器传热过程分析……………………… 148
　　4.1.1 卷铁心牵引变压器的散热方式……………… 148
　　4.1.2 流体流动方式………………………………… 151
　　4.1.3 自然油循环理论……………………………… 151
4.2 计算流体动力学仿真建模及试验验证………………… 153
　　4.2.1 牵引变压器温升试验………………………… 153
　　4.2.2 牵引变压器温升的计算流体动力学模型…… 164
4.3 卷铁心牵引变压器温度场与油流场研究……………… 170
　　4.3.1 稳态时卷铁心牵引变压器温度场与油流场研究…… 170
　　4.3.2 阶跃负荷下卷铁心牵引变压器温度场与油流场研究 174
　　4.3.3 连续冲击负荷下变压器温度场与油流场研究…… 177
　　4.3.4 冲击负荷时绕组温升影响因素研究………… 179
　　4.3.5 牵引变压器结构优化………………………… 180
　　4.3.6 热点计算与寿命预测………………………… 182
　　4.3.7 小　结………………………………………… 184

第 5 章 卷铁心变压器设计与制造技术 ……………………………… 186

5.1 总体方案与技术指标 ……………………………… 187
5.1.1 主要研究内容 ……………………………… 188
5.1.2 技术条件 ……………………………… 188

5.2 铁心设计 ……………………………… 197
5.2.1 截面直径计算 ……………………………… 197
5.2.2 空载电流计算 ……………………………… 199
5.2.3 空载损耗计算 ……………………………… 201
5.2.4 温度场计算 ……………………………… 203
5.2.5 结构方案 ……………………………… 205
5.2.6 部件强度计算 ……………………………… 207

5.3 绕组及绝缘设计 ……………………………… 208
5.3.1 绕组参数计算 ……………………………… 208
5.3.2 绝缘强度计算 ……………………………… 213
5.3.3 结构方案 ……………………………… 214

5.4 整体设计 ……………………………… 217
5.4.1 漏磁场分析及结构件涡流损耗计算 ……………………………… 217
5.4.2 油流场分析及绕组热点温升计算 ……………………………… 224
5.4.3 短路机械结构方案 ……………………………… 224
5.4.4 过负荷温升控制方案 ……………………………… 225

5.5 制造工艺装备及制造工艺技术 ……………………………… 225
5.5.1 专业制造工艺装备 ……………………………… 226
5.5.2 制造工艺流程 ……………………………… 229

第 6 章 大型卷铁心牵引变压器故障诊断方法 ……………………………… 240

6.1 绕组故障分析与频率响应法 ……………………………… 241

6.2 极二值化特征量故障诊断方法 ……………………………… 244
6.2.1 频率响应曲线二值化方法 ……………………………… 245
6.2.2 基于二值形态学的图像优化 ……………………………… 247
6.2.3 频率响应曲线分频段方法研究 ……………………………… 248
6.2.4 频率响应曲线图像特征提取 ……………………………… 256

  6.2.5 极坐标下图像分析方法 ·············· 262
6.3 多分辨率分析故障诊断方法 ·············· 264
  6.3.1 频响极坐标图 ·············· 265
  6.3.2 多级极坐标图 ·············· 266
  6.3.3 图像特征 ·············· 268
  6.3.4 多级图像特征研究方法 ·············· 271
6.4 多级图像特征故障诊断方法 ·············· 290
  6.4.1 支持向量机基本原理 ·············· 291
  6.4.2 特征选取及训练流程 ·············· 293
  6.4.3 智能诊断故障分析 ·············· 299
6.5 卷铁心故障电流测评方法 ·············· 303
  6.5.1 卷铁心组织结构 ·············· 303
  6.5.2 片间短路时的均匀化建模方法 ·············· 304
  6.5.3 片间短路故障的三维有限元建模及仿真 ·············· 305
  6.5.4 多点接地时的均匀化建模方法 ·············· 310
  6.5.5 多点接地故障建模仿真及验证 ·············· 312
  6.5.6 多点接地故障模型工程分析 ·············· 315

第7章 QYS-R-（31500+25000）/220型卷铁心牵引变压器试验与应用 ·············· 318

7.1 样机试验 ·············· 319
  7.1.1 例行试验 ·············· 321
  7.1.2 型式试验 ·············· 329
  7.1.3 特殊试验 ·············· 339
7.2 现场应用 ·············· 348

参考文献 ·············· 351

附录A 主绝缘校验计算过程 ·············· 362

附录B 线饼机械强度计算过程 ·············· 368

第 1 章 绪 论

1.1 牵引供电系统简介

1956年以来,中国电气化铁路得到蓬勃发展。截至2022年年底,我国电气化运营总里程已经突破11万km,其中高速铁路(以下简称高铁)运营里程突破4.2万km,超过世界运营里程的2/3,居世界第一[1]。中国高铁已成为中国走向世界的最为靓丽的"名片"[2]。

我国电气化铁路一般采用分相分段供电,牵引变电所间距50 km左右,两座牵引变电所之间设置分区所。

牵引供电系统是电力机车/动车组牵引动力的唯一来源,由牵引变电所和牵引网构成。牵引网包括馈电线、接触网、接地与回流系统。牵引变电所从110 kV或220 kV三相电网接受电能,经牵引变压器变换成27.5 kV电压后,通过馈电线向牵引变电所左右两侧接触网供电,电力机车/动车组从接触网上获取电能[3-5]。

对于普速电气化铁路,一般采用带回流线的直接供电方式或BT供电方式。对于高速、重载铁路,一般采用AT供电方式,如图1-1所示,通常在牵引变电所与分区所之间设置一座AT所。

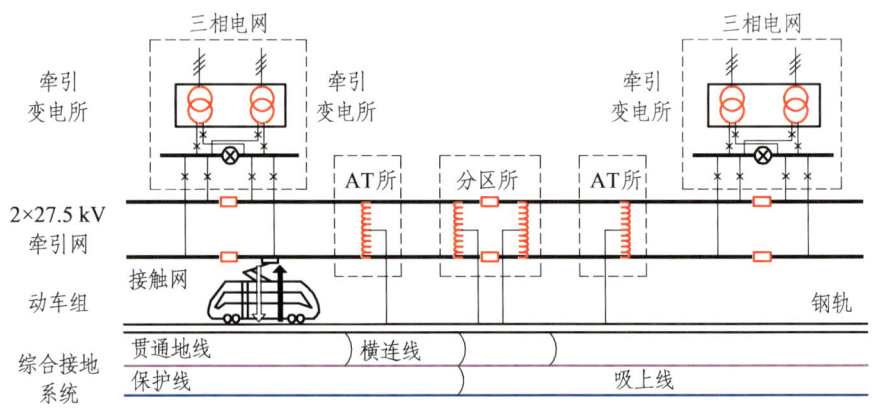

图1-1 采用AT供电方式的牵引供电系统

牵引变压器是牵引供电系统的心脏。牵引变压器的接线形式较多,主要有Ynd11接线、Vv接线和Vx接线,如图1-2所示。

带回流线的直接供电方式、BT 供电方式一般采用 Ynd11 接线、Vv 接线的牵引变压器。AT 供电方式一般采用 Vx 接线的牵引变压器。

本书主要讨论 Vx 接线卷铁心牵引变压器。

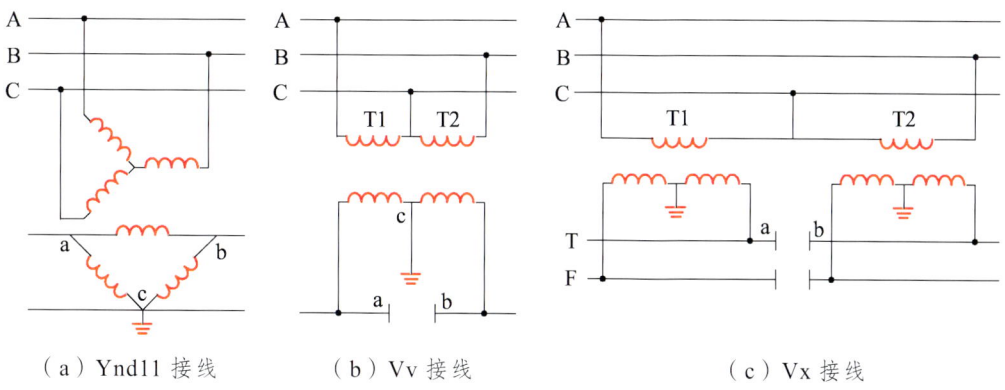

（a）Ynd11 接线　　　（b）Vv 接线　　　（c）Vx 接线

图 1-2　供电方式约束下牵引变压器常见接线形式

1.2　节能型卷铁心牵引变压器概述

我国在网运行变压器 1700 万台，每年电能损耗约 2500 亿千瓦时，超过了 2 座三峡水电站的年发电量。因此，2020 年 12 月，工业和信息化部、市场监管总局办公厅、国家能源局综合司三部门联合颁布的《变压器能效提升计划（2021—2023 年）》（工信厅联节〔2020〕69 号）明确提出：到 2023 年，高效节能变压器在网运行比例提高 10%，当年新增高效节能变压器占比 75% 以上。轨道交通的年用电量约 900 亿千瓦时，是电网的用电大户之一，牵引变压器损耗约占牵引供电系统损耗的 40%，比例十分可观。因此，研制并推广应用高效节能牵引变压器对推动轨道交通"节能减排"和实现"双碳"目标意义重大。

结构创新是变压器高效节能的主要技术途径之一。自 1831 年变压器问世以来，大型变压器一直采用叠片铁心结构，工艺相对简单，但缺陷也很明显：拐角区域存在平行、阶梯、交错等各种类型的接缝，为了形成完整闭合的磁路，磁力线只能在接缝处发生层间跃迁，难以避免发生溢出现象（即漏磁通）。叠铁心磁力线流动特征如图 1-3（a）所示。从图 1-3（a）可以看出，铁心漏磁通分为两部分：其一是在接缝处流出硅钢片后又再次回到铁心；其二是在接缝处流出硅钢片后不再流回铁心，而是直接流入绕组、磁屏蔽件、其他金属结构件或变压器油箱内壁，由于磁通本身的交变特性，会在良导体中感应出涡旋电流，进而出现可观的能量损失[7]。同时，层间缝隙会加剧磁致伸缩现象，对周遭环境产生不利影响。因此，对于叠铁心而言，为了保证磁能的高效传输而必须存在的接缝结构，是制约能耗进一步降低的最大阻碍。

卷铁心通过超长硅钢料带连续绕制得到封闭的形态，是变压器高效节能的主要技术途径，其特征在于：铁心内部任何节点的磁力线流向都与晶粒取向严格保持一致，如图1-3（b）所示。在铁心不饱和的情况下，漏磁通几乎能被完全剔除，包括拐角区域在内的全程磁路均达到最佳能量传输效果，从机理上消除了片间接缝带来的弊端，从而改善漏磁环境、减小磁致伸缩现象、提高磁能利用率，节能、降噪效果显著[8]。

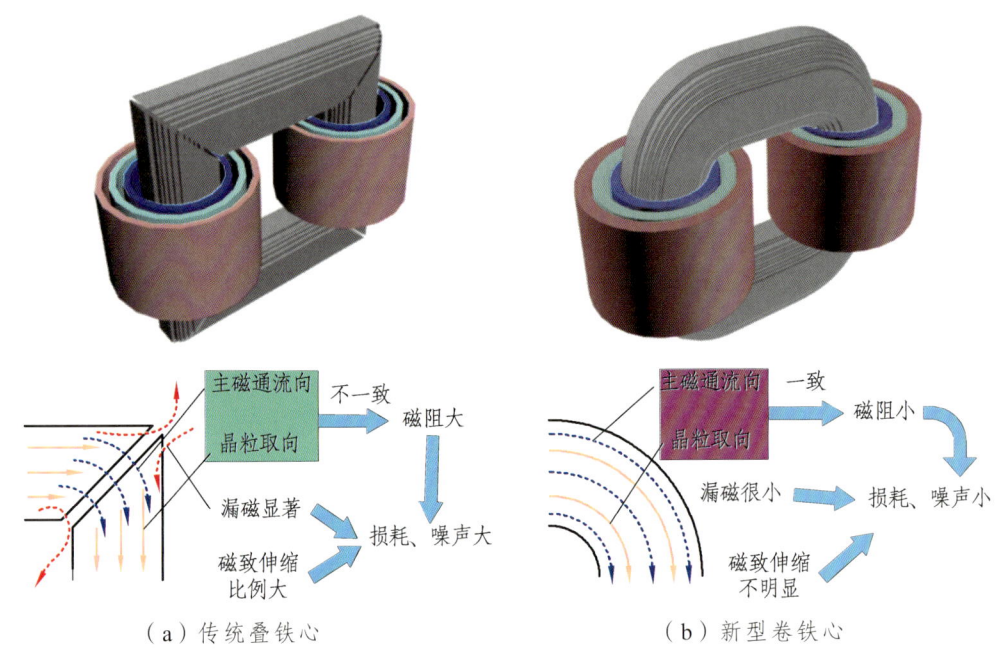

（a）传统叠铁心　　　　　　　　（b）新型卷铁心

图1-3　牵引变压器铁心拐角区域结构及磁场流动的差异性分析

变压器铁心损耗通常由以下三部分组成：

（1）磁滞损耗：交变电流励磁时，铁磁材料内部磁畴排列发生周期性变化，微观畴壁运动因受到阻力而产生磁滞现象[9]，该过程消耗的能量全部以热能形式散失。磁滞损耗数值与硅钢片磁滞回线的面积成正比，由于微观耦合机理非常复杂，现有计算途径均无法做到准确计算，在工程上往往采用式（1-1）所示的经验公式近似计算[10]。

$$P_\mathrm{h} = \gamma f B_\mathrm{m}^r \qquad (1\text{-}1)$$

其中，f 为励磁频率；B_m 为铁心平均磁通密度幅值；γ 为磁滞材料系数，通过实验测试得到；τ 为磁滞材料指数，与硅钢片磁性能密切相关，一般取 1.6～2.5。

（2）涡流损耗。当外加电压为正弦波时，根据电磁感应定律，垂直于磁通的截面会产生感应电动势，由于铁心材料（硅钢片）本身是良导体，因而截面内部会出现涡旋状感应电流，俗称涡流[11]。涡流会在具有电阻的硅钢片上产生相应的有功损耗。大型变压器运行频率往往较低（一般为 50～60 Hz），硅钢片截面涡流的去磁效应并不显著，因此工程上计算涡流损耗，一般假设铁心截面磁通均匀分布，通过选取层级单元片进行电磁分析，指定合理边界条件，可以推导出单位体积损耗的平均值，如式（1-2）所示[12]：

$$P_e = \frac{1}{6}\pi^2 f^2 d^2 B_m^2 \sigma \tag{1-2}$$

其中，d 为硅钢片单片厚度；σ 为硅钢片材料电导率。

（3）附加损耗。附加损耗组分比较复杂，主要包括铁心溢出磁通形成的损耗、偶然混入的磁通高次谐波分量以及硅钢片内微观畴壁无规则运动、壁弯曲形成的异常涡流损耗[13]。理想情况下，冷轧取向硅钢片内部各晶粒取向应与轧制方向完全平行，然而工业生产受限于设备和流水作业精度，往往无法达到如此完美的境界。一般来说，实际出厂的硅钢片与轧制方向存在偏角，即所谓的晶粒取向角度差，对普通硅钢片（CGO）来说一般在 5°～7° 的范围内，而高导磁硅钢片（Hi-B）可以低至 3°[14]。因此，铁心内必然会有少量磁通不会沿着硅钢片晶粒取向的方向流动，而是在硅钢片间穿插流动甚至溢出铁心，进入变压器油箱内壁或其他金属结构件内，产生一定的能量损失。由于溢出磁通分布随机性较强、磁畴壁位移形成的微观涡流机理也非常复杂，至今没有清晰的定量描述方法，工程上只能采用经验公式（1-3）粗略计算[15]。

$$P_a = 8\sqrt{\sigma G_w S H_p} \cdot f^{1.5} B_m^{1.5} \tag{1-3}$$

其中，S 是铁心横断面的截面积；H_p 是励磁频率趋于 0 时硅钢片内活跃畴壁数目最大值对应的磁场强度，它通过结合晶粒尺寸表征了内部畴壁场的统计分布特性；无量纲常数 G_w 表示微观涡流的阻尼效应，其近似值为：

$$G_w = \frac{4}{\pi^3}\sum_{v=0}^{\infty}\frac{1}{(2v+1)^3} \approx 0.1356 \tag{1-4}$$

对于叠铁心而言，由于拐角区域的层间接缝和硅钢片本身晶粒取向角度差的存在，导致漏磁现象颇为显著，附加损耗亦相当可观。对于（大中型）工频变压器，附加损耗高达 25%~30%（其中，漏磁通产生的损耗约占 25%），而磁滞损耗和涡流损耗的占比分别为 30% 和 40% 左右。对于（小型）高频变压器，磁滞损耗和附加损耗往往会偏小一些，但由于电磁场集肤效应变得更加显著[8,16]，涡流损耗占比为 60% 以上。对于工频卷铁心变压器，铁心损耗各组分占比有所改变：拐角的 1/4 圆弧形态保证了晶粒取向性，经由退火热处理工艺来消除磁极畴壁应力的效果将优于叠铁心，磁滞损耗能进一步降低；同时，结合图 1-3（b）可知，卷铁心结构最突出的特征是消除了拐角接缝，漏磁通水平得到显著降低，附加损耗理论上可低至 5%，即仅包含异常损耗。因此，涡流损耗占据了卷铁心损耗的主要部分，理应被重点关注。

国外学者们从 20 世纪 30 年代就已经开始研制卷铁心变压器[17]，最初技术并不完善，在工程方面的应用仅有小容量的单相变压器，如美国、日本等生产出小型 R 型卷铁心，并将其应用在游戏机领域。随着时间的推移，日本和苏联开始领先于其他国家，如莫斯科变压器厂在 20 世纪 40 年代末期成功研制出容量为 500 kVA 的卷铁心变压器；70 年代中期，日本东芝变压器公司已经成功研制出 15~500 kVA 的 S 系列卷铁心变压器，并采用高导磁硅钢片连续卷绕铁心，实现了 35 kV 及以下电压等级的配电系统中的大批量应用。我国对卷铁心变压器的研究起步较晚，20 世纪 60 年代才开始引进相关技术和研发；80 年代后期，国内的变压器厂家开始尝试生产和投运，但整体规模不大；2002 年 9 月，原国家经贸委发布《关于在农村电网建设与改造工程中应积极推广使用卷铁心变压器的通知》，要求在农村电网建设与改造工程中积极推广应用这一产品；2003 年，中国电能成套公司在北京组织召开了"SGB11-RL 型三维立体卷铁心干式变压器高效节能新产品应用研讨会"，江西丰电三维电气有限公司在会上介绍了其研制生产的 10 kV 电压等级的立体卷铁心干式配电变压器，专家鉴定认为其性能和适用性均处于国内外领先水平。自此以后，卷铁心变压器在我国变压器产品中才占有一席之地。到目前为止，全国有 200 多家能自主生产卷铁心变压器的厂家，但始终没有突破 110 kV 及以上电压等级卷铁心变压器理论建模和工艺技术的瓶颈。

1.3 高电压/大容量卷铁心牵引变压器面临的理论与技术问题

1.3.1 理论问题

通常情况下，10 kV 及以下电压等级的变压器对抗短路能力要求较低，无须考虑载流量和电动力冲击的问题，线圈可以做成矩形结构；大型变压器绕组必须由圆环形线圈构成，否则直角折线形转角处对电动力的耐受能力将会非常薄弱，当短路电流来袭时很容易发生扭曲形变、移位甚至损坏。同时，铁心必须迎合绕组的形态，否则相当一部分磁力线会在铁心和绕组间的气隙区域流动，造成大量的磁能流失，这就是大型变压器铁心宽度必须分级的主要原因。然而，新型卷铁心在硅钢片用料和拼装方式上与传统叠铁心有很大差异，具体为：

（1）各层级截面宽度呈现出连续且不均匀渐变分级的特征，以保证卷铁心整个横截面尽可能接近完整圆形，因此制作大型卷铁心需要用到斜率多段变化、结构上一气呵成的多级梯形料带。如何明确每个层级料带之间的电气耦合关系、构建其电磁解析计算方法，是大型卷铁心理论建模的第一大难题。

（2）相比于技术成熟的常规配电变压器，110 kV及以上电压等级的卷铁心在体积上有了很大的提升，卷片数量也由几百层变成了数千层，卷片总长度可达数万米，现有数值计算方法难以胜任建模和运算的工作。如何从原始电磁理论层面突破数千层级、数万米多级梯形渐变式卷绕铁心的关键电磁特性参数获取方法，实现其涡流损耗的精确计算，是大型卷铁心理论建模的第二大难题。

1.3.2 技术问题

为了保证磁能的高效利用和损耗的最优特性，大型卷铁心需要采用数万米的多级梯形硅钢带全程连续卷绕，进而形成完全封闭的结构。因此，如何控制超长硅钢带无错位、无缝隙地高精度均匀剪裁，以及卷绕过程中硅钢带层间的紧密贴合，是大型卷铁心变压器制造工艺的第一个难题。

大型牵引变压器的卷铁心重达百吨，体积与质量均为中低压卷铁心变压器的数倍甚至数十倍，且由于容量的提升导致产热能力增加，因而铁心采用半圆拼合式，在中心位置留有油道以辅助变压器整体散热。在磁畴重组、消除应力的热处理工艺中，如何控制数千层硅钢带轴向、径向温度同步变化且长时间均匀恒温受热，是大型卷铁心制造工艺的第二个难题。

大型牵引变压器绕组载流量的要求较高，需要采用环形饼式线圈，而卷铁心本身是完全封闭的形态，因此无法像叠铁心变压器那样进行层叠式套装，截面面积数十平方厘米的绕组只能在封闭式卷铁心上直接绕制。该过程导线弯曲应力大，如何控制绕组匝间均匀、径向齐整，是大型卷铁心制造工艺的第三大难题。

第 2 章

牵引变压器卷铁心涡流场建模及其损耗计算

本章介绍大型卷铁心涡流场分析与损耗计算的方法，该方法是大型卷铁心牵引变压器铁心部分设计的理论基础。

2.1 多层梯级渐变硅钢片涡流损耗解析计算方法

小型变压器电压等级低、短路电流小，对绕组的载流能力要求低，因而多采用线径较小的漆包铜线或铝线绕制，其形状上亦没有限制。同时，考虑制作工艺的便捷性，厂商往往将线圈和铁心都做成方形结构[119,120]。然而，大型变压器为了保证绕组具有较强的电流载荷能力，需要用到更大线径的导线，且往往不能做成方形结构，否则转角处的电气、机械性能将会非常薄弱，不但容易出现局部热点、烧蚀绝缘，而且在过负荷或短路工况的累积电动力冲击作用下，会出现显著的扭曲变形甚至损坏断裂[121-123]。所以，为了保证大型变压器整体抗电动力水平，需要将绕组设计为多层圆饼式或圆柱形套筒结构[122]。同时，铁心也应配合绕组的形状，做成截面为多级圆形的结构，即硅钢叠片间呈现出宽度分级的特征，在保证足够电场裕度的条件下，尽可能减少漏磁通，降低漏电抗数值，实现磁场能量的高效利用。对于叠铁心来说，各级硅钢片相互独立，冲片以后即可裁剪成设计需要的各种尺寸，工艺相对简单。而大型卷铁心采用了浑然一体的绕制方法，这是为了让磁通流动与晶粒取向在任意位置都保持一致。但是这会衍生出一个问题：多级圆形截面会导致卷铁心各层级宽度是渐变的，因而只能将原始料带裁剪成多段斜率不一的梯形带材结构。本节的研究对象——高效节能大型牵引变压器的电压等级往往达到数百千伏，容量方面亦处于数十兆伏安的水平，其铁心是由数千层级硅钢片连续卷绕而成，要做成上述卷铁心结构，需要用到万米级的超长连续梯形硅钢带。带材方面的显著差异，意味着卷铁心在磁场、涡流、损耗方面与传统叠铁心具有不同的特征，导致传统损耗分析方法无法适用。所以，准确计算连续梯级渐变硅钢片的涡流损耗，是大型卷铁心牵引变压器电磁设计的重要前提。

2.1.1 二维矩形域涡流场解析计算

2.1.1.1 涡流场电磁特性参数的求解

麦克斯韦磁准静态场方程的复矢量形式可以表示为[125]：

$$\begin{cases} \nabla \times \dot{\boldsymbol{H}} = \dot{\boldsymbol{J}}, \quad \nabla \times \dot{\boldsymbol{E}} = -\mathrm{j}\omega\dot{\boldsymbol{B}}, \quad \nabla \cdot \dot{\boldsymbol{B}} = 0 \\ \dot{\boldsymbol{J}} = \sigma\dot{\boldsymbol{E}}, \quad \dot{\boldsymbol{B}} = \mu\dot{\boldsymbol{H}} \end{cases} \quad (2\text{-}1)$$

其中，$\boldsymbol{H}$ 和 $\boldsymbol{E}$ 表示磁场强度和电场强度的矢量；$\boldsymbol{J}$ 和 $\boldsymbol{B}$ 表示电流密度和磁通密度的矢量；σ 和 μ 表示硅钢片材料的电导率和磁导率；j 为虚数单位；ω 表示角频率，它与励磁频率 f 的关系满足：$\omega = 2\pi f$。

由于变压器硅钢片具有晶粒取向的磁特性，主磁通的流动方向单一，且根据右手定则，涡流出现在垂直于主磁通流动方向的截面，其分布情况如图 2-1 所示。

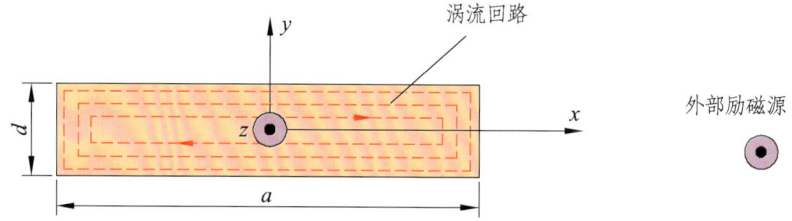

图 2-1 硅钢片截面涡流性态特征

因此，各部分矢量均可从空间关系（3D）简化为平面关系（2D）：

$$\dot{\boldsymbol{H}} = \dot{H}_z(x,y)\boldsymbol{e}_z, \quad \dot{\boldsymbol{J}} = \dot{J}_x(x,y)\boldsymbol{e}_x + \dot{J}_y(x,y)\boldsymbol{e}_y \quad (2\text{-}2)$$

对式（2-1）中表达式进行融合，得到仅包含磁场强度 $\boldsymbol{H}$ 的矢量偏微分方程：

$$\nabla \times \dot{\boldsymbol{E}} = \nabla \times \frac{1}{\sigma}(\nabla \times \dot{\boldsymbol{H}}) = \frac{1}{\sigma}\nabla \times \nabla \times \dot{\boldsymbol{H}} = \frac{1}{\sigma}\left[\nabla(\nabla \cdot \dot{\boldsymbol{H}}) - \nabla^2\dot{\boldsymbol{H}}\right] = -\mathrm{j}\omega\mu\dot{\boldsymbol{H}}$$

$$(2\text{-}3)$$

其中，第三步到第四步的推导用到了矢量分析常用恒等式[23]。

根据场论相关定义，磁场强度 $\boldsymbol{H}$ 的散度表示为：

$$\nabla \cdot \dot{\boldsymbol{H}} = \frac{\partial \dot{H}_x}{\partial x} + \frac{\partial \dot{H}_y}{\partial y} + \frac{\partial \dot{H}_z}{\partial z} \quad (2\text{-}4)$$

由于硅钢片的晶粒取向特性导致前两项并不存在，而第三项 $H_z(x, y)$ 又与变量 z 无关，因此式（2-4）的值恒为 0。于是式（2-3）可以进一步简化为：

$$\nabla^2 \dot{H} = j\omega\mu\sigma \cdot \dot{H} \qquad (2\text{-}5)$$

结合式（2-2）和（2-5），可以得到标量形式的二维涡流场偏微分方程：

$$\begin{cases} \dfrac{\partial^2 \dot{H}_z}{\partial x^2} + \dfrac{\partial^2 \dot{H}_z}{\partial y^2} = j\omega\mu\sigma \cdot \dot{H}_z & \text{in}\,\Omega \\ \dot{H}_z(x,y)\big|_{\substack{x=\pm a/2 \\ y=\pm d/2}} = \dot{H}_0, \quad |\dot{H}_0| = H_0 = B_m/\mu \end{cases} \qquad (2\text{-}6)$$

其中，a 和 d 表示钢的截面宽度和厚度；Ω 表示 $[-a/2, a/2] \times [-d/2, d/2]$ 的矩形区域；H_0 是磁场强度的幅值，是一个复常数；B_m 是硅钢片截面磁通密度平均值的幅值，是实数。此外，考虑到问题的对称性，磁场强度是轴坐标的偶函数，即

$$\dot{H}_z(x,y) = \dot{H}_z(x,-y), \quad \dot{H}_z(x,y) = \dot{H}_z(-x,y) \qquad (2\text{-}7)$$

很显然，式（2-6）具有非齐次边界条件，且包含了所求函数的非导数项，需要将其化为齐次边界条件，将原函数分割为仅包含一个变量和同时包含两个变量的组合：

$$\dot{H}_z(x,y) = \dot{H}_1(y) + \dot{H}_2(x,y) \qquad (2\text{-}8)$$

相应地，原来的二阶偏微分方程也可以拆分为两个部分独立求解：

$$\begin{cases} \dfrac{\partial^2 \dot{H}_1}{\partial y^2} = j\omega\mu\sigma \cdot \dot{H}_1 \\ \dot{H}_1(\pm d/2) = \dot{H}_0 \end{cases} \qquad (2\text{-}9)$$

$$\begin{cases} \dfrac{\partial^2 \dot{H}_2}{\partial x^2} + \dfrac{\partial^2 \dot{H}_2}{\partial y^2} = j\omega\mu\sigma \cdot \dot{H}_2 \\ \dot{H}_2(\pm a/2, y) = \dot{H}_0 - \dot{H}_1(y), \; \dot{H}_2(x, \pm d/2) = 0 \end{cases} \qquad (2\text{-}10)$$

$\dot{H}_1(y)$ 是二阶复系数线性齐次常微分方程，其通解为：

$$\dot{H}_1(y) = A_1 e^{\sqrt{j\omega\mu\sigma}\, y} + A_2 e^{-\sqrt{j\omega\mu\sigma}\, y} \qquad (2\text{-}11)$$

其中，A_1、A_2 为待定常数。

将式（2-9）所示的边值条件代入式（2-11）：

$$\begin{cases} \dot{H}_1\left(\dfrac{d}{2}\right) = A_1 e^{\frac{d}{2}\sqrt{j\omega\mu\sigma}} + A_2 e^{-\frac{d}{2}\sqrt{j\omega\mu\sigma}} = \dot{H}_0 \\ \dot{H}_1\left(-\dfrac{d}{2}\right) = A_1 e^{-\frac{d}{2}\sqrt{j\omega\mu\sigma}} + A_2 e^{\frac{d}{2}\sqrt{j\omega\mu\sigma}} = \dot{H}_0 \end{cases} \qquad (2\text{-}12)$$

求解式（2-12）所示二元一次方程组，得到 A_1、A_2 的数值：

$$A_1 = A_2 = \dfrac{\dot{H}_0}{e^{\frac{d}{2}\sqrt{j\omega\mu\sigma}} + e^{-\frac{d}{2}\sqrt{j\omega\mu\sigma}}} = \dfrac{\dot{H}_0}{2\cosh\sqrt{j\omega\mu\sigma}\,d/2} \qquad (2\text{-}13)$$

因此，$H_1(y)$ 的解析解：

$$\dot{H}_1(y) = \dot{H}_0 \cdot \dfrac{\cosh\sqrt{j\omega\mu\sigma}\,y}{\cosh\sqrt{j\omega\mu\sigma}\,d/2} \qquad (2\text{-}14)$$

结合分离变量法，$H_2(x, y)$ 通解的基本形式可以用无穷级数表示：

$$\dot{H}_2(x, y) = \sum_{n=0}^{\infty} \dot{X}_n(x) \cdot \dot{Y}_n(y) \qquad (2\text{-}15)$$

将式（2-15）代入式（2-10）中的方程，得到分离变量后函数 X、Y 的关系：

$$\dfrac{X''}{X} - j\omega\mu\sigma = -\dfrac{Y''}{Y} = \lambda \qquad (\cdot 2\text{-}16)$$

其中，λ 称为方程的本征值。

由式（2-16）写出两个独立的方程：

$$X'' - \gamma^2 X = 0 \quad \text{and} \quad Y'' + \lambda Y = 0 \qquad (2\text{-}17)$$

其中，本征值拓展参数 $\gamma = \sqrt{\lambda + j\omega\mu\sigma}$。

显然，式（2-17）有实际意义解的条件是本征值 $\lambda > 0$，因此 Y 的通解可描述为：

$$Y = B_1 \cos\sqrt{\lambda}\,y + B_2 \sin\sqrt{\lambda}\,y \qquad (2\text{-}18)$$

代入其边界条件可得：

$$Y\left(\frac{d}{2}\right) = B_1 \cos\left(\sqrt{\lambda} \cdot \frac{d}{2}\right) + B_2 \sin\left(\sqrt{\lambda} \cdot \frac{d}{2}\right) = 0$$
$$Y\left(-\frac{d}{2}\right) = B_1 \cos\left(\sqrt{\lambda} \cdot \frac{d}{2}\right) - B_2 \sin\left(\sqrt{\lambda} \cdot \frac{d}{2}\right) = 0 \quad (2\text{-}19)$$

由于 B_1 和 B_2 不能同时为 0，否则会产生无意义的解，故设 $B_2 = 0$，则有：

$$\cos\left(\sqrt{\lambda} \cdot \frac{d}{2}\right) = 0 \quad (2\text{-}20)$$

因此，可以得到本征值 λ 的多级解：

$$\lambda_n = \frac{(2n+1)^2 \pi^2}{d^2}, \quad n = 0,1,2,\cdots \quad (2\text{-}21)$$

把式（2-21）代入式（2-17），得到 X 和 Y 的通解：

$$\dot{X}_n(x) = C_n \cosh \gamma_n x, \quad \dot{Y}_n(y) = A_n \cos \sqrt{\lambda_n} y \quad (2\text{-}22)$$

把式（2-22）代入式（2-15），得到 $H_2(x, y)$ 的级数解：

$$\dot{H}_2(x, y) = \sum_{n=0}^{\infty} D_n \cosh \gamma_n x \cdot \cos \sqrt{\lambda_n} y \quad (2\text{-}23)$$

其中，D_n 为 X、Y 的独立解合并后的待定系数。

将式（2-10）的边界条件代入式（2-23），并写成傅里叶级数形式：

$$\dot{H}_2\left(\pm\frac{a}{2}, y\right) = \dot{H}_0 \left[1 - \frac{\cosh\left(\sqrt{j\omega\mu\sigma} y\right)}{\cosh\left(\sqrt{j\omega\mu\sigma} d/2\right)}\right] = \sum_{n=0}^{\infty} b_n \cos \sqrt{\lambda_n} y \quad (2\text{-}24)$$

其中，偶次项对应的傅里叶系数 b_n 的数值按照定义进行计算：

$$b_n = \frac{2}{d} \int_{-d/2}^{d/2} \dot{H}_0 \left(1 - \frac{\cosh\left(\sqrt{j\omega\mu\sigma} y\right)}{\cosh\left(\sqrt{j\omega\mu\sigma} d/2\right)}\right) \cdot \cos \lambda_n y \cdot \mathrm{d}y = \frac{(-1)^n 4\dot{H}_0}{(2n+1)\pi} \cdot \frac{\tau^2}{\gamma_n^2} \quad (2\text{-}25)$$

由此可知,式(2-23)中待定项计算结果为:

$$D_n = \frac{b_n}{\cosh(\gamma_n a/2)} = \frac{(-1)^n \times 4}{(2n+1)\pi} \cdot \frac{\tau^2 \dot{H}_0}{\gamma_n^2 \cosh(\gamma_n a/2)} \quad (2\text{-}26)$$

结合式(2-14)、(2-23)和(2-26),得到磁场强度函数的解析式:

$$\dot{H}_z(x,y) = \dot{H}_0 \cdot \frac{\cosh\sqrt{\mathrm{j}\omega\mu\sigma}\,y}{\cosh\sqrt{\mathrm{j}\omega\mu\sigma}\,d/2} + \frac{4\dot{H}_0}{\pi}\sum_{n=0}^{\infty}\frac{(-1)^n}{2n+1}\cdot\frac{\mathrm{j}\omega\mu\sigma}{\gamma_n^2}\cdot\frac{\cosh\gamma_n x}{\cosh\gamma_n a/2}\cdot\cos\sqrt{\lambda_n}\,y \quad (2\text{-}27)$$

把式(2-27)代入全电流定律方程式(2-1),得到求解域内双轴涡流密度函数:

$$\dot{J}_x(x,y) = \frac{\partial \dot{H}_z(x,y)}{\partial y} = \dot{H}_0 \cdot \frac{\sqrt{\mathrm{j}\omega\mu\sigma}\,\sinh\sqrt{\mathrm{j}\omega\mu\sigma}\,y}{\cosh\sqrt{\mathrm{j}\omega\mu\sigma}\,d/2} +$$

$$\frac{4\dot{H}_0}{d}\sum_{n=0}^{\infty}\frac{(-1)^{n+1}\omega\mu\sigma\left(\omega\mu\sigma + \mathrm{j}\sqrt{\lambda_n}\right)}{(\lambda_n + \omega^2\mu^2\sigma^2)}\cdot\frac{\cosh\gamma_n x}{\cosh\gamma_n a/2}\cdot\sin\sqrt{\lambda_n}\,y \quad (2\text{-}28)$$

$$\dot{J}_y(x,y) = -\frac{\partial \dot{H}_z(x,y)}{\partial x}$$

$$= \frac{4\dot{H}_0}{\pi}\sum_{n=0}^{\infty}\frac{(-1)^{n+1}\omega\mu\sigma\left(\omega\mu\sigma + \mathrm{j}\sqrt{\lambda_n}\right)}{(2n+1)(\lambda_n + \omega^2\mu^2\sigma^2)}\cdot\frac{\gamma_n \sinh\gamma_n x}{\cosh\gamma_n a/2}\cdot\cos\sqrt{\lambda_n}\,y \quad (2\text{-}29)$$

硅钢片截面整体涡流(有功)损耗定义为求解域内电流密度矢量 **J** 与其共轭分量 **J*** 的乘积或电流密度矢量 **J** 模值平方的二重积分,即

$$P_s = \iint_\Omega \frac{\dot{J}\cdot\dot{J}^*}{2\sigma}\mathrm{d}x\mathrm{d}y = \iint_\Omega \frac{|\dot{J}|^2}{2\sigma}\mathrm{d}x\mathrm{d}y \quad (2\text{-}30)$$

显然,要求解式(2-30),首先要将电流密度矢量写成实部和虚部的求和形式,才能求解其模值。然而,式(2-28)和(2-29)的形式都极其复杂,各参数间的关系难以解耦,并且包含无穷级数,很难用普通方法进行虚实分离。为了提高推导计算的效率且保证分离参数的精度,本书提出一种合理且有效的方法:将电流密度 **J** 分割为几个简单的复数相加或相乘的形式,先计算它们各自的模值以及相互耦合后新参数的

模值，再利用复数的运算法则，间接得出电流密度 J 的模值。为了实现这个目标，需要假设一些中间参数，让推导过程变得相对简洁和明晰。首先，将角频率 ω、磁导率 μ、电导率 σ 整合成一个新参数 q，并将 γ_n 写为复数形式，即实部 r_n 和虚部 s_n 的和值：

$$\gamma_n = r_n + \mathrm{j}s_n = \sqrt{\lambda_n + \mathrm{j}q} \Leftrightarrow r_n^2 - s_n^2 + \mathrm{j}\cdot 2r_n s_n = \lambda_n + \mathrm{j}q \Leftrightarrow \begin{cases} r_n^2 - s_n^2 = \lambda_n \\ 2r_n s_n = q \end{cases} \quad (2\text{-}31)$$

考虑参数的实际取值 λ_n、$q > 0$，可以得到上述一元四次实数方程的唯一有效解：

$$r_n = \sqrt{\frac{\sqrt{\lambda_n^2 + q^2} + \lambda_n}{2}}, s_n = \sqrt{\frac{\sqrt{\lambda_n^2 + q^2} - \lambda_n}{2}} \quad (2\text{-}32)$$

其次，选取电流密度 J 中三个相似度较高的中间参数进行变量替换：

$$u_n = \frac{\cosh \gamma_n x}{\cosh \gamma_n a/2}, v_n = \frac{\sinh \gamma_n x}{\cosh \gamma_n a/2}, w = \frac{\sinh \tau y}{\cosh \tau d/2} \quad (2\text{-}33)$$

对 u_n 进行虚实分离，主要推导过程如下：

$$\begin{aligned}
u_n &= \frac{\mathrm{e}^{\frac{a}{2}(r_n+\mathrm{j}s_n)}}{\mathrm{e}^{x(r_n+\mathrm{j}s_n)}} \cdot \frac{\mathrm{e}^{2x(r_n+\mathrm{j}s_n)}+1}{\mathrm{e}^{a(r_n+\mathrm{j}s_n)}+1} \\
&= \mathrm{e}^{\left(\frac{a}{2}-x\right)r_n}\left[\cos\left(\frac{a}{2}-x\right)s_n + \mathrm{j}\cdot\sin\left(\frac{a}{2}-x\right)s_n\right] \times \frac{\mathrm{e}^{2xr_n}\cos 2xs_n + 1 + \mathrm{j}\cdot \mathrm{e}^{2xr_n}\sin 2xs_n}{\mathrm{e}^{ar_n}\cos as_n + 1 + \mathrm{j}\cdot \mathrm{e}^{ar_n}\sin as_n} \\
&= \frac{2\left\{\cosh ar_n \cdot \cosh xr_n \cdot \cos\frac{a}{2}s_n \cdot \cos xs_n + \sinh ar_n \cdot \sinh xr_n \cdot \sin\frac{a}{2}s_n \cdot \sin xs_n\right.}{\cosh ar_n + \cos as_n} + \\
&\quad \mathrm{j}\cdot\left(\cosh ar_n \cdot \sinh xr_n \cdot \cos\frac{a}{2}s_n \cdot \sin xs_n - \sinh ar_n \cdot \cosh xr_n \cdot \sin\frac{a}{2}s_n \cdot \cos xs_n\right)\right\}
\end{aligned}$$

$$(2\text{-}34)$$

其中，该过程用到了三角与指数的重要关系——欧拉恒等式，表达式如下：

$$\mathrm{e}^{\varphi+\mathrm{j}\theta} = \mathrm{e}^{\varphi}\left(\cos\theta + \mathrm{j}\sin\theta\right) \quad (2\text{-}35)$$

同理，定义一个中间参数 $\zeta = \text{sqrt}(q/2)$，得到 v_n 和 w 虚实分离后的结果：

$$v_n = \frac{e^{ar_n/2}(e^{ar_n}+1)(e^{xr_n}-e^{-xr_n})\cos\frac{a}{2}s_n \cos xs_n + e^{ar_n/2}(e^{ar_n}-1)(e^{xr_n}+e^{-xr_n})\sin\frac{a}{2}s_n \sin xs_n}{e^{2ar_n}+2e^{ar_n}\cos as_n +1} +$$
$$j \cdot \frac{e^{ar_n/2}(e^{ar_n}+1)(e^{xr_n}+e^{-xr_n})\cos\frac{a}{2}s_n \sin xs_n - e^{ar_n/2}(e^{ar_n}-1)(e^{xr_n}-e^{-xr_n})\sin\frac{a}{2}s_n \cos xs_n}{e^{2ar_n}+2e^{ar_n}\cos as_n +1}$$

（2-36）

$$w = \frac{e^{d\zeta/2}(e^{d\zeta}+1)(e^{y\zeta}-e^{-y\zeta})\cos\frac{d\zeta}{2}\cos y\zeta + e^{d\zeta/2}(e^{d\zeta}-1)(e^{y\zeta}+e^{-y\zeta})\sin\frac{d\zeta}{2}\sin y\zeta}{e^{2d\zeta}+2e^{d\zeta}\cos d\zeta +1} +$$
$$j \cdot \frac{e^{d\zeta/2}(e^{d\zeta}+1)(e^{y\zeta}+e^{-y\zeta})\cos\frac{d\zeta}{2}\sin y\zeta - e^{d\zeta/2}(e^{d\zeta}-1)(e^{y\zeta}-e^{-y\zeta})\sin\frac{d\zeta}{2}\cos y\zeta}{e^{2d\zeta}+2e^{d\zeta}\cos d\zeta +1}$$

（2-37）

为便于后续推导计算，本书还定义了如下并无实际物理意义的替换变量：

$$\begin{aligned}
&M_n = q\,\text{Re}(u_n) - \lambda_n \text{Im}(u_n), \quad N_n = q\,\text{Im}(u_n) + \lambda_n \text{Re}(u_n), \\
&P_n = (qr_n - \lambda_n s_n)\text{Re}(u_n) - (\lambda_n r_n + qs_n)\text{Im}(u_n), \quad L_n = \sin\sqrt{\lambda_n}\,y, \\
&Q_n = (qr_n - \lambda_n s_n)\text{Im}(v_n) + (\lambda_n r_n + qs_n)\text{Re}(v_n), \quad R_n = \cos\sqrt{\lambda_n}\,y, \\
&T_1 = \sqrt{q/2}\,H_0\left[\text{Re}(w) - \text{Im}(w)\right], \quad T_2 = \sqrt{q/2}\,H_0\left[\text{Re}(w) + \text{Im}(w)\right]
\end{aligned}$$

（2-38）

于是式（2-30）可以根据上述中间变量，分成如下区块进行计算：

$$\begin{aligned}
P_s &= \iint_\Omega \frac{\boldsymbol{J}\cdot\boldsymbol{J}^*}{2\sigma}\text{d}x\text{d}y = \iint_\Omega \frac{|J_x(x,y)|^2 + |J_y(x,y)|^2}{2\sigma}\text{d}x\text{d}y \\
&= \frac{1}{2\sigma}\int_{-a/2}^{a/2}\text{d}x \cdot \int_{-d/2}^{d/2}\left(T_1^2 + T_2^2\right)\text{d}y + \\
&\quad \frac{8H_0^2}{\sigma d^2}\sum_{n=0}^{\infty}\frac{q^2}{\left(\lambda_n^2+q^2\right)^2}\cdot\int_{-a/2}^{a/2}\left(M_n^2+N_n^2\right)\text{d}x \cdot \int_{-d/2}^{d/2}L_n^2\text{d}y + \\
&\quad \frac{16H_0^2}{\sigma d^2}\sum_{1\le i<k<\infty}\frac{(-1)^{i+k}\cdot q^2}{\left(\lambda_i^2+q^2\right)\left(\lambda_k^2+q^2\right)}\cdot\int_{-a/2}^{a/2}\left(M_iM_k+N_iN_k\right)\text{d}x \cdot \int_{-d/2}^{d/2}L_iL_k\text{d}y +
\end{aligned}$$

$$\frac{4H_0}{\sigma d}\sum_{n=0}^{\infty}\frac{(-1)^{n+1}q}{\lambda_n^2+q^2}\left[\int_{-a/2}^{a/2}M_n\mathrm{d}x\cdot\int_{-d/2}^{d/2}T_1L_n\mathrm{d}y+\int_{-a/2}^{a/2}N_n\mathrm{d}x\cdot\int_{-d/2}^{d/2}T_2L_n\mathrm{d}y\right]+$$

$$\frac{8H_0^2}{\sigma\pi^2}\sum_{n=0}^{\infty}\frac{q^2}{(2n+1)^2\left(\lambda_n^2+q^2\right)^2}\cdot\int_{-a/2}^{a/2}\left(P_n^2+Q_n^2\right)\mathrm{d}x\cdot\int_{-d/2}^{d/2}R_n^2\mathrm{d}y+$$

$$\frac{16H_0^2}{\sigma\pi^2}\sum_{1\leq i<k<\infty}\frac{(-1)^{i+k}\cdot q^2}{(2i+1)(2k+1)\left(\lambda_i^2+q^2\right)\left(\lambda_k^2+q^2\right)}\cdot\int_{-a/2}^{a/2}\left(P_iP_k+Q_iQ_k\right)\mathrm{d}x\cdot\int_{-d/2}^{d/2}R_iR_k\mathrm{d}y$$

（2-39）

下面对式（2-39）中包含复杂积分的参数进行单独计算：

（1）结合式（2-36）~（2-38），第一项中关于 y 的定积分计算结果为：

$$\int_{-d/2}^{d/2}(T_1^2+T_2^2)\mathrm{d}y=\frac{2H_0^2}{\delta^2}\int_{-d/2}^{d/2}\left[\mathrm{Re}^2(w)+\mathrm{Im}^2(w)\right]\mathrm{d}y=2\zeta H_0\cdot\frac{\sinh d\zeta-\sin d\zeta}{\cosh d\zeta+\cos d\zeta} \quad (2\text{-}40)$$

（2）结合式（2-32）、（2-34）和（2-38），第二项关于 x 和 y 的定积分计算结果为：

$$\int_{-a/2}^{a/2}\left(M_n^2+N_n^2\right)\mathrm{d}x=\int_{-a/2}^{a/2}\left(\lambda_n^2+q^2\right)\left[\mathrm{Re}^2(u_n)+\mathrm{Im}^2(u_n)\right]\mathrm{d}x$$

$$=\left(\lambda_n^2+q^2\right)\cdot\frac{\dfrac{1}{r_n}\sinh ar_n+\dfrac{1}{s_n}\sin as_n}{\cosh ar_n+\cos as_n} \quad (2\text{-}41)$$

$$\int_{-d/2}^{d/2}L_n^2\cdot\mathrm{d}y=\int_0^{d/2}\left[1-\cos\frac{2(2n+1)\pi}{d}y\right]\mathrm{d}y=\frac{d}{2}-\frac{d}{2(2n+1)\pi}\cdot\sin(2n+1)\pi \quad (2\text{-}42)$$

对于任意自然数 n，有如下数量关系恒成立：

$$\sin(2n+1)\pi=0 \quad \text{and} \quad \lim_{n\to\infty}\frac{\sin(2n+1)\pi}{(2n+1)\pi}=0 \quad (2\text{-}43)$$

因此，式（2-42）的结果可以简化为一个简单的常数：

$$\int_{-d/2}^{d/2}L_n^2\cdot\mathrm{d}y=\frac{d}{2} \quad (2\text{-}44)$$

（3）利用三角函数的积化和差公式，得到第三项关于 y 的定积分计算结果：

$$\int_{-d/2}^{d/2} L_i L_k \mathrm{d}y = \int_0^{d/2} \left[\cos\frac{2(i-k)\pi}{d}y - \cos\frac{2(i+k+1)\pi}{d}y \right] \mathrm{d}y$$

$$= \frac{d}{2(i-k)\pi} \cdot \sin(i-k)\pi - \frac{d}{2(i+k+1)\pi} \sin(i+k+1)\pi = 0 \qquad (2\text{-}45)$$

因此，第三项整体为 0，无须再计算此项中关于 x 的定积分。

（4）结合式（2-34）和（2-38），得到第四项中关于 x 的定积分计算结果：

$$\int_{-a/2}^{a/2} M_n \mathrm{d}x = 2\left[q\int_0^{a/2} \mathrm{Re}(u_n)\mathrm{d}x - \lambda_n\int_0^{a/2} \mathrm{Im}(u_n)\mathrm{d}x \right]$$

$$= 2 \cdot \frac{(qr_n + \lambda_n s_n)\sinh ar_n + (qs_n - \lambda_n r_n)\sin as_n}{(r_n^2 + s_n^2)(\cosh ar_n + \cos as_n)} \qquad (2\text{-}46)$$

$$\int_{-a/2}^{a/2} N_n \mathrm{d}x = 2\left[q\int_0^{a/2} \mathrm{Im}(u_n)\mathrm{d}x + \lambda_n\int_0^{a/2} \mathrm{Re}(u_n)\mathrm{d}x \right]$$

$$= 2 \cdot \frac{(\lambda_n r_n - qs_n)\sinh ar_n + (qr_n + \lambda_n s_n)\sin as_n}{(r_n^2 + s_n^2)(\cosh ar_n + \cos as_n)} \qquad (2\text{-}47)$$

结合式（2-37）和（2-38），得到第四项中关于 y 的定积分计算结果：

$$\int_{-d/2}^{d/2} T_1 L_n \mathrm{d}y = 2p_0 H_0 \cdot \int_0^{d/2} \left[\mathrm{Re}(w) - \mathrm{Im}(w) \right] L_n \cdot \mathrm{d}y = (-1)^n q \cdot \frac{2qH_0}{\lambda_n^2 + q^2} \qquad (2\text{-}48)$$

$$\int_{-d/2}^{d/2} T_2 L_n \mathrm{d}y = 2p_0 H_0 \cdot \int_0^{d/2} \left[\mathrm{Re}(w) + \mathrm{Im}(w) \right] L_n \cdot \mathrm{d}y = (-1)^n \lambda_n \cdot \frac{2qH_0}{\lambda_n^2 + q^2} \qquad (2\text{-}49)$$

（5）类似于（2-41）~（2-44），第五项中关于 x 和 y 的定积分计算结果为：

$$\int_{-a/2}^{a/2} \left(P_n^2 + Q_n^2 \right) \mathrm{d}x = \int_{-a/2}^{a/2} \left[(qr_n - \lambda_n s_n)^2 + (\lambda_n r_n + qs_n)^2 \right] \left[\mathrm{Re}^2(v_n) + \mathrm{Im}^2(v_n) \right] \mathrm{d}x$$

$$= \left(\lambda_n^2 + q^2\right)\left(r_n^2 + s_n^2\right) \cdot \frac{\dfrac{1}{r_n}\sinh ar_n - \dfrac{1}{s_n}\sin as_n}{\cosh ar_n + \cos as_n} \qquad (2\text{-}50)$$

$$\int_{-d/2}^{d/2} R_n^2 \cdot \mathrm{d}y = \int_0^{d/2} \left[1 + \cos\frac{2(2n+1)\pi}{d}y \right] \mathrm{d}y = \frac{d}{2} \qquad (2\text{-}51)$$

（6）类似于式（2-45），第六项中关于 y 的定积分计算结果为：

$$\int_{-d/2}^{d/2} R_i R_k \mathrm{d}y = \int_0^{d/2}\left[\cos\frac{2(i-k)\pi}{d}y + \cos\frac{2(i+k+1)\pi}{d}y\right]\mathrm{d}y$$
$$= \frac{d}{2(i-k)\pi}\cdot\sin(i-j)\pi + \frac{d}{2(i+k+1)\pi}\sin(i+k+1)\pi = 0 \tag{2-52}$$

结合式（2-41）、（2-44）、（2-50）和（2-51），得到：

$$\frac{8H_0^2}{\sigma d^2}\sum_{n=0}^{\infty}\frac{q^2}{\left(\lambda_n^2+q^2\right)^2}\cdot\int_{-a/2}^{a/2}\left(M_n^2+N_n^2\right)\mathrm{d}x\cdot\int_{-d/2}^{d/2}L_n^2\mathrm{d}y +$$
$$\frac{8H_0^2}{\sigma\pi^2}\sum_{n=0}^{\infty}\frac{q^2}{(2n+1)^2\left(\lambda_n^2+q^2\right)^2}\cdot\int_{-a/2}^{a/2}\left(P_n^2+Q_n^2\right)\mathrm{d}x\cdot\int_{-d/2}^{d/2}R_n^2\mathrm{d}y$$
$$=\sum_{n=0}^{\infty}\frac{4H_0^2 q^2\left[\left(1+\frac{r_n^2+s_n^2}{\lambda_n}\right)\cdot\frac{1}{r_n}\sinh ar_n+\left(1-\frac{r_n^2+s_n^2}{\lambda_n}\right)\cdot\frac{1}{s_n}\sin as_n\right]}{\sigma d\left(\lambda_n^2+q^2\right)\left(\cosh ar_n+\cos as_n\right)}$$
$$=\sum_{n=0}^{\infty}\frac{1}{\lambda_n}\cdot\frac{8H_0^2 q^2}{\sigma d\left(\lambda_n^2+q^2\right)}\cdot\frac{r_n\sinh ar_n-s_n\sin as_n}{\cosh ar_n+\cos as_n} \tag{2-53}$$

其中，上述推导用到了 r_n、s_n 与 λ_n、q 的关联代数式：

$$\left.\begin{aligned}r_n^2+s_n^2 &= \frac{\sqrt{\lambda_n^2+q^2}+\lambda_n}{2}+\frac{\sqrt{\lambda_n^2+q^2}-\lambda_n}{2}=\sqrt{\lambda_n^2+q^2} \\ r_n^2-s_n^2 &= \frac{\sqrt{\lambda_n^2+q^2}+\lambda_n}{2}-\frac{\sqrt{\lambda_n^2+q^2}-\lambda_n}{2}=\lambda_n\end{aligned}\right\} \tag{2-54}$$

结合上述推导，写出比较复杂的式（2-39）第四项整体计算结果：

$$\frac{4H_0}{\sigma d}\sum_{n=0}^{\infty}\frac{(-1)^{n+1}q}{\lambda_n^2+q^2}\left[\int_{-a/2}^{a/2}M_n\mathrm{d}x\cdot\int_{-d/2}^{d/2}T_1 L_n\mathrm{d}y+\int_{-a/2}^{a/2}N_n\mathrm{d}x\cdot\int_{-d/2}^{d/2}T_2 L_n\mathrm{d}y\right]$$
$$=\sum_{n=0}^{\infty}\frac{(-1)^{n+1}\cdot 4H_0 q}{d\left(\lambda_n^2+q^2\right)}\cdot\frac{(-1)^n\cdot 4H_0 q}{\lambda_n^2+q^2}\cdot\frac{1}{\left(r_n^2+s_n^2\right)\left(\cosh ar_n+\cos as_n\right)}\times$$
$$\left[q(qr_n+\lambda_n s_n)\sinh ar_n+q(qs_n-\lambda_n r_n)\sin as_n + \right.$$
$$\left.\lambda_n(\lambda_n r_n-qs_n)\sinh ar_n+\lambda_n(qr_n+\lambda_n s_n)\sin as_n\right]$$
$$=-\sum_{n=0}^{\infty}\frac{2}{\sqrt{\lambda_n^2+q^2}}\cdot\frac{8H_0^2 q^2}{d\left(\lambda_n^2+q^2\right)}\cdot\frac{r_n\sinh ar_n+s_n\sin as_n}{\cosh ar_n+\cos as_n} \tag{2-55}$$

于是可得式（2-56），同时也是式（2-39）最终的计算结果：

$$P_s = \frac{a\zeta H_0^2}{\sigma} \cdot \frac{\sinh d\zeta - \sin d\zeta}{\cosh d\zeta + \cos d\zeta} + \sum_{n=0}^{\infty} \frac{1}{\lambda_n} \cdot \frac{8H_0^2 q^2}{\sigma d(\lambda_n^2 + q^2)} \cdot \frac{r_n \sinh ar_n - s_n \sin as_n}{\cosh ar_n + \cos as_n} -$$

$$\sum_{n=0}^{\infty} \frac{2}{\sqrt{\lambda_n^2 + q^2}} \cdot \frac{8H_0^2 q^2}{d(\lambda_n^2 + q^2)} \cdot \frac{r_n \sinh ar_n + s_n \sin as_n}{\cosh ar_n + \cos as_n}$$

$$= \frac{a\sqrt{q/2} H_0^2}{\sigma} \cdot \frac{\sinh d\sqrt{q/2} - \sin d\sqrt{q/2}}{\cosh d\sqrt{q/2} + \cos d\sqrt{q/2}} +$$

$$\frac{8H_0^2}{\sigma d} \sum_{n=0}^{\infty} \frac{q^2 \left[\left(\sqrt{\lambda_n^2 + q^2} - 2\lambda_n\right) r_n \sinh ar_n - \left(\sqrt{\lambda_n^2 + q^2} + 2\lambda_n\right) s_n \sin as_n \right]}{\lambda_n \left(\lambda_n^2 + q^2\right)^{\frac{3}{2}} \left(\cosh ar_n + \cos as_n\right)} \quad (2\text{-}56)$$

由于硅钢片厚度通常是 10^{-4} m 数量级，则 λ_n 在数值上远大于 0，因而有关系 $r_n \gg s_n$ 成立，同时对式（2-56）而言，可以认为 $s_n \to 0$，进而得到 $\sin as_n \to 0$。此外，硅钢片截面满足宽度 a 远大于厚度 d 的特性，为了得到更为精简的表达式，使其能够拓展到 3D 梯形硅钢片的分析，这里以 $a>2d$ 为条件对式（2-56）中的参数 ar_n 进行缩放：

$$ar_n > \sqrt{2d^2\left(\sqrt{\lambda_n^2 + q^2} + \lambda_n\right)} \geqslant \sqrt{2d^2\left(\sqrt{\lambda_0^2 + q^2} + \lambda_0\right)}$$

$$= \sqrt{2\left(\sqrt{\pi^4 + q^2 d^4} + \pi^2\right)} > \sqrt{2\left(\sqrt{\pi^4} + \pi^2\right)} = 2\pi \quad (2\text{-}57)$$

由于 ar_n 和 2π 均为正数，考虑正向区间双曲余弦函数的单调性：

$$\cosh ar_n > \cosh 2\pi \geqslant 1 \geqslant \cos as_n \quad (2\text{-}58)$$

结合上述分析，硅钢片截面单位体积的平均涡流损耗为：

$$P_{s-\text{unit}} = \frac{1}{adl} \int_0^l P_s \cdot \mathrm{d}z$$

$$= \frac{H_0^2 \sqrt{\frac{q}{2}}}{\sigma d} \cdot \frac{\sinh d\sqrt{\frac{q}{2}} - \sin d\sqrt{\frac{q}{2}}}{\cosh d\sqrt{\frac{q}{2}} + \cos d\sqrt{\frac{q}{2}}} + \frac{8H_0^2}{\sigma ad^2} \cdot \sum_{n=0}^{\infty} \frac{q^2 \left(\sqrt{\lambda_n^2 + q^2} - 2\lambda_n\right) r_n \sinh ar_n}{\lambda_n \left(\lambda_n^2 + q^2\right)^{\frac{3}{2}} \cosh ar_n} \quad (2\text{-}59)$$

2.1.1.2　涡流损耗计算方法的精度测评

本小节采用 Matlab 对式（2-6）和（2-30）求得的数值解作为验证标准值，再以基于硅钢片 1D 涡流场解析得到的涡流损耗通用性（传统）公式[24]：

$$P_{\text{con}} = \frac{\sigma d \pi^2 f^2 B_{\text{m}}^2}{\sqrt{2q}} \cdot \left| \frac{\tanh\left(\frac{d\sqrt{jq}}{2}\right)}{\frac{d\sqrt{jq}}{2}} \right| \cdot \frac{\sinh d\sqrt{\frac{q}{2}} - \sin d\sqrt{\frac{q}{2}}}{\cosh d\sqrt{\frac{q}{2}} - \cos d\sqrt{\frac{q}{2}}} \quad (2\text{-}60)$$

作为对照，验证式（2-59）的有效性。

数值验证所采用的硅钢片材料电导率和磁导率分别为 $\sigma = 2 \times 10^6$ S/m 和 $\mu = 8000\mu_0$，其中 μ_0 为真空绝对磁导率。根据法拉第电磁感应定律，导体内部的交变磁场会在其截面感应出环状电流（即涡流）。同样地，涡流本身也会产生交变的磁场，结合楞次定律的描述，这个磁场会削弱导体内原始磁场的变化，即涡流具有去磁效应，它也是导体截面磁场及涡流分布不均匀的根本原因。尤其是当频率较高时，涡流几乎在导体截面边界处呈现出聚集性分布。相对地，越靠近中心部分，涡流密度越小，甚至可以忽略不计，这就是所谓的集肤效应。工程上，通常用集肤深度 δ_0 描述良导体的集肤程度，它被定义为电磁场量的振幅衰减到其表面数值 1/e 时划过的距离[52]：

$$\delta_0 = \sqrt{2/(\omega\mu\sigma)} = \sqrt{1/(\pi f \mu \sigma)} \quad (2\text{-}61)$$

可以看出，对于一个确定的导体，电磁参数 μ、σ 是恒定的，则励磁频率 f 越高，集肤效应越显著。图 2-2 给出了硅钢片厚度为 0.5 mm、频率为 50/400/1000/2000 Hz、磁通密度幅值 $B_{\text{m}} = 1.5$ T 条件下涡流损耗随硅钢片截面宽度的变化特征，图注中的 δ_0 为场量集肤深度。整体而言，当硅钢片截面宽度小于 50 mm 时，传统公式表现出显著的偏差，但随着截面宽度的增加，传统公式的计算误差会逐渐消失。相比之下，本书提出的公式在任意截面宽度条件下均具备良好的计算精度。此外，无论频率如何变化，传统公式在不同截面宽度条件下的计算值始终是一条稳定的平行线，即不随截面宽度的变化而变化。而本书提出的公式和标称数值解却出现了不同的曲线特征，与传统公式的计算值相比，时而偏大时而偏小。这种现象与传统公式在推导过程中引入的简化理念以及电磁场集肤效应、涡流轴向分布特性密切相关，下面进行详细分析。

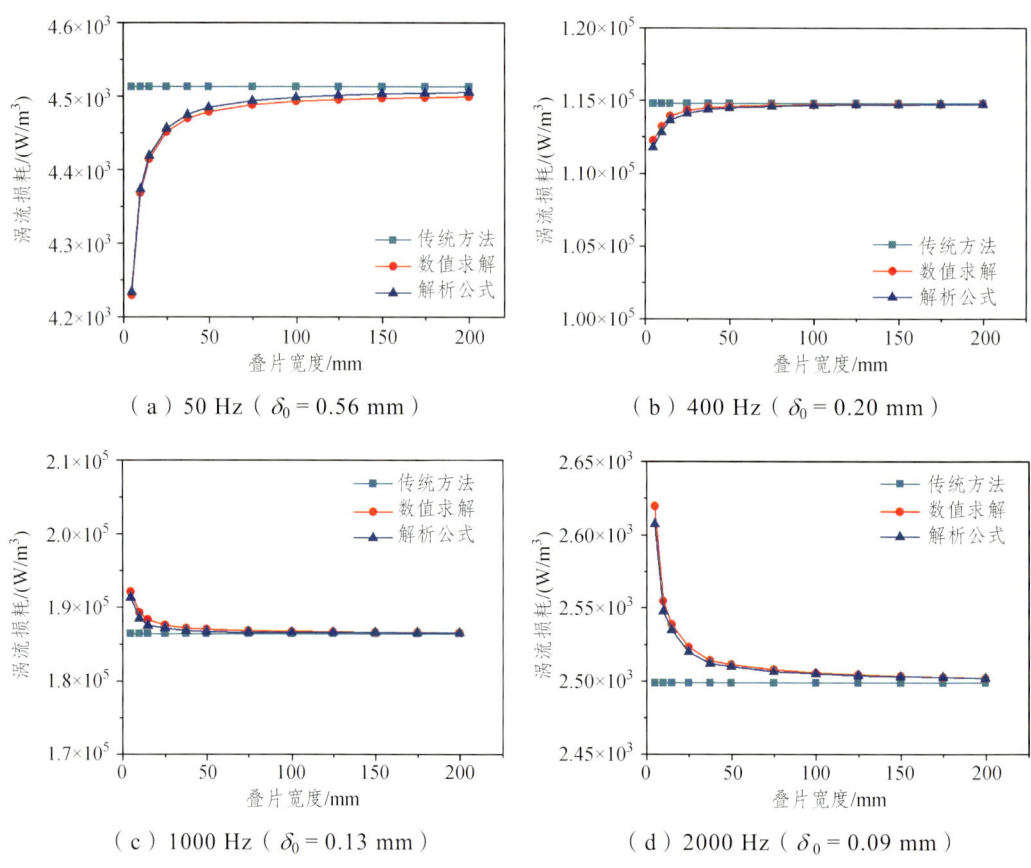

图 2-2 不同频率下硅钢片涡流损耗三种计算值随叠片宽度的变化特征

图 2-3（a）和（b）分别描述了低频和高频条件下硅钢片截面涡流密度的分布特性，可以看到不同层级的涡流在路径上是不一致的：在低频条件下，根据式（2-61）的计算可知，集肤效应不显著，涡流分散地填充在硅钢片整个截面，且外层涡流路径较长，近乎等同于硅钢片的几何尺寸，内层涡流路径较短，且显著小于硅钢片的几何尺寸；在高频条件下，集肤效应则变得非常显著，涡流主要聚集在硅钢片截面的边界附近，大部分中心区域涡流密度的数值非常小，其造成的有功损耗甚至可以忽略。

传统公式在推导过程中，用到了硅钢片截面宽度远大于厚度（即 $a \gg d$）的假设，让复杂烦琐的原始二阶偏微分方程简化为了一阶常微分方程，从而得到结构较为清晰的涡流密度函数，因此，它只是式（2-1）的一个近似解，其特征为：

（1）x 方向的每一条涡流的路径在计算时都被拉长到了整个硅钢片区域宽度（实际的涡流是越到内层，其路径越小），于是涡流损耗计算结果会比真实值偏大。

（2）y 方向涡流则完全被忽略，这样计算后的涡流损耗会比真实值偏小，如图 2-3（c）所示。

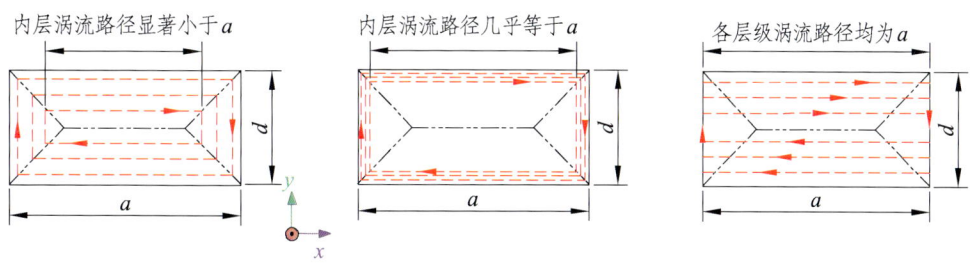

(a) 低频条件下硅钢片截面涡流密度的分布特性　　(b) 高频条件下硅钢片截面涡流密度的分布特性　　(c) y 方向涡流被完全忽略

图 2-3　不同频率下硅钢片内部涡流性态示意图

这就是传统公式对涡流损耗计算误差的主要来源，而误差到底是正偏离还是负偏离，取决于上述两个特征在数值方面占的比重。下面结合损耗平衡理论阐述该问题。

设 $P_{x,\text{real}}$ 和 $P_{x,\text{con}}$ 分别为硅钢片截面 x 方向涡流产生的有功损耗的真实值和传统公式计算值，$P_{y,\text{real}}$ 为硅钢片截面 y 方向涡流产生的有功损耗真实值。根据前面的分析，当频率较低时，集肤效应不明显，涡流回环的实际路径长度由外层向内层逐渐减小，则大部分沿着 x 方向流动的涡流，其路径长度均明显小于硅钢片截面宽度，在边界附近的涡流回环路径长度才会基本等同于截面宽度。因此，传统公式计算涡流损耗时，把 x 方向每一条涡流路径的长度都默认为和硅钢片截面宽度一致，会使得涡流损耗的计算结果比真实值偏大，即有 $P_{x,\text{con}} > P_{x,\text{real}}$；由于硅钢片截面宽度比厚度要大得多，因此对任何一条涡流而言，其路径在 x 方向的长度均大于 y 方向的长度。由此可知，$P_{y,\text{real}}$ 在数值上的占比较小。相对地，$P_{x,\text{con}}$ 与 $P_{x,\text{real}}$ 之差占据了计算误差的主导部分，则整体涡流损耗的真实值小于传统公式的计算值：

$$P_1 - P_2(P_{x,\text{real}} + P_{y,\text{real}}) - P_{x,\text{cos}} = P_{y,\text{real}} - \underbrace{(P_{x,\text{con}} - P_{x,\text{real}})}_{} \rightarrow P_1 < P_2$$

相对较小　相对较大

其中，P_1 是硅钢片涡流损耗真实值（或本书公式计算值）；P_2 是传统公式计算值。

而当频率较高时，集肤效应不容忽视，硅钢片截面 x 和 y 方向的涡流均聚集在边界附近区域，涡流密度增大，$P_{y,\text{real}}$ 也相应增大，在损耗评估中的数值占比会逐渐增加,因而不能被忽略。此外,由于涡流在表面聚集,硅钢片 x 方向各支路实际路径长度的差距很小,$P_{x,\text{con}}$ 与 $P_{x,\text{real}}$ 之差也会变得很小,因此 $P_{y,\text{real}}$ 反而占据了计算误差主导部分,则整体涡流损耗的真实值大于传统公式的计算值:

$$P_1 - P_2 = \underbrace{P_{x,\text{real}}}_{\text{显著增加}} - \underbrace{(P_{x,\text{con}} - P_{x,\text{real}})}_{\text{几乎趋于零}} \to P_1 > P_2$$

最后,对上述理论定量分析:随着硅钢片截面宽度与厚度之比的增加,本书提出的方法与传统公式在涡流损耗计算数值上呈现出较大的差异,尤其是频率的变化还会演变出完全相反的曲线形态,如图 2-4 所示。

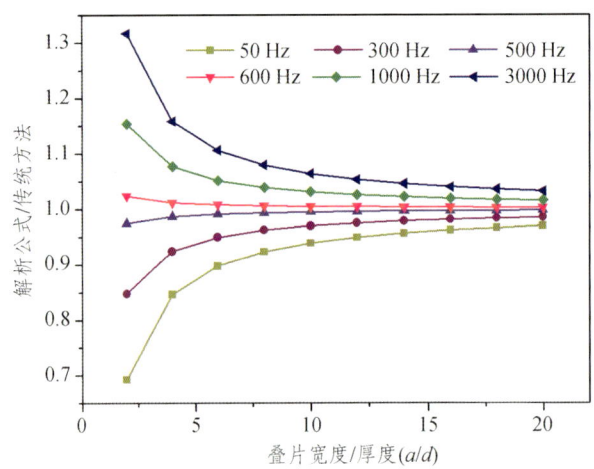

图 2-4 不同频率时涡流损耗计算值的比率随叠片宽厚比的变化特征

该计算误差在数值比率上的分水岭出现在 500~600 Hz 频段中的某个点:当 $f \leq$ 500 Hz 时,传统公式的计算结果大于本书提出公式的计算结果,即误差正偏离;当频率为 50 Hz、截面宽度与厚度比为 2 时,本书提出的公式与传统公式涡流损耗计算值的比率仅为 0.7,即传统公式的计算误差高达+30%;当 $f \geq 600$ Hz 时,传统公式的计算结果小于本书提出公式的计算结果,即误差负偏离;当频率为 3000 Hz、截面宽度与厚度比为 2 时,本书提出的公式与传统公式涡流损耗计算值的比率约为 1.32,即传统公式的计算误差达到 -32%。上述结果进一步表明,当硅钢片截面宽度与厚度之比较小时,无论励磁频率如何变化,传统公式均会引入较为显著的计算误差,这也印证了损耗平衡理论分析的正确性:低频时,集肤效应不显著,截面内侧涡流回环路径长度较小,而传统公式在计算时将截面内侧的涡流路径全部拉长到与硅钢片截面宽度相等,被强制放大后的损耗数值占据了引入误差的主导位置;高频时,由于集肤现象的加深,硅钢片截面 y 方向涡流产生的损耗增大,占据了引入误差的主导位置。

2.1.2 单层梯形硅钢片的损耗计算与仿真分析

2.1.2.1 涡流损耗的近似解析计算

宽度渐变的梯形硅钢片与宽度恒定的矩形硅钢片具有相似的涡流分布特征,即它们都存在于磁通流动方向所在的任意横截面,如图 2-5 所示。

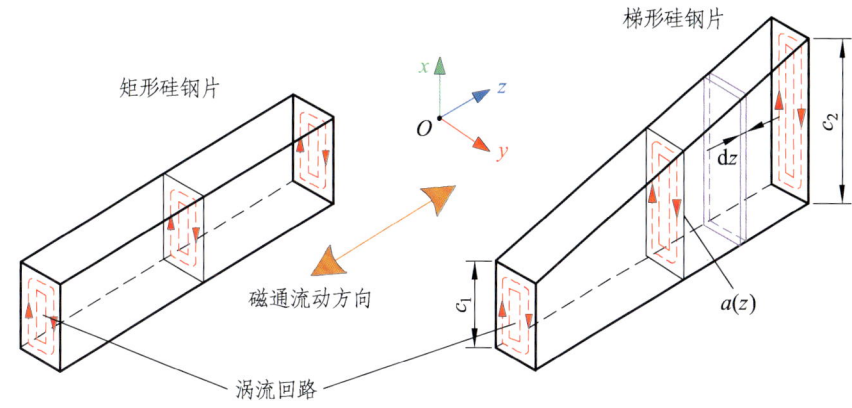

图 2-5 两种硅钢片在垂直于磁通方向的截面内涡流分布示意图

此外,由于硅钢片具有晶粒取向的特性,主磁通几乎完全沿着 z 方向流动。对于矩形硅钢片,截面宽度在 z 方向的任意位置都是恒定的,其涡流损耗可以用式(2-59)直接计算;对于梯形硅钢片,斜坡区域和硅钢片磁取向之间存在一定的角度差,硅钢片内的主磁通不可避免地被迫在梯形斜坡的邻近区域畸变和溢出。然而,当梯形部分的斜率足够小时,斜坡处的畸变或溢出磁通占比也相对较小,则认为垂直于 z 方向的任意截面内的磁场和涡流可以用式(2-27)~(2-29)进行描述,即每个截面的电磁特征仅有截面宽度参数不同,其他参量均相同。因此,将梯形硅钢片的渐变截面宽度用 $a(z)$ 表示,拟定它是 z 的函数,同时为简化计算,将其渐变特性描述为线性关系:

$$a(z) = \frac{c_2 - c_1}{l}z + c_1 \quad (0 \leqslant z \leqslant l) \tag{2-62}$$

其中,c_1、c_2 为梯形硅钢片的始端宽度和末端宽度;l 为梯形硅钢片直角边的长度;

即料带的轧制长度。将式（2-27）中的截面宽度参数 a 用 $a(z)$ 替代，有：

$$\dot{H}_z(x,y,z) = \dot{H}_0 \cdot \frac{\cosh\sqrt{jq}y}{\cosh\sqrt{jq}d/2} + \frac{4\dot{H}_0}{\pi}\sum_{n=0}^{\infty}\frac{(-1)^n}{2n+1}\cdot\frac{jq}{\gamma_n^2}\cdot\frac{\cosh\gamma_n x \cdot \cos\sqrt{\lambda_n}y}{\cosh\gamma_n a(z)/2}$$

（2-63）

参考本书 2.1.1.1 节中对式（2-27）求解的类似方法，得到梯形硅钢片任意截面的涡流损耗：

$$P_s(z) = \frac{a(z)H_0^2}{\sigma}\sqrt{\frac{q}{2}}\cdot\frac{\sinh d\sqrt{\frac{q}{2}} - \sin d\sqrt{\frac{q}{2}}}{\cosh d\sqrt{\frac{q}{2}} + \cos d\sqrt{\frac{q}{2}}} + \frac{8H_0^2}{\sigma d}\cdot\sum_{n=0}^{\infty}\frac{q^2(\sqrt{\lambda_n^2+q^2} - 2\lambda_n)r_n \sinh a(z)r_n}{\lambda_n(\lambda_n^2+q^2)^{\frac{3}{2}}\cosh a(z)r_n}$$

（2-64）

整个梯形硅钢片的涡流损耗，可以看作无数个宽度不同的二维矩形硅钢片叠加后的结果。因此，沿着轧制路径区域对各个二维微元薄片的涡流损耗计算值进行积分，推导出梯形硅钢片的平均涡流损耗：

$$P_{\text{single-layer}} = \int_0^l P_s(z)\cdot dz = \frac{(c_1+c_2)lH_0^2}{2\sigma}\sqrt{\frac{q}{2}}\cdot\frac{\sinh d\sqrt{\frac{q}{2}} - \sin d\sqrt{\frac{q}{2}}}{\cosh d\sqrt{\frac{q}{2}} + \cos d\sqrt{\frac{q}{2}}} + \frac{8lH_0^2}{\sigma d}\cdot\sum_{n=0}^{\infty}\frac{q^2\left(\sqrt{\lambda_n^2+q^2} - 2\lambda_n\right)\cdot\ln\frac{\cosh c_2 r_n}{\cosh c_1 r_n}}{\lambda_n\left(\lambda_n^2+q^2\right)^{\frac{3}{2}}(c_2-c_1)}$$

（2-65）

2.1.2.2 三维涡流场的有限元分析

本书采用 Ansoft 公司的电磁建模软件 Maxwell 19.0 进行梯形硅钢片的有限元建模与计算。选定三维涡流场分析模块，采用 A、ϕ-A 法对已知求解域的电流连续性方程进行数值求解，相关的控制方程如下[25]：

$$\begin{cases}\nabla\times(\mu^{-1}\nabla\times\boldsymbol{A}) = -\sigma\left(\frac{\partial\boldsymbol{A}}{\partial t} + \nabla\varphi\right) = \boldsymbol{J} \\ \nabla\cdot\boldsymbol{J} = 0\end{cases}$$

（2-66）

其中，$\boldsymbol{A}$ 是矢量磁势。

为了探明梯形硅钢片斜坡陡度（梯形斜率）对电磁量的影响规律，以确定合适的梯形硅钢片，本书创建了包含多种宽度尺寸的梯形硅钢片模型，同时在梯形斜坡和其他垂直于 xOy 平面的表面上应用切向磁场边界（Tangential H Field）。这种直接赋予边界参数的设置方法等同于直接施加交流/直流励磁电源产生磁通，可以直接设置主磁通的流动方向，以恰到好处地模拟硅钢片晶粒取向的特性，让垂直于磁通方向的截面磁通和涡流呈现出较为精致的色差回环，比传统施加电流的方法得到的云图效果更好；在平行于 xOy 的表面（即涡流存在的截面）应用零式切向磁场边界（Zero Tangential H Field），进一步规范主磁通的磁路，使其沿着最为理想的晶粒取向方向（坐标轴的 z 方向）流动，防止涡流发生面片跃迁。在模型的基础形状构建完成以后，还需要对网格进行剖分，这是有限元分析的核心步骤之一。

所谓有限元分析，就是将具有复杂几何结构或电-磁-热本构关系的连续物体或区域，按照一定的规则分割成耦合关系相对简单的、有限数量的离散单元，先对这些单元进行独立计算，得到它们在特定边界条件下的区域解，再通过这些离散单元的约束关系去逼近原本连续域的真实解[26, 27]。Maxwell 19.0 具有 A、ϕ-A 法、T-Ω法等离散求解数学物理方程常用方法的内嵌模块，用户在操作界面中制订合理的网格剖分规则后，软件就能自动调用合适的方法对电磁问题进行求解。总体上说，面片最小单元的尺寸决定了有限元分析的精度：网格划分越密集，涡流场求解的误差越小；反之，网格划分越稀疏，涡流场求解的误差越大。综合考虑模型的几何尺寸，本案例选取面片最小单元的基本长度 $L_1 = 0.01$ mm，应用该规则后的面片数量约为 10^5 个，剖分结果及参数定义如图 2-6 所示。

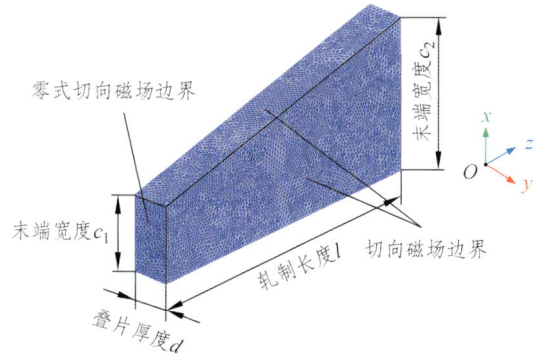

图 2-6　梯形硅钢片模型参数设置与网格剖分情况

此外，本书搭建了 6 种不同斜率的梯形硅钢片模型，其基本参数如表 2-1 所示。所有模型的始端宽度 c_1 和轧制长度 l 均相等，模型 1、2、3 为同一对照组，特征是厚度及始端宽度相同、末端宽度不同；模型 4、5、6 为同一对照组，特征是厚度不同、始末端宽度相同。

表 2-1　不同尺寸梯形硅钢片有限元模型的相关参数

模型序号	厚度 d/mm	始端宽度 c_1/mm	末端宽度 c_2/mm	轧制长度 l/mm	有效磁导率 μ/(H/m)	电导率 σ/(S/m)
1	0.5	1.0	1.2	4.0	$8000\mu_0$	2×10^6
2	0.5	1.0	2.0	4.0		
3	0.5	1.0	3.0	4.0		
4	0.27	1.0	1.5	4.0		
5	0.35	1.0	1.5	4.0		
6	0.5	1.0	1.5	4.0		

梯形硅钢片相比于传统硅钢片，最显著的结构差异就在于斜坡面与硅钢片材料晶粒取向的方向存在一定的夹角，因此在计算涡流损耗之前，需要对斜坡处的分布特征进行分频段的定量分析，如图 2-7 所示。可以看出，频率对斜坡处磁场强度分布影响较为突出。低频条件下，如 $f<200$ Hz 时，磁场与边界条件的设置（Tangential H Field）在数值和方向上基本吻合。当频率增加到一定的数值时，如 $f>200$ Hz，从斜坡顶部向底部呈现不均匀下陷的性态，越靠近斜坡底部，磁场畸变程度越剧烈，实际磁场强度超越了原始的边值设定。可以预见，当磁场强度的矢量特征表现为严重的下陷或扭曲时，式（2-65）将不能准确描述梯形硅钢片涡流损耗的实际情况。

图 2-8 给出了序号为 1、2、3 的梯形硅钢片模型在各自末端宽度所在截面的磁通密度分布情况（云图上方以字母 T 标识），以及与它们对应的、截面宽度恒为 1.2 mm、2.0 mm、3.0 mm 的矩形硅钢片的任意截面的磁通分布情况（云图上方以字母 R 标识），其中，场域求解频率为 200 Hz。很显然，矩形硅钢片无论如何改变截面宽度尺寸，都具有非常规范的磁通和涡流分布机制，由内向外，其数值上呈现出均匀递增的特征。相比之下，梯形硅钢片的磁通密度在顶部区域出现畸变，并且随着末端宽度（即梯形硅钢片斜坡面的斜率）的增加而显得愈加剧烈：对于模型 1 而言，末端截面宽度 $c_2=1.2$ mm，梯形硅钢片中的磁通密度畸变不算明显，磁通密度最大值约为 1.51 T，顶部

红色区域仅仅略大于矩形硅钢片，中部蓝色区域有轻微收紧鼓包；对于模型 2 而言，末端截面宽度 $c_2 = 2.0$ mm，梯形硅钢片磁通密度畸变显著，磁通密度最大值增加到 1.55 T，顶部红色区域进一步扩大，中部蓝色区域变成狭长的水滴形状；对于模型 3 而言，末端截面宽度 $c_2 = 3.0$ mm，梯形硅钢片的磁通密度畸变更加剧烈，磁通密度最大值增加到 1.71 T，顶部红色区域出现橙色杂散点，中部蓝色区域变为更为狭长的纤细水滴，几乎快被周遭绿色区域所淹没，可以推断，截面平均涡流损耗也会相应增加。

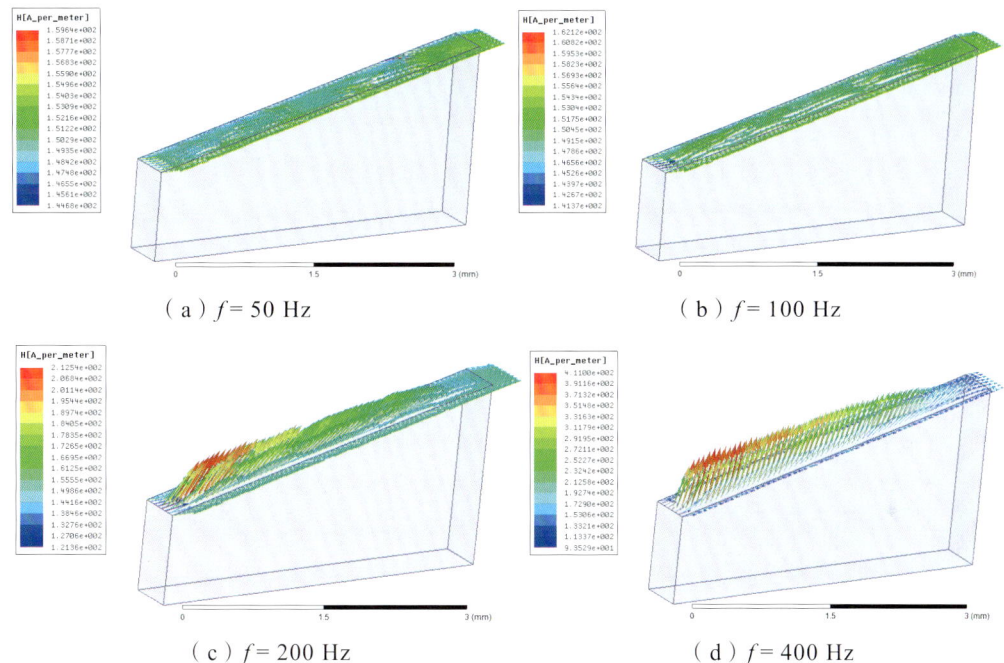

（a）f = 50 Hz
（b）f = 100 Hz
（c）f = 200 Hz
（d）f = 400 Hz

图 2-7　序号为 1 的梯形硅钢片模型在不同频率下的斜坡磁场强度矢量分布特征

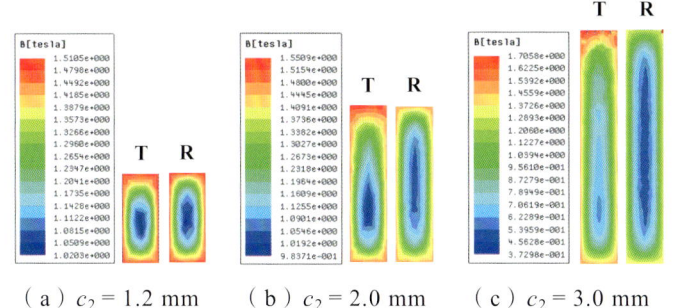

（a）c_2 = 1.2 mm　　（b）c_2 = 2.0 mm　　（c）c_2 = 3.0 mm

图 2-8　0.5 mm 厚梯形硅钢片和矩形硅钢片截面磁通密度分布特征对比图

在得到仿真云图以后，可以通过 Maxwell 3D 软件的内嵌数值模块求解电磁模型的欧姆损耗（即涡流损耗），具体方案为以"Maxwell 3D > Field > Calculator"的方式打开场域求解器，按照图 2-9 所描述的步骤进行操作。需要注意的是，第一步中 Quantity 的下属条目应选择"Ohmic_loss"。

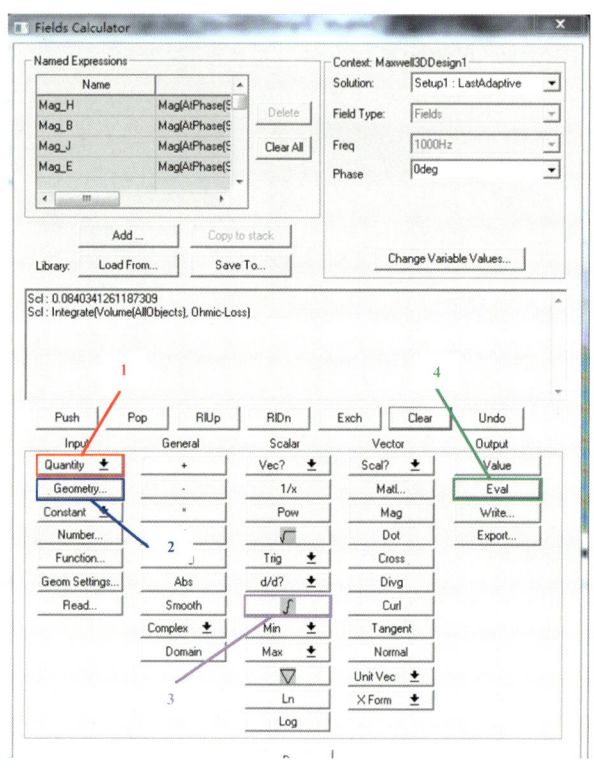

图 2-9 求解 3D 涡流场有功损耗提取的操作流程

图 2-10(a)给出了序号为 1~3 的梯形硅钢片模型的涡流损耗随频率变化的关系。可以看出，对于模型 1 而言，其末端截面宽度 c_2 = 1.2 mm，梯形面的斜坡比较平缓，用式（2-65）得到的计算值与用 Maxwell 3D 软件场域计算模块得到的仿真值在验证频率段均保持了较好的契合度；模型 2 的末端截面宽度 c_2 = 2.0 mm，梯形斜坡陡峭度上升，其计算结果的匹配度稍微差了点，平均误差大于 5%；模型 3 的末端截面宽度 c_2 = 3.0 mm，梯形斜坡最为陡峭，通过两种方式计算得到的涡流损耗差异也是最大的，平均误差超过了 16%。另外，模型 2、3 的损耗数值结果与图 2-8 各自对应的磁通、涡流分布情况一致，即梯形硅钢片斜坡的陡峭度越高，斜面边界处电磁场量畸变越明

显,整体涡流损耗的计算误差越大。因此,式(2-65)仅在梯形硅钢片的斜率足够小、频率较低的情况下才能较为准确地计算其涡流损耗。而在实际工程中,用于制作卷铁心的梯形硅钢片通常具有超长的带材。这里以中南通道运行的一台 220 kV/56.5 MVA 卷铁心牵引变压器为例,铁心第一层级和第二层级设计截面宽度分别为 25.5 mm 和 27.3 mm,对应的硅钢料带在卷绕方向的长度约为 7.4 m,经计算后得知,这部分料带的斜率仅为上述仿真案例(以末端宽度 c_2 = 1.2 mm 为准)的 3.2%,其他层级采用的梯形料带由于设计截面宽度之差更小、卷绕方向长度却更大,因此梯形斜坡的陡峭度只会比上述百分比更小。由此可以推断,实际生产中超长带材的梯形硅钢片内部电磁场量在边界处的畸变区域很小且非常微弱,式(2-65)能够适用于其涡流损耗的评估。

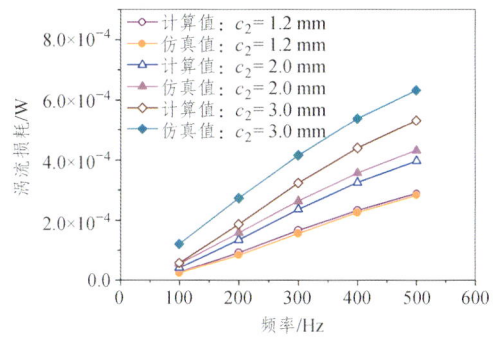
(a) 模型序号 1~3,厚度恒定

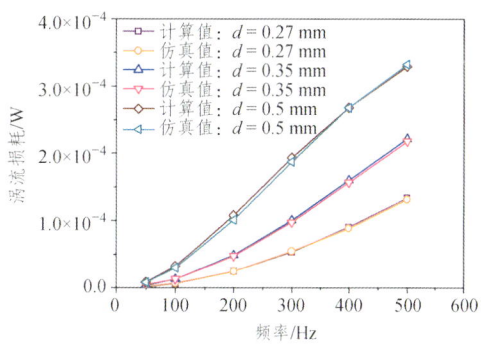
(b) 模型序号 4~6,末端宽度恒定

图 2-10 六种梯形硅钢片模型涡流损耗公式计算值与有限元仿真值随频率变化的关系

图 2-10(b)给出了序号为 4~6 的梯形硅钢片模型的涡流损耗随频率变化的关系。可以看出,无论硅钢片厚度如何变化,都不会影响式(2-65)对涡流损耗的适用性,平均计算误差低于 5%。上述结果还体现了一个重要特征:涡流损耗数值和频率呈现出正相关特性。这是因为随着频率的增加,集肤效应变得越来越显著,磁通、涡流场量会集中分布在硅钢片边界的薄层区域,能量损耗也会相应增加。此外,改变硅钢片的厚度,比改变硅钢片的末端截面宽度更容易让涡流损耗出现较大数值的变动,即模型序号 4~6 的数值纵坐标间距要略大于模型序号 1~3 的数值纵坐标间距。

2.1.3 多级连续梯形硅钢片的涡流损耗计算

通常情况下,大型牵引变压器会在铁心的纵截面设置油道,以辅助变压器整体散热[7, 104]。因此，卷铁心是由两个单独卷绕、前后对称的半框铁心拼合而成的，它们具有相同的电磁特性，在参数分析时可以只考虑半框铁心。

图 2-11（a）是小型单框双柱式卷铁心样品的拍摄图，图 2-11（b）给出了该试样的正面结构以及基本几何参数，包括心柱长度 h、铁轭长度 e、拐角半径 r，它们均由变压器厂商在设计阶段进行赋值。

设卷绕总层数为 $2k$，则不同层级轧制路径长度 l_i 可以按照下式计算：

$$l_i = 2(h+e) + 2\pi(r+id) - \pi d \tag{2-67}$$

其中，层级参数 i 由卷铁心内侧向外侧进行编号，且满足 $i \in \{1, 2, 3, \cdots, k-1, k, k+1, \cdots, 2k-1, 2k\}$。此外，参数 k 可以根据几何约束关系近似计算得到：

$$k = [R/d - 1] \tag{2-68}$$

其中，$[\cdot]$ 代表取整运算。

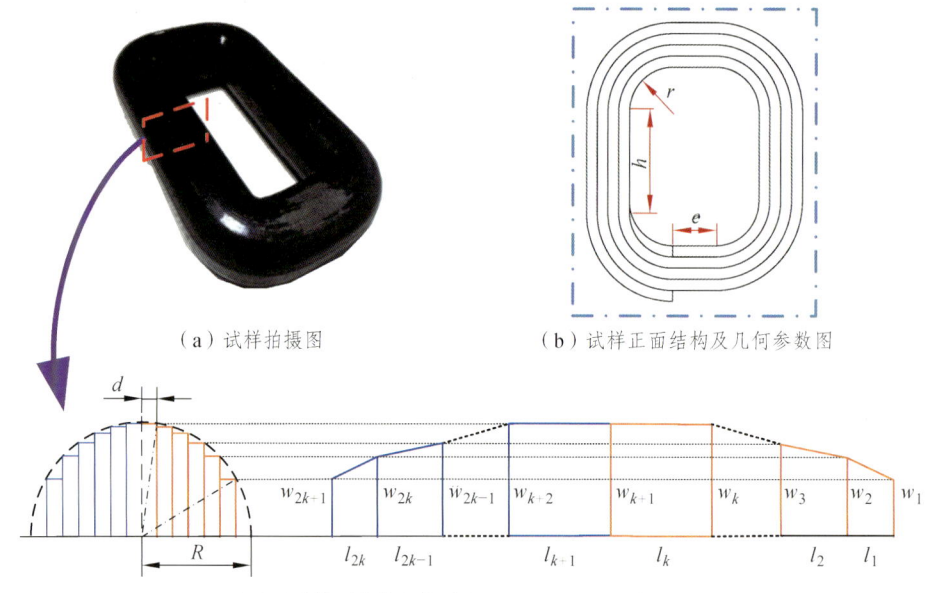

(a) 试样拍摄图　　(b) 试样正面结构及几何参数图

(c) 连续梯形结构与成型的卷铁心截面尺寸对应关系图

图 2-11　多级连续梯形硅钢片与卷铁心整体结构关系示意图

在得到第一层级长度 l_1 的条件下，计算后续参数还有更为简便的方法：

$$l_i = l_1 + 2(i-1)\pi d \tag{2-69}$$

很显然，不同层级的轧制路径（主磁路）长度并不相等，因此在绕制卷铁心前，需要将原始的超长料带冲片、裁剪成多段不同斜率的连续梯形结构，它与成型后卷铁心横截面的尺度对应关系如图 2-11（c）所示，其中，R 为卷铁心的外截面半径。不难看出，随着层级序数的上升，截面宽度呈现出先增大后减小的趋势，且某一层级的末端截面宽度正好等于下一层级的初始截面宽度。各卷绕层级截面宽度的计算通式如下：

$$w_i = \begin{cases} 2\sqrt{R^2-(k-i+1)^2 d^2} & i \in \{1,2,3,\cdots,k,k+2,\cdots,2k,2k+1\} \\ 2\sqrt{R^2-(k-i)^2 d^2} & i \in \{k+1\} \end{cases} \quad (2\text{-}70)$$

于是，各卷绕层级内部任意位置的截面宽度用分段线性函数描述：

$$g_i(z) = \frac{w_{i+1}-w_i}{l_i}z + w_i, \quad (0 \leqslant z \leqslant l_i) \quad (2\text{-}71)$$

这在形式上与式（2-62）是类似的。因此，将式（2-27）中的截面宽度参数 a 用式（2-68）中的 $g_i(z)$ 替代，参考式（2-31）~（2-55）的推导过程，得到多级连续梯形硅钢片在轧制路径上任意点位所在截面的涡流损耗计算表达式：

$$P_{si}(z) = \frac{g_i(z)H_0^2}{\sigma}\sqrt{\frac{q}{2}} \cdot \frac{\sinh d\sqrt{\frac{q}{2}}-\sin d\sqrt{\frac{q}{2}}}{\cosh d\sqrt{\frac{q}{2}}+\cos d\sqrt{\frac{q}{2}}} + \frac{8H_0^2}{\sigma d}\sum_{n=0}^{\infty}\frac{q^2\left(\sqrt{\lambda_n^2+q^2}-2\lambda_n\right)\cdot r_n \sinh g_i(z)r_n}{\lambda_n\left(\lambda_n^2+q^2\right)^{\frac{3}{2}}\cosh g_i(z)\cdot r_n}$$

$$(2\text{-}72)$$

通过积分运算，得到单位体积的多级连续梯形硅钢片的平均涡流损耗：

$$P_e = \frac{\sum_{i=1}^{2k}\int_0^{l_i}P_{si}(z)\mathrm{d}z}{V} = \frac{H_0^2}{\sigma d}\sqrt{\frac{q}{2}}\cdot\frac{\sinh d\sqrt{\frac{q}{2}}-\sin d\sqrt{\frac{q}{2}}}{\cosh d\sqrt{\frac{q}{2}}+\cos d\sqrt{\frac{q}{2}}} +$$

$$\frac{16H_0^2}{\sigma d^2}\cdot\frac{\sum_{n=0}^{\infty}\frac{q^2\left(\sqrt{\lambda_n^2+q^2}-2\lambda_n\right)}{\lambda_n\left(\lambda_n^2+q^2\right)^{\frac{3}{2}}}\cdot\left(r_n l_k \tanh r_n w_k + \sum_{\substack{i=1 \\ i \neq k}}^{2k}\frac{l_i \cdot \ln\frac{\cosh r_n w_{i+1}}{\cosh r_n w_i}}{w_{i+1}-w_i}\right)}{\sum_{i=1}^{2k}(w_{i+1}+w_i)l_i} \quad (2\text{-}73)$$

其中，多级连续梯形硅钢片的总体积 V 通过以下公式计算：

$$V = \frac{d}{2} \cdot \sum_{i=1}^{2k} (w_{i+1} + w_i) l_i \tag{2-74}$$

2.1.4 小　结

本节基于 Maxwell 磁准静态场方程组，推导并解析计算了多层梯级渐变硅钢片的涡流场电磁特性参数，揭示并明晰了其内部磁通、涡流性态及损耗特征，为实际大型牵引变压器卷铁心整体损耗建模与计算打下基础。研究结论如下：

（1）通过研究磁场强度和涡流密度二元解析函数关系，提出了矩形域约束下单位体积平均涡流损耗计算公式，与适用于矩形硅钢片涡流损耗计算的传统公式相比，本书提出的公式无论硅钢片截面宽度和励磁频率如何变化，都具有显著的精度优势。

（2）提出假设——当梯形硅钢片的斜坡陡峭度较低（即斜率较小）时，二维矩形薄片涡流场解析公式（包括磁场强度、涡流密度、涡流损耗等）均能描述梯形硅钢片在任意宽度变化的截面内部的电磁特征，于是将二维涡流场电磁特性函数拓展到三维涡流场，提出了单层梯形硅钢片的涡流损耗计算公式，同时建立了基于 A、ϕ-A 法运算且考虑截面宽度变化的有限元系列模型，通过对不同斜率的梯形料带模型所在的末端宽度截面的磁场强度、涡流密度的仿真结果进行分析，得知电磁特征量在斜坡附近区域的畸变程度与梯形料带的斜率成正比，即当斜坡陡峭度越高时，磁通和涡流的畸变越明显，异常损耗数值越大。实际大型卷铁心所采用的梯形料带相比于本书建立的模型而言长度更长，斜坡面的陡峭度比斜率最小的模型 1 还低，所以这种畸变造成的异常涡流损耗是非常小且可以忽略的，故本书提出的假设是合理有效的。

（3）在卷铁心基本尺寸确定的条件下，给出了层级参数、各级路径长度、截面宽度的计算方法，在结论（1）和（2）的基础上，综合考虑卷铁心本身形态导致的梯形硅钢片料带宽度的变化，提出了多层连续梯级硅钢片涡流损耗计算的表达式。

2.2　卷铁心电磁各向异性的均质化涡流场分析模型

有限元法（Finite Element Method，FEM）是学界认可度最高的电磁场分析和计算方法之一，因其具备建模功能强大、通用性强和计算精度高等优势，在实际工程优化设计中起着至关重要的作用。有限元法的计算精度与模型的精细程度、网格划分的密集程度是正相关的,在建模时需要重点考虑。然而,牵引变压器卷铁心是由成千上万梯形渐变的卷片制作而成,建立完全反映真实结构的卷片模型非常困难,且计算需要花费的时间成本巨大,仿真运算所需服务器的性能将面临非常严峻的考验。为了在保证数值精度的条件下兼顾工程设计的效率,往往需要将数量众多的卷片以一个具有均匀材料属性、外观结构与真实铁心一致的假想连续体模型代替,这就是所谓均质化建模。该方法最大的难点在于如何有效地确定与电磁问题相关的等值材料参数。针对该问题,相关学者进行了一些尝试,比较典型的有经验数值法[28]、各向同性法[29]、穿越等值法[30]等。然而,目前的均质化方法普适性都不强,模型的精度难以得到保障,因此,一种针对多级圆形结构卷铁心的高精度涡流损耗建模方法的开发显得尤为重要,它能在变压器优化设计阶段起到指导性作用。

考虑到牵引变压器卷铁心的结构和工艺情况,本书采取一种圆域填充法,构建了卷铁心的均匀化模型:在几何属性上,将以多分段矩形排布而成的多级圆形结构等效为一个整圆。如此一来,心柱及铁轭仅需用标准圆柱体方案,拐角则用一个弯折圆柱体描述;在材料属性上,考虑电磁特性参数的各向异性特征。参数化求解过程是实现大型卷铁心均质化建模的首要条件,也是本节的核心研究内容:通过求解圆域内的二维涡流场方程得到假想连续体的涡流损耗概念值,将其与多层梯级渐变硅钢片涡流损耗模型的计算值进行等价,得到一个或一组多元非线性方程,然后反解出假想均匀介质未知的电磁特性参数,同时合理利用贝塞尔函数及其渐近公式的单调规则,分别推导出适用于低频和高频条件的等效电导率计算函数;通过切向、轴向、法向的磁阻网络建模得到了等效磁导率参数矩阵;基于上述参数,构建了柱面坐标条件下的卷铁心三维涡流场-损耗的均质化分析模型,代替了冗余的传统建模方式,提升了运算效率。

2.2.1 电磁特性参数的坐标规范

图 2-12(a)给出了卷铁心均质化模型的三维结构示意图,其中包含了与图 2-11 相同的几何参数规范,并补充了这些参数对应的区域名称,如心柱长度 h、铁轭长度 e、拐角最内层半径 r、铁心外横截面半径 R 等。

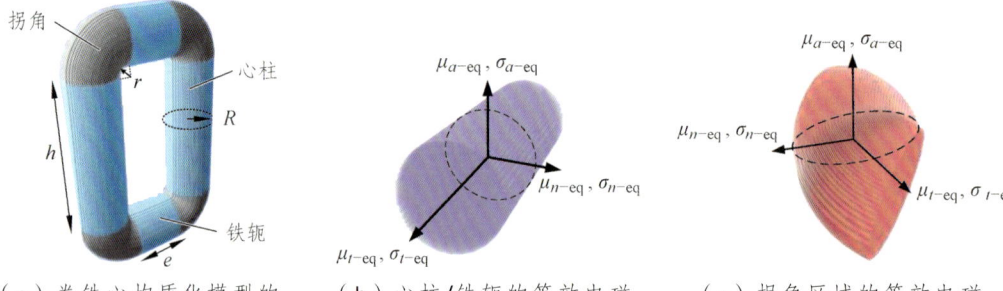

(a) 卷铁心均质化模型的三维结构示意图　　(b) 心柱/铁轭的等效电磁特性参数　　(c) 拐角区域的等效电磁特性参数

图 2-12 "轴向-法向-切向"坐标系下卷铁心模型不同部位电磁特性参数标识

本节采用一种广义的笛卡儿坐标——"轴向-法向-切向"坐标系，用于卷铁心均质化模型整体涡流场的分析。图 2-12（b）、（c）给出了卷铁心模型在心柱/铁轭、拐角区域的等效电磁特性参数规范情况，其中：轴向（标识符为 a）对应卷铁心料带宽度随层级渐变的方向，法向（标识符为 n）对应卷铁心料带的叠装（卷绕）方向，切向（标识符为 t）对应卷铁心的主磁通流动（磁取向）方向。因此，卷铁心均质化模型各向异性电导率和磁导率张量可以用矩阵形式表示：

$$[\sigma] = \begin{bmatrix} \sigma_{a\text{-eq}} & & \\ & \sigma_{n\text{-eq}} & \\ & & \sigma_{t\text{-eq}} \end{bmatrix} = \begin{bmatrix} F\sigma & & \\ & \sigma_{n\text{-eq}} & \\ & & F\sigma \end{bmatrix} \quad (2\text{-}75)$$

$$[\mu] = \begin{bmatrix} \mu_{a\text{-eq}} & & \\ & \mu_{n\text{-eq}} & \\ & & \mu_{t\text{-eq}} \end{bmatrix} = \begin{bmatrix} F\mu_{a\text{-fer}} & & \\ & \mu_{n\text{-eq}} & \\ & & F\mu_{t\text{-fer}} \end{bmatrix} \quad (2\text{-}76)$$

其中，F 是电工硅钢片的叠片（卷片）系数，表征了导电/导磁内核与其表面绝缘层在厚度方向（法向）的占比关系；σ 是硅钢片材料的电导率，它是一个各向同性参量；硅钢片各向异性磁导率 $\mu_{a\text{-fer}}$ 和 $\mu_{t\text{-fer}}$ 分别表示轴向（a）和切向（t）方向上的分量。

卷铁心均质化建模的关键在于确定等效电导率和磁导率的法向参数 $\sigma_{n\text{-eq}}$ 和 $\mu_{n\text{-eq}}$。

2.2.2　等效电导率矩阵横向参数求解

卷铁心均质化模型仍然满足 Maxwell 涡流场方程，可以用式（2-1）描述，唯一的区别在于辅助方程中的电磁特性参数需要用包含各向异性参数的等值矩阵代替：

$$\begin{cases} \nabla \times \dot{\boldsymbol{H}}_{eq} = \dot{\boldsymbol{J}}_{eq}, \ \nabla \times \dot{\boldsymbol{E}}_{eq} = -j\omega \dot{\boldsymbol{B}}_{eq}, \ \nabla \cdot \dot{\boldsymbol{B}}_{eq} = 0 \\ \dot{\boldsymbol{J}}_{eq} = [\sigma]\dot{\boldsymbol{E}}_{eq}, \ \dot{\boldsymbol{B}}_{eq} = [\mu]\dot{\boldsymbol{H}}_{eq} \end{cases} \quad (2\text{-}77)$$

其中，$\boldsymbol{H}_{eq}$ 和 $\boldsymbol{E}_{eq}$ 是卷铁心均质化模型的磁场和电场强度矢量；$\boldsymbol{J}_{eq}$ 和 $\boldsymbol{B}_{eq}$ 是卷铁心均质化模型的涡流密度和磁通密度矢量。

卷铁心均质化等效模型同样需要考虑硅钢片材料本身的晶粒取向特性，无论是铁轭、心柱或是拐角区域，主磁通都具备单向流动性，即沿着切向方向流动。同时，在电磁分析中仍然认为垂直于主磁通流动方向的任意截面上都存在着一致的电磁分布规律，这样就可以将 3D 涡流场问题简化为 2D 问题。

实际卷铁心的横截面呈现出由多层不同截面宽度的矩形拼凑而成的近似圆形。同时，由于硅钢片表面附着了绝缘层，主磁通感应出的涡流被限制在各层级内部流动，不会发生穿越，如图 2-13（a）所示；在构建均质化模型时，本书将卷铁心原始截面的多级圆形等效为一个整圆，由于该假想介质具有材质均匀的基础属性，因此，虚拟涡流形态应由一系列严格对称的同心圆环组成，如图 2-13（b）所示。此外，为方便计算，卷铁心均质化模型中的等效电导率参数完成了从广义笛卡儿坐标 (a, n, t) 向广义柱面坐标 (ρ, φ, t) 坐标系的转换，因而式（2-75）中的法向参数 $\sigma_{n\text{-}eq}$ 用横向参数 $\sigma_{\varphi a\text{-}eq}$ 代替。

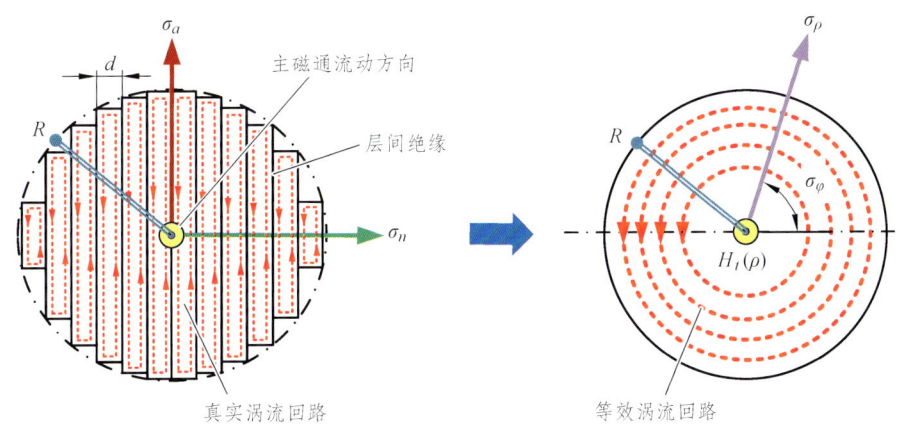

（a）卷铁心横截面涡流回路示意图　　（b）卷铁心原始截面等效涡流回路示意图

图 2-13　卷铁心等效前后各向异性电导率和涡流分布示意图

该柱坐标形式下卷铁心均质化模型的等效电磁场量的矢量可以描述为：

$$\dot{\boldsymbol{H}}_{\mathrm{eq}} = \dot{H}_t(\rho,\varphi)\boldsymbol{e}_t, \quad \dot{\boldsymbol{E}}_{\mathrm{eq}} = \dot{E}_\rho(\rho,\varphi)\boldsymbol{e}_\rho + \dot{E}_\varphi(\rho,\varphi)\boldsymbol{e}_\varphi \tag{2-78}$$

将式（2-77）的全电流定律和电磁感应定律方程按照矢量法则展开可得：

$$\nabla \times \dot{\boldsymbol{H}}_{\mathrm{eq}} = \frac{1}{\rho}\begin{vmatrix} \boldsymbol{e}_\rho & \boldsymbol{e}_\varphi & \boldsymbol{e}_z \\ \dfrac{\partial}{\partial\rho} & \dfrac{\partial}{\rho\partial\varphi} & \dfrac{\partial}{\partial z} \\ H_\rho & H_\varphi & H_t \end{vmatrix} = \frac{1}{\rho}\left(\frac{\partial H_t}{\partial\varphi}\cdot\boldsymbol{e}_\rho - \rho\frac{\partial H_t}{\partial\rho}\cdot\boldsymbol{e}_\varphi\right) = \begin{bmatrix} \sigma_\rho & & \\ & \sigma_\varphi & \\ & & \sigma_t \end{bmatrix}\cdot \dot{\boldsymbol{E}}_{\mathrm{eq}} \tag{2-79}$$

$$\nabla \times \dot{\boldsymbol{E}}_{\mathrm{eq}} = \frac{1}{\rho}\begin{vmatrix} \boldsymbol{e}_\rho & \boldsymbol{e}_\varphi & \boldsymbol{e}_t \\ \dfrac{\partial}{\partial\rho} & \dfrac{\partial}{\rho\partial\varphi} & \dfrac{\partial}{\partial t} \\ \dot{E}_\rho & \dot{E}_\varphi & \dot{E}_t \end{vmatrix} \tag{2-80}$$

$$= -\frac{\partial \dot{E}_\varphi}{\partial t}\cdot\boldsymbol{e}_\rho + \frac{\partial \dot{E}_\rho}{\partial t}\cdot\boldsymbol{e}_\varphi + \left(\frac{\partial \dot{E}_\varphi}{\partial\rho} - \frac{1}{\rho}\cdot\frac{\partial \dot{E}_\rho}{\partial\varphi} + \frac{1}{\rho}\cdot\dot{E}_\varphi\right)\cdot\boldsymbol{e}_t = -\mathrm{j}\omega[\mu]\cdot\dot{\boldsymbol{H}}_{\mathrm{eq}}$$

根据式（2-79），磁场强度 $\boldsymbol{H}_{\mathrm{eq}}$ 与电场强度 $\boldsymbol{E}_{\mathrm{eq}}$ 均与变量 t 无关，则有：

$$\frac{\partial \dot{E}_\rho}{\partial t} = \frac{\partial \dot{E}_\varphi}{\partial t} = 0 \tag{2-81}$$

因此，式（2-80）仅有矢量 $\boldsymbol{e}_t$ 对应的标量数值不为 0，等效磁导率张量 $[\mu]$ 中只有元素 $\mu_{t\text{-eq}}$ 是有效量。于是将式（2-80）写为标量形式：

$$\frac{\partial \dot{E}_\varphi}{\partial\rho} - \frac{1}{\rho}\cdot\frac{\partial \dot{E}_\rho}{\partial\varphi} + \frac{1}{\rho}\cdot\dot{E}_\varphi = -\mathrm{j}\omega\mu_{t\text{-eq}}\cdot\dot{H}_t \tag{2-82}$$

将式（2-79）代入式（2-80），并依据矢量一一对应关系简化为标量形式：

$$\frac{1}{\rho}\cdot\frac{\partial \dot{H}_t}{\partial\varphi} = \sigma_\rho\cdot\dot{E}_\rho, \quad \frac{\partial \dot{H}_t}{\partial\rho} = -\sigma_\varphi\cdot\dot{E}_\varphi \tag{2-83}$$

对式（2-83）的电场强度 $\boldsymbol{E}_{\mathrm{eq}}$ 径向和横向分量求偏导：

$$\frac{\partial \dot{E}_\rho}{\partial\varphi} = \frac{1}{\rho\sigma_\rho}\cdot\frac{\partial^2 \dot{H}_t}{\partial\varphi^2}, \quad \frac{\partial \dot{E}_\varphi}{\partial\rho} = -\frac{1}{\sigma_\varphi}\cdot\frac{\partial^2 \dot{H}_t}{\partial\rho^2} \tag{2-84}$$

把式（2-84）代入式（2-82）可得：

$$\frac{1}{\sigma_\varphi}\cdot\frac{\partial^2 \dot{H}_t}{\partial \rho^2}+\frac{1}{\rho^2 \sigma_\rho}\cdot\frac{\partial^2 \dot{H}_t}{\partial \varphi^2}+\frac{1}{\rho \sigma_\varphi}\cdot\frac{\partial \dot{H}_t}{\partial \rho}=\mathrm{j}\omega\mu_{t-\mathrm{eq}}\cdot\dot{H}_t \qquad (2\text{-}85)$$

由于圆形求解域的高度对称性,以及卷铁心模型是材质均匀的连续体,电磁场量的数值沿着径向逐级变化,而同一个圆环上的磁场强度和涡流密度可认为是相等的,即在柱面坐标的平面子域(ρ,φ)中,电磁场量仅与ρ有关,而与φ无关。于是卷铁心均质化模型的等效磁场强度和电流密度的矢量函数精简定义为:

$$\dot{\boldsymbol{H}}_{\mathrm{eq}}=\dot{H}_t(\rho)\boldsymbol{e}_t,\quad \dot{\boldsymbol{J}}_{\mathrm{eq}}=\dot{J}_\varphi(\rho)\boldsymbol{e}_\varphi \qquad (2\text{-}86)$$

于是原本的 2D 电磁问题简化为极坐标形式下的 1D 问题,式(2-85)改写为:

$$\frac{\partial^2 \dot{H}_t}{\partial \rho^2}+\frac{1}{\rho}\frac{\partial \dot{H}_t}{\partial \rho}=\mathrm{j}\omega\mu_{t-\mathrm{eq}}\sigma_\varphi \dot{H}_t \qquad (2\text{-}87)$$

其中,考虑圆域对称性以及涡流最小值定理,该解析模型的边界条件为:

$$\dot{H}_t(\rho)\big|_{\rho=R}=\dot{H}_0=H_0\angle 0°\quad \text{and}\quad \frac{\mathrm{d}\dot{H}_t(\rho)}{\mathrm{d}\rho}\bigg|_{\rho=0}=0 \qquad (2\text{-}88)$$

可以看出,卷铁心均质化模型的等效电导率矩阵中径向参量σ_ρ被自然过滤了,仅剩横向参量σ_φ了。式(2-87)属于复数的贝塞尔(Bessel)方程,它的解通常由贝塞尔函数的各种形式描述。在数学上,ε阶贝塞尔函数按照下式定义[31]:

$$J_\varepsilon(x)=\sum_{m=0}^{\infty}\frac{(-1)^m\cdot x^{\varepsilon+2m}}{2^{\varepsilon+2m}\cdot m!(m+\varepsilon)!} \qquad (2\text{-}89)$$

借鉴文献[32]的方法可以直接得到式(2-87)的解析解:

$$\dot{H}_t(\rho)=\dot{H}_0\cdot\frac{J_0\left(\sqrt{2}\mathrm{e}^{\mathrm{j}\cdot 3\pi/4}\cdot \rho/\delta\right)}{J_0\left(\sqrt{2}\mathrm{e}^{\mathrm{j}\cdot 3\pi/4}\cdot R/\delta\right)} \qquad (2\text{-}90)$$

其中,δ是卷铁心均质化模型的集肤深度,满足:

$$\delta=\sqrt{\frac{2}{\omega\mu_{t-\mathrm{eq}}\sigma_\varphi}} \qquad (2\text{-}91)$$

J_0 代表了零阶（$\varepsilon = 0$）贝塞尔函数，其表达式为：

$$J_0(x) = \sum_{m=0}^{\infty} \frac{(-1)^m \cdot x^{2m}}{2^{2m} \cdot (m!)^2} \quad (2\text{-}92)$$

为使式（2-90）看上去更加协调，并方便后续的涡流损耗求解，引入改进型贝塞尔函数 I_ε，其与原始贝塞尔函数 J_ε 的耦合关系为：

$$I_\varepsilon(x) = J_\varepsilon(\mathrm{j}x) = \sum_{m=0}^{\infty} \frac{(-1)^m \cdot (\mathrm{j}x)^{\varepsilon+2m}}{2^{\varepsilon+2m} \cdot m!(m+\varepsilon)!} = \sum_{m=0}^{\infty} \frac{\mathrm{j}^\varepsilon \cdot x^{\varepsilon+2m}}{2^{\varepsilon+2m} \cdot m!(m+\varepsilon)!} \quad (2\text{-}93)$$

由此可得，改进型零阶和一阶贝塞尔函数 I_0、I_1 的表达式为：

$$I_0(x) = J_0(\mathrm{j}x) = \sum_{m=0}^{\infty} \frac{(-1)^m \cdot (\mathrm{j}x)^{2m}}{2^{2m} \cdot (m!)^2} = \sum_{m=0}^{\infty} \frac{(-1)^m \cdot (-1)^m \cdot (x)^{2m}}{2^{2m} \cdot (m!)^2} = \sum_{m=0}^{\infty} \frac{x^{2m}}{2^{2m} \cdot (m!)^2} \quad (2\text{-}94)$$

$$I_1(x) = J_1(\mathrm{j}x) = \sum_{m=0}^{\infty} \frac{(-1)^m \cdot (\mathrm{j}x)^{1+2m}}{2^{1+2m} \cdot m!(m+1)!} = \sum_{m=0}^{\infty} \frac{\mathrm{j} \cdot x^{2m+1}}{2^{2m+1} \cdot m!(m+1)!} \quad (2\text{-}95)$$

容易看出，I_0 和 J_0 的区别仅在于无穷级数的分子上少了 $(-1)^m$ 项，因此，式（2-92）中包含参数 ρ 的原始贝塞尔函数经过等效化法可以用改进型贝塞尔函数表示：

$$J_0\left(\sqrt{2}\mathrm{e}^{\mathrm{j}\cdot 3\pi/4} \cdot \rho/\delta\right) = \sum_{m=0}^{\infty} \frac{(-1)^m \left(\sqrt{2}\mathrm{e}^{\mathrm{j}\cdot 3\pi/4} \cdot \rho/\delta\right)^{2m}}{2^{2m} \cdot (m!)^2} = \sum_{m=0}^{\infty} \frac{\left(\mathrm{j}\sqrt{2}\mathrm{e}^{\mathrm{j}\cdot 3\pi/2} \cdot \rho/\delta\right)^{2m}}{2^{2m} \cdot (m!)^2}$$

$$= \sum_{m=0}^{\infty} \frac{\left(\sqrt{\mathrm{j}^2(-2\mathrm{j})} \cdot \rho/\delta\right)^{2m}}{2^{2m} \cdot (m!)^2} = \sum_{m=0}^{\infty} \frac{\left(\sqrt{2\mathrm{j}} \cdot \rho/\delta\right)^{2m}}{2^{2m} \cdot (m!)^2} = I_0\left(\sqrt{2\mathrm{j}} \cdot \rho/\delta\right) \quad (2\text{-}96)$$

其中，第三步中间参数 $\mathrm{e}^{\mathrm{j}\cdot 3\pi/4}$ 的简化计算用到了欧拉恒等式，过程如下：

$$\mathrm{e}^{\mathrm{j}\cdot 3\pi/4} = \mathrm{e}^{\mathrm{j}\cdot\frac{3}{2}\pi\cdot\frac{1}{2}} = \sqrt{\mathrm{e}^{\mathrm{j}\cdot 3\pi/2}} = \sqrt{\cos\left(\frac{3}{2}\pi\right) + \mathrm{j}\cdot\sin\left(\frac{3}{2}\pi\right)} = \sqrt{-\mathrm{j}} \quad (2\text{-}97)$$

同理，式（2-90）中包含参数 R 的贝塞尔函数也能通过与式（2-96）类似的方式进行化简。于是式（2-90）整体重写为：

$$\dot{H}_t(\rho) = \dot{H}_0 \cdot \frac{I_0\left(\sqrt{2\mathrm{j}} \cdot \rho/\delta\right)}{I_0\left(\sqrt{2\mathrm{j}} \cdot R/\delta\right)} \quad (2\text{-}98)$$

对改进型零阶贝塞尔函数 I_0 进行求导，并对无穷级数的形式进行改写：

$$I_0'(x) = \left[1 + \sum_{m=1}^{\infty} \frac{x^{2m}}{2^{2m} \cdot (m!)^2}\right]' = \sum_{m=1}^{\infty} \frac{2m \cdot x^{2m-1}}{2^{2m} \cdot (m!)^2} = \sum_{m=0}^{\infty} \frac{2(m+1) \cdot x^{2(m+1)-1}}{2^{2(m+1)} \cdot [(m+1)!]^2}$$

$$= \sum_{m=0}^{\infty} \frac{2(m+1) \cdot x^{2m+1}}{2 \cdot 2^{2m+1} \cdot [(m+1)!]^2} = \sum_{m=0}^{\infty} \frac{x^{2m+1}}{2^{2m+1} \cdot m!(m+1)!} = \frac{I_1(x)}{j} = -jI_1(x) \quad (2\text{-}99)$$

由此说明，I_0 和 I_1 可以通过导数关系相互替换，这为后续的涡流损耗计算带来诸多便利。结合式（2-77）、（2-91）、（2-97）和（2-98），得到等效涡流密度的表达式：

$$\dot{J}_\varphi(\rho) = -\frac{\partial \dot{H}_t}{\partial \rho} = -\dot{H}_0 \frac{\sqrt{2j}}{\delta} \cdot \frac{I_0'(\sqrt{2j} \cdot \rho/\delta)}{I_0(\sqrt{2j} \cdot R/\delta)} = \dot{H}_0 \sqrt{-j\omega\mu_{t-eq}\sigma_\varphi} \cdot \frac{I_1(\sqrt{2j} \cdot \rho/\delta)}{I_0(\sqrt{2j} \cdot R/\delta)} \quad (2\text{-}100)$$

根据定义，得到柱面坐标下卷铁心均质化模型单位体积涡流损耗的计算公式：

$$P_e = \frac{1}{\sigma_\varphi R^2} \int_0^R |\dot{J}_\varphi(\rho)|^2 \rho \cdot d\rho \quad (2\text{-}101)$$

由于式（2-100）形式上非常复杂，不仅包含无穷级数，而且虚部和实部相互耦合，唯有将其进一步简化，才能让式（2-101）的求解变得容易。为了保证计算精度，将频率分割为低频和高频两段，以此为基础，对等效涡流密度函数继续进行代数处理。

2.2.2.1 低频分析

将等效涡流密度函数的分子分母的贝塞尔函数做展开处理：

$$I_1(\sqrt{2j} \cdot \rho/\delta) = \sum_{m=0}^{\infty} \frac{j \cdot (\sqrt{2j} \cdot \rho/\delta)^{2m+1}}{2^{2m+1} \cdot m!(m+1)!} = \sum_{m=0}^{\infty} \sqrt{2j} \cdot \frac{j^{m+1} \cdot (\rho/\delta)^{2m+1}}{2^{m+1} \cdot m!(m+1)!}$$

$$= \sqrt{2j} \cdot \left(j\frac{\rho}{2\delta} - \frac{\rho^3}{8\delta^3} - j\frac{\rho^5}{96\delta^5} + \frac{\rho^7}{2304\delta^7} + \cdots\right)$$

$$= \sqrt{2j} \cdot \left\{j\frac{\rho}{2\delta} + O\left[(\rho/\delta)^3\right]\right\} \quad (2\text{-}102)$$

$$I_0(\sqrt{2j} \cdot R/\delta) = \sum_{m=0}^{\infty} \frac{(\sqrt{2j} \cdot R/\delta)^{2m}}{2^{2m} \cdot (m!)^2} = \sum_{m=0}^{\infty} \frac{j^m \cdot (R/\delta)^{2m}}{2^m \cdot (m!)^2}$$

$$= 1 + j\frac{R^2}{2\delta^2} - \frac{R^4}{16\delta^4} - j\frac{R^6}{288\delta^6} + \frac{R^8}{9216\delta^8} + \cdots = 1 + O\left[(R/\delta)^2\right] \quad (2\text{-}103)$$

在低频条件下，可认为 $f \to 0$，再结合式（2-91）可知 $\delta \to \infty$。于是高阶无穷小量 $O(\rho/\delta)^3$ 和 $O(R/\delta)^2$ 数值很小，涡流场分析时可以忽略。因此式（2-100）近似为：

$$\dot{j}_\varphi(\rho)_{LF} \approx \dot{H}_0 \sqrt{-j\omega\mu_{t-eq}\sigma_\varphi} \cdot \frac{\sqrt{2j \cdot j\rho}}{2\delta} = j\dot{H}_0 \cdot \frac{\rho\sqrt{2\omega\mu_{t-eq}\sigma_\varphi}}{2\delta} \quad (2\text{-}104)$$

显然，等效电流密度低频条件的近似值是一个纯虚数，它的模值就是虚部本身。将式（2-104）代入式（2-101），得到低频条件下卷铁心模型单位体积涡流损耗计算式：

$$P_{e(LF)} \approx \frac{1}{\sigma_\varphi R^2} \int_0^R \left| j\dot{H}_0 \cdot \frac{\rho\sqrt{2\omega\mu_{t-eq}\sigma_\varphi}}{2\delta} \right|^2 \rho \cdot d\rho = \frac{\pi^2 f^2 \mu_{t-fer}^2 F^2 R^2 H_0^2 \sigma_\varphi}{4} \quad (2\text{-}105)$$

下面计算卷铁心均质化模型的体积，包括铁轭体积 V_{yoke}、心柱梯级 V_{limb} 和拐角体积 V_{corner}。根据图 2-12 可知，心柱和铁轭部分分别由两个相同的标准圆柱体组成，它们的体积可以根据基础几何公式计算：

$$V_{limb} = 2\pi R^2 \cdot h, \quad V_{yoke} = 2\pi R^2 \cdot e \quad (2\text{-}106)$$

卷铁心拥有四个镜像轴对称的类似于弧形管道的拐角区域，将它们沿着各自平整的切口拼合以后，可以形成一种圆环状物体：其中真实卷铁心是多段宽度渐变的弧形长条由里向外覆叠而成的近似圆环，如图 2-14（a）所示；均质化模型具有完全平滑的圆弧形外表面，如图 2-14（b）所示：它可以看作由半径均为 R 的圆形薄片沿着半径为 $R+r$ 的圆形轨道扫略一周而成。显然，该形态不属于标准几何体，求解体积时需要用到微元分析法，如图 2-14（c）所示。下面对其展开讨论：

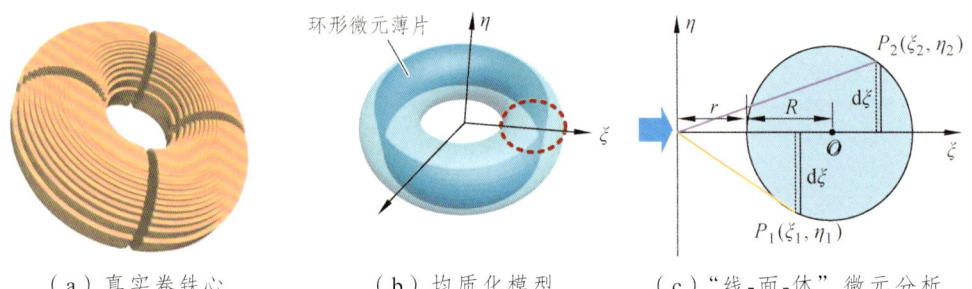

（a）真实卷铁心　　（b）均质化模型　　（c）"线-面-体"微元分析

图 2-14　单相卷铁心拐角区域"四合一"后的几何形态

首先，设截面圆周上任意一点为 $P(\xi, \eta)$，当 $r \leqslant \xi \leqslant R+r$ 时，它到 ξ 轴的距离为：

$$|\eta|_{\xi\in(r,R+r)} = \sqrt{R^2-(R+r-\xi)^2} \qquad (2\text{-}107)$$

当 $R+r<\xi\leq 2R+r$ 时,它到 ξ 轴的距离为:

$$|\eta|_{\xi\in(R+r,2R+r)} = \sqrt{R^2-[\xi-(R+r)]^2} \qquad (2\text{-}108)$$

由于式(2-107)的 $R+r-\xi$ 和式(2-108)的 $\xi-(R+r)$ 互为相反数,平方运算后会出现相同的数值,因此这两式是完全等价的,即无论 P 点位于截面圆周上的何处,其到 ξ 轴的距离既可用式(2-107)描述,也可用式(2-108)描述。

然后,把上述距离看作一个宽度无穷小的理想直线段,将其沿着以 O 为圆心、半径为 ξ 的弧形轨迹运动一周,就能得到一个厚度无穷小的管状体,如图 2-14 所示环形物体中间的红色部分,它的体积求解方法和标准圆柱体侧面积的求法类似:

$$dV_g = 2\pi\xi \cdot 2|\eta| \cdot d\xi = 4\pi\xi\sqrt{R^2-(R+r-\xi)^2} \cdot d\xi \qquad (2\text{-}109)$$

因此,卷铁心拐角区域的环形形态,可以看作上述无数个厚度无穷小的管状体沿着 n 轴进行绝对紧密的叠装而成。用数学语言描述则是:将这些无穷个管状体的侧面积沿着 n 轴进行积分,就能得到该环形物体的体积。计算结果如下:

$$V_{\text{corner}} = \int_r^{r+2R} dV_g = 4\pi\int_r^{r+2R}\xi\sqrt{R^2-(R+r-\xi)^2}d\xi \qquad (2\text{-}110)$$

采用换元积分法,对式(2-110)进行改写。令 $R+r-\xi = R\sin t$,于是:

$$d\xi = (R+r-R\sin t)' \cdot dt = -R\cos t \cdot dt, \quad t\in\left(\frac{\pi}{2},\frac{3\pi}{2}\right) \qquad (2\text{-}111)$$

根据新变量 t 的积分范围可知,$\cos t<0$ 是恒成立的,则式(2-110)变形为:

$$\begin{aligned} V_{\text{corner}} &= 4\pi\int_{\pi/2}^{3\pi/2}(R+r-R\sin t)\cdot\sqrt{R^2-R^2\sin^2 t}\cdot(-R\cos t)dt \\ &= 4\pi R^2\int_{\pi/2}^{3\pi/2}(R+r-R\sin t)\cdot\cos^2 t\cdot dt \\ &= 4\pi R^2(R+r)\int_{\pi/2}^{3\pi/2}\frac{1+\cos 2t}{2}dt + 4\pi R^3\int_{\pi/2}^{3\pi/2}\cos^2 t\cdot d(\cos t) \\ &= 4\pi R^2(R+r)\left(\frac{1}{2}t+\frac{1}{4}\sin 2t\right)\Big|_{\pi/2}^{3\pi/2} + 4\pi R^3\cdot\frac{1}{3}\cos^3 t\Big|_{\pi/2}^{3\pi/2} \\ &= 2\pi^2 R^2(R+r) \end{aligned} \qquad (2\text{-}112)$$

于是，卷铁心均质化模型的总体积为：

$$V_{\text{media}} = V_{\text{limb}} + V_{\text{yoke}} + V_{\text{corner}} = 2\pi R^2 \left[h + e + \pi(R + r) \right] \quad (2\text{-}113)$$

卷铁心均质化模型与实际卷铁心在涡流损耗的计算方面是等价的，则：

$$P_{e(LF)} \cdot V_{\text{media}} = P_{\text{real}(LF)} \cdot V_{\text{core}} \quad (2\text{-}114)$$

其中，卷铁心的涡流损耗 $P_{\text{real}(LF)}$ 是对式（2-73）在 $f \to 0$ 条件下对部分参数近似处理后的结果。根据式（2-73）和（2-74），写出近似处理前卷铁心涡流损耗表达式：

$$P_{\text{real}} \cdot V_{\text{core}} = E_1 + E_2 = \frac{2H_0^2}{\sigma} \sqrt{\frac{q}{2}} \cdot \frac{\sinh d\sqrt{\frac{q}{2}} - \sin d\sqrt{\frac{q}{2}}}{\cosh d\sqrt{\frac{q}{2}} + \cos d\sqrt{\frac{q}{2}}} \cdot \sum_{i=1}^{2k}(w_{i+1} + w_i)l_i +$$

$$\frac{16H_0^2}{\sigma d^2} \cdot \sum_{n=0}^{\infty} \frac{q^2 \left(\sqrt{\lambda_n^2 + q^2} - 2\lambda_n \right)}{\lambda_n \left(\lambda_n^2 + q^2 \right)^{\frac{3}{2}}} \cdot \left(r_n l_k \tanh r_n w_k + \sum_{\substack{i=1 \\ i \neq k}}^{2k} \frac{l_i \cdot \ln \frac{\cosh r_n w_{i+1}}{\cosh r_n w_i}}{w_{i+1} - w_i} \right) \quad (2\text{-}115)$$

当 $f \to 0$ 时，$q = \omega \times \mu_{t\text{-fer}} \times \sigma \to 0$，$E_1$ 中三角函数和双曲函数的复杂耦合项可以参照"麦克劳林级数展开+舍去高阶无穷小项"的规则获得幂函数项以及整体简化：

$$\frac{\sinh \gamma - \sin \gamma}{\cosh \gamma + \cos \gamma} = \frac{(e^\gamma - e^{-\gamma}) - 2\sin\gamma}{(e^\gamma + e^{-\gamma}) + 2\cos\gamma}$$

$$= \frac{\left(1 + \frac{\gamma}{1!} + \frac{\gamma^2}{2!} + \frac{\gamma^3}{3!} \cdots \right) - \left(1 - \frac{\gamma}{1!} + \frac{\gamma^2}{2!} - \frac{\gamma^3}{3!} \cdots \right) - 2\left(\gamma - \frac{\gamma^3}{3!} + \frac{\gamma^5}{5!} - \frac{\gamma^7}{7!} \cdots \right)}{\left(1 + \frac{\gamma}{1!} + \frac{\gamma^2}{2!} + \frac{\gamma^3}{3!} \cdots \right) + \left(1 - \frac{\gamma}{1!} + \frac{\gamma^2}{2!} - \frac{\gamma^3}{3!} \cdots \right) + 2\left(1 - \frac{\gamma^2}{2!} + \frac{\gamma^4}{4!} - \frac{\gamma^6}{6!} \cdots \right)}$$

$$= \frac{\frac{1}{3!}\gamma^3 + \frac{1}{7!}\gamma^7 + O(\gamma^8)}{1 + \frac{1}{4!}\gamma^4 + \frac{1}{8!}\gamma^8 + O(\gamma^8)} \approx \frac{1}{6}\gamma^3 \quad (2\text{-}116)$$

因此，式（2-115）的 E_1 在低频下近似的结果为：

$$E_1 = \frac{2H_0^2}{\sigma} \sqrt{\frac{q}{2}} \cdot \frac{1}{6} \left(d\sqrt{\frac{q}{2}} \right)^3 \cdot \sum_{i=1}^{2k}(w_{i+1} + w_i)l_i = \frac{\pi^2 f^2 \mu_{t\text{-fer}}^2 H_0^2 d^3 \sigma}{12} \cdot \sum_{i=1}^{2k}(w_{i+1} + w_i)l_i \quad (2\text{-}117)$$

对于 E_2 而言，由于 $q \to 0$，且硅钢片厚度在 10^{-4} m 数量级，所以 λ_n 的数量级也在

10^4 之上，因而有 $\lambda_n \gg q$。于是分母可以简化为 $(\lambda_n)^4$，即便是 $n=0$ 的条件下，它依旧是一个非常大的数。而分子是由 q 与某个多项式的乘积构成，在数值上必然远小于分母，因此 E_2 在低频下近似的结果为 0。于是得到式（2-114）右边的表达式：

$$P_{\text{real}(LF)} \cdot V_{\text{core}} = \frac{\pi^2 f^2 \mu_{t\text{-fer}}^2 H_0^2 d^3 \sigma}{12} \cdot \sum_{i=1}^{2k}(w_{i+1}+w_i)l_i \qquad (2\text{-}118)$$

结合式（2-76）、（2-105）、（2-113）和（2-118），得到低频条件下卷铁心均质化模型等效电导率横向参量的计算公式：

$$\sigma_{\varphi(LF)} = \frac{\sigma d^3 \cdot \sum_{i=1}^{2k}(w_{i+1}+w_i)l_i}{6\pi F^2 R^4 [h+e+\pi(R+r)]} \qquad (2\text{-}119)$$

其中，卷绕层级参数 k、层级轧制路径长度 l_i 和层级截面宽度 w_i 分别按照式（2-68）、（2-67）和（2-70）计算。

2.2.2.2 高频分析

当励磁频率增加到较大的数值后，很难通过有限项的计算发现式（2-102）和（2-103）的收敛特征，这并不利于将式（2-100）变为更加简洁清晰的形式。因此，本书采用贝塞尔函数的渐近公式[33]来解决高频条件下等效涡流场模型的简化问题：

$$J_\varepsilon(x) \approx \sqrt{\frac{2}{\pi x}} \cdot \cos\left(x - \frac{\pi}{4} - \frac{\varepsilon\pi}{2}\right), \quad \varepsilon = 0,1,2,\cdots \qquad (2\text{-}120)$$

其中，ε 为贝塞尔函数的阶数。

根据定义，渐近公式对自变量 x 有一定的限制要求，通常需要它取一个相对较大的值，才能保证函数的计算精度。图 2-15 给出了自变量取值为 0~20 的贝塞尔函数 J_0 和 J_1 的原始公式和渐近公式数值特征对比情况。可以看到，渐近公式的逼近精度呈现出非常明显的分段态势：对于零阶贝塞尔函数，分界点的坐标大约为(1, 0.78)，即当 $x<1$ 时，原始公式和渐近公式的偏差率超过 10%，而当 $x>1$ 时，二者的数值匹配非常良好，平均偏差小于 1%；对于一阶贝塞尔函数，分界点的坐标大约为(2.4, 0.51)，即当 $x<2.4$ 时，渐近公式不能满足基本计算要求，当 $x>2.4$ 时，原始公式与渐进公式所在曲线吻合度较高，逼近精度可达 99.9%。当频率 f 较大时，根据式（2-91）可知，δ 是一个足够小的数，R/δ 的值一定是远大于 2.4 的。可见式（2-120）的精度很高，完全能够替代式（2-100）包含的贝塞尔函数进行后续推导。

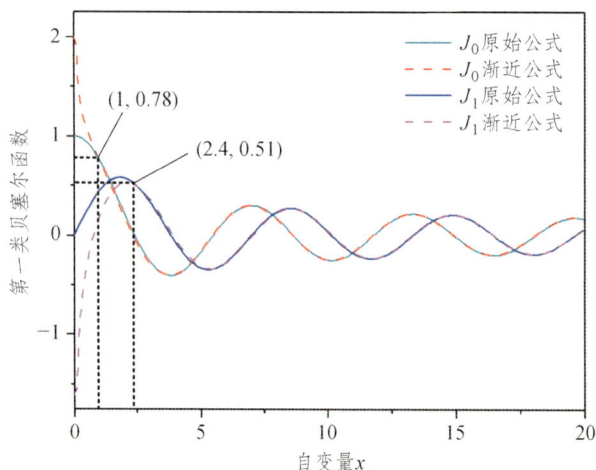

图 2-15 零阶、一阶贝塞尔函数原始公式与渐近公式的数值特征对比

根据式（2-94）、（2-95）和（2-120），可以得到：

$$I_0(x) = J_0(\mathrm{j}x) \approx \sqrt{\frac{2}{\mathrm{j}\pi x}} \cdot \cos\left(\mathrm{j}x - \frac{\pi}{4}\right)$$

$$= \sqrt{\frac{2}{\mathrm{j}\pi x}}\left(\cos\frac{\pi}{4}\cosh x + j\sin\frac{\pi}{4}\sinh x\right) = \sqrt{\frac{1}{\mathrm{j}\pi x}}(\cosh x + \mathrm{j}\sinh x)$$

$$= \sqrt{\frac{1}{\pi x}} \cdot \frac{1-\mathrm{j}}{\sqrt{2}} \cdot (\cosh x + \mathrm{j}\sinh x) = \frac{1}{\sqrt{2\pi x}}(\mathrm{e}^x - \mathrm{j}\mathrm{e}^{-x}) \tag{2-121}$$

$$I_1(x) = J_1(\mathrm{j}x) \approx \sqrt{\frac{2}{\mathrm{j}\pi x}} \cdot \cos\left(\mathrm{j}x - \frac{3}{4}\pi\right)$$

$$= \sqrt{\frac{2}{\mathrm{j}\pi x}}\left(\cos\frac{3\pi}{4}\cosh x + j\sin\frac{3\pi}{4}\sinh x\right) = \sqrt{\frac{1}{\mathrm{j}\pi x}}(-\cosh x + \mathrm{j}\sinh x)$$

$$= \sqrt{\frac{1}{\pi x}} \cdot \frac{1-\mathrm{j}}{\sqrt{2}} \cdot (-\cosh x + \mathrm{j}\sinh x) = \frac{1}{\sqrt{2\pi x}}\left(\mathrm{j}\mathrm{e}^x - \mathrm{e}^{-x}\right) \tag{2-122}$$

其中，式（2-122）的推导两次运用了欧拉公式，消除了虚数单位 j 的外层根号，过程如下：

$$\frac{1}{\sqrt{\mathrm{j}}} = \frac{1}{\sqrt{\cos\frac{\pi}{2} + \mathrm{j}\sin\frac{\pi}{2}}} = \frac{1}{\mathrm{e}^{\mathrm{j}\frac{\pi}{2}\cdot\frac{1}{2}}} = \mathrm{e}^{-\mathrm{j}\frac{\pi}{4}} = \cos\left(-\frac{\pi}{4}\right) + \mathrm{j}\sin\left(-\frac{\pi}{4}\right) = \frac{1-\mathrm{j}}{\sqrt{2}} \tag{2-123}$$

将式（2-121）和（2-122）代入式（2-100），得到涡流密度的近似表达式：

$$\dot{J}_\varphi(\rho)_{HF} \approx \dot{H}_0 \sqrt{-\mathrm{j}\omega\mu_{t-eq}\sigma_\varphi} \cdot \sqrt{\frac{R}{\rho}} \cdot \frac{\mathrm{j}\mathrm{e}^{(1+\mathrm{j})\rho/\delta} - \mathrm{e}^{-(1+\mathrm{j})\rho/\delta}}{\mathrm{e}^{(1+\mathrm{j})R/\delta} - \mathrm{j}\mathrm{e}^{-(1+\mathrm{j})R/\delta}} \quad (2\text{-}124)$$

设推导中间参量 $\theta_0 = R/\delta$，$\theta_1 = \rho/\delta$，则涡流密度模值平方的计算过程如下：

$$\left|J_\varphi(\rho)_{HF}\right|^2 = \left|\dot{H}_0 \sqrt{\frac{-\mathrm{j}\omega\mu_{t-eq}\sigma_\varphi R}{\rho}} \cdot \frac{-\mathrm{e}^{\theta_1}\sin\theta_1 - \mathrm{e}^{-\theta_1}\cos\theta_1 + \mathrm{j}\cdot\left(\mathrm{e}^{\theta_1}\cos\theta_1 + \mathrm{e}^{-\theta_1}\sin\theta_1\right)}{\mathrm{e}^{\theta_0}\cos\theta_0 - \mathrm{e}^{-\theta_0}\sin\theta_0 + \mathrm{j}\cdot\left(\mathrm{e}^{\theta_0}\sin\theta_0 - \mathrm{e}^{-\theta_0}\cos\theta_0\right)}\right|^2$$

$$= \frac{\omega\mu_{t-eq}\sigma_\varphi H_0^2 R}{\rho} \cdot \left|\frac{-1+\mathrm{j}}{\sqrt{2}}\right|^2 \times$$

$$\frac{\mathrm{e}^{2\theta_1}\sin^2\theta_1 + \mathrm{e}^{-2\theta_1}\cos^2\theta_1 + 4\sin\theta_1\cos\theta_1 + \mathrm{e}^{2\theta_1}\cos^2\theta_1 + \mathrm{e}^{-2\theta_1}\sin^2\theta_1}{\mathrm{e}^{2\theta_0}\cos^2\theta_0 + \mathrm{e}^{-2\theta_0}\sin^2\theta_0 - 4\sin\theta_0\cos\theta_0 + \mathrm{e}^{2\theta_0}\sin^2\theta_0 + \mathrm{e}^{-2\theta_0}\cos^2\theta_0}$$

$$= \frac{\omega\mu_{t-eq}\sigma_\varphi H_0^2 R}{\rho} \cdot \frac{\mathrm{e}^{2\theta_1} + \mathrm{e}^{-2\theta_1} + 2\sin 2\theta_1}{\mathrm{e}^{2\theta_0} + \mathrm{e}^{-2\theta_0} - 2\sin 2\theta_0} = \frac{\omega\mu_{t-eq}\sigma_\varphi H_0^2 R}{\rho} \cdot \frac{\cosh\dfrac{2\rho}{\delta} + \sin\dfrac{2\rho}{\delta}}{\cosh\dfrac{2R}{\delta} - \sin\dfrac{2R}{\delta}}$$

$$(2\text{-}125)$$

将式（2-125）代入式（2-101），并结合式（2-91），得到高频条件下卷铁心均质化模型的单位体积涡流损耗计算公式：

$$P_{e(HF)} = \frac{1}{\sigma_\varphi R^2} \int_0^R \left(\frac{\omega\mu_{t-eq}\sigma_\varphi H_0^2 R}{\rho} \cdot \frac{\cosh\dfrac{2\rho}{\delta} + \sin\dfrac{2\rho}{\delta}}{\cosh\dfrac{2R}{\delta} - \sin\dfrac{2R}{\delta}}\right) \rho \cdot \mathrm{d}\rho$$

$$= \frac{\omega\mu_{t-eq} H_0^2}{R} \cdot \frac{\delta}{2} \cdot \left.\frac{\sinh\dfrac{2\rho}{\delta} - \cos\dfrac{2\rho}{\delta}}{\cosh\dfrac{2R}{\delta} - \sin\dfrac{2R}{\delta}}\right|_0^R = \frac{H_0^2}{\sigma_\varphi \delta R} \cdot \frac{\sinh\dfrac{2R}{\delta} - \cos\dfrac{2R}{\delta} + 1}{\cosh\dfrac{2R}{\delta} - \sin\dfrac{2R}{\delta}} \quad (2\text{-}126)$$

借鉴低频条件的分析方法，设置极端情况 $f \to \infty$，于是有 $\delta \to 0$，由于复杂耦合项在该极限情况下能够按照下式简化：

$$\lim_{\gamma \to \infty} \frac{\sinh\gamma - \cos\gamma + 1}{\cosh\gamma - \sin\gamma} = \lim_{\gamma \to \infty} \frac{1 - \mathrm{e}^{-2\gamma} - 2\mathrm{e}^{-\gamma}\cos\gamma + 2\mathrm{e}^{-\gamma}}{1 + \mathrm{e}^{-2\gamma} - 2\mathrm{e}^{-\gamma}\sin\gamma} = 1 \quad (2\text{-}127)$$

其中，第二步推导用到了高等数学的一个重要结论：无穷小量 $e^{-\gamma}$ 乘以有界变量 $\cos\gamma$ 或 $\sin\gamma$，其极限为 0。

因此，式（2-126）可以进一步简化为：

$$P_{e(HF)} = \frac{H_0^2}{\sigma_\varphi \delta R} = \frac{H_0^2}{R}\sqrt{\frac{2\pi f \cdot F \mu_{t-\text{fer}}}{\sigma_\varphi}} \quad (2\text{-}128)$$

与式（2-114）类似，通过损耗等价构建均质化模型和实际铁心的耦合方程：

$$P_{e(HF)} \cdot V_{\text{media}} = P_{\text{real}(HF)} \cdot V_{\text{core}} \quad (2\text{-}129)$$

当 $f \to \infty$ 时，$q = \omega \times \mu_{t\text{-fer}} \times \sigma \to \infty$，实际卷铁心涡流损耗初始计算公式（2-115）中 E_1 涉及的三角函数和双曲函数复杂耦合项可以参照下式进行简化：

$$\lim_{\gamma \to \infty} \frac{\sinh\gamma - \sin\gamma}{\cosh\gamma + \cos\gamma} = \lim_{\gamma \to \infty} \frac{1 - e^{-2\gamma} - 2e^{-\gamma}\sin\gamma}{1 + e^{-2\gamma} + 2e^{-\gamma}\cos\gamma} = 1 \quad (2\text{-}130)$$

由于 $q \to \infty$，则有 $q \gg \lambda_n$，然后通过计算极限 G 来大致评估 E_2 的数值范围：

$$G = \lim_{q \to \infty} \frac{q^2\left(\sqrt{\lambda_n^2 + q^2} - 2\lambda_n\right)}{\lambda_n\left(\lambda_n^2 + q^2\right)^{\frac{3}{2}}} = \lim_{q \to \infty}\left[\frac{q^2}{\lambda_n\left(\lambda_n^2 + q^2\right)} - \frac{2q^2}{\left(\lambda_n^2 + q^2\right)^{\frac{3}{2}}}\right]$$

$$\approx \lim_{q \to \infty}\left[\frac{q^2}{\lambda_n \cdot q^2} - \frac{2q^2}{(q^2)^{\frac{3}{2}}}\right] = \lim_{q \to \infty}\left[\frac{1}{\lambda_n} - \frac{2}{q}\right] = \frac{1}{\lambda_n} \quad (2\text{-}131)$$

根据前文对于 λ_n 的分析可知，其数量级在 10^4 之上，则有 $\lambda_n \gg 1$。于是，极限 G 的数值非常接近 0，因此 E_2 在高频下近似的结果也为 0。

于是，得到式（2-129）等号右边的解析式：

$$P_{\text{real}(HF)} \cdot V_{\text{core}} = \frac{2H_0^2}{\sigma}\sqrt{\frac{q}{2}} \cdot \sum_{i=1}^{2k}(w_{i+1} + w_i)l_i = 2H_0^2\sqrt{\frac{\pi f \mu_{t\text{-fer}}}{\sigma}} \cdot \sum_{i=1}^{2k}(w_{i+1} + w_i)l_i \quad (2\text{-}132)$$

结合式（2-76）、（2-113）、（2-128）和（2-132），得到高频条件下卷铁心均质化模型等效电导率横向参量的计算公式：

$$\sigma_{\varphi(HF)} = \frac{2\pi^2 R^2 F \sigma [h+e+\pi(R+r)]^2}{\left[\sum_{i=1}^{2k}(w_{i+1}+w_i)l_i\right]^2} \quad (2\text{-}133)$$

2.2.2.3 数值验证

由于式（2-119）和（2-133）在推导过程中都以频率为基础，做了理想情况的近似假设（如 $f \to 0$ 或 $f \to \infty$），仅仅是为了得到简洁的表达式，对卷铁心涡流场有限元分析提供便利。然而，直接运用上述模型结合有限元计算求解电磁问题时，很难从理论上找到低频和高频的真实区间。换言之，面对结构参数多变的实际卷铁心涡流场分析时，将无法确切地知道到底该采用低频近似下得到的等效电导率参数模型，还是该采用高频近似下得到的等效电导率参数模型。为了解决这个难题，需要对原始的损耗等价方程进行高精度求解，探明等效电导率在全频率段的细致变化规律，才能构建以频率特征为基础的等效电导率参数分段选取规则，为工程领域的有限元分析提供实质性帮助。

低频或高频近似前的卷铁心均质化模型与实际多级圆形卷铁心损耗等价方程为：

$$P_e \times V_{\text{media}} = P_{\text{real}} \times V_{\text{core}} \quad (2\text{-}134)$$

它是一个包含无穷级数（零阶和一阶的贝塞尔函数）和较复杂三角、指数耦合关系的超越方程，很显然它只能在明确所有结构参数、材料物性参数后，通过 Matlab 求得较高精度的数值解。可以推断，在较低或较高的频率条件下，式（2-134）的数值解结果一定会趋近于式（2-119）或（2-133）的计算值，而低频、高频近似解析模型的计算结果显然是存在差异的，伴随着频率的增加，等效电导率的真实值必然会出现至少一次数值上的跃变，而具体如何变化，或者说以怎样的函数关系变化却是未知的。因此，本节的目的是以损耗等价方程的数值解与低频、高频等效电导率模型的对比计算结果为数据蓝本，找出等效电导率数值上剧烈变化所在的频段、选定分界频率点，并通过改变模型的结构参数，探究分界频率点的变化特征，使得建模过程中等效电导率参数分段规则有据可依，且能够适应不同结构参数的卷铁心涡流场有限元分析。数值分析和验证过程所采用的材料物性参数包括电导率测试值 $\sigma_{\text{test}} = 2 \times 10^6 \text{ S/m}$，磁导率切向分量测试值 $\mu_{t\text{-fer,te}} = 2000\mu_0$，叠装系数测试值 $F_{\text{test}} = 0.96$。

这里定义分界频率点的确定规则：选取等效电导率曲线剧烈变化区域中最靠近低频、高频近似模型中间值所在的那个已知频率点，其数学描述如下：

$$f_{\text{sub}} = Z^{-1}\left[\frac{\sigma_{\varphi(LF)} + \sigma_{\varphi(HF)}}{2}\right] \tag{2-135}$$

其中，Z 表征了等效电导率数值解与频率的函数关系；Z^{-1} 是它的反函数。

经研究发现，尽管等效电导率曲线跃变客观存在，通过严格的数学方法也能得到其数值上发生陡变的频率区间，但分界频率点却不是一个确切的数值，只能依赖经验手段（如观察法）或统计学方法（如置信度计算）大致给出比较合理的数值，以服务于有限元建模的参数分段流程。下面通过计算案例进一步阐述式（2-135）的选型效果。

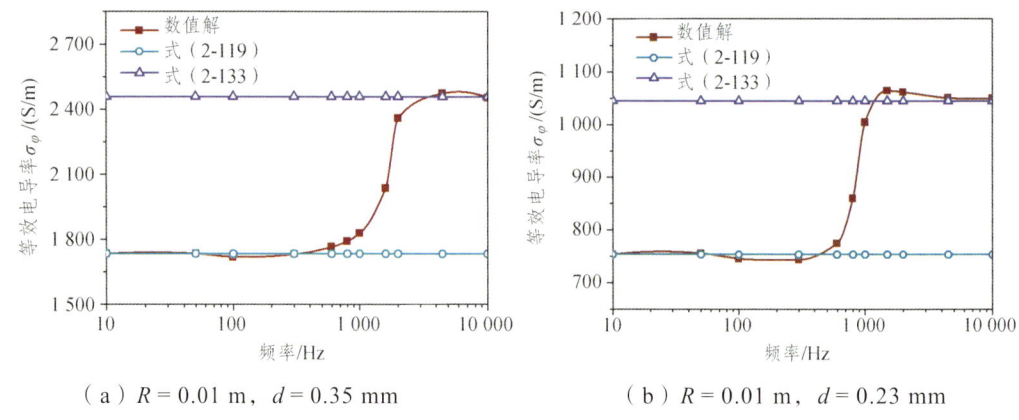

(a) $R = 0.01$ m，$d = 0.35$ mm 　　　(b) $R = 0.01$ m，$d = 0.23$ mm

图 2-16　不同硅钢片厚度下等效电导率数值解和近似解析解随频率的变化特征

对于截面半径 $R = 0.01$ m、硅钢片厚度 $d = 0.35$ mm 的卷铁心均质化模型，等效电导率横向分量的计算值随频率的变化特征如图 2-16（a）所示：显然，等效电导率低频、高频近似解析模型不随频率而改变，然而数值解情况却大相径庭：当 $f<1000$ Hz 时，等效电导率的数值解结果与低频近似解析模型保持一致，但在 1000～2000 Hz 频段，该曲线发生陡变，等效电导率数值急速上升，而当 $f>2000$ Hz 以后又与高频近似解析模型的计算结果基本重合。同时，在有限个频率点的计算结果中，最靠近低频和高频近似解析模型中间值的是 1500 Hz 对应的等效电导率数值结果。因此，在这个硅钢片厚度条件下，可选取 1500 Hz 作为分界频率点。当保持截面半径不变，将卷铁心模型中硅钢片厚度参数调整为 $d = 0.23$ mm 时，等效电导率的低频、高频近似解析模型在数值上（纵坐标）发生了改变，如图 2-16（b）所示，但是其变化趋势仍然是一条平坦的直线，即不随频率而改变；同时，等效电导率数值解也保持了类似的变化趋势，即曲线始末两端分别和低频、高频近似解析模型的计算结果基本重合，但曲线发生陡变的频段却变为 600~1500 Hz，相比于 $d = 0.23$ mm 的数值结果而言，出现了少量的左偏移，分界频率点也跟着向左偏移，下降到 800 Hz。这说明硅钢片厚度参数的改变会引发分界频率点所在曲线陡变频段的整体移位。

当硅钢片厚度恒为 $d = 0.3$ mm 时，通过改变卷铁心均质化模型的截面半径 R，得到等效电导率横向分量的计算值随频率的变化特征，如图 2-17 所示。显然，该等效电导率曲线的总体特征与图 2-16 具有相同的变化趋势，但在等效电导率、陡变频段的数值方面有一定的差异：当 $f<300$ Hz 时，等效电导率的数值解与低频近似解析模型一致，但在 300~1000 Hz 频段，数值解曲线发生陡变，等效电导率急速攀升；当 $f>1000$ Hz 以后与高频近似解析模型对应曲线基本重合。此外，比较图 2-17 的（a）、（b）可知，在截面半径 R 发生变化时，600 Hz 的频率点对应的数值解结果都是最接近低频、高频近似解析模型中间值的。这说明卷铁心截面半径参数的改变不会造成曲线陡变频段的整体移位，即 600 Hz 均可作为该硅钢片厚度条件下的分界频率点。

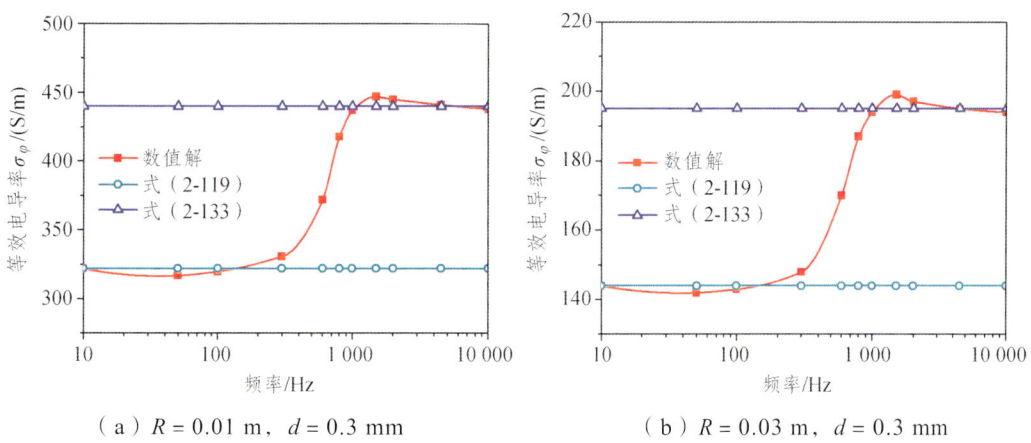

图 2-17 不同铁心截面半径下等效电导率数值解和近似解析解随频率的变化特征

为使上述推论更具有说服力，进一步探究了不同频率条件下等效电导率数值和近似解析计算结果随卷铁心截面半径的变化特征,如图 2-18(a)所示。

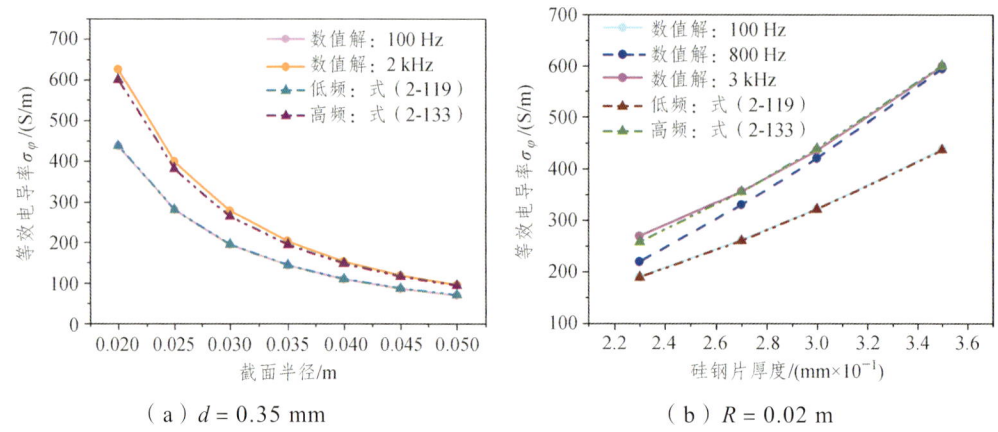

(a) $d = 0.35$ mm　　　　　　(b) $R = 0.02$ m

图 2-18　典型频率下等效电导率数值解和近似解析解随卷铁心结构参数的变化特征

这里选取了等效电导率数值陡变频段之外的左右两个频率点,将 100 Hz 和低频近似解析模型进行比较,2000 Hz 与高频近似解析模型进行比较。数据结果表明,无论截面半径参数在 0.02~0.05 m 的范围内如何变化,曲线都具备较高的贴合度。该结果进一步巩固了"卷铁心截面半径参数的改变不会引起曲线陡变频段整体偏移"的推论。图 2-18(b)给出了不同频率条件下几种典型牵引变压器硅钢片厚度对应的等效电导率数值和近似解析计算结果:这里选取等效电导率数值解曲线陡变频段之外的左右两个频率点(100 Hz 和 3000 Hz),以及曲线陡变频段之内的一个点(800 Hz),显然,100 Hz、3000 Hz 对应的等效电导率数值解曲线分别与低频、高频近似解析模型所在曲线吻合得很好,而在硅钢片厚度小于 0.3 mm 时,800 Hz 条件下得到的等效电导率数值计算结果既不能贴合低频近似解析模型所在曲线,也无法与高频近似解析模型获得较好的数值匹配。而当硅钢片厚度超过 0.3 mm 时,等效电导率数值解曲线的陡变频段即刻向左偏移,800 Hz 也随之迁移到陡变频段之外,并隶属于高频范畴,从而与高频近似解析模型的计算结果保持一致。该结果进一步证实了"卷铁心模型硅钢片厚度的改变能够引发曲线陡变频段整体偏移"的推论。

由此看来,对于各种结构参数的卷铁心均质化模型,其等效电导率横向分量的真实值一定会在某个不算太高（数量级约为 10^3）的频段内发生陡变，如果涡流场计算所选取的频率处于这个陡变频段内部，甚至在分界频率点附近，那么可以预见，无论是采用低频模型还是高频模型，都会出现较为显著的计算误差。因此，当需要解析的频率靠近模型的分界频率点时，低频和高频解析模型均不适用，只能利用确定的结构参数、结合 Matlab 编程求得式（2-134）的数值解，或采取基于最小二乘的经验数值法[34, 35]：选取低频和高频解析模型的中间值 M_1，将其作为卷铁心均质化模型有限元分析的电导率参数，通过仿真分析计算出涡流损耗，并与实测损耗结果进行对比；若数值存在较大的偏差，那就再取低频模型与 M_1 的中间值 M_{2L}，以及高频模型与 M_1 的中间值 M_{2H}，以此作为卷铁心均质化模型有限元分析的电导率参数，再次计算涡流损耗；重复上述步骤，不断取得新的中心值，以调整有限元的电导率参数，直到涡流损耗的计算结果满足工程方案中预定的精度为止。

此外，图 2-16～图 2-18 的结果只是定性地说明了硅钢片厚度的变化会影响等效电导率数值解曲线陡变区域分布态势，使其在频率轴上发生偏移，且该频段区域也会有微量的扩张或缩短。然而，对于偏移量的具体数值，以及方向上究竟是左偏移还是右偏移，均没有发现明确的规律。例如，当硅钢片厚度从 0.35 mm 变为 0.3 mm 时，曲线陡变区域所在频段向左偏移，但是从 0.3 mm 变为 0.23 mm 时，陡变频段又发生右偏移了，说明数值解曲线陡变频段与硅钢片厚度并不是正相关，也不是负相关，而是呈现出更为复杂的交替耦合关系。产生该现象的原因可能是式（2-134）包含丰富的三角和指数多重关联项，导致终解形式极为复杂。基于上述分析，明确了在卷铁心众多结构参数中，仅有硅钢片的厚度会对等效电导率数值解陡变频段产生偏移或缩进的影响。因此，在实际工程中，可以针对常用的几种变压器硅钢片牌号，通过计算得到各种厚度对应的等效电导率数值解陡变频段以及内部的分界频率点，那么无论卷铁心的整体结构、绕制方式如何变化，只要采用这些已知牌号的硅钢片制作，都可以用各自厚度对应下的分界频率点作为有限元建模的等效电导率参数分段标准。

根据进一步分析，得到几种典型变压器硅钢片牌号对应的等效电导率数值解陡变频段以及分界频率点，如表 2-2 所示。

表 2-2 不同种类变压器硅钢片的等效电导率数值解陡变频段及其分界频率点

硅钢片牌号	厚度 d/mm	有效磁导率 μ /(H/m)	电导率 σ /(S/m)	陡变频段 L/Hz	分界频率点 $f_{sub.}$/Hz
23ZH90	0.23	$68400\mu_0$	1980000	600~1500	800
B27ahv1500	0.27	$5200\mu_0$	1666667	200~700	500
27QG100		$42300\mu_0$		300~900	500
B30P120	0.3	$38600\mu_0$	2220000	300~1000	600
35ZH125	0.35	$45200\mu_0$	2083333	1000~2000	1500

厚度为 0.27 mm 的两种硅钢片在磁性能方面有较大差异，但是陡变频段差异很小，分界频率点也是同一数值（500 Hz）。可以推断，采用这种参数分段方法进行有限元建模，不会对涡流损耗分析引入明显的误差。因此，磁导率的变化对等效电导率数值解曲线陡变所在频段的影响小到可以忽略，不会让分界频率点发生改变。

2.2.3 等效磁导率矩阵法向参数求解

前面的分析均认为硅钢片具有理想的晶粒取向特性，即卷铁心内部任何位置的磁通都严格按照轧制路径方向流动，然而实际工业生产中硅钢片冷轧取向的工艺并不是完美的，一般来说，晶粒群的方位和轧制方向会出现 5°~7°的偏角[36]（高磁感取向硅钢可以做到仅有 3°偏差），这使得卷铁心内有少量的磁通会沿着垂直于卷片的方向（即 2.2.1 节定义的法向分量）流动，且磁通在法向穿越过程中，硅钢片实体和片间绝缘涂层会出现频繁的交替耦合，而这两种介质具有完全不同的导磁性质，在建模过程中需要交叠赋予，而大型牵引变压器的卷铁心可达数千层级，这种建模方法显然是难以实现的。为了让建模工序变得可行且高效，同时确保涡流场分析的精度，需要采用均质化方法合理配置等效磁导率的法向分量。文献[37]通过磁阻定义式直接给出了硅钢片有效磁导率法向分量的构建方法，如图 2-19 所示。

图 2-19（a）表示了磁通法向分量穿越真实硅钢片的过程——先通过磁性能优越的硅钢，再强制通过磁性能较差的绝缘涂层，两种介质所在区域可以用两个串联磁阻来定量描述，磁阻中包含的长度参数可由叠片系数 F 进行表征；图 2-19（b）表示磁通法向分量通过一个材质均匀的假想物体，它也可以用磁阻的定义式直接描述，只是

该磁阻中包含的磁导率参数是待定的。由于法向磁通流经真实硅钢片和假想物体，其磁阻在数值上是等价的，因此可以建立如下等量关系：

$$\frac{1}{\mu_f}\frac{F \cdot d}{S_i} + \frac{1}{\mu_0}\frac{(1-F) \cdot d}{S_i} = \frac{1}{\mu_{eq}}\frac{d}{S_i} \tag{2-136}$$

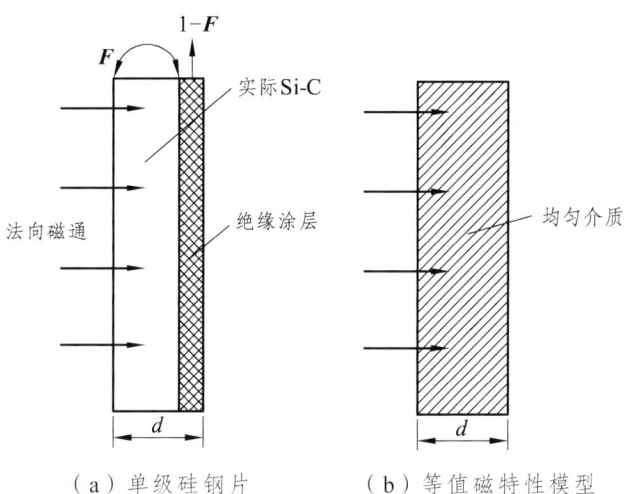

(a) 单级硅钢片　　(b) 等值磁特性模型

图 2-19　单级硅钢片等效磁导率法向分量的建模方案

然而，大型牵引变压器卷铁心的截面为多级圆形，各层级卷片的宽度呈现出先增大后减小的趋势，在构建法向磁通流动下的磁阻模型时，需要在式（2-136）的基础上，将多个截面积参数不同的磁阻单元考虑为串联耦合关系。而根据本书 2.2.2 节的定义可知，卷铁心均质化模型是用圆柱（心柱和铁轭）和截面为圆形的环状体（拐角）代替整个模型，以达到建模方便、仿真运算高效的目的。因而对于截面为标准圆形的材质均匀的假想物体，可通过微元分析法来描述截面宽度沿着圆弧路径的变化特征。

必须指出，卷铁心的心柱、铁轭区域，磁阻单元中任意层级的截面宽度是不同的，即 $w_i \neq w_v$，这就导致各层级的截面面积是不相等的，如图 2-20（a）所示；而卷铁心拐角区域相比于心柱、铁轭区域更加特殊——磁阻单元中任意层级的截面宽度和轧制路径长度是同时变化的，这意味着法向磁通流经的截面面积会随着卷绕层级的增加而出现更加剧烈的变化态势，如图 2-20（b）所示。尽管蓝色区域和红色区域仅相隔 2 个层级，但由于 $w_i \neq w_v$ 且 $l_i \neq l_v$，仅从图形上就能直观感受到它们截面面积的显著差异。因此，磁阻模型在数值上也会存在很大的不同，在均质化分析时，将心柱和铁轭区域归为第一类,拐角区域归为第二类。无论是心柱、铁轭或是拐角区域的磁特性等效建模,都以横截面微元分析为基础,如图2-20(c)、(d)所示。

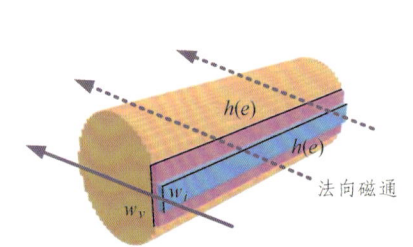

(a)心柱/铁轭区域相异层级参数分析

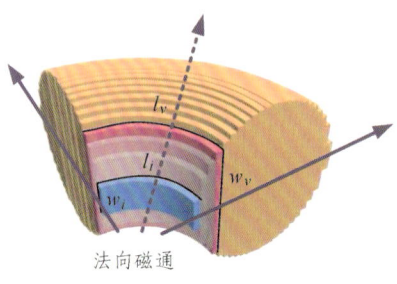

(b)拐角区域相异层级参数分析

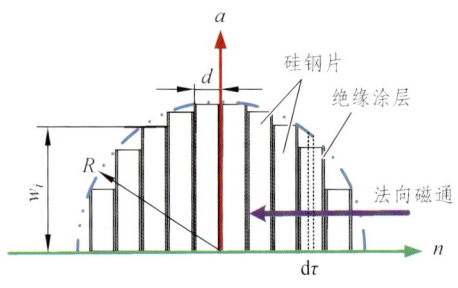

(c)真实卷铁心1/2截面特征

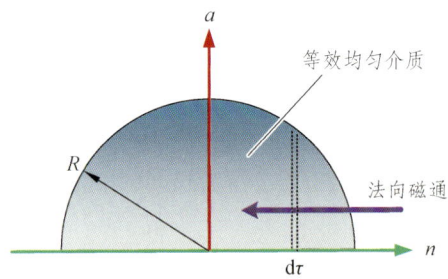

(d)均质化模型1/2截面特征

图2-20 基于磁阻等效分析的卷铁心等效磁导率法向参数建模方法

(1)心柱、拐角区域:各层级轧制路径长度相等,实际卷铁心磁阻参数的变量仅有截面宽度,通过磁阻等价均质化理论,构建心柱区域包含未知磁导率的参数方程:

$$\sum_{i=1}^{2k}\left(\frac{F}{\mu_{n\text{-fer}}}+\frac{1-F}{\mu_0}\right)\cdot\frac{d}{h\cdot w_i}=\frac{1}{\mu_{n\text{-eq(limb)}}}\int_{-R}^{R}\frac{\mathrm{d}\tau_l}{h\cdot 2\sqrt{R^2-\tau_l^2}} \quad (2\text{-}137)$$

同理,铁轭区域的参数方程表示为:

$$\sum_{i=1}^{2k}\left(\frac{F}{\mu_{n\text{-fer}}}+\frac{1-F}{\mu_0}\right)\cdot\frac{d}{e\cdot w_i}=\frac{1}{\mu_{n\text{-eq(yoke)}}}\int_{-R}^{R}\frac{\mathrm{d}\tau_y}{e\cdot 2\sqrt{R^2-\tau_y^2}} \quad (2\text{-}138)$$

其中,$\mu_{n\text{-fer}}$表示硅钢片的法向磁导率;w_i表示截面宽度参数,按照式(2-70)计算。

式(2-137)和(2-138)在形式上完全一致,包含的铁轭/心柱长度的常数h和e均位于方程两边的分母上,推导过程中可以直接被约分。此外,方程右边的积分也可采用三角换元法轻松得到显式。由此得到均质化模型心柱/铁轭区域等效磁导率法向分量：

$$\mu_{n-\text{eq(limb)}} = \mu_{n-\text{eq(yoke)}} = \frac{\pi}{2d\left(\dfrac{F}{\mu_{n-\text{fer}}} + \dfrac{1-F}{\mu_0}\right) \cdot \sum\limits_{i=1}^{2k} \dfrac{1}{w_i}} \qquad (2\text{-}139)$$

（2）拐角区域：各层级轧制路径长度不等，真实卷铁心磁阻参数中的变量包含截面宽度和轧制路径长度，结合磁阻等价理论，得到该区域的均质化参数方程：

$$\sum_{i=1}^{2k}\left(\frac{F}{\mu_{n-\text{fer}}} + \frac{1-F}{\mu_0}\right) \cdot \frac{d}{l_i \cdot w_i} = \frac{1}{\mu_{n-\text{eq(corner)}}} \int_{-R}^{R} \frac{d\tau_c}{\dfrac{1}{4} \cdot 2\pi(r+R-\tau_c) \cdot 2\sqrt{R^2 - \tau_c^2}} \qquad (2\text{-}140)$$

其中，轧制（卷绕）路径长度参数 l_i 按照式（2-67）或（2-69）计算。

式（2-140）右边的定积分仍然采用三角换元法处理，只是求解过程较为烦琐，下面给出详细步骤：设 $\tau_c = R\sin t$，则变量替换后的微分关系式及积分区域表示如下：

$$d\tau_c = (R\sin t)' \cdot dt = R\cos t \cdot dt, \quad t \in \left(-\frac{\pi}{2}, \frac{\pi}{2}\right) \qquad (2\text{-}141)$$

式（2-140）中的定积分的计算过程及结果如下：

$$\int_{-R}^{R} \frac{d\tau_c}{\pi(r+R-\tau_c)\sqrt{R^2-\tau_c^2}}$$

$$= \int_{-\frac{\pi}{2}}^{\frac{\pi}{2}} \frac{R\cos t \cdot dt}{\pi(r+R-R\sin t)R\cos t}$$

$$= \frac{1}{\pi}\int_{-\frac{\pi}{2}}^{\frac{\pi}{2}} \frac{dt}{r+R-R\sin t} = \frac{1}{\pi}\int_{-\frac{\pi}{2}}^{\frac{\pi}{2}} \frac{\dfrac{1}{\cos^2 \dfrac{t}{2}}}{\dfrac{(r+R)\left(\sin^2 \dfrac{t}{2} + \cos^2 \dfrac{t}{2}\right)}{\cos^2 \dfrac{t}{2}} - R \cdot \dfrac{2\sin \dfrac{t}{2}\cos \dfrac{t}{2}}{\cos^2 \dfrac{t}{2}}} dt$$

$$= \frac{1}{\pi}\int_{-\frac{\pi}{2}}^{\frac{\pi}{2}} \frac{2d\left(\tan \dfrac{t}{2}\right)}{(r+R)\left(\tan^2 \dfrac{t}{2} + 1\right) - 2R\tan \dfrac{t}{2}} \xrightarrow{u=\tan \dfrac{t}{2}} \frac{2}{\pi}\int_{-1}^{1} \frac{du}{(r+R)u^2 - 2Ru + (r+R)}$$

$$= \frac{2}{\pi}\int_{-1}^{1}\frac{\mathrm{d}u}{(r+R)\left[u-\dfrac{R}{r+R}\right]^{2}+\dfrac{(r+R)^{2}-R^{2}}{(r+R)}} = \frac{2}{\pi(r+R)}\int_{-1}^{1}\frac{\mathrm{d}u}{\left(u-\dfrac{R}{r+R}\right)^{2}+\dfrac{r^{2}+2Rr}{(r+R)^{2}}}$$

$$=\frac{2}{\pi\sqrt{r^{2}+2Rr}}\arctan\frac{(r+R)u-R}{\sqrt{r^{2}+2Rr}}\bigg|_{-1}^{1}$$

$$=\frac{2}{\pi\sqrt{r^{2}+2Rr}}\left[\arctan\frac{r}{\sqrt{r^{2}+2Rr}}+\arctan\frac{r+2R}{\sqrt{r^{2}+2Rr}}\right]$$

$$=\frac{2}{\pi\sqrt{r^{2}+2Rr}}\cdot\frac{\pi}{2}=\frac{1}{\sqrt{r^{2}+2Rr}} \qquad (2\text{-}142)$$

其中，第十步的推导运用了正切角的耦合分析，这里给出具体推导步骤：用 θ_1 和 θ_2 表示式（2-142）中的两个反正切函数，则有：

$$\tan\theta_{1}=\frac{r}{\sqrt{r^{2}+2Rr}},\quad \tan\theta_{2}=\frac{r+2R}{\sqrt{r^{2}+2Rr}} \qquad (2\text{-}143)$$

结合正切函数的和差角公式可得：

$$\tan(\theta_{1}+\theta_{2})=\frac{\tan\theta_{1}+\tan\theta_{2}}{1-\tan\theta_{1}\cdot\tan\theta_{2}}=\frac{\dfrac{r}{\sqrt{r^{2}+2Rr}}+\dfrac{r+2R}{\sqrt{r^{2}+2Rr}}}{1-\dfrac{r}{\sqrt{r^{2}+2Rr}}\cdot\dfrac{r+2R}{\sqrt{r^{2}+2Rr}}}=\frac{\dfrac{2(r+R)}{\sqrt{r^{2}+2Rr}}}{1-1}=+\infty \qquad (2\text{-}144)$$

因此，$\theta_1+\theta_2=\pi/2$，进一步得到均质化模型拐角区域等效磁导率法向分量：

$$\mu_{n-\mathrm{eq(corner)}}=1\bigg/\left\{d\sqrt{r^{2}+2Rr}\cdot\left(\frac{F}{\mu_{n-\mathrm{fer}}}+\frac{1-F}{\mu_{0}}\right)\cdot\sum_{i=1}^{2k}\frac{1}{l_{i}\cdot w_{i}}\right\} \qquad (2\text{-}145)$$

2.2.4　涡流场有限元分析及其损耗计算

本节拟参照小型卷铁心变压器 D11-MR-1 进行建模和分析，其额定电压和额定容量分别为 220 V 和 1 kVA，铁心所属材料为冷轧取向硅钢片 27QG100，其几何结构与材料基本参数如表 2-3 和表 2-4 所示。在 Maxwell 19.0 三维涡流场中构建该卷铁心的均质化模型，等效电导率、磁导率张量中涉及的电磁特性参数均按照硅钢片 27QG100 进行规范。为了保证涡流场分析的有效性、准确性，并合理地节省计算资源，让变压器整体处于空载环境进行计算——二次侧开路，变压器一次侧仅有励磁电流通过，铁心内的磁通由单层连续式绕组激发。

表 2-3 D11-MR-1 卷铁心试样主要结构参数

特征量	心柱长度 h/mm	铁轭长度 e/mm	拐角半径 r/mm	截面半径 R/mm	叠片厚度 d/mm
数值	127	45	3	22	0.3

表 2-4 D11-MR-1 卷铁心试样主要材料特性参数

特征量	质量密度 ρ/(kg/m³)	叠片系数	电导率 σ/(S/m)	切向磁导率 $\mu_{t\text{-fer}}$	法向/轴向磁导率 $\mu_{a(n)\text{-fer}}$
数值	7430	0.97	1666667	42300	2300

卷铁心有限元模型的励磁电流配置方案及电磁参数的坐标规范如图 2-21 所示。

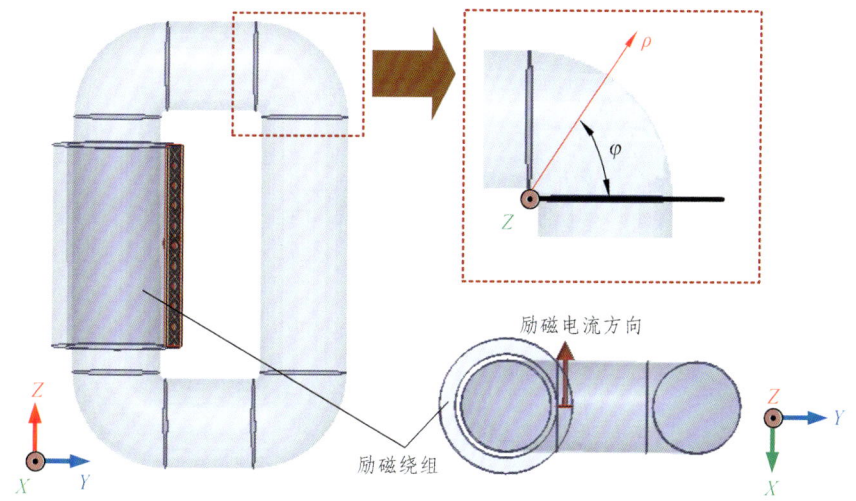

图 2-21 卷铁心均质化模型各向异性等效电磁参量与激励源配置情况

对心柱和铁轭区域，采用全局形式的笛卡儿（直角）坐标系，其中 X 方向对应轴向参量 $\sigma_{a\text{-eq}}$、$\mu_{a\text{-eq}}$，Y 方向对应法向参量 $\sigma_{n\text{-eq}}$、$\mu_{n\text{-eq}}$，Z 方向对应切向参量 $\sigma_{t\text{-eq}}$、$\mu_{t\text{-eq}}$；对拐角区域，采用局部形式的柱面坐标系，如图 2-21 中虚线框所示，坐标系原点设置在 1/4 环形管状体的圆心，其中 Z 方向对应轴向参量 $\sigma_{a\text{-eq}}$、$\mu_{a\text{-eq}}$，ρ 方向对应法向参量 $\sigma_{n\text{-eq}}$、$\mu_{n\text{-eq}}$，φ 方向对应切向参量 $\sigma_{t\text{-eq}}$、$\mu_{t\text{-eq}}$。另外三处拐角从结构的角度可以看作

沿着全局坐标系 Y 轴和 Z 轴镜像对称得到的,因而材料参数的设置方式与第一处是类似的,但是坐标系原点的空间位置是不同的,所以需要构建四个独立的局部坐标系。此外,根据图 2-13 对等值模型的定义,标准圆域内的涡流具有横向同一、径向演变的规律特征,于是将最初的直角坐标系下等效电导率参数 σ_{a-eq} 和 σ_{n-eq} 转换为极坐标系下的 σ_ρ 和 σ_φ,同时,高度圆形对称的等效涡流回路,理论上在任意点位都不会发生径向穿越,所以 σ_ρ 的数值并不影响涡流场计算结果,在参数化建模时仅需考虑横向分量 σ_φ,它通过式(2-119)和(2-133)计算得出。为方便起见,假设在全局坐标系的 XOY 平面、局部坐标系 ρOZ 平面上具有均一化介质的电气属性,即 $\sigma_{n-eq} = \sigma_{a-eq} = \sigma_\varphi$;等效磁导率的轴向参数 μ_{a-eq} 和切向参数 μ_{t-eq} 均为叠片系数 F 与原始材料各向异性磁导率的乘积,对于法向参量 μ_{n-eq},心柱/铁轭区域按照式(2-139)计算,拐角区域按照式(2-145)计算。这样就完成了卷铁心均质化模型的全部等效电磁特性参数的设置。

在仿真求解之前,需要在均质化模型的铁心和励磁绕组间设置理想绝缘边界(Insulation Boundaries),避免铁心中的涡流与绕组中的励磁电流发生异常耦合,影响涡流场分析结果的准确性。该模型选取三角形面片作为运算离散单元(网格),其最小单元的基本长度 $L_1 = 0.02$ mm,执行该剖分规则后的面片数量约为 4×10^4 个,划分结果如图 2-22(a)所示,场域求解器通过 12 次迭代完成全部计算,耗时约 90 min。

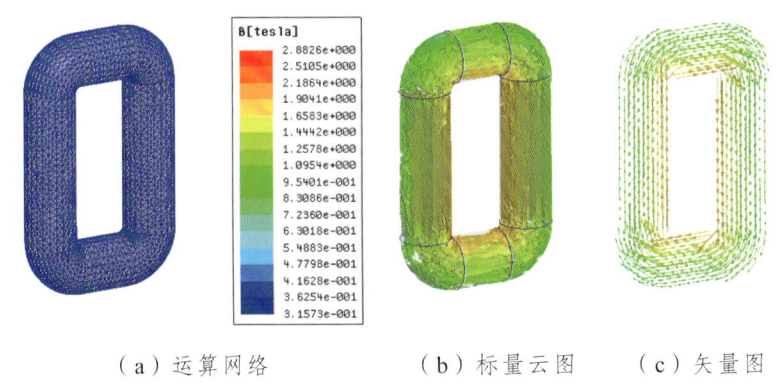

(a)运算网络　　(b)标量云图　　(c)矢量图

图 2-22　卷铁心均质化模型整体磁通密度的有限元分析结果

图 2-22(b)、(c)显示了卷铁心均质化模型磁通密度整体分布规律,在 $I = 288.57$ A 的激励源条件下,模型中磁通密度平均值达到 1.65 T。同时,铁心内部任意位置磁通密度较为规整,几乎都沿着硅钢片卷绕(磁路晶粒取向)方向流动,呈现法向梯度特

征：从铁心内窗到外层逐级递减，内窗区域达到最大值，约为 1.9 T，而最外层数值最小，约为 1.4 T。这是由于卷铁心的磁路是在全局坐标系中由内向外法向递增的，越靠近铁窗的部分，磁路越短，因而在截面面积确定的情况下，磁阻越小。根据磁路的欧姆定律，可进一步得知最内侧磁通密度最大、最外层磁通密度最小。严格来讲，当铁心尺寸较大、层级较多时，如果不考虑磁通密度法向梯度分布的影响，则会影响 2.1 节提出的涡流损耗公式计算精度，这会在 2.3 节进行详细讨论。

为了进一步确立真实磁场与涡流损耗的耦合关系，本节探究了在典型频率下卷铁心均质化模型不同区域的截面涡流的分布特性，如图 2-23 所示。

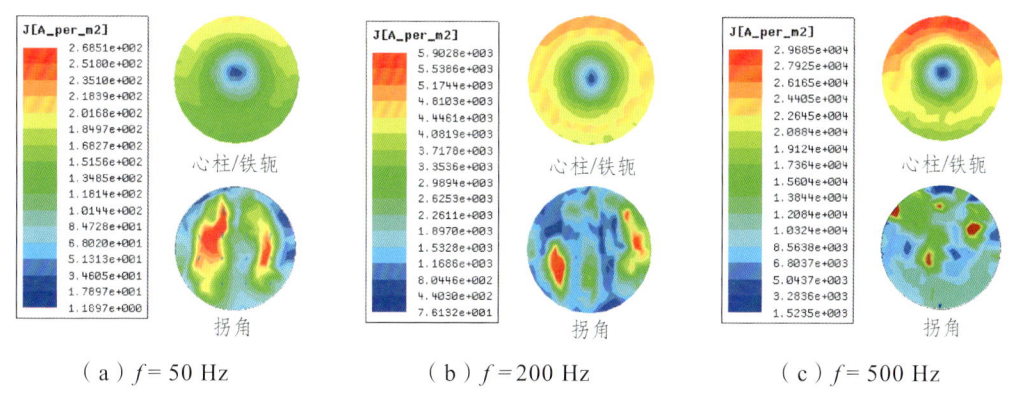

（a）f = 50 Hz　　　　　（b）f = 200 Hz　　　　　（c）f = 500 Hz

图 2-23　不同频率下卷铁心均质化模型的截面涡流密度仿真云图

总体而言，涡流密度随频率的增加而增加，从云图的标尺来看，其数值上的变化特征与频率的二次方基本对应，但就形态方面而言，模型的区域性差异却非常显著。对于心柱和铁轭来说，涡流整体呈现出规则的环形分布，且具有从外到里径向递减的趋势，其最大的数值出现在圆域边界处，而中心处的涡流密度非常小，比圆域边界处少了 1~2 个数量级。同时，在圆域的顶部（从三维的角度，最靠近铁窗的区域）出现涡流聚集的现象，并且随着频率的增加、涡流的聚集程度会进一步加深：当 f = 50 Hz 时，圆域顶部橙色区域若隐若现，周围被纽带状的黄色区域覆盖；当 f = 200 Hz 时，圆域顶部橙色区域完全呈现，整个圆域边界被黄色区域包围，蓝/绿色区域仅出现在圆域的中部；当 f = 500 Hz 时，圆域顶部出现明显的红色区域，这意味着涡流聚集程度比前面两个频段高得多。对于拐角区域，圆域边界处的涡流密度较小，靠近圆域中心的部分涡流密度反而更大，并且即使在 50 Hz 条件下，涡流密度仍然出现显著的聚集现象，本书将其称作"涡流热点区"。然而不同的是，随着频率的增加，涡流热点区的面积（红色区域）明显变小，尤其是当频率为 500 Hz 时，曾经汇聚成 1～2 处的涡流热点区索性分裂成数个更小的区域，总面积相比于较低频段也进一步减小。可以推断，涡流产生的有功损耗与热点分布特征是正相关的，即热点分布越广或面积越大，拐角区域在整个卷铁心中的损耗占比越大。

为了验证这个推论，通过 Maxwell 场域求解器 Calculator，对涡流损耗实施分区域求解，得到的数值结果如图 2-24（a）所示。可以看出，在任意频率下，心柱和铁轭区域的涡流损耗基本相等，但是同频率下拐角区域的涡流损耗是心柱/铁轭区域的 2～5 倍不等。很显然，涡流损耗在数值上的差异性与图 2-23 所述截面涡流密度热点区在不同频率下的演变规律是密不可分的：当频率较低时，涡流汇聚程度高，热点区域面积大，相比于心柱/铁轭区域而言，拐角区域的涡流损耗数值会偏大。譬如，当频率为 50 Hz 时，拐角区域涡流损耗高达心柱/铁轭区域的 5.46 倍；当频率为 500 Hz 时，拐角区域对应的涡流损耗数值仅为心柱/铁轭区域的 2.73 倍。这就是当频率较高时，涡流热点区域分散程度高、面积小，拐角区域对应的涡流损耗数值会比低频段更加接近心柱/铁轭区域。可以推断，当频率进一步升高，区域损耗的差异还会继续缩小。当然，这里涉及的偏大与偏小都是基于同一频率对不同区域进行比较的结果，而卷铁心均质化模型整体的涡流损耗在电磁场集肤特性的影响下与频率是正相关的，即频率越高，涡流损耗越大。此外，改变外加激励源导致卷铁心平均磁通密度的变化几乎不会影响拐角区域损耗与心柱/铁轭区域损耗的数值比，如图 2-24（b）所示，当求解频率为 200 Hz 时，该比值稳定在 3.47～3.48。

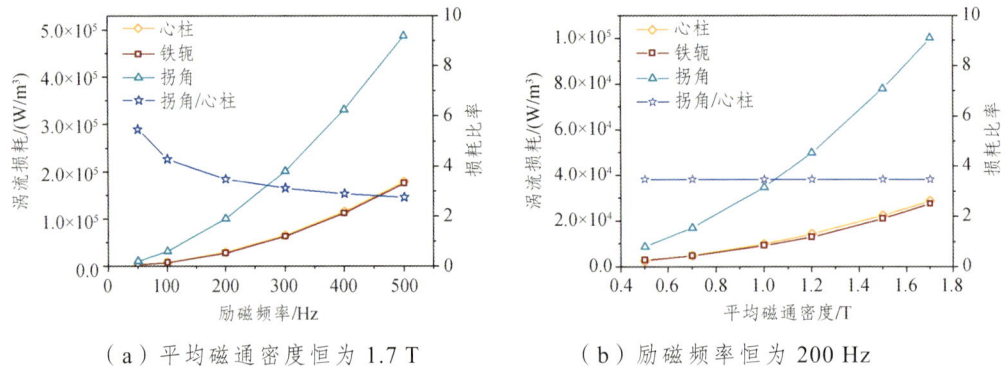

（a）平均磁通密度恒为 1.7 T　　　（b）励磁频率恒为 200 Hz

图 2-24　不同频率、磁通密度条件下卷铁心均质化模型涡流损耗分区域计算结果

2.2.5 模型验证和试验分析

常州太平洋电力设备（集团）有限公司为本课题组提供了数台不同容量及尺寸的绕组可拆卸、铁心断面开口式卷铁心系列变压器，为牵引变压器电磁性能及故障模拟试验等科学研究提供保障。本节用到了其中两个变压器样品，其相关物理和运行参数如表 2-5 所示。通过对样品进行空载损耗测试，得到铁心总损耗 P_0，并利用损耗分离公式得到涡流损耗分量 P_e，以此为基准值，进一步验证本节提出的卷铁心电磁各向异性均质化模型的有效性。

表 2-5　卷铁心变压器试样主要结构、材料与运行参数

参数/型号	D11-MR-1	D9-MR-160
额定容量	1 kVA	160 kVA
额定电压	220/110 V	10/2.5 kV
变压器类型	单相双柱式	单相双柱式
铁心材料	27QG100	B30P120
空载电流百分比	4.83%	3.77%
铁心截面半径 R	22 mm	110 mm
铁心质量密度 D	7 430 kg/m³	7 650 kg/m³
铁心叠片系数 F	0.97	0.96

参照 IEC-60076-1 标准，构建了卷铁心变压器空载损耗测试平台，包括一台泰克 PA-1000 功率分析仪、Chroma-61507 大功率可编程变频-调压电源、D11-MR-1 和 D9-MR-160 卷铁心试样，电气连接关系原理和实物连接关系如图 2-25 所示。

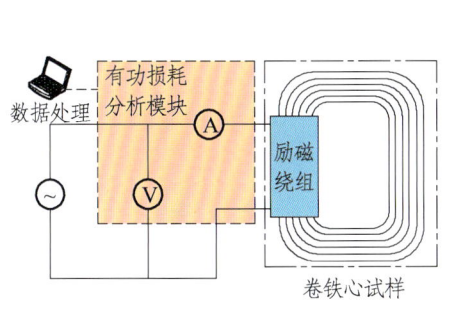
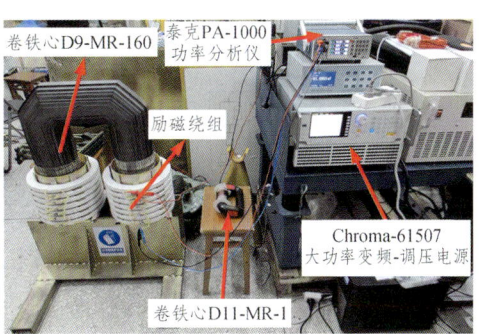

（a）测试方案　　　　　　　　　　（b）试验平台

图 2-25　卷铁心变压器试样空载损耗测量模块示意图

软磁材料的磁通密度很难通过现有方法直接测量,但它与激励电压在数值上存在一种通用性的强耦合关系。利用这个性质,通过对电源电压的调控,可间接反映磁通密度和空载损耗的关联特性。在交流励磁(电力)系统中,电压有效值 U_{rms} 与励磁绕组匝数 N、励磁频率 f、铁心内磁通密度幅值 B_m、横截面积 S_{core} 的基础耦合关系为:

$$U_{rms} = \sqrt{2}\pi f \cdot NB_m S_{core} \tag{2-146}$$

在磁通密度幅值 0.1~1.8 T 的数值范围内选取若干测试点(以 10 个为例),得到行向量 $B_{vec} = \{B_1, B_2, B_3, \cdots, B_8, B_9, B_{10}\}$,依据式(2-146)计算出磁通密度 B_m 中每个元素对应的 U_{rms} 值,得到新的行向量 $U_{vec} = \{U_1, U_2, U_3, \cdots, U_8, U_9, U_{10}\}$,以此作为空载损耗测试中激励源的电压初值。简而言之,实验过程仅需依次序输入电压行向量 U_{vec} 各元素的数值,就能得到卷铁心变压器样品的 B-P(磁密-损耗)关系曲线。随后改变电源的励磁频率 f,在维持磁通密度 B_m 不变的情况下,更新电压行向量 U_{vec} 各元素的计算数值,做同样的有功损耗测试,则可以得到另一个频率条件下的 B-P 关系曲线。反复数次实验,得到不同频率下交变磁化过程空载损耗实测曲线,如图 2-26 所示。

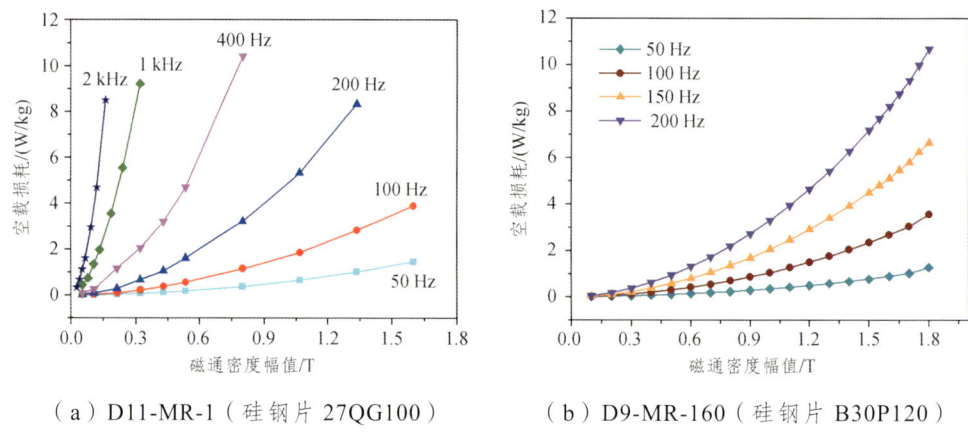

(a)D11-MR-1(硅钢片 27QG100)　　(b)D9-MR-160(硅钢片 B30P120)

图 2-26　几种典型频率下两台卷铁心变压器试样的空载损耗测试结果

需要指出,由于 Chroma 变频电源存在机能限制,无法满足体积、容量较大的铁心达到额定励磁时所需电压,为此辅助增设一台 0.5/2.5 kV 的单相隔离升压变压器,以确保卷铁心样品 D9-MR-160 满足空载额定运行条件。而对尺寸和容量较小的卷铁心 D11-MR-1，原始的电源完全满足各种励磁条件（运行工况）下的测试要求。

由于损耗实验只能得到铁心总损耗 P_0，无法直接验证本节建立的涡流场等效计算模型的有效性，因此需要将涡流效应引发的那部分损耗从总损耗中提炼出来。针对此问题，外国学者 Bertotti[96]提出了一种通用性强、精准度高的铁心损耗分离公式：

$$P_0 = P_h + P_e + P_a = K_h f B_m^\beta + K_e (fB_m)^2 + K_a (fB_m)^{1.5} \quad (2\text{-}147)$$

其中，K_h、K_e 和 K_a 分别为磁滞损耗、涡流损耗和附加损耗系数；β 为磁滞工程经验系数，会随着变压器的结构、容量、运行工况等发生变化，数值范围为 1.5~3.0。

通常情况下，K_h、β 和 K_a 需要借助多项式插值拟合的数学方法才能得到可靠的数值，而涡流损耗系数 K_e 与频率 f 密切相关，通常由下列公式直接计算得到[38]：

$$K_e(f) = \frac{\pi^2 \sigma d \delta_0}{2\rho} \cdot \frac{\sinh(d/\delta_0) - \sin(d/\delta_0)}{\cosh(d/\delta_0) - \cos(d/\delta_0)} \quad (2\text{-}148)$$

图 2-27 给出了上述四个损耗系数随频率变化的数值结果。磁滞相关系数 K_h 对频率的变化并不敏感，D11-MR-1 卷铁心在（7.6~7.8）$\times 10^{-3}$ 很小的数值范围内摆动，D9-MR-160 卷铁心在 3.0×10^{-3} 的数值附近徘徊；磁滞工程经验系数 β 的情况和 K_h 比较类似，D11-MR-1 卷铁心在 2.0~2.25 微小变化，D9-MR-160 卷铁心的最小数值和最大数值分别为 2.3 和 2.7，差值同样很小。或许是由于卷铁心尺寸的差异，导致附加损耗系数 K_a 的变化特征比较有趣：体积和容量较小的卷铁心 D11-MR-1 在一定程度上被频率所影响，但从整体变化趋势来看，其程度还是偏小，亦在误差允许的范围内呈现出周期性的跃动，而体积和容量较大的卷铁心 D9-MR-160 并没有积极地跟随频率发生明显变化，和 K_h、β 的情况类似。由式（2-148）可知，涡流损耗系数 K_e 本身就是频率 f 的函数，因此相比于其他三个参数，它受频率的影响一定是最为显著的：对于 D11-MR-1 而言，当频率从 50 Hz 增加到 2 kHz 时，涡流损耗系数呈现单调递减的态势，从 2.69 一直跌到了 1.31（在 10^{-5} 数量层级）；对于 D9-MR-160 而言，仅在 50~200 Hz 的低频段区域内就从 4.01 径直下降到了 3.72（同样是在 10^{-5} 数量层级）。若从物理本质的角度去解释涡流损耗系数 K_e 的频变特性，则应归咎于本书 2.1.1

节描述的电磁场集肤效应——它会导致铁心卷片（叠片）在厚度方向上涡流的非均匀分布，能量消耗也会相应出现梯度分布的特征。

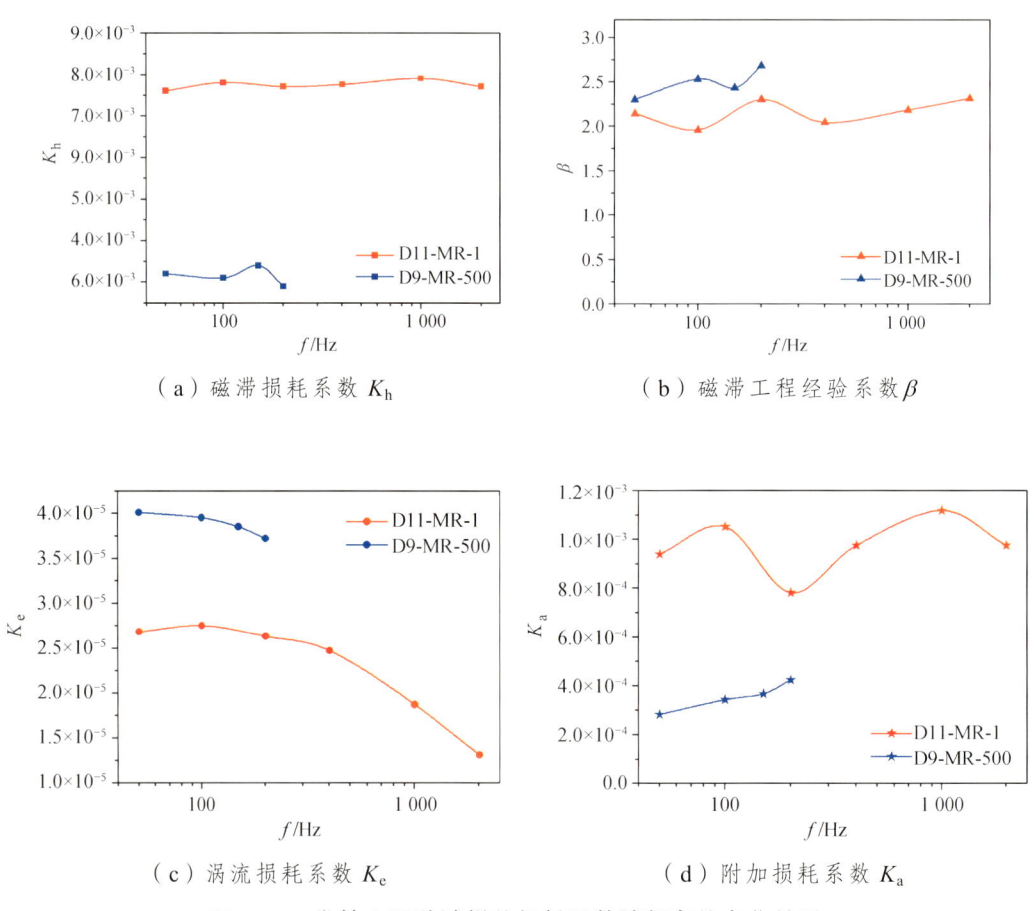

图 2-27　卷铁心两种试样的损耗系数随频率的变化关系

图 2-28 给出了尺寸和容量较小的卷铁心样品（D11-MR-1）整体涡流损耗随平均磁通密度的变化关系。其中，低频等效电导率参数配置下的涡流损耗有限元分析结果是被验证值，采用式（2-147）所述的"变系数外推法"从铁心总损耗实测数据中剥离的涡流损耗分量则为标准值。显然，二者获得了很好的数值匹配，最大误差仅为 5.05%。当频率由 50 Hz 变为 400 Hz 时，涡流损耗在数值上出现了等比攀升，但涡流损耗随平均磁通密度的变化趋势仍然和 50 Hz 的频段保持一致，最大误差仅为 4.35%。

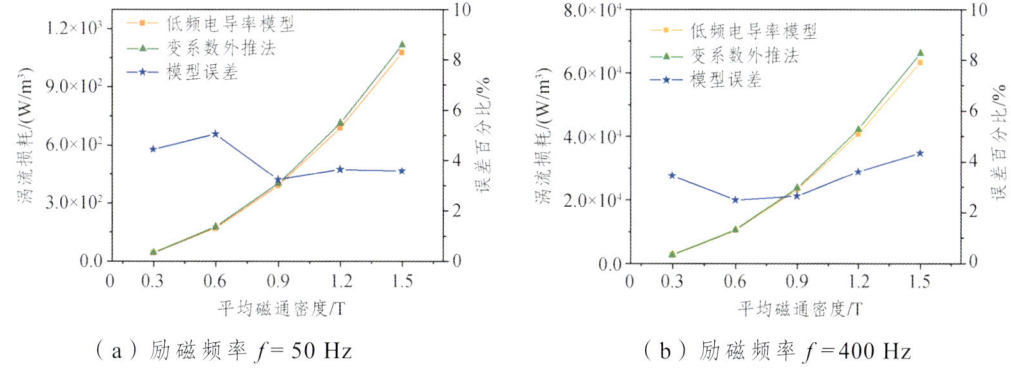

（a）励磁频率 f = 50 Hz　　　　　　（b）励磁频率 f = 400 Hz

图 2-28　卷铁心 D11-MR-1 涡流损耗仿真值与实验值随磁通密度的变化特征

然而，当保持平均磁通密度数值恒定时，对低频等效电导率参数配置下的卷铁心均质化有限元模型的频变特性进行探究，发现频率不大于 400 Hz 时，涡流损耗的精度仍保持较高水准，平均误差低于 5%，但对于 600～1000 Hz 的频段，涡流损耗的计算精度显著下降：当 B_m = 0.9 T 时，低频等效电导率模型的最大误差约为 19.43%；当 B_m = 1.5 T 时，其最大误差可达 21.03%，如图 2-29 所示。这是由于等效电导率的参数配置未能遵循 2.2.2 节所描述的频率分段规则。依据表 2-2 给出的等效电导率随变频段数值结果，硅钢片 27QG100 的分界频率是 500 Hz，因此在有限元建模过程中，需要考虑一种复合等效电导率的参数配置方案：对于 f < 500 Hz 的涡流场分析，应采用低频条件下得到的等效电导率，即式（2-119）的计算值；对于 f > 500 Hz 的涡流场分析，应采用高频条件下得到的等效电导率，即式（2-133）的计算值。

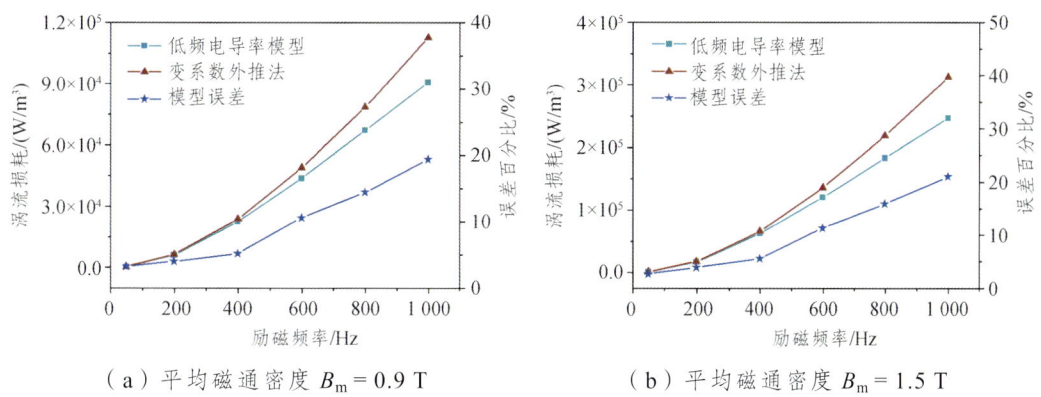

（a）平均磁通密度 B_m = 0.9 T　　　　　　（b）平均磁通密度 B_m = 1.5 T

图 2-29　卷铁心 D11-MR-1 涡流损耗仿真值与实验值随励磁频率的变化特征

通过上述频率分段规则改进后的涡流场有限元模型得到的涡流损耗计算结果如图 2-30 所示，600~1000 Hz 频段的涡流损耗计算精度得以修正，最大误差均处于 600 Hz 的位置，其数值仅为 6.16%，属于工程计算领域可接受的程度。

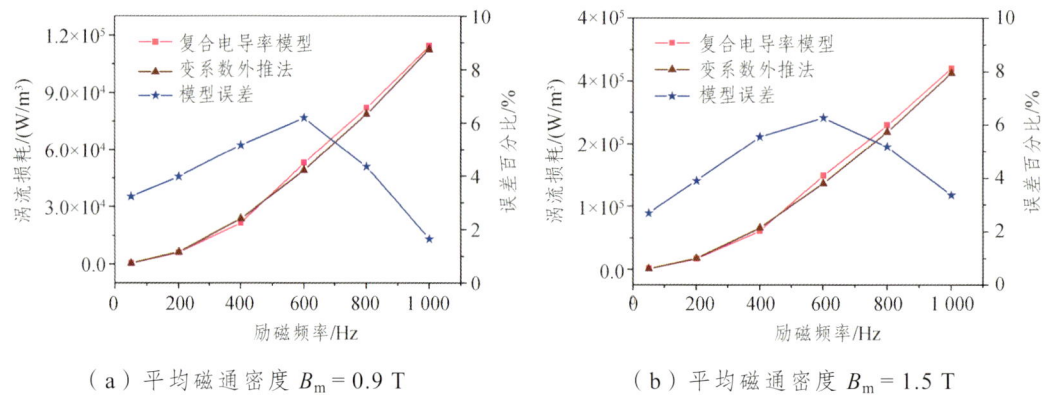

（a）平均磁通密度 $B_m = 0.9$ T

（b）平均磁通密度 $B_m = 1.5$ T

图 2-30　频率分段规则约束下 D11-MR-1 卷铁心涡流损耗计算结果及误差情况

图 2-31 给出了尺寸和容量较大的卷铁心样品（D9-MR-160）涡流损耗随平均磁通密度的变化关系。根据表 2-2 给出的结果，该样品采用的硅钢片 B30P120，其分界频率点为 600 Hz，远高于空载损耗实验对本样品最大的频率测试点 200 Hz，所以复合电导率模型和低频电导率模型在参数配置方面是完全一致的，无须区分。尽管计算误差在可接受的范围内，但相比于图 2-28 的结果，存在以下两个问题：

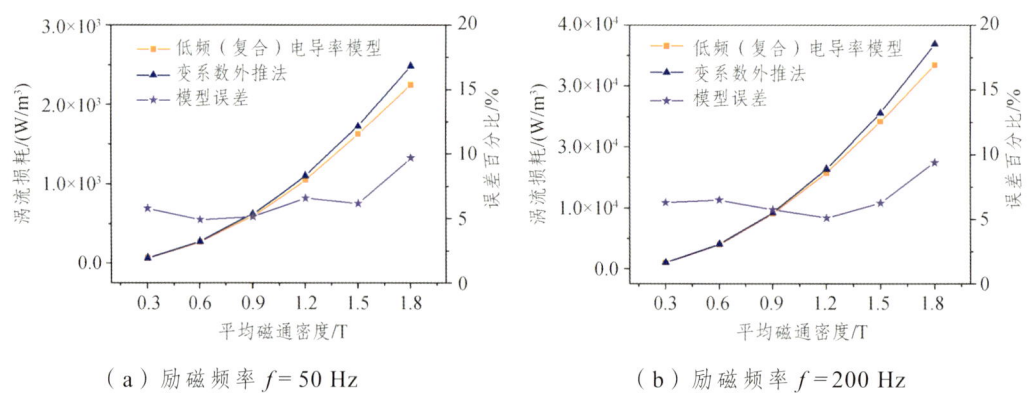

（a）励磁频率 $f = 50$ Hz

（b）励磁频率 $f = 200$ Hz

图 2-31　卷铁心 D9-MR-160 涡流损耗仿真值与实验值随磁通密度的变化情况

（1）误差数值范围是 5%~10%，相比于小尺寸卷铁心样品（D11-MR-1）的 3%~

5%而言，处于正常情况的较高值。图 2-22 及其对应文字说明给出了出现这种误差的本质原因：本节的研究对象——连续式卷绕的卷铁心，不仅层内的电磁特征量呈现出梯级分布（涡流的去磁效应），而且层间边界磁通分布严格来讲也是非均匀的，它与层级磁路长度成反比关系。对于较小的卷铁心样品（D11-MR-1），由层级磁路差异导致的边界磁通密度分级的现象并不突出，因此计算误差稳定在很低的范围内；对于较大的卷铁心样品（D9-MR-160），层级磁路差异所致的边界磁通密度不一致的现象会被放大，甚至对现有的涡流损耗评估体系造成负面影响，因而计算误差会在可接受的范围内出现一定程度的增加。可以预见，当变压器尺寸和电压等级进一步增加时（如达到 110 kV/220 kV 级别甚至更高）卷铁心截面会显著增大，卷绕层级也会达到数千，各层级磁路差异导致的边界磁通密度不一致的程度也会加深，若继续采用"整个卷铁心平均磁通密度"作为涡流场分析模型的基础，必然会出现较大的误差。

（2）无论频率为 50 Hz 还是 200 Hz，卷铁心样品（D9-MR-160）涡流损耗的计算误差都会在 B_m = 1.8 T 时发生陡变，其数值分别为 9.69%和 9.38%，这似乎不再是 0.3~1.5 T 磁密段那样的随机误差，而是一种确切误差。这也说明测试条件接近或已经处于硅钢片材料的磁饱和区。磁饱和是软磁材料的固有属性，即便有容量足够庞大的激励源，铁心内的磁通量也不会无限制地增长下去，其数值必然存在一个上确界，同时，处于磁密饱和区运行的变压器，会引发铁心异常损耗，而本书建立的有限元模型只能通过线性（常值）磁导率表征，无法反映硅钢片实际的非线性磁化过程，自然无法表征因磁饱和现象而产生的额外损耗，并且可以推断，当磁密超过 1.8 T 时，模型仿真值只会更加偏离真实的涡流损耗数值。

上述问题的存在表明：本节建立的卷铁心均质化模型在精度方面还不够理想，暂时无法满足实际大型卷铁心的涡流场分析及其损耗计算。例如，对于已服役多年的中南通道 220 kV/56.5 MVA 卷铁心牵引变压器而言，其铁心直径可达 80 cm，在特殊工况影响下运行磁通密度暂态峰值可超过 1.8 T。因此，唯有对磁路分级和材料非线性的影响进行定量分析，将其融入损耗建模过程，优化计算参数，才能获得更高的精度。

2.2.6 小　结

大型卷铁心由数千层硅钢片卷绕而成，传统的方法难以对其进行电磁分析。为了保证工程计算的有效性和可实施性，本节提出了一种基于均质化思想的等效建模方法：以一个外观结构与真实卷铁心高度相似但材质完全均匀的连续介质来代替数量众多的卷片，通过多级连续式梯形硅钢片的涡流损耗与该均质化模型的涡流损耗的等价来确定均匀介质的电磁特性参数。结合 Matlab 数值解模块、卷铁心空载损耗实验和 Bertotti 损耗分离公式，验证了上述模型的合理性和适用性。

（1）等效电导率的数值验证结果：依据式（2-119）和（2-133）可知，等效电导率横向参数近似解析解与励磁频率无关，但考虑 Matlab 的高精度数值计算结果，等效电导率真实解是会受频率影响的，尽管在较高和较低频段分别与式（2-119）和（2-133）的计算结果完全贴合，但该曲线在中间部分的某个频段会出现急速攀升，本书定义该急剧上升区域中心位置为"分界频率点"。同时，数值陡变区域会随着硅钢片厚度的变化而在频率轴上发生左右偏移（分解频率点的变化情况同理），具体函数关系尚不明确，这与等效电导率等价方程式（2-134）中包含的复杂电磁量耦合特性密切相关。但是，卷铁心截面半径的改变不会导致数值陡变区域在频率轴上的位移。通过大量数值仿真，获得了几种常见型号的牵引变压器卷铁心采用的硅钢片对应的等效电导率横向参数数值陡变区域以及分界频率点具体值，为等效电磁参数配置的分频段规则提供参考。

（2）卷铁心样品涡流场验证结果：根据卷铁心总损耗测试值随磁通密度的变化关系拟合得到的包含各部分量的损耗计算公式中，磁滞系数 K_h、β 和附加损耗系数 K_a 几乎不随频率变化、或在较小的范围内呈现出周期性摆动，但涡流损耗系数 K_e 是根据具有严格物理意义的式（2-148）计算得到的，因此表现出显著的频变效应。通过进一步的探究得知，当频率不超过 400 Hz 时，卷铁心内平均磁通密度的变化并不影响均质化模型的计算精度，采用式（2-119）所述等效电导率参数配置的低频模型就能满足要求。但随着频率的增加、必然会达到或超过硅钢片的分界频率点，这时候仅采用低频参数配置下的均质化模型就会出现较大的计算误差，其最大值可达 21.03%。因此，需要用复合电导率配置方案对均质化模型进行修正。以小型样品 D11-MR-1 为验证对象，在 50~1000 Hz 的频段获得了良好数值匹配，误差最大值仅为 6.16%。然而，大型样品 D9-MR-160 整体计算误差处于正常范围内的较高值，这是由于卷铁心各层级边界磁通密度分级的程度加深了。此外，大型样品在高磁密（>1.7 T）时误差值发生陡变，这是因为本书建立的均质化模型没有也无法分析接近磁饱和或深度饱和等异常励磁状态下的涡流场属性。

总体而言，基于电磁各向异性的卷铁心均质化等效模型在一定程度上解决了卷铁心变压器涡流场的高精度计算问题,但未考虑牵引变压器运行工况的复杂性和特殊性,因此需要结合相关数学方法对损耗计算中重要电磁参数进行局部优化。

2.3 面向实际工程的卷铁心涡流损耗计算方法

本书2.2节基于电磁特性参数的各向异性构建了卷铁心均质化有限元模型,经过相关验证,能够满足不同铁心材质和电源激励的涡流场计算。然而,该模型尚未结合牵引变压器自身运行(工况)的特殊性,因此在涡流场分析方面存在一定的局限性:

(1)牵引变压器卷铁心由螺旋线圈产生磁通,线圈附近任意空间位置磁场强度、磁通密度并不是恒定值,并且卷铁心各层级硅钢片构建的人为磁路的路径长度也是有差异的[39],这会使磁特性参量非均匀分布的现象更加显著[40]。尤其对于大型牵引变压器来说,卷铁心整体尺寸也会偏大,且硅钢片层级也会达到数千,若将卷铁心各层级的边界磁通密度考虑为整个卷铁心的平均值,电磁计算的误差往往会成倍增加。

(2)高磁密阶段(1.7~1.9 T)卷铁心会接近饱和或达到深度磁饱和,异常损耗显著增加[46, 102],损耗特征将无法用式(2-147)描述。图2-32给出了包含饱和磁密段的卷铁心样品空载损耗测试值及其多项式拟合值的对比情况。显然,拟合值与实测值出现了较大偏差,尤其体现在高磁密段,两个样品整体拟合精度R^2分别为0.9551和0.9659,均小于标准值0.99,将拟合参数进行归算后得到的损耗系数K_h、K_e、K_a、β也与图2-27的结果相去甚远。这就是本书2.2.5节对铁心损耗实测结果进行多项式参数拟合时没有考虑高磁密段的原因。因此,高磁密段的空载损耗实测数值很难分离出有效的涡流损耗分量,不能作为卷铁心均质化模型在涡流损耗计算方面数值精度的检验标准。

此外,有限元方法尽管适用范围广、计算精度高,但整体流程(如构建完整等比模型、网格剖分规则、仿真运算等)时间成本较高,缺乏便捷性和高效性。因此,基于数学物理基础理论的解析计算方法(公式法)在变压器涡流场分析方面具有较高的工程价值。相比于有限元方法,公式法具有良好的稳定性和可靠性,尤其是在变压器设计环节,当知道关键结构、电磁、材料参数及运行条件以后,就能推算出变压器的损耗和温升情况。然而,适用于传统叠铁心的涡流损耗公式并未考虑硅钢片的多层梯级渐变和无接缝穿越现象的连续磁路特性,因此理论上无法满足本书研究对象——多级圆形截面卷铁心的涡流损耗计算。

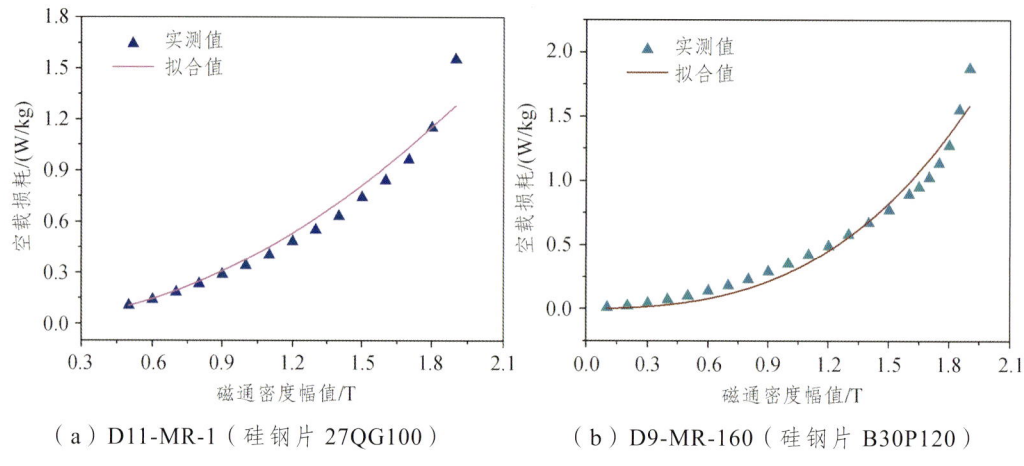

(a) D11-MR-1(硅钢片 27QG100)　　(b) D9-MR-160(硅钢片 B30P120)

图 2-32　包含饱和磁密段的卷铁心样品空载损耗测试与多项式拟合结果

基于电磁及结构参数局部优化构建的适用于不同尺寸、运行工况下的卷铁心涡流场解析计算模型，能够很好地弥补有限元分析的短板，辅助完成牵引变压器整体服役性能的评估，为铁心结构优化设计和故障分析打下坚实基础。

2.3.1　磁通分级约束下的涡流损耗解析计算

根据本书 2.2 节结尾部分对图 2-31 数值结果的推断可知，卷铁心不同层级的边界磁通密度在严格意义上是有差异的，这种非均匀分布的特性很可能会随着铁心尺寸的增加而变得显著。对于电气化铁路的高电压、大容量牵引变压器，在制作阶段需要用到数千层级的超长硅钢带，成型后的卷铁心横截面直径可达 80~100 cm[5]，如果在涡流损耗计算时忽略磁通密度的边界效应，则会引起显著的计算误差。

本节基于超长硅钢带材料各向异性、绝缘涂层的磁性能，按照卷铁心真实分级构建了完整的磁阻网络模型，给出了卷铁心各层级边界磁通密度及其涡流损耗的解析表达式，通过建立少量硅钢卷片构成的多级圆形截面卷铁心的有限元模型，探究了卷铁心截面边界磁通密度分级特征与卷片数量(截面半径)的关联机制，并通过 Galerkin 有限元法得到了涡流损耗的标准值，验证了本书磁路模型和损耗计算方法的有效性。

2.3.1.1　径向分级磁阻网络建模

高效节能大型牵引变压器采用的单相双柱式卷铁心基本结构如图 2-33(a)和(b)所示：它是由两个心柱、两个铁轭、四个拐角构成的，各层级在心柱和铁轭区域的主磁通路径长度是一致的，但拐角区域的主磁通路径长度则由内向外逐级递增，同时结合图 2-11 可知，卷铁心是由多级渐变超长梯形硅钢带卷绕而成，因而整体截面呈现出宽度分级的特性。除卷铁心基本几何参数——心柱长度 h、铁轭长度 e、内窗圆角半径 r 等可通过变压器制造厂商直接获取以外，各级卷绕（主磁通）路径长度 l_i、卷绕层级参数 i、各级截面宽度 w_i 分别由式（2-67）、式（2-68）和式（2-70）计算得出。

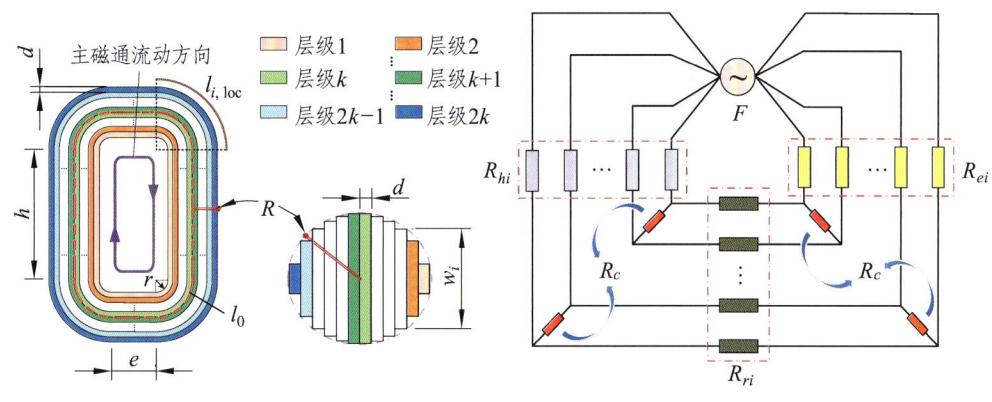

(a) 剖面结构参数　(b) 截面结构参数　　　　(c) 等效磁阻网络

图 2-33　单相双柱式多级圆形截面卷铁心的磁路分布参数建模

根据磁路的基尔霍夫定律，构建分布参数模型，如图 2-33（c）所示。考虑到整个卷铁心磁路长度和截面宽度渐变的特性，除去总磁动势 Ψ 以外，模型中的各磁阻单元应该分层级、分区域进行划分：切向单元包括心柱磁阻 R_{hi}、铁轭磁阻 R_{ei}、拐角磁阻 R_{ri}；法向单元仅有越级磁阻 R_c。切向磁阻单元可以类比电阻定义式进行规范：

$$R_{hi} = \frac{h}{\mu_{t-fer} \cdot w_i d}, \quad R_{ei} = \frac{e}{\mu_{t-fer} \cdot w_i d}, \quad R_{ri} = \frac{l_{i.loc}}{\mu_{t-fer} \cdot w_i d} = \frac{2\pi(r+id) - \pi d}{4\mu_{t-fer} \cdot w_i d} \quad (2\text{-}149)$$

其中，$l_{i.loc}$ 表示不同层级拐角区域的磁路长度；μ_{t-fer} 表示卷铁心材料（硅钢带）在易磁化方向（切向）的有效磁导率。

根据安培环路定律，可得磁动势 Ψ 的第一定义：

$$\Psi = NI_m = \oint \boldsymbol{H} \cdot d\boldsymbol{l} = \frac{B_m \cdot l_0}{\mu_{t-fer}} \quad (2\text{-}150)$$

其中，I_m 为变压器励磁电流；B_m 为整个卷铁心平均磁通密度的幅值；l_0 为卷铁心截面几何中心所在层级的总磁路长度，同时也对应第 k 或 $k+1$ 层的硅钢带中心位置环绕卷铁心一周所需的路径，参考式（2-67）可计算得出：

$$l_0 = 2(h+e) + 2\pi(r+kd) \tag{2-151}$$

至此，可以类比电阻网络的求解，在 Multisim 或 Simulink 中搭建磁路网络模型，进而得到层级等效磁阻，并结合相关的物理定律，计算出各支路的磁通量以及边界磁场强度和磁通密度。但这样却存在一个弊端——无法得到各卷绕层级电磁量的计算显式，无法为损耗的工程计算提供便利。为此，本节借助卷铁心材料的电磁各向异性以及其他相关物理性质，对磁路网络做进一步的简化。

由于卷铁心各层级硅钢片外表面都附着了绝缘漆，且绝缘涂层材料磁导率和真空磁导率 μ_0 基本一致。而 μ_{t-fer} 通常是 μ_0 的数千倍甚至上万倍，于是绝缘涂层不仅将卷铁心交变磁场产生的涡流严格约束在硅钢带各层级的内部，还能极大地阻碍磁力线的溢出或层间穿越。因此，法向单元越级磁阻 R_c 具有非常大的数值，在不那么严格的磁路分析中可将其视作开路，即磁力线在卷铁心任何区域都不会发生溢出或层间跃迁的情况。于是，卷铁心分布参数磁路模型可以看作"层内串联、层间并联"的简单耦合关系。任意卷绕层级的等效磁阻 R_i 可按照下式计算：

$$R_i = 2R_{hi} + 2R_{ei} + 4R_{ri} = \frac{l_i}{\mu_{t-fer} \cdot w_i d} \tag{2-152}$$

由于各卷绕层级的等效磁阻是并联关系，它们的磁通都由同样的磁动势 Ψ 激发，因此，参照磁路的欧姆定律可得磁动势 Ψ 的第二定义：

$$\Psi = R_i \cdot \Phi_i = \frac{l_i}{\mu_{t-fer} \cdot w_i d} \cdot (B_{i.avg} \cdot w_i d) = \frac{B_{i.avg} \cdot l_i}{\mu_{t-fer}} \tag{2-153}$$

其中，$B_{i.avg}$ 代表各卷绕层级平均磁通密度的幅值。

联立式（2-150）和（2-153）再进行恒等变形，得到卷铁心第 i 层级平均磁通密度幅值的第一计算式：

$$B_{i.avg} = \frac{B_m \cdot l_0}{l_i} = \frac{2[h+e+\pi(r+md)]B_m}{2(h+e)+2\pi(r+id)-\pi d} \tag{2-154}$$

英国学者 K. Howard 和 Hamzehbahmani 等人以单片矩形磁取向硅钢片为研究对象，探究主磁通流经横截面的涡流分布特征，同时考虑硅钢片垂直于主磁通的截面宽度远大于厚度的特性，得到 1D 模式下 Maxwell 磁准静态场方程组（电磁场量仅随厚度而变化），并对其进行了严格的数学推导，获取了电磁场量的解析函数[52, 114]：

$$\dot{B}(y) = \dot{B}_0 \cdot \frac{\cosh\left(\sqrt{j\omega\mu\sigma}\, y\right)}{\cosh\left[\sqrt{j\omega\mu\sigma}(d/2)\right]} \quad (2\text{-}155)$$

对于硅钢片以叠装或卷绕等工艺方式形成的变压器铁心，各叠片（卷片）横截面磁通密度均可用式（2-155）描述，但其边值参数是随着卷绕层级数而变化的。于是，得到卷铁心各层级截面磁通密度的复变量形式解析函数：

$$\dot{B}_i(y) = B_{i.\text{bou}} \angle \varphi \cdot \frac{\cosh\left(\sqrt{j\omega\mu_{t-\text{fer}}\sigma}\, y\right)}{\cosh\left[\sqrt{j\omega\mu_{t-\text{fer}}\sigma}(d/2)\right]} \quad (2\text{-}156)$$

其中，$B_{i.\text{bou}}$ 为第 i 层级边界磁通密度的幅值；φ 为对应边界磁通密度的初始相位。

对式（2-156）在整个厚度范围内进行积分运算，并除以积分区域长度，得到卷铁心第 i 层级平均磁通密度幅值的第二计算式：

$$B_{i.\text{avg}} = \left| \frac{2}{d} \int_0^{\frac{d}{2}} \dot{B}_i(y)\mathrm{d}y \right| = \left| \frac{B_{i.\text{bou}} \angle \varphi \cdot \tanh\left(\frac{d}{2}\sqrt{j\omega\mu_{t-\text{fer}}\sigma}\right)}{\frac{d}{2}\sqrt{j\omega\mu_{t-\text{fer}}\sigma}} \right| \quad (2\text{-}157)$$

为方便计算，设初相 $\varphi = 0$，对式（2-157）进行恒等变形，$B_{i.\text{bou}}$ 可以表示为：

$$B_{i.\text{bou}} = B_{i.\text{avg}} \cdot \left| \frac{\frac{d}{2}\sqrt{j\omega\mu_{t-\text{fer}}\sigma}}{\tanh\left(\frac{d}{2}\sqrt{j\omega\mu_{t-\text{fer}}\sigma}\right)} \right| = \frac{B_{i.\text{avg}} d}{2}\sqrt{\omega\mu_{t-\text{fer}}\sigma} \cdot \left| B_{i.\text{bou}}[complex] \right| \quad (2\text{-}158)$$

其中，$B_{i.\text{bou}}[complex]$ 表示 $B_{i.\text{bou}}$ 求模以前的复数部分。

令 $q_0 = \text{sqrt}(\omega\mu_{t-\text{fer}}\sigma)$，对式（2-158）复数部分进行虚部和实部的分离演绎：

$$B_{i.\text{bou}}[complex] = \frac{1+j}{\sqrt{2}}\coth\left(\frac{dq_0}{2}\cdot\frac{1+j}{\sqrt{2}}\right) = \frac{(1+j)\left(e^{\frac{dq_0}{2}\cdot\frac{1+j}{\sqrt{2}}} + e^{-\frac{dq_0}{2}\cdot\frac{1+j}{\sqrt{2}}}\right)}{\sqrt{2}\left(e^{\frac{dq_0}{2}\cdot\frac{1+j}{\sqrt{2}}} - e^{-\frac{dq_0}{2}\cdot\frac{1+j}{\sqrt{2}}}\right)}$$

$$= \frac{(1+j)}{\sqrt{2}}\cdot\frac{e^{\frac{dq_0}{2\sqrt{2}}}\left(\cos\frac{dq_0}{2\sqrt{2}} + j\sin\frac{dq_0}{2\sqrt{2}}\right) + e^{-\frac{dq_0}{2\sqrt{2}}}\left(\cos\frac{dq_0}{2\sqrt{2}} - j\sin\frac{dq_0}{2\sqrt{2}}\right)}{e^{\frac{dq_0}{2\sqrt{2}}}\left(\cos\frac{dq_0}{2\sqrt{2}} + j\sin\frac{dq_0}{2\sqrt{2}}\right) - e^{-\frac{dq_0}{2\sqrt{2}}}\left(\cos\frac{dq_0}{2\sqrt{2}} - j\sin\frac{dq_0}{2\sqrt{2}}\right)} \quad (2\text{-}159)$$

其中，第二步到第三步将指数的幂变为三角乘积形式用到了欧拉恒等式（2-35）。

在式（2-159）的基础上继续推导：

$$B_{i.\text{bou}}[complex] = \frac{(1+j)}{\sqrt{2}}\cdot\frac{2\cosh\frac{dq_0}{2\sqrt{2}}\cos\frac{dq_0}{2\sqrt{2}} + j\cdot 2\sinh\frac{dq_0}{2\sqrt{2}}\sin\frac{dq_0}{2\sqrt{2}}}{2\sinh\frac{dq_0}{2\sqrt{2}}\cos\frac{dq_0}{2\sqrt{2}} + j\cdot 2\cosh\frac{dq_0}{2\sqrt{2}}\sin\frac{dq_0}{2\sqrt{2}}}$$

$$= \frac{(1+j)}{\sqrt{2}}\cdot\frac{4\sinh\frac{dq_0}{2\sqrt{2}}\cosh\frac{dq_0}{2\sqrt{2}} - 4\sin\frac{dq_0}{2\sqrt{2}}\cos\frac{dq_0}{2\sqrt{2}}}{2\cosh\frac{dq_0}{2\sqrt{2}} - 2\cos\frac{dq_0}{2\sqrt{2}}}$$

$$= \frac{1}{\sqrt{2}}\cdot\frac{\left(\sinh\frac{dq_0}{2\sqrt{2}} + \sin\frac{dq_0}{2\sqrt{2}}\right) + j\cdot\left(\sinh\frac{dq_0}{2\sqrt{2}} - \sin\frac{dq_0}{2\sqrt{2}}\right)}{\cosh\frac{dq_0}{2\sqrt{2}} - \cos\frac{dq_0}{2\sqrt{2}}} \quad (2\text{-}160)$$

其中，第一步到第二步用到了分式复数虚实分离的常规技巧：

$$\frac{A+jB}{C+jD} = \frac{(A+jB)(C-jD)}{(C+jD)(C-jD)} = \frac{AC+BD+j(BC-AD)}{C^2+D^2} \quad (2\text{-}161)$$

可以看出，式（2-160）已经清晰地表达了式（2-158）$B_{i.\text{bou}}[complex]$的实部和虚部，结合式（2-154）对$B_{i.\text{avg}}$进行替换，得到卷铁心第$i$层级边界磁通密度幅值的表达式：

$$B_{i.\text{bou}} = \frac{B_{\text{m}}dl_0}{l_i}\sqrt{\frac{\pi f\mu_{t-\text{fer}}\sigma}{2}}\cdot\frac{\sqrt{\sinh^2\left(d\sqrt{\pi f\mu_{t-\text{fer}}\sigma}\right) + \sin^2\left(d\sqrt{\pi f\mu_{t-\text{fer}}\sigma}\right)}}{\cosh\left(d\sqrt{\pi f\mu_{t-\text{fer}}\sigma}\right) - \cos\left(d\sqrt{\pi f\mu_{t-\text{fer}}\sigma}\right)} \quad (2\text{-}162)$$

2.3.1.2 层级相异磁边值约束下的修正公式

运用式（2-73）理论上可以直接计算由多级圆形截面卷铁心的涡流损耗，但是却存在一个问题：式（2-73）对磁边值做了近似处理——认为卷铁心各个层级的磁边界条件都等于卷铁心正常运行时平均磁场强度 H_0 或平均磁通密度 B_m，实际上这是不严谨的。由本书 2.2.6 节结尾的论述可知，大型卷铁心差异化边值磁场分布现象是很显著的：尽管所有层级边界磁密的算术均值或许仍然维持在 B_m 附近，但这些数据的方差一定会变得很大，进而影响涡流损耗计算的精度。尤其是当运行磁密较高或卷铁心尺寸较大时，该现象在涡流损耗计算时不可忽略。把式（2-72）的均值磁场强度参数 H_0 按照式（2-6）的定义改用平均磁通密度 B_m 描述，再将其替换为卷铁心各层级的边界磁通密度 $B_{i.\text{bou}}$：

$$P_{si-\text{imp}}(z) = \frac{B_{i.\text{bou}}^2}{\sigma \mu_{t-\text{fer}}^2} \left[\frac{q_0 g_i(z)}{\sqrt{2}} \frac{\sinh \dfrac{dq_0}{\sqrt{2}} - \sin \dfrac{dq_0}{\sqrt{2}}}{\cosh \dfrac{dq_0}{\sqrt{2}} + \cos \dfrac{dq_0}{\sqrt{2}}} + \frac{8}{d} \sum_{n=0}^{\infty} \frac{q_0^4 \left(\sqrt{\lambda_n^2 + q_0^4} - 2\lambda_n \right) \cdot r_n \sinh g_i(z) r_n}{\lambda_n \left(\lambda_n^2 + q_0^4 \right)^{\frac{3}{2}} \cosh g_i(z) \cdot r_n} \right]$$

（2-163）

重新进行积分运算，并代入式（2-162），得到卷铁心第 i 层级的涡流损耗：

$$P_{i.\text{wc}} = \int_0^{l_i} P_{si-\text{imp}}(z) \mathrm{d}z = \frac{B_{i.\text{bou}}^2 \cdot l_i}{2\mu_{t-\text{fer}}^2 \sigma} \left[\frac{(w_i + w_{i+1}) K_1}{\delta_0} + \frac{16 K_2}{d} \right] \quad (2\text{-}164)$$

其中，δ_0 为集肤深度，满足式（2-61）；表征材料和结构的中间参数 K_1 和 K_2 满足：

$$K_1 = \frac{\sinh\left(d\sqrt{\pi f \mu_{t-\text{fer}} \sigma}\right) - \sin\left(d\sqrt{\pi f \mu_{t-\text{fer}} \sigma}\right)}{\cosh\left(d\sqrt{\pi f \mu_{t-\text{fer}} \sigma}\right) + \cos\left(d\sqrt{\pi f \mu_{t-\text{fer}} \sigma}\right)} \quad (2\text{-}165)$$

$$K_2 = \sum_{n=0}^{\infty} \frac{q_0^4 \left(\sqrt{\lambda_n^2 + q_0^4} - 2\lambda_n \right) \cdot \ln \dfrac{\cosh w_{i+1} r_n}{\cosh w_i r_n}}{\lambda_n \left(\lambda_n^2 + q_0^4 \right)^{\frac{3}{2}} (w_{i+1} - w_i)} \quad (2\text{-}166)$$

将式（2-162）代入式（2-164）进行化简，将不含 i 的乘积项写在等式最左边：

$$\begin{aligned} P_{i.\text{wc}} &= \frac{B_m^2 d^2 l_0^2}{2\mu_{t-\text{fer}}^2 \sigma l_i} \cdot \frac{1}{2\delta_0^2} \cdot \frac{\sinh^2(d/\delta_0) + \sin^2(d/\delta_0)}{[\cosh(d/\delta_0) - \cos(d/\delta_0)]^2} \left[\frac{(w_i + w_{i+1}) K_1}{\delta_0} + \frac{16 K_2}{d} \right] \\ &= \frac{B_m^2 d^2 l_0^2}{4\mu_{t-\text{fer}}^2 \sigma \delta_0^2} \cdot \frac{\cosh(d/\delta_0) + \cos(d/\delta_0)}{\cosh(d/\delta_0) - \cos(d/\delta_0)} \cdot \left[\frac{(w_i + w_{i+1}) K_1}{\delta_0} + \frac{16 K_2}{d} \right] \cdot \frac{1}{l_i} \end{aligned} \quad (2\text{-}167)$$

其中，第二步的推导用到了双曲-三角函数和差恒等式，下面给出简单证明。

因为

$$\sinh^2 x + \sin^2 x = \frac{e^{2x} + e^{-2x} - 2}{4} + \sin^2 x = \frac{e^{2x} + e^{-2x} - 2(\sin^2 x + \cos^2 x) + 4\sin^2 x}{4}$$

$$= \frac{e^{2x} + e^{-2x} - 2(\cos^2 x - \sin^2 x)}{4} = \frac{\cosh 2x - \cos 2x}{2}$$

$$\cosh^2 x - \cos^2 x = \frac{e^{2x} + e^{-2x} + 2}{4} - \cos^2 x = \frac{e^{2x} + e^{-2x} + 2(\sin^2 x + \cos^2 x) - 4\cos^2 x}{4}$$

$$= \frac{e^{2x} + e^{-2x} - 2(\cos^2 x - \sin^2 x)}{4} = \frac{\cosh 2x - \cos 2x}{2}$$

所以

$$\sinh^2 x + \sin^2 x = \cosh^2 x - \cos^2 x \qquad (2\text{-}168)$$

由于损耗满足叠加原理，对各层级的涡流损耗进行求和，再除以总体积：

$$P_{e\text{-wc}} = \frac{\sum\limits_{i=1}^{2k} P_{i.\text{wc}}}{V} = \frac{B_m^2 d \cdot l_0^2}{2\mu_{t\text{-fer}}^2 \sigma \delta_0^2} \cdot \frac{\cosh\left(\dfrac{d}{\delta_0}\right) + \cos\left(\dfrac{d}{\delta_0}\right)}{\cosh\left(\dfrac{d}{\delta_0}\right) - \cos\left(\dfrac{d}{\delta_0}\right)} \cdot \frac{\sum\limits_{i=1}^{2k}\left[\dfrac{(w_i + w_{i+1})K_1}{\delta_0} + \dfrac{16K_2}{d}\right] \cdot \dfrac{1}{l_i}}{\sum\limits_{i=1}^{2k}(w_{i+1} + w_i)l_i} \qquad (2\text{-}169)$$

式（2-169）即为本节提出的考虑各层级独立磁边值条件下的多层梯级渐变卷铁心涡流损耗计算公式。可以看出，它在参数形式上与式（2-73）的区别较大。

2.3.1.3　不同层级涡流场及其损耗特征的仿真分析

大型牵引变压器铁心的卷片可达数千层级，现有的有限元分析软件难以完成同比例实物的精准建模和高效运算。因此，本节的思路是构建比例微缩模型，保证其具有和实物卷铁心相似的结构特征，即保证各层级截面宽度呈现梯级渐变、整体横截面近似圆形的情况下，尽可能地减小卷片层级数。在 Ansoft Maxwell 3D 涡流场中建立满足上述条件的卷铁心模型，主要参数设置如下：当卷片层级参数 $k = 3$ 时，心柱长度 $h = 10$ mm，铁轭长度 $e = 5$ mm，拐角半径 $r = 1.5$ mm，硅钢片厚度 $d = 0.3$ mm，截面半径 R 按照式（2-68）确定；当 k 变化时，除硅钢片厚度被指定为固有属性外，其他结构参数会做出微小调整，以确保卷铁心模型与实物保持一致的梯级变化特征。此外，铁心材料按照牌号 B30G105 的电工硅钢片进行规范：电导率设置为空间各向同性，数

值恒为 $\sigma = 2.22 \times 10^6$ S/m；磁导率 μ 设置为空间各向异性，包括卷绕方向的 $\mu_z = \mu_{s.eff}$ 和垂直于卷绕方向的 $\mu_x = \mu_y = \mu_{h.eff}$，其中 $\mu_{s.eff}$、$\mu_{h.eff}$ 分别代表易磁化方向和难磁化方向的有效磁导率，需参照图 2-34 给出的硅钢片非线性 B-H 实测曲线而计算得到：

$$\mu_{s.eff} = \frac{1}{M_s} \sum_{j=1}^{M_s} \frac{B_j}{H_j}, \quad \mu_{h.eff} = \frac{1}{M_h} \sum_{g=1}^{M_h} \frac{B_g}{H_g} \qquad (2\text{-}170)$$

式中，M_s 和 M_h 分别代表 B-H 关系实测数据在易磁化方向和难磁化方向上各自对应的样本点个数，B_j、B_g 分别代表易磁化或难磁化方向任意一个被测点的磁通密度数值；H_j、H_g 分别代表易磁化或难磁化方向任意一个测试点的磁场强度数值。

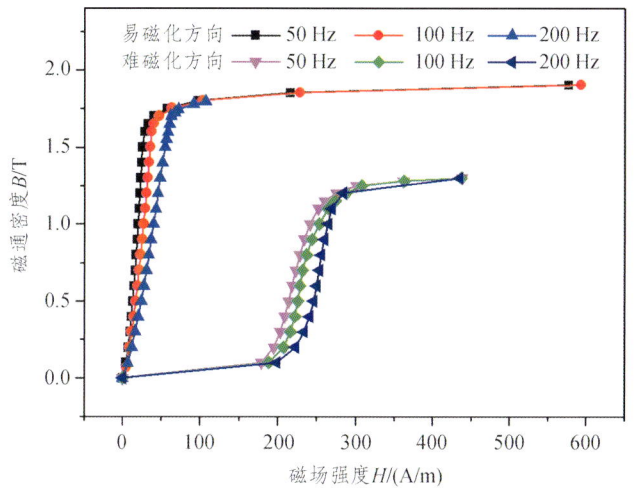

图 2-34　典型低频条件下硅钢片 B30G105 各向异性实测磁化曲线

此外还可以发现，当激励源的频率在 50 Hz、100 Hz、200 Hz 之间发生变化时，B-H 曲线变化特征类似，但数值方面却有微小差异。这是由于硅钢片材料除了具备各向异性和非线性特征以外，还具有显著的频变效应。通常情况下，电工硅钢片制造厂商不会给出频率在 200 Hz 以上的 B-H 关系曲线。同时，受限于试验条件，本书也无法获取频率超过 200 Hz 的卷铁心样品平均磁通密度 B_m 与平均磁场强度 H_0 的关系。为了得到硅钢片在频变效应下的有效磁导率参数的实际值，本书采用瑞典的查尔姆斯理工大学 Gubanski 团队提出的复系数有效磁导率修正计算公式[41]：

$$\mu_{h.arb} = \left| \mu_{h.Re} - j\mu_{h.Im} \right| = \left| \mu_{h.eff(50)} \cdot \frac{\tanh\left[(1+j)d/4\delta_0\right]}{(1+j)d/4\delta_0} \right| \qquad (2\text{-}171)$$

$$\mu_{s.arb} = |\mu_{s.Re} - j\mu_{s.Im}| = \left|\mu_{s.eff(50)} \cdot \frac{\tanh[(1+j)d/4\delta_0]}{(1+j)d/4\delta_0}\right| \quad (2\text{-}172)$$

其中，$\mu_{h.eff(50)}$、$\mu_{s.eff(50)}$ 为频率为 50 Hz 时难磁化方向、易磁化方向 B-H 曲线按照式（2-170）计算得到的有效磁导率。

该方法的优越性在于，只要知道了工频条件下的 B-H 关系曲线或有效磁导率，就能推算出 1 Hz~1 MHz 频段内任意频率下有效磁导率的近似值，且对于千赫兹级别的频段尤为准确。举例来说，当选定某个确切的频率 f_{exm} 时，首先依据式（2-61）计算出该频率下对应的集肤深度 δ_0，再将其代入式（2-171）和（2-172），即可计算出易磁化方向和难磁化方向对应的有效磁导率。图 2-35 给出了频变效应影响下硅钢片 B30G105 复系数有效磁导率的计算结果，具体描述如下：

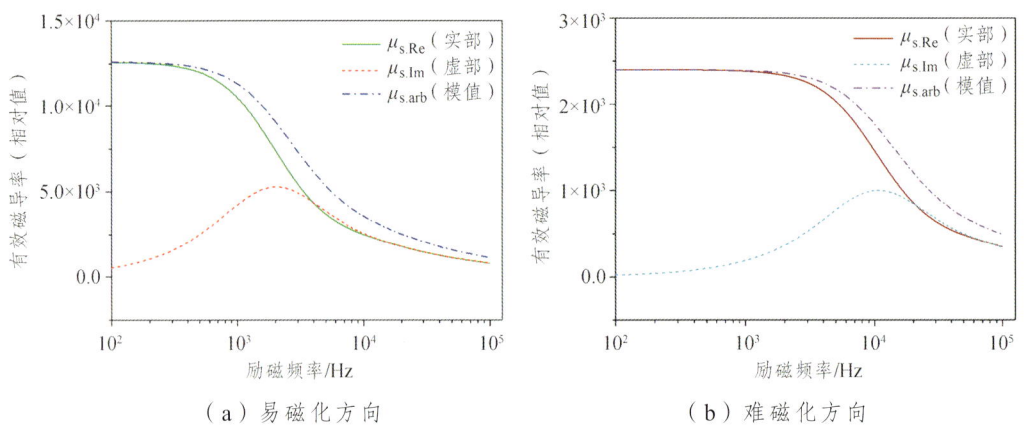

（a）易磁化方向　　　　　　（b）难磁化方向

图 2-35　硅钢片 B30G105 复系数有效磁导率（无量纲值）随励磁频率的变化特征

（1）易磁化方向：磁导率实部 $\mu_{s.Re}$ 随频率的增加呈现出单调递减的趋势，当频率小于 200 Hz 时，曲线平缓，磁导率频变效应不明显；当频率处于 200 Hz~1 kHz 时，磁导率呈现出缓慢下降的态势；当频率处于 1~10 kHz 时，曲线急速陡降，磁导率显示出了极强的频变效应；当频率大于 10 kHz 时，曲线又重新恢复平缓，数值下降速率变小。磁导率虚部 $\mu_{s.Im}$ 随频率的增加表现出先增大后减小的特征，在 100 Hz~100 kHz 的全频段内曲线变化均较为剧烈，即频变效应全程显著，其极大值在频率 2 kHz 处取得。复数磁导率模值 $\mu_{s.arb}$ 的变化特征与实部类似，仅在数值上全程略高于实部。

（2）难磁化方向：磁导率实部 $\mu_{h.Re}$、虚部 $\mu_{h.Im}$、模值 $\mu_{h.arb}$ 在变化特征上与易磁化方向相似，但在具体数值方面有显著差异：对于实部而言，当频率大于 1 kHz 时，曲线开始下降，而急速陡降频段为 5~100 kHz；对于虚部而言，极大值对应的频率点为 10 kHz。同时，磁导率曲线恢复平缓时所在的频段将超过 100 kHz。

因此在参数配置时，需要先通过式（2-170）计算得到工频条件下的有效磁导率。在确定有限元分析励磁频率后，还要结合图 2-35 对铁心材料磁导率参数做相应更改。对涡流场解析计算而言，当频率偏高时，直接采用式（2-162）和（2-169）计算得到的结果可能会出现较大误差，所以最好一开始就将两式中磁导率参数 $\mu_{t\text{-fer}}$ 替换为 $\mu_{s.arb}$。

在 Maxwell 3D 涡流场中，卷铁心内部磁场是通过建立绕组的套筒模型，并对其纵截面施加正弦交变形式电流源而实现的。图 2-36 以透视图和俯视图的方式展示了激励电流的矢量属性以及卷片间绝缘边界的设置情况：卷铁心各个层级表面均需设置该理想绝缘边界，这样一来涡流会被严格限制在卷片内部流动，不会向外溢出。尽管该绝缘边界没有厚度可言，但实际的绝缘涂层厚度也仅有 5~10 μm，占硅钢片整体厚度的 3%~5%，因此即便忽略它，也几乎不会影响电磁场求解的精度。

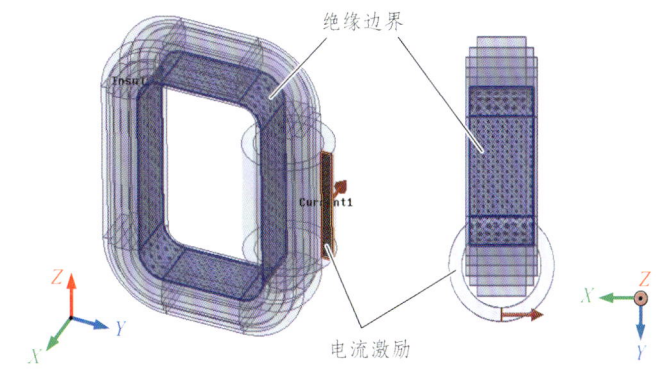

图 2-36　卷铁心有限元模型激励源与运算边界条件设置示意图

此外，依据式（2-150）、即安培环路定律，就能通过改变激励电流源数值、实现各种平均磁通密度条件下的有限元分析。但需注意，当频率较高时，磁导率会显著降低，若要在铁心中维持同样的平均磁密，则需结合式（2-150）的耦合规律相应增加励磁电流。图 2-37 给出了卷片数为 6（$k=3$）和 16（$k=8$）的卷铁心模型，以易磁化方向的磁导率 $\mu_{s.arb}$ 为参数标准，在频变效应影响下激发不同平均磁通密度所需励磁电流的计算。可以发现，励磁电流的数值随着频率的增加而呈现出非线性上升，且卷片数的改变对曲线的整体趋势并无明显影响，仅仅是在数值上出现了些许偏差。

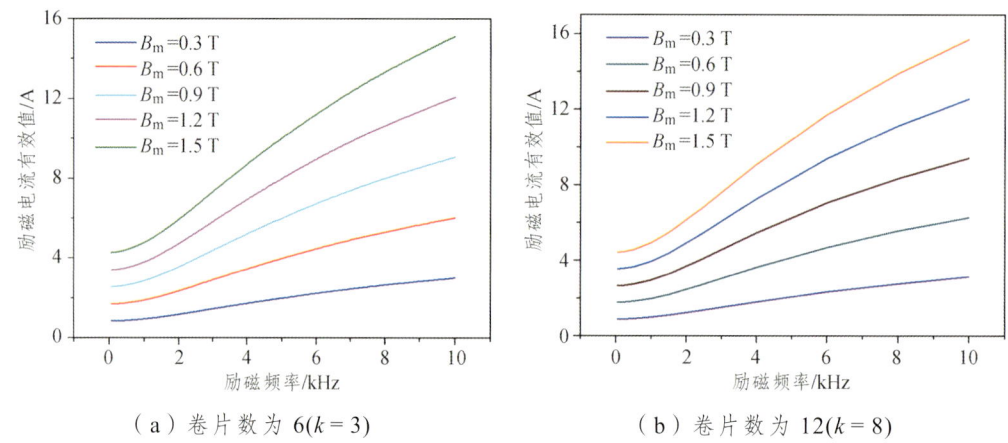

(a)卷片数为 6(k = 3)　　　　(b)卷片数为 12(k = 8)

图 2-37　不同平均磁通密度条件下所需励磁电流随频率的变化特征

卷铁心模型运算网格划分如图 2-38(a)所示,网格元素基本长度 $\delta = 0.02$ mm,求解器频率条件为 $f = 200$ Hz、1000 Hz、2500 Hz。图 2-38(b)、(c)、(d)给出了平均磁通密度为 1.2 T、卷片数为 6(k = 3)条件下,励磁频率分别为 200 Hz、1000 Hz、2500 Hz 时卷铁心整体磁通密度分布情况。可以看到,磁通密度大量集中在卷铁心内窗周围,越靠近铁心外侧,磁通密度会变得越小。这和引言中以磁路长度和磁阻为标准的定性推断基本一致。同时,随着频率的增加,拐角区域的磁通密度有些许减小,不同频段的色阶标尺略有差异:当 $f = 200$ Hz 时,磁通密度最大值 $B_{max} = 2.06$ T;当 $f = 2500$ Hz 时,B_{max} 数值下降到 1.84 T。这说明,即使保持卷铁心平均磁通密度不变,励磁频率的变化也会对整体磁通密度分布产生一定的影响。

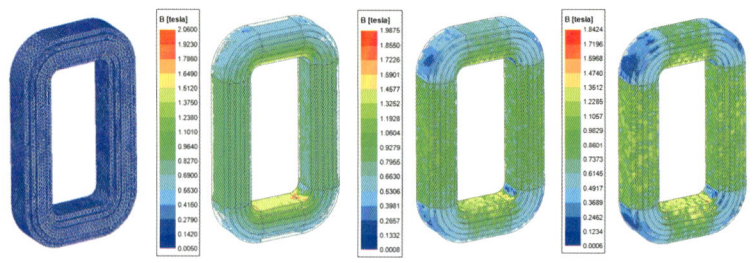

(a)计算网络　(b)$f = 200$ Hz　(c)$f = 1000$ Hz　(d)$f = 2500$ Hz

图 2-38　$B_{avg} = 1.2$ T、$k = 3$ 时卷铁心整体磁通密度分布特征

为了从机理上验证这种变化规律的准确性，探究了不同卷片数、不同频率下卷铁心模型某个横截面的磁通密度分布特性，仿真云图的结果如图 2-39、图 2-40 所示。由于涡流存在去磁效应，同一卷片内部的磁通密度由边界向中心逐渐减小。不同层级卷片的边界磁通密度并不严格相等，其规律是从卷绕的第一层（仿真图的最右侧）向最后一层（仿真图的最左侧）逐渐减小。对于同一频率条件，卷片数的增减还会引起边界磁通密度的细微变化：对于 f = 200 Hz 而言，当 k = 3 时，磁通密度在最右侧的卷片边界取得最大值，对应到色阶标尺第二级红色，转换为数值约为 1.61 T；当 k = 8 时，磁通密度也在最右侧的卷片边界获得最大值，但对应到色阶标尺的第一级红色，也就是标尺上的最大数字，约为 1.67 T。对于同一卷片数条件，频率的增加不会引起色阶标尺的改变，但会导致仿真云图红色区域变薄、蓝色区域变宽。这是由于电磁场量在高频环境下集肤效应显著所致，卷片边界磁通密度取得最大值的点也会相应减少。

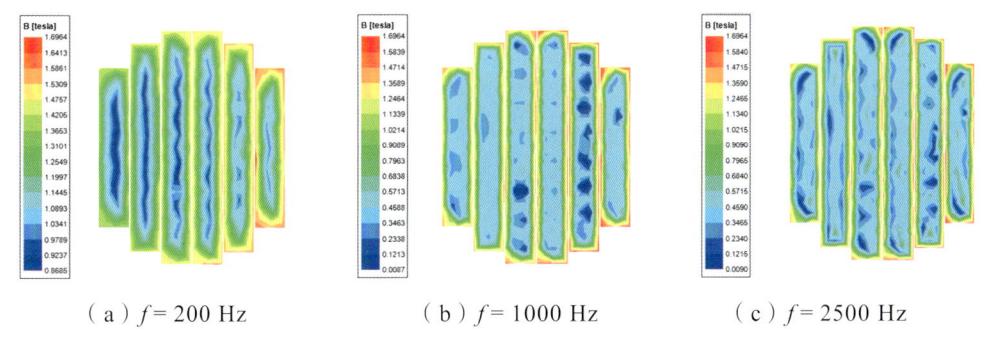

（a）f = 200 Hz　　　（b）f = 1000 Hz　　　（c）f = 2500 Hz

图 2-39　B_{avg} = 1.5 T、k = 3 时卷铁心截面磁通密度分布特征

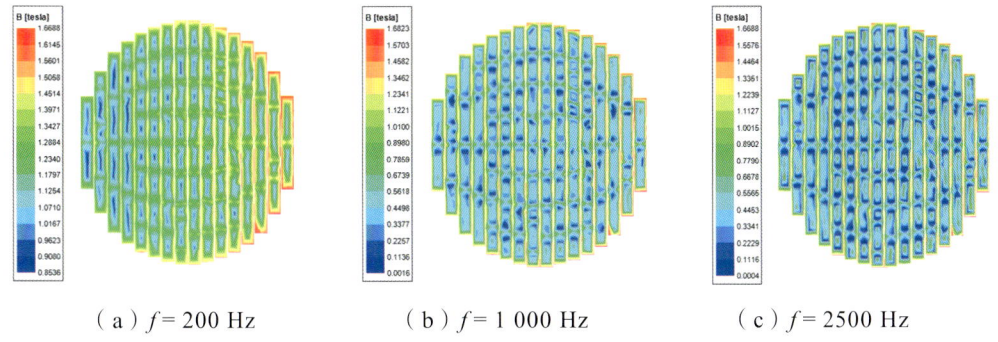

（a）f = 200 Hz　　　（b）f = 1 000 Hz　　　（c）f = 2500 Hz

图 2-40　B_{avg} = 1.5 T、k = 8 时卷铁心截面磁通密度分布特征

为了让这个结论更具说服力,需要进一步给出详细的定量分析。事实上,直接采用标尺上的最值作为边界磁通密度的有限元分析最值是有失偏颇的。因此,本书提取了有限元求解域中各层级卷片最外层所有节点对应的磁通密度标量值,如图 2-41 所示。

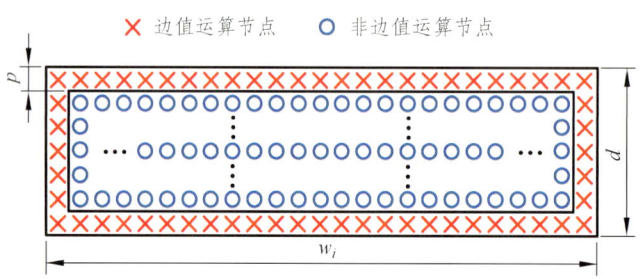

图 2-41 模型边界磁通密度运算节点的选取示意图

首先,求取图中带有×字样的边值运算节点对应的磁通密度算术平均值,以此作为该层级边界磁通密度的标准值,计算方法如下:

$$B_{i.\text{bou(FEM)}} = \frac{1}{W_g} \sum_{j=1}^{W_g} B_{ij} \quad (B_{ij} \in \Omega_1)$$ （2-173）

其中,B_{ij} 的范围 $\Omega_1 = [0, w_i] \times [0, d] - [p, w_i - p] \times [p, d - p]$；$W_g$ 为边值运算节点个数。

然后,求取整个硅钢片内所有节点对应的磁通密度算术平均值,以此作为层内平均磁通密度的标准值,计算方法如下:

$$B_{i.\text{avg(FEM)}} = \frac{1}{W_t} \sum_{s=1}^{W_t} B_{is} \quad (B_{is} \in \Omega_2)$$ （2-174）

其中,B_{is} 的范围 $\Omega_2 = [0, w_i] \times [0, d]$；$W_t$ 为硅钢片内所有节点个数。

图 2-42 给出了整体磁通密度幅值 B_m 分别为 0.6 T、1.0 T、1.5 T 时两种卷铁心模型各层级内部平均磁通密度和边界磁通密度的有限元仿真值以及由式（2-154）、（2-162）得到的计算值。可以看出,数值匹配程度较好,说明本书提出的计算方法能较为真实地反映卷铁心各层级内平均磁通密度和边界磁通密度的变化特性。

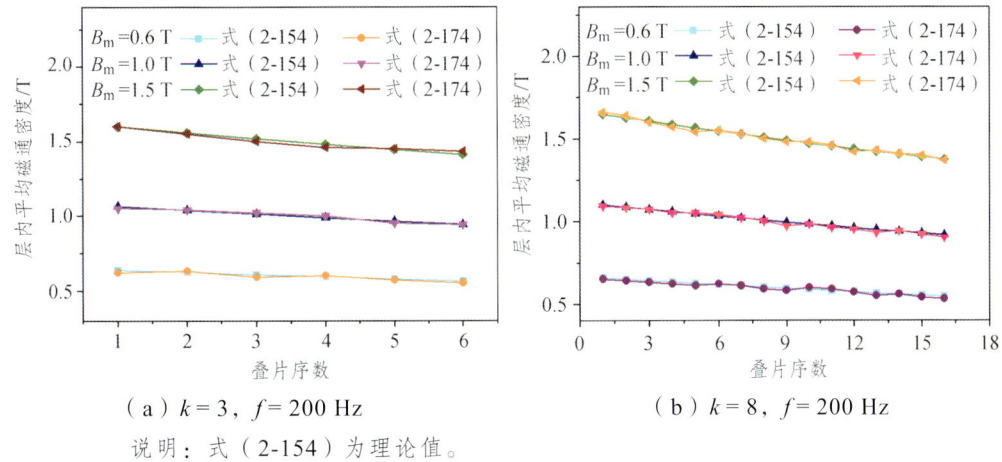

(a) $k = 3$, $f = 200$ Hz　　　　(b) $k = 8$, $f = 200$ Hz

说明：式（2-154）为理论值。

图 2-42　卷铁心各层级层内平均磁通密度 $B_{i.\mathrm{avg}}$ 理论值与仿真值的对比

此外，该结果从数值层面更加清晰地表现了磁通密度边界效应与卷片数量的密切相关性：卷片数越多，边界磁通密度分级现象越显著。对于 $B_\mathrm{m} = 1.5$ T 而言，当 $k = 3$ 时，曲线下降相对平缓，层内平均磁通密度最小值 $B_{i.\mathrm{avg}}(\min)$（对应图中最后层级）和最大值 $B_{i.\mathrm{avg}}(\max)$（对应图中第一层级）分别为 1.43 T 和 1.6 T，二者相差 0.17 T；当 $k = 8$ 时，曲线下降相对陡峭，$B_{i.\mathrm{avg}}(\min)$ 和 $B_{i.\mathrm{avg}}(\max)$ 分别为 1.37 T 和 1.66 T，二者相差 0.29 T。尽管这两组数据的整体磁通密度均为 1.5 T，但 $k = 8$ 对应这组数据方差更大，表现结果为数值变化更剧烈。此外，整体磁通密度 B_m 的变化也会影响曲线降幅，B_m 越大，曲线下降越陡峭：例如，对于 $k = 8$ 的模型，当 $B_\mathrm{m} = 0.6$ T 时，曲线下降较为平缓，$B_{i.\mathrm{avg}}(\min)$ 和 $B_{i.\mathrm{avg}}(\max)$ 分别为 0.53 T 和 0.65 T，二者相差 0.12 T；当 $B_\mathrm{m} = 1.0$ T 时，曲线降幅变大，$B_{i.\mathrm{avg}}(\min)$ 和 $B_{i.\mathrm{avg}}(\max)$ 分别为 0.9 T 和 1.09 T，二者相差 0.19 T。

各层级的边界磁通密度 $B_{i.\mathrm{bou}}$ 的变化相比于层内平均磁通密度 $B_{i.\mathrm{avg}}$ 更为剧烈，整体数据的方差进一步增大，如图 2-43 所示。对于 $B_\mathrm{m} = 1.5$ T 而言，即使是在 $k = 3$ 时，曲线下降也比 $B_{i.\mathrm{avg}}$ 陡峭得多，边界磁通密度最小值 $B_{i.\mathrm{bou}}(\min)$（对应图中最后层级）和最大值 $B_{i.\mathrm{bou}}(\max)$（对应图中第一层级）分别为 1.43 T 和 1.84 T，二者相差 0.41 T；当 $k = 8$ 时，曲线下降幅度变得更大，$B_{i.\mathrm{bou}}(\min)$ 和 $B_{i.\mathrm{bou}}(\max)$ 分别为 1.24 T 和 2.31 T，二者相差 1.07 T 之多。同样地，整体平均磁通密度 B_m 也会影响曲线降幅，B_m 越小，曲线下降越平缓。对于 $B_\mathrm{m} = 0.6$ T 而言，当 $k = 3$ 时，曲线下降幅度小，$B_{i.\mathrm{bou}}(\min)$ 和 $B_{i.\mathrm{bou}}(\max)$ 相差 0.17 T；当 $k = 8$ 时，曲线降幅也较小，$B_{i.\mathrm{bou}}(\min)$ 和 $B_{i.\mathrm{bou}}(\max)$ 相差 0.43 T。

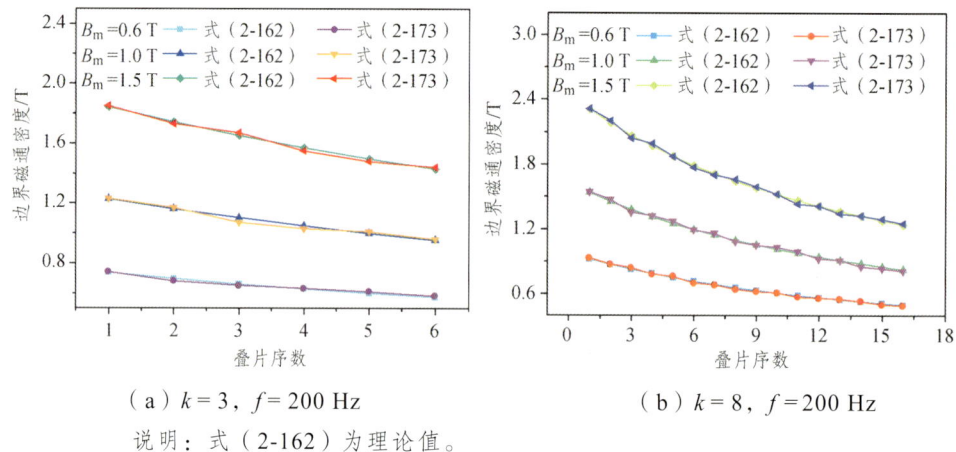

(a) $k=3$,$f=200$ Hz (b) $k=8$,$f=200$ Hz

说明：式（2-162）为理论值。

图 2-43　卷铁心各层级边界磁通密度 $B_{i,\mathrm{bou}}$ 理论值与仿真值的对比

为了明确边界磁通密度和层内平均磁通密度的耦合关系，图 2-44 将二者放在一起进行数据分析。可以发现，无论何种磁通激励条件，50 Hz 对应的边界磁通密度曲线与层内平均磁通密度曲线几乎都是重合的，同时随着频率的增加，边界值相对于层内平均值会不断地整体向上平移。各层级边界磁通密度始终大于（较高频率）或等于（较低频率）层内平均磁通密度的现象很符合涡流的去磁特性：初始频率较低，集肤效应不显著，层内磁通密度分布基本均匀，所以边界值和层内平均值几乎相等；当频率增加时，集肤深度越来越小，更多的磁通聚集在硅钢片的边界，相应地中心区域的磁通会越来越少，从而出现了更加突出的"两边高、中间低"的两极分化现象，所以边界值会高于层内平均值，甚至远远超过。而每组数据的方差变化并不大，说明频率的改变不会加剧或弱化各层级边界磁通密度非均匀分布的程度。

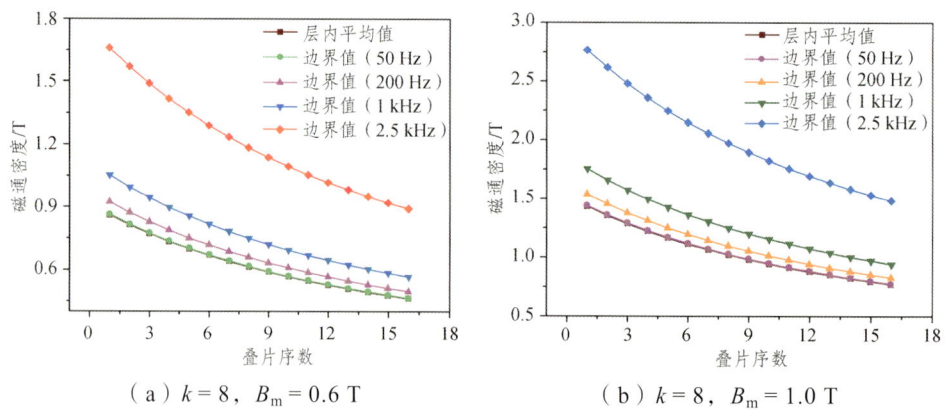

(a) $k=8$,$B_{\mathrm{m}}=0.6$ T (b) $k=8$,$B_{\mathrm{m}}=1.0$ T

图 2-44　不同励磁条件下边界磁通密度与层内平均磁通密度的对比关系

但事实上，当磁通密度超过 1.8 T 后就会出现磁饱和现象，超过约 2.3 T 后即达到深度饱和，这时幅值再大的输入量都无法形成有效励磁。因此，真实卷铁心各层级的磁通密度往往无法达到理论公式或有限元计算中的数值，尤其是频率较高、集肤现象非常突出的时候。因此，大型牵引变压器在工程设计阶段都会避免高频励磁。

下面对涡流损耗的计算结果进行分析。表 2-6 给出了卷片参数 $k = 3$ 和 $k = 8$ 的两个卷铁心模型在 $f = 200$ Hz、$B_m = 0.6/1.0/1.5$ T 时整体涡流损耗的 P_e 值、$P_{e\text{-wc}}$ 值以及有限元仿真值（标准值）。其中，$\varepsilon(P_e)$ 为通过式（2-73）得到的理论值与有限元仿真值 P_{fem} 的误差百分比，$\varepsilon(P_{e\text{-wc}})$ 为通过式（2-169）得到的理论值与有限元仿真值 P_{fem} 的误差百分比，它们的单位均为 W/m³。

表 2-6　频率为 200 Hz 时卷铁心等比微缩模型涡流损耗计算结果及相对误差

卷片参数	励磁条件	P_{fem}	P_e	$\varepsilon(P_e)$	$P_{e\text{-wc}}$	$\varepsilon(P_{e\text{-wc}})$
$k = 3$	$B_m = 0.6$ T	4565.2	4440.7	2.73%	4474.5	1.99%
	$B_m = 1.0$ T	12787	12335	3.54%	12429	2.81%
	$B_m = 1.5$ T	28428	27754	2.37%	27965	1.63%
$k = 8$	$B_m = 0.6$ T	4681.7	4440.7	5.14%	4568.1	2.43%
	$B_m = 1.0$ T	13251	12335	6.91%	12939	2.36%
	$B_m = 1.5$ T	29097	27754	5.62%	28551	1.88%

由表中所述内容可知，卷片参数 k 是式（2-73）能否准确计算卷铁心涡流损耗的关键因素：当 $k = 3$ 时，式（2-73）计算值与标准值相比，最大误差约为 3.54%；相比之下，当 $k = 8$ 时，不同平均磁通密度条件下的计算误差均有所上升，最大误差增加到 6.91%。由此可以推断，整体误差水平与卷片参数具有正相关的特性。而考虑了边界磁通密度分级现象的式（2-169）无论平均磁通密度、励磁频率如何变化，均与标准值保证了较高的贴合度，其整体误差控制在 3% 以内。

图 2-45 给出了频率 $f = 50$ Hz、200 Hz、1000 Hz、2500 Hz 条件下式（2-169）在整体磁通密度位于 0.3～1.5 T 时的计算误差情况。可以看出，频率的增加并不会使该频段对应的整体误差水平向上迁移，且图中所有磁密点对应的误差均不超过 4%。

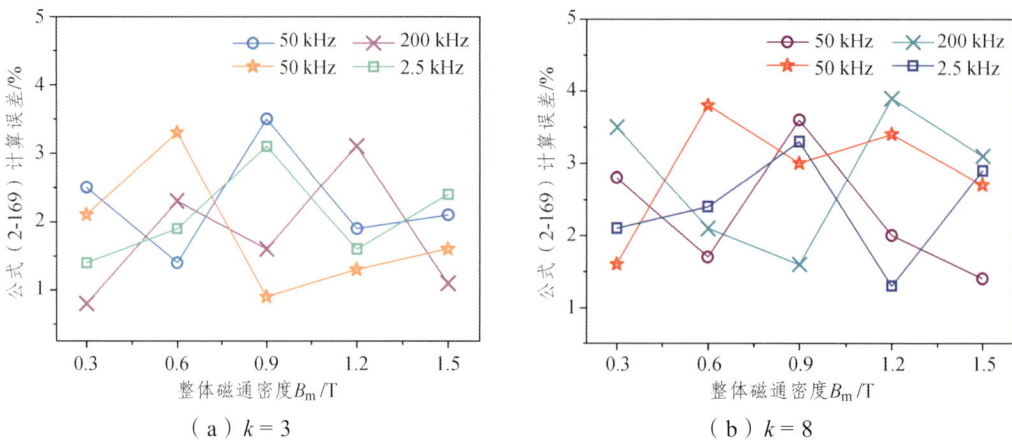

图 2-45 不同励磁频率条件下相对误差 $\varepsilon(P_{e\text{-wc}})$ 随整体磁通密度 B_m 的变化关系

综合来看,受限于软件功能和服务器性能,只能建立卷铁心等比微缩模型,即便是构建数量较少的分级硅钢片组成的卷铁心模型,依然花费了非常多的建模、仿真运算时间。略有遗憾的是,磁通密度边界效应也没有特别显著,对传统解析模型评估精度的影响能力有限,即未考虑边界磁通密度分级现象的模型也并未出现很大的计算误差,比如达到10%~15%甚至20%等,本节得到的计算趋势是显而易见且能够合理推断的。在面向高效节能大型牵引变压器时,由于制作其铁心的硅钢片能够达到数千层级,这必然会加剧各层级边界磁通密度分级现象。式(2-73)对涡流损耗的计算结果将无法满足设计要求,必须改用式(2-169)进行计算。

2.3.2 非线性磁特征下的涡流损耗解析计算

本节主要从卷铁心材料的非线性磁化特性出发,探究动态励磁过程与涡流场的关联特性,从而推导出同时满足正常和饱和励磁条件下的涡流损耗计算公式。首先从微观磁畴的角度定性描述材料从基础磁化达到饱和的演变机制,如图2-46(a)所示:磁性材料中布满了针形结构的矢量粒子,当铁磁材料未被磁化时,所有磁畴的磁化方向不尽相同,整个铁磁质无磁性;当铁磁质处于外加电压激励引发的交变磁场中时,这些磁畴会沿着外加磁场的方向发生转向,铁磁材料逐渐显示磁性,当外加磁场的强度水平较高时,转动的磁畴会越来越多,这个过程将一直持续到没有可转动的磁畴为止,这时材料达到磁饱和,铁磁材料的磁导系数接近空气,此后无论继续施加多大的激励,铁磁材料都不会表现出更好的磁性能,这些过剩励磁产生的能量将以漏磁通的形式耗散在空气中。当外加激励被撤离后，对于软磁性材料来说，磁畴的排列会在较短的时间内恢复到原先的无序状态，即变得不再具有磁性，若要重新建立电磁能的传输通道，则需要重新进行（电压）励磁；而对于硬磁性材料，磁畴的排列将会长期维持被磁化的有序状态，磁性也将继续保留。如果需要消磁，需要施加反方向的（电压）励磁，或将其停放在无励磁源的环境较长的时间[42]。

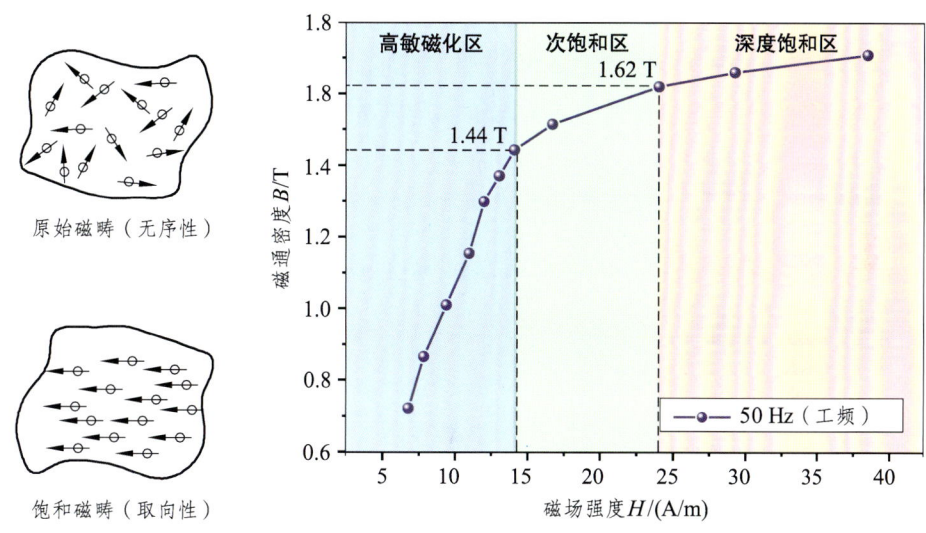

(a) 磁畴分布变化规律　　(b) 2×27.5 kV/32 MVA 自耦变压器铁心磁化曲线

图 2-46　卷铁心材料非线性磁化过程的微观和宏观示意图

再以 2×27.5 kV/32 MVA 卷铁心自耦变压器空载试验电压、电流数据折算后绘制的磁化曲线为例，对非线性磁化特性进行宏观定量解释，如图 2-46（b）所示：① 当磁场强度 $H \leq 14$ A/m 时（对应磁通密度范围 0.72～1.44 T），属于正常（高敏）磁化区，材料磁性能表现非常优异，对磁场强度的变化极为敏感，处于最佳励磁状态，曲线上任意一点的纵坐标（B）与横坐标（H）的比值——磁导率处于较高的数值水平，且磁化曲线呈现出近似线性关系，因此在涡流场分析时，代入合适的常系数磁导率，也能实现较高精度的损耗计算；② 当磁场强度满足 $14 \leq H \leq 24$ A/m 时（对应磁通密度范围 1.44～1.62 T），属于次饱和区，材料磁性能显著下降，但仍处于可励磁状态，对磁场强度的变化比较敏感，磁化曲线不再显现出线性关系，涡流场分析将不能依赖于常系数磁导率；③ 当磁场强度 $H \geq 24$ A/m 时（对应磁通密度范围 1.62～1.71 T），属于深度饱和区，材料磁性能变得很差，几乎不再对磁场强度的变化产生响应，磁导率数值接近空气,处于不可励磁状态。其他类型变压器的磁化曲线在形式上大同小异,都可以按照上述规则进行区域划分,仅在数值方面存在差异。

本书在2.1节、2.2节和2.3.1节的涡流场分析中,在磁特性参数均被考虑为常系数(线性)磁导率的情况下,均取得了较高的损耗计算精度,原因就在于卷铁心整体磁通密度处于高敏磁化区或高敏磁化和次饱和的边界区。然而,如果卷铁心受特殊工况影响,使其运行磁通密度达到次饱和区甚至深度饱和区时,强烈的非线性特征会让常系数(线性)磁导率的参数设定不再合理。因此,本节重点讨论的内容是重新求解Maxwell方程,并在磁特性辅助方程中考虑实际的非线性本构关系。

2.3.2.1 工频条件下涡流场方程的近似求解

由于考虑了电工硅钢片实际材料属性——磁场强度 H 与磁通密度 B 的非线性媒质关系,式(2-1)与磁特性相关的辅助方程 $B = \mu H$ 不再成立,因此式(2-5)改写为

$$\nabla^2 \dot{H} = \mathrm{j}\omega\sigma \dot{B} \tag{2-175}$$

与2.2节类似,这里同样考虑二维Maxwell磁准静态场方程,求解域选定为同样的平面矩形域 $\varOmega = [-a/2, a/2] \times [-d/2, d/2]$,如图2-1所示。尽管磁通密度 B 与磁场强度 H 满足非线性耦合关系,但它们在矢量场中是严格对应的物理量,应满足式(2-2)的定义,于是得到式(2-175)的标量形式方程:

$$\frac{\partial^2 \dot{H}_z(x,y)}{\partial x^2} + \frac{\partial^2 \dot{H}_z(x,y)}{\partial y^2} = \mathrm{j}\omega\sigma \dot{B}_z(x,y) \tag{2-176}$$

本书已在前面的内容中多次提及并定量分析了涡流场的集肤特性:在工频运行条件下,电工硅钢片的厚度 d 通常小于趋肤深度 δ,电磁场量在透入硅钢片后幅值衰减不明显,整体分布比较均匀,集肤效应可以忽略。于是,可对磁通密度标量函数做如下近似:$B_z(x,y) \approx B_1 = B_\mathrm{m} \angle 90°$,则式(2-176)的边界条件可在式(2-6)的基础上微调:

$$\dot{H}_z\left(\pm\frac{a}{2}, y\right) = \dot{H}_z\left(x, \pm\frac{d}{2}\right) = \dot{H}_1 = H_\mathrm{m} \angle 90° \tag{2-177}$$

式中,H_m 是由激励源唯一确定的整体平均磁场强度等效幅值,与它相对应的就是整体平均磁通密度幅值 B_m,二者通过磁化曲线实现耦合,如图2-46(b)所示。从物理

本质来说，H_m只是一个磁化过程量，真正的励磁效果需要用B_m来描述。同时，本书的落脚点是涡流损耗计算，它与电磁量的幅值息息相关，而与相位的大小没有直接的关联性，因此在边界条件的设置时忽略了H_1和B_1之间的初始相位差。

式（2-176）为形式非齐次、边界条件也非齐次的拉普拉斯方程，但方程的非齐次项不包含未知量以及与未知量相关的函数，边界条件同样是纯常数，运用分离变量法求解不仅效率很高，还可以得到极为可靠的显式解：

$$\dot{H}_z(x,y) = K(y) + V(x,y) \tag{2-178}$$

下面对式（2-178）进行分段求解：

（1）仅包含变量y的K边值问题：

$$\frac{\partial^2 K(y)}{\partial y^2} = \mathrm{j}\omega\sigma\dot{B}_1, \quad K\left(\pm\frac{d}{2}\right) = \dot{H}_1 \tag{2-179}$$

这是形式最为简单的二阶常系数（复数）微分方程，由于等式右边不包含与K有关的未知项，则可以直接通过两次积分，再代入边界条件，即得到K的显式方程：

$$K(y) = \frac{1}{2}\mathrm{j}\omega\sigma\dot{B}_1 \cdot y^2 + \dot{H}_1 - \frac{1}{8}\mathrm{j}\omega\sigma\dot{B}_1 d^2 \tag{2-180}$$

（2）同时包含变量x，y的V边值问题：

$$\begin{cases} \dfrac{\partial^2 V(x,y)}{\partial x^2} + \dfrac{\partial^2 V(x,y)}{\partial y^2} = 0 \\ V\left(\pm\dfrac{a}{2},y\right) = \dot{H}_1 - K(y), \quad V\left(x,\pm\dfrac{d}{2}\right) = 0 \end{cases} \tag{2-181}$$

参考式（2-15）~（2-23）的推导过程，容易得到$V(x,y)$的通解：

$$V(x,y) = \sum_{n=0}^{\infty} T_n \cosh\sqrt{\lambda_n}\,x \cdot \cos\sqrt{\lambda_n}\,y \tag{2-182}$$

式中，本征值λ_n按照式（2-21）计算。

将式（2-181）中有关x的非齐次边界条件代入后发现，该结果还可以写成傅里叶级数的形式：

$$\dot{H}_1 - K(y) = \sum_{n=0}^{\infty} T_n \cosh\left(\sqrt{\lambda_n} \cdot \frac{a}{2}\right) \cdot \cos\sqrt{\lambda_n} y = \sum_{n=0}^{\infty} b_n \cos\frac{(2n+1)\pi}{d} y \quad (2\text{-}183)$$

根据相关定义，求出式（2-183）中傅里叶系数 b_n 的值：

$$b_n = \frac{2}{d}\int_{-\frac{d}{2}}^{\frac{d}{2}}\left[\dot{H}_1 - K(y)\right]\cos\frac{(2n+1)\pi}{d} y \cdot dy = \frac{(-1)^n \times 2j\omega\sigma\dot{B}_1 d^2}{(2n+1)^3 \pi^3} \quad (2\text{-}184)$$

由此得出式（2-182）的唯一待定系数 T_n 的表达式：

$$T_n = \frac{b_n}{\cosh\left(\sqrt{\lambda_n} \cdot \frac{a}{2}\right)} = \frac{(-1)^n \times 2j\omega\sigma B_0 d^2}{(2n+1)^3 \pi^3 \cosh\left(\sqrt{\lambda_n} \cdot \frac{a}{2}\right)} \quad (2\text{-}185)$$

结合上述推导，式（2-178）的最终解表示为：

$$\begin{aligned}\dot{H}_z(x,y) &= j\omega\sigma\dot{B}_1\left(\frac{1}{2}y^2 - \frac{1}{8}d^2\right) + \dot{H}_1 + \sum_{n=0}^{\infty}\frac{(-1)^n \cdot 2j\omega\sigma\dot{B}_1 d^2 \cdot \cosh\sqrt{\lambda_n}x \cdot \cos\sqrt{\lambda_n}y}{(2n+1)^3 \pi^3 \cosh\left(\sqrt{\lambda_n} \cdot \frac{a}{2}\right)} \\ &= -\omega\sigma B_m\left[\frac{1}{2}y^2 - \frac{1}{8}d^2 + \frac{2d^2}{\pi^3}\sum_{n=0}^{\infty}\frac{(-1)^n \cosh\sqrt{\lambda_n}x \cdot \cos\sqrt{\lambda_n}y}{(2n+1)^3 \cosh\left(\sqrt{\lambda_n} \cdot \frac{a}{2}\right)}\right] + jH_m\end{aligned} \quad (2\text{-}186)$$

由于制作卷铁心所采用的超长硅钢带具有多级梯形渐变特性，因此将 2D 涡流场解析结果向 3D 拓展的时候，须按照式（2-72）那样进行求解域尺度参数修正：截面宽度参数 a 用 $g_i(z)$ 替换，得到多斜率分级连续梯形硅钢片任意点位的磁场强度计算式：

$$\dot{H}_z(x,y,z) = -\omega\sigma B_m \cdot \Gamma(x,y,z) + jH_m \quad (2\text{-}187)$$

其中，过渡函数 γ 的表达式为：

$$\Gamma(x,y,z) = \frac{1}{2}y^2 - \frac{1}{8}d^2 + \frac{2d^2}{\pi^3}\sum_{n=0}^{\infty}\frac{(-1)^n \cosh\sqrt{\lambda_n}x \cdot \cos\sqrt{\lambda_n}y}{(2n+1)^3 \cosh\left(\sqrt{\lambda_n} \cdot \frac{g_i(z)}{2}\right)} \quad (2\text{-}188)$$

式中，$g_i(z)$ 按照式（2-71）计算。

2.3.2.2 分频磁化效果解耦的损耗公式

由于卷铁心材料的非线性磁特性,励磁电流的波形会出现畸变、拥有较为显著的奇次谐波分量,谐波的存在会对励磁电流的有效值(均方根值)产生可观的影响。尤其是当运行磁通密度较高时,励磁电流的畸变程度加深,谐波的占比将变得更加不容忽视,甚至影响涡流场分析的可靠性以及损耗计算的精度。因此,本节采用谐波分割法解决高运行磁通密度下谐波含量较为丰富时的涡流场分析问题。具体方案是:首先明确并分离出畸变励磁电流的各次谐波组分及含量;然后把它看成进行了多次不同频率的正弦励磁,以各频段对应的平均磁场强度作为涡流场分析的边界条件,计算得到一系列不同频段正弦励磁各自引发的涡流损耗;最后根据标量叠加定理,得到实际的涡流损耗。这样就将原本的非正弦励磁转化为不同频段的正弦励磁进行求解,既能保证推导的合理性,又能提升整体运算效率。

励磁电流可以写成各谐波分量叠加的时变形式[43]:

$$I(t) = \sum_{s=1}^{\infty} I_{2s-1} \cos\left[(2s-1)\omega t\right] \quad (2\text{-}189)$$

结合定义,励磁电流等效幅值 I_m 正好等于各次谐波分量幅值的均方根值:

$$I_m = \sqrt{\sum_{s=1}^{\infty} I_{2s-1}^2} \quad (2\text{-}190)$$

在已知 $I(t)$ 波形的情况下,通过傅里叶分析,可以得到各次谐波分量幅值 I_{2s-1} 的明确数值。此外,根据安培环路定律,在卷铁心几何与电磁结构确定的情况下,中心磁路长度 l_0、绕组匝数 N 均为定值。因此,平均磁场强度等效幅值 H_m 与励磁电流等效幅值 I_m 满足线性对应关系,磁场强度时变函数也可以分解成各次谐波分量的叠加形式:

$$H(t) = \sum_{s=1}^{\infty} H_{m(2s-1)} \cos\left[(2s-1)\omega t\right] \quad (2\text{-}191)$$

与式(2-190)类似,结合全电流定律,H_m 等于各次谐波分量幅值的均方根值:

$$H_m = \sqrt{\sum_{s=1}^{\infty} H_{m(2s-1)}^2} = \frac{NI_m}{l_0} = \frac{N}{l_0}\sqrt{\sum_{s=1}^{\infty} I_{2s-1}^2} \quad (2\text{-}192)$$

通常情况下,以基波分量为参考值,建立各次谐波分量与基波的比例关系:

$$H_{m(2s-1)} = \Lambda_{2s-1} H_{m1} \tag{2-193}$$

其中，Λ_{2s-1} 表示各次谐波分量与基波的比值，它通过提取励磁电流（磁场强度）波形数据后经由傅里叶分析得到。同时可以看出，当 $s=1$ 时，$\Lambda_1 = 1$，式（2-193）恒成立。

将式（2-193）代入式（2-192），得到基波分量 H_{m1} 与平均场强有效值 H_{rms} 的关系：

$$H_m = \sqrt{H_{m1}^2 + (\Lambda_3 H_{m1})^2 + (\Lambda_5 H_{m1})^2 + (\Lambda_7 H_{m1})^2 + \cdots} = H_{m1}\sqrt{1 + \Lambda_3^2 + \Lambda_5^2 + \Lambda_7^2 + \cdots} \tag{2-194}$$

用 H_m 表示 H_{m1} 后，再代入式（2-193），得到任意谐波分量 $H_{m(2s-1)}$ 的可解显式：

$$H_{m(2s-1)} = \beta_{2s-1} H_m = \frac{\Lambda_{2s-1} H_m}{\sqrt{1+\sum_{s=2}^{\infty}\Lambda_{2s-1}^2}} \tag{2-195}$$

这样就完成了磁场强度各次谐波分量的解耦。在实际励磁效果分析时，可等效为在变压器一次侧回路独立通以频率为 f, $3f$, $5f$, $\cdots$ 的正弦交变电流，通过式（2-195）计算得到 $H_{m(2s-1)}$，利用遵循不同频率硅钢片实测 B-H 曲线的非线性映射关系 $f_{2s-1}:H_{m(2s-1)} \to B_{m(2s-1)}$ 获取 $B_{m(2s-1)}$ 的数值。以这些参数为基础，对式（2-187）进行修正，得到相异频率正弦励磁条件下描述卷铁心内部强度分布情况的函数关系：

$$H_{z(2s-1)}(x,y,z) = -(2s-1)\omega\sigma B_{m(2s-1)} \cdot \Gamma(x,y,z) + j \cdot H_{m(2s-1)} \tag{2-196}$$

在不同频段的正弦激励作用下，卷铁心所采用的多级连续梯形硅钢带沿着卷绕路径上的任意位置所在截面内的涡流损耗密度按照下式计算：

$$\begin{aligned}P_{e(2s-1)}(z) &= \frac{1}{2\sigma}\iint_\Omega \left[\left|\frac{\partial H_{z(2s-1)}(x,y,z)}{\partial y}\right|^2 + \left|-\frac{\partial H_{z(2s-1)}(x,y,z)}{\partial x}\right|^2\right]\mathrm{d}x\mathrm{d}y \\ &= 0.5(2s-1)^2\omega^2\sigma B_{m(2s-1)}^2 \cdot \iint_\Omega \left[\frac{\partial \Gamma(x,y,z)}{\partial x}\right]^2 + \left[\frac{\partial \Gamma(x,y,z)}{\partial y}\right]^2 \mathrm{d}x\mathrm{d}y\end{aligned} \tag{2-197}$$

磁场强度的有功损耗应满足叠加原理，参考式（2-72）～（2-73）的推导过程，得到卷铁心单位体积的平均涡流损耗表达式：

$$P_{e-nl} = \frac{\sum\limits_{i=1}^{2k} \int_0^{l_i} \left[\sum\limits_{s=1}^{\infty} P_{e(2s-1)}(z)\right] \mathrm{d}z}{\dfrac{d}{2} \cdot \sum\limits_{i=1}^{2k} (w_{i+1} + w_i) l_i} \qquad (2\text{-}198)$$

2.3.2.3 空载试验原理与样品参数计算

空载电流是一次侧励磁电流和铁损电流的相量和，而励磁电流却可以在一次侧和二次侧绕组中同时存在[44]，二者并非简单等价或从属关系，而是用下式描述：

$$\dot{I}_{n0} = \dot{I}_{m.pri} + \dot{I}_c, \quad \dot{I}_m = \dot{I}_{m.pri} + \dot{I}_{m.sec} \qquad (2\text{-}199)$$

其中，$I_{m.pri}$ 是一次侧（原边）绕组励磁电流；$I_{m.sec}$ 是二次侧（副边）绕组励磁电流；I_c 是铁损电流。

对于单相变压器，空载试验时，二次侧绕组处于开路状态，无法形成电流通路，即 $I_{m.sec} = 0$，励磁电流仅存在于一次侧绕组中。而对于某些三相变压器，励磁电流就会同时存在于原边和副边绕组。例如，中性点不接地的 Y-△ 联结三相三柱式变压器，所有绕组共用一个铁心，因此磁路是相同的，在空载试验时，除了一次侧 Y 绕组中出现励磁电流 $I_{m.pri}$ 之外，二次侧也会因为△绕组的闭环结构而形成环流，即 $I_{m.sec}$。

本节的试验对象均为单相变压器，因此有 $I_{m.pri} = I_m$。根据《电力变压器试验导则》（JB/T 501—2020）的规定，空载试验一般选取低压绕组作为励磁源，且铁心、金属夹件等必须保证可靠接地[45]。单相变压器空载试验的等效电路如图 2-47（a）所示。其中，V_1 是励磁（输入）电压有效值，E_1 是低压侧绕组感应电动势有效值，I_{n0} 是空载（输入）电流有效值；串联支路上，R_1 为低压侧绕组电阻，X_{L1} 为低压侧绕组漏电感；并联支路上，R_e 为铁损的等效电阻，X_m 为磁化电感。

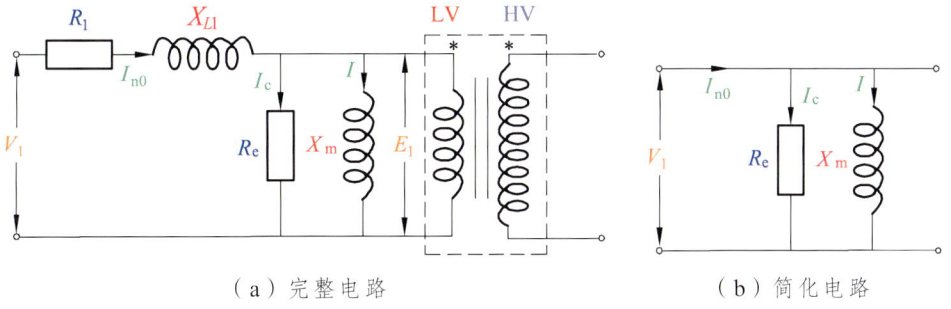

图 2-47　单相变压器空载试验等效电路原理图

一般而言，串联支路的漏阻抗数值远小于并联支路，线路在 R_1 和 X_{L1} 的电压降非常小，因而有 $V_1 \approx E_1$，等效电路可以简化为图 2-47（b）的形式。由于变压器的高压侧开路，则试验输入功率正好等于铁心损耗和绕组低压侧电阻损耗。通常情况下，空载电流仅为额定电流的 0.05%～5%，由于 $R_1 \ll R_e$，相比于铁心损耗而言，绕组损耗小到可以忽略。因此，空载损耗即被认作铁心损耗，它与输入电压、空载电流的关系为：

$$P_0 = V_1 I_{n0} \cos\theta_0 \qquad (2\text{-}200)$$

由于 V_1、I_{n0}、P_0 都是实测值，则可以计算出功率因数 θ_0。空载电流有效值 I_{n0}、一次侧励磁电流有效值 I_{rms} 和铁损电流有效值 I_c 的代数关系为：

$$I_c = I_{n0} \cos\theta_0, \quad I_{rms} = I_{n0} \sin\theta_0 \qquad (2\text{-}201)$$

等效电路的简化形式中，阻抗参数的计算方法是：

$$R_e = \frac{P_0}{I_c^2} = \frac{V_1^2}{P_0}, \quad X_m = \frac{V_1}{I_{rms}} \qquad (2\text{-}202)$$

根据表 2-7 的结果，励磁电流 I_m 远大于铁损电流 I_c，卷铁心试样空载电流有效值和励磁电流有效值基本相等。因此，对于单相变压器，式（2-199）简化为：$I_{n0} \approx I_{m.pri} = I_m$，由此可以通过空载试验数据来研究变压器励磁过程电磁参数的变化规律。

表 2-7　卷铁心变压器试制样品空载试验与电路参数计算结果

变压器型号	实测参数			计算参数				
	P_0/kW	I_{n0}/A	V_1/V	θ_0/(°)	I_c/A	I_{rms}/A	R_e/Ω	X_m/Ω
D11-MR-1	0.05	1.28	110.8	69.4	0.45	1.2	246.9	92.3
D9-MR-160	0.56	0.86	2498	74.9	0.22	0.83	11570	3010

2.3.2.4　空载试验电流特性分析

依托图 2-25 所示的卷铁心磁特性-损耗综合试验平台，同样选取卷铁心 D11-MR-1 和 D9-MR-160 作为测试样品，其中铁心材料对应硅钢片牌号分别为 27QG100 和

B30P120。对上述样品进行空载试验，一次侧施加工频电压激励 $U(t)$，表达式为：

$$U(t) = \sqrt{2}U_{rms}\cos(100\pi t) \quad (2\text{-}203)$$

根据式（2-146）可知，卷铁心内平均磁通密度 B_m 取决于励磁电压的有效值 U_{rms}，因此可以通过改变输入电压，实现不同平均磁通密度条件下的励磁电流波形分析。由于二次侧开路，则一次侧绕组中的电流即为空载电流 $I(t)$。利用损耗测试模块的功率分析仪 PA1000 进行输入电气量信号采集，即获得 $U(t)$ 和 $I(t)$ 的波形。

图 2-48 分别给出了卷铁心试样 D11-MR-1 和 D9-MR-160 在平均磁通密度幅值 $B_m = 1.2\ \text{T}$、$1.5\ \text{T}$、$1.7\ \text{T}$、$1.9\ \text{T}$ 时励磁电流的波形特征。可以发现，尽管输入电压 $U(t)$ 为标准正弦波，但空载电流 $I(t)$ 并不是标准的正弦波，而是斜坡尖顶波或半直角尖顶波，并且随着 $U(t)$ 有效值 U_{rms} 的增加（即增大 B_m），$I(t)$ 的畸变现象也会愈发剧烈。这是由于励磁过程必须克服铁磁材料非线性的磁化属性，才能在卷铁心内部激发出正弦形的磁通量及磁通密度。所以即使是在激励源幅值较小的励磁条件下，空载电流的波形也不可避免地出现显著的非正弦特性，但周期变化的特性仍然得以保留。此外，基于系统电气元件的半波对称性，变压器空载电流通常不存在直流分量和偶次谐波；一般而言，3 次谐波幅值最大，且随着谐波次数的增加，幅值逐级递减；但对于原边绕组采用 Y 结构的三相变压器，若中性点不接地，则会导致 3 的倍数次谐波不存在电流通路[46, 47]，因而 5 次谐波的幅值最大，且随着谐波次数的增加，幅值同样逐级递减。

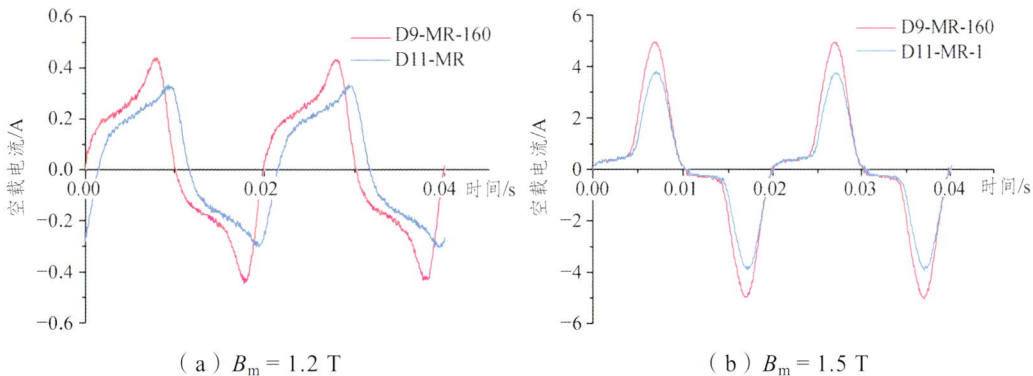

（a）$B_m = 1.2\ \text{T}$　　　　（b）$B_m = 1.5\ \text{T}$

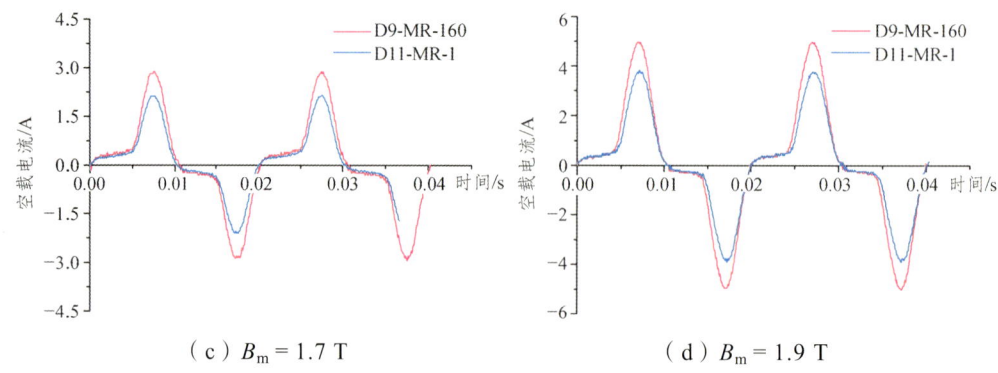

(c) $B_m = 1.7$ T 　　　　　(d) $B_m = 1.9$ T

图 2-48　不同励磁条件下两种卷铁心样品的空载电流波形时变特征

变压器空载运行时的输入电压 U 需满足 $0.9U_N<U<1.1U_N$，其中 U_N 为变压器的额定电压。因此，根据式（2-146）可以计算出空载状态下的工作磁通密度范围。同时，在确定了额定电压及容量、铁心尺寸、绕组匝数、基准频率等设计参数后，应着重考虑硅钢片材料选型，保证其磁化曲线的次饱和区域与变压器预定工作磁通密度范围基本一致。这样一来，当变压器按照额定条件运行时，铁心就能处于半饱和状态，磁能利用率也能达到最优。此外，当实际运行电压低于 $0.9U_N$ 时，铁心将处于欠励磁状态，空载电流混入微量偶次谐波，可能出现波形正负半轴不对称现象；当实际运行电压高于 $1.1U_N$ 时，铁心将处于过励磁状态，空载电流波形可能会出现棱角分明的垂直尖顶波。图 2-49 给出了两种变压器试样通过空载试验得到的工频磁化曲线，通过颜色的分段直观呈现了励磁性能的差异性分布。需要说明，这条曲线是将卷铁心变压器空载试验获取的 $U(t)$ 和 $I(t)$ 实测数据折算成磁性能特征参数绘制而成，具体方案是：

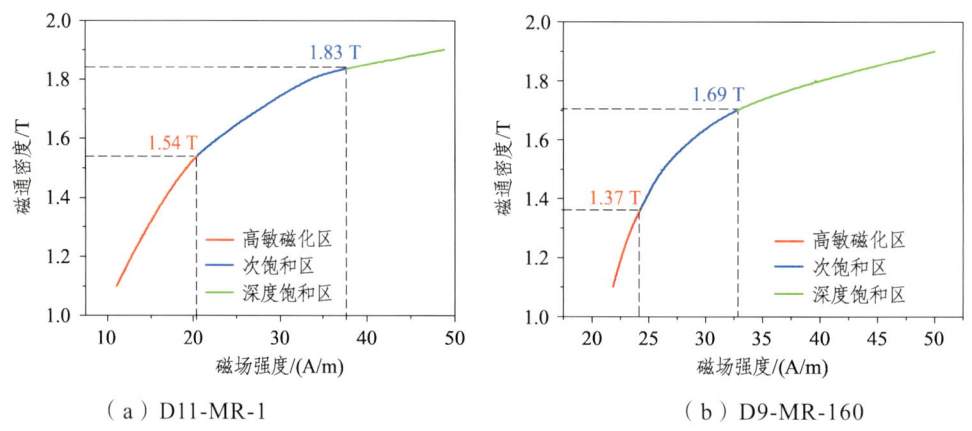

(a) D11-MR-1　　　　　(b) D9-MR-160

图 2-49　两种卷铁心试样工频磁化曲线及区属分界磁密点

（1）根据 $U(t)$ 的有效值 U_{rms}，结合式（2-146）计算得到平均磁通密度幅值 B_m，作为磁化曲线纵坐标；

（2）根据 $I(t)$ 的各次谐波幅值 I_{2s-1}，结合式（2-192）计算得到平均磁场强度等效幅值 H_m，作为磁化曲线横坐标。

卷铁心样品 D11-MR-1 按照额定电压 $U_N(1±10\%)$ 阈值折算后的工作磁通密度范围是 1.53～1.87 T，对应的 27QG100 磁化曲线次饱和区为 1.54～1.83 T，二者基本吻合；类似地，卷铁心样品 D9-MR-160 折算后的工作磁通密度范围是 1.35～1.65 T，对应的 B30P120 磁化曲线次饱和区为 1.37～1.69 T，区域属性基本一致。

图 2-50 给出了两种卷铁心变压器样品在平均磁通密度 B_m = 1.2 T、1.5 T、1.7 T、1.9 T 时的空载电流波形经过傅里叶分解后各次谐波等效幅值（有效值）对基波的百分比情况。以 D9-MR-160 为例，结合图 2-48 的波形特征进行具体分析：

（1）当 B_m = 1.2 T 时，空载电流峰值为 0.44 A，等效幅值为 0.36 A，铁心处于欠励磁状态，一个周期内波形全程表现为折线形激增和陡降的特性，几乎没有平缓地带，基波分量占据主导地位，3 次谐波分量较为显著，占比约为 25.8%，但 3 次以上的高次谐波幅值普遍偏小：其中，5 次谐波占比为 8.9%，7 次谐波占比为 2.8%。

（2）当 B_m = 1.5 T 时，空载电流峰值增加数倍，达到 1.56 A，等效幅值为 0.85 A，铁心处于正常励磁状态，一个周期内波形出现更长的平缓地段，陡变区域显著收缩，在波峰附近呈现出更为剧烈的突升和陡降，基波分量仍占据主导地位，3 次谐波分量占比有所增加，达到 49.6%，3 次以上的高次谐波幅值也有所增加，但整体增量较小：其中，5 次谐波占比为 18.8%，7 次谐波占比为 3.3%。

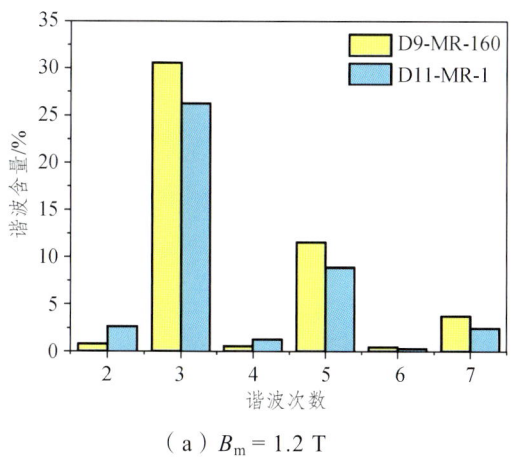

（a）B_m = 1.2 T

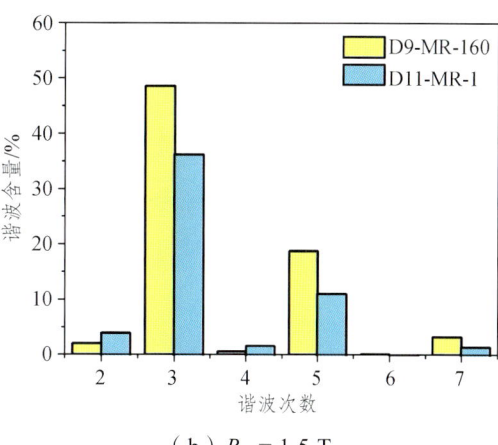

（b）B_m = 1.5 T

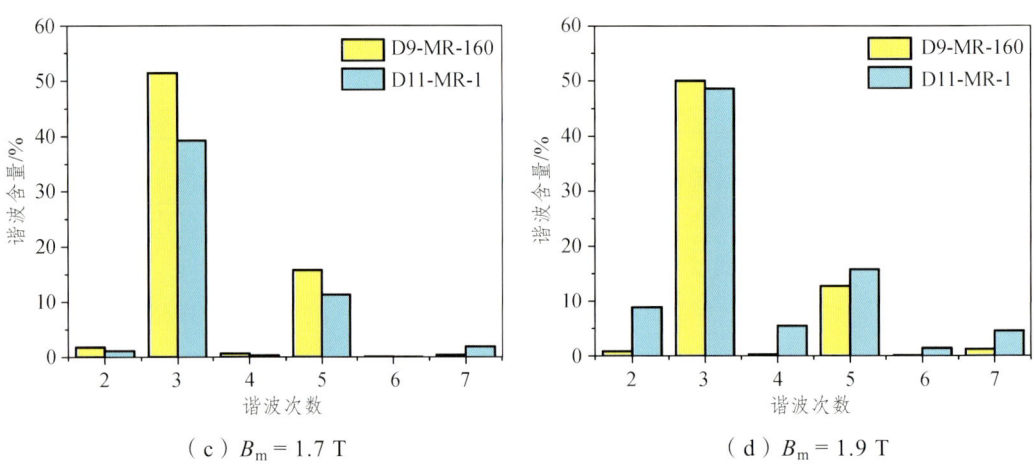

图 2-50　不同励磁条件下两种卷铁心样品空载电流各次谐波含量的对比分析

（3）当 $B_m = 1.7$ T 时，空载电流峰值达到 2.88 A，等效幅值为 1.59 A，铁心处于正常励磁和过励磁的边缘状态，且接近深度饱和，一个周期内波形的陡变区域越发接近垂直尖顶波，各次谐波分量显著上升：3 次谐波占比达到 53.6%，5 次及谐波占比为 18.3%，7 次谐波占比为 0.4%，基波分量仍占据半壁江山，但励磁效果变得很差。

（4）当 $B_m = 1.9$ T 时，空载电流峰值达到 4.91 A，约为 $B_m = 1.2$ T 励磁时的 12 倍，等效幅值为 2.7 A，铁心处于过励磁状态，且达到深度饱和，一个周期内波形的陡变区域几乎已经达到垂直尖顶波的形态，各次谐波水平略有下降，其中幅值最高的 3 次谐波分量达到 50.1%，5 次谐波占比约为 14.6%，7 次谐波占比约为 0.6%，即便继续增大输入电压，也无法进行新的有效励磁。

此外，两种硅钢片牌号对应的卷铁心空载电流波形并不重合，但同一平均磁通密度条件下的谐波占比在数值上的差异性较小：图 2-51、图 2-52 给出了两种卷铁心变压器试样空载电流谐波等效幅值的有名值与对基波百分比 λ_{2s-1} 的变化特征。可以发现，基波、3 次谐波、5 次谐波随着平均磁通密度的增大以抛物线的形式上升，其他各次谐波变化甚微，曲线未呈现明确的单调性。在数值方面：对于 D9-MR-160 来说，3 次和 5 次比较突出，最大值分别可达 1.2 A 和 0.3 A，而 7 次谐波最大值仅为 0.03 A，偶次谐波（2、4、6）等效幅值均低于 0.1 A；3 次谐波占比 λ_3 最高可达 54%、最低约为 25%，5 次谐波占比 λ_5 的数值范围是 0.09～0.19，7 次谐波占比 λ_7 的数值范围是 0.01～0.03。而卷铁心 D11-MR-1 同样是 3 次和 5 次谐波等效幅值较为突出，最大值分别为 0.87 A 和 0.28 A，7 次谐波最大值仅为 0.08 A，偶次谐波等效幅值不超过 0.15 A；基波占比方面，λ_3、λ_5、λ_7 数值范围分别为 0.22 ~ 0.49、0.07 ~ 0.16、0.02 ~ 0.04。

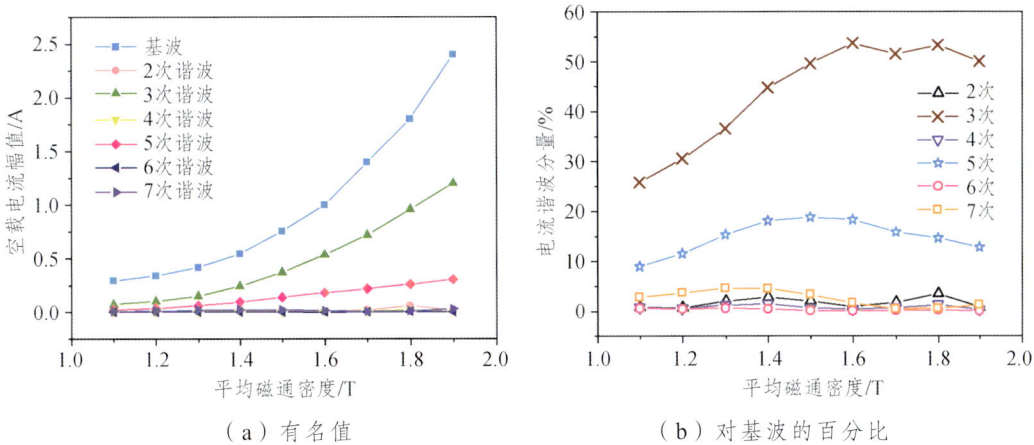

(a) 有名值　　　　　　　　　　　　　(b) 对基波的百分比

图 2-51　卷铁心 D9-MR-160 空载电流各次谐波有效值随平均磁通密度的变化关系

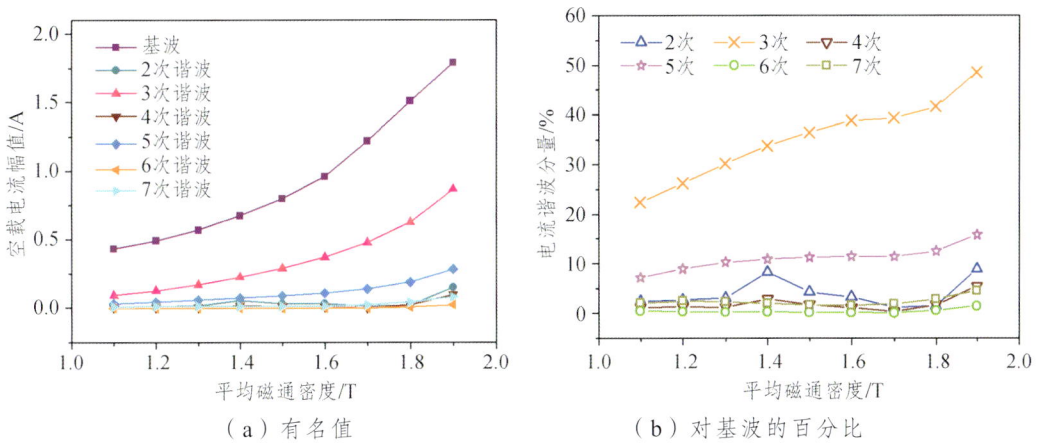

(a) 有名值　　　　　　　　　　　　　(b) 对基波的百分比

图 2-52　卷铁心 D11-MR-1 空载电流各次谐波有效值随平均磁通密度的变化关系

图 2-53 给出了空载电流经过傅里叶分解后各次谐波相位的演变特征。对于卷铁心 D9-MR-160 而言，幅值较大的基波、3 次谐波、5 次谐波，对应的相位偏移量很小或保持稳定，且数值均为负；幅值很小的偶次谐波，对应的相位变化剧烈，甚至出现正负交替的极端现象：例如，当 $B_m = 1.5$ T 时，4 次谐波的相位曲线出现倒立尖峰（极小值），数值方面由 $B_m = 1.4$ T 的 95.6°陡降至 –99.9°，然后迅速激增到 $B_m = 1.6$ T 对

应的 100.8°。7 次谐波相对于其他奇次谐波而言幅值很小，因而与偶次谐波具有相似的变化特征：在 B_m <1.8 T 时曲线较为平稳，但在 B_m = 1.8 T 时出现了正向尖峰（极大值），数值方面由 B_m = 1.7 T 的 −52.6°激增至 166°，随后陡降到 B_m = 1.9 T 对应的 −176.8°。对于卷铁心 D11-MR-1 来说，基波和所有奇次谐波对应的相位在较小数值区域内平稳变化，且数值均为负；偶次谐波对应的相位变化剧烈，在中间区域同样出现正负交替的极端现象：当 B_m = 1.5 T 时，2 次谐波的相位曲线出现正向尖峰（极大值），数值方面由 B_m = 1.4 T 的 −89.1°激增至 91.3°，然后陡降到 B_m = 1.6 T 对应的 −87.5°。此外，4 次和 6 次谐波的负相位（波谷区）集中出现在 1.3 T<B_m<1.9 T 的区域内。

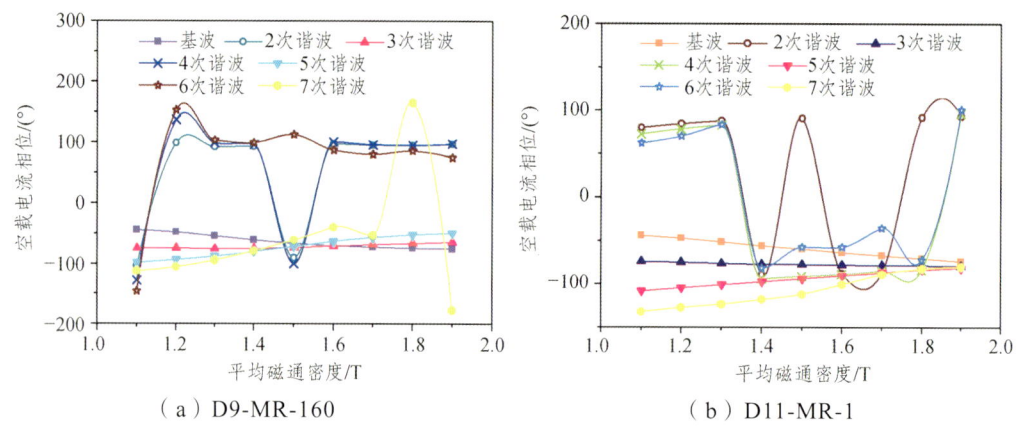

图 2-53　卷铁心样品空载电流各次谐波相位随平均磁通密度的变化关系

2.3.2.5　涡流损耗计算与仿真分析

基于上述分析得知，5 次及其以上谐波成分均较少，最高占比不超过 25%，合成电流幅值的增量不超过 2%，对励磁过程影响甚微，因此在损耗建模与计算过程中，可以忽略 5 次及其以上的谐波，仅考虑占比份额较高的 3 次谐波分量。

由于空载电流和平均磁场强度满足线性耦合关系，则磁场强度 $H(t)$ 的整体波形、谐波组分特征与 $I(t)$ 是基本一致的，仅在幅值上有所差异，于是按照式（2-150）折算即得到空载电流基波和 3 次谐波分量幅值 I_1 和 I_3 对应的平均磁场强度基波幅值 H_{m1} 以及 3 次谐波幅值 H_{m3}。然而，在已知磁场强度基波和谐波分量占比、求解它们各自励磁作用效果时却遇到了问题：非线性映射 $f_{2s-1}: H_{m(2s-1)} \rightarrow B_{m(2s-1)}$ 表示了一个实测数据堆砌而成的散点函数，没有明确的解析式，因而无法保证变压器在各种励磁条件

下得到的 H_m 值正好落在 f_{2s-1} 包含的所有测试点的横坐标上。为此，本书将硅钢片 $B\text{-}H$ 实测曲线涵盖的众多测试点进行线性两两连接，得到了一个折线系。由于测试点坐标均是已知量，这里将其表示为 (H_j, B_j) 和 (H_{j+1}, B_{j+1})，因此可以得到该折线系的解析表达式：

$$B = \frac{B_{j+1} - B_j}{H_{j+1} - H_j}(H - H_j) + B_j, \quad H_j \leq H \leq H_{j+1} \quad (2\text{-}204)$$

式中，$j = \{1, 2, 3, \cdots, M_v - 2, M_v - 1\}$，$M_v$ 为 $B\text{-}H$ 曲线测试点总数，其中，频率系数 v 满足：$v = 1$ 对应基波的 $B\text{-}H$ 曲线，$v = 3$ 对应三次谐波的 $B\text{-}H$ 曲线。为了实现密集分段，测试点个数不能太少，即任意两个相邻测试点的横轴之差 $\delta_H = H_{j+1} - H_j$ 较小。

图 2-54 给出了基于分段线性函数簇绘制的两种硅钢片材料在 50 Hz 和 150 Hz 条件下的近似 $B\text{-}H$ 曲线，其中 $M_1 = 20$，$M_3 = 25$，因此，总共有 19 条直线段表征 50 Hz 对应的磁化特性，24 条直线段表征 150 Hz 对应的磁化规律。此外，3 倍工频 $B\text{-}H$ 曲线对应的非线性映射 f_3：$H_{m3} \rightarrow B_{m3}$，可借鉴 2.2 节的方法，通过改变电源励磁频率测试获得。但需注意：对于同一平均磁通密度 B_m 下的测试，根据式（2-146）的描述，应保证 U_{rms}/f 不变，即当测试频率从基波变为谐波时，电源激励有效值 U_{rms} 应按照倍数进行调整。

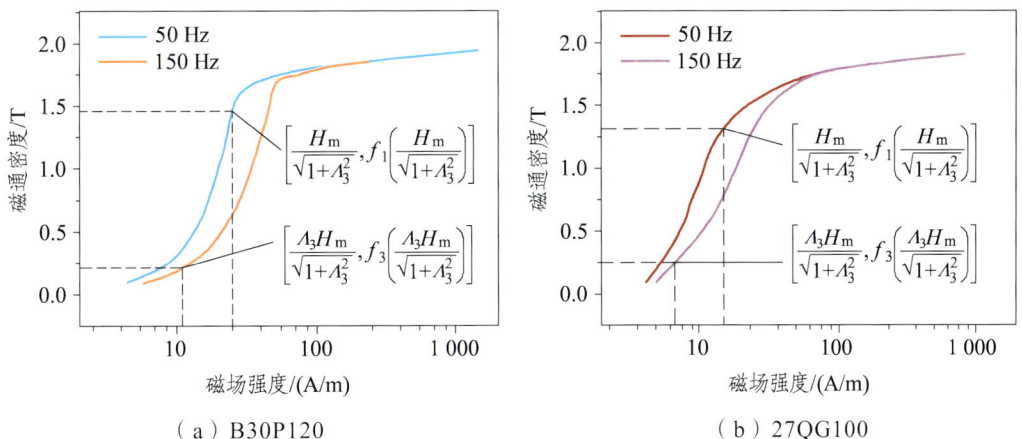

(a) B30P120　　　　　　　　　(b) 27QG100

图 2-54　两种硅钢片在独立频率下的 $B\text{-}H$ 曲线及磁化效果耦合方案示意图

通过表 2-8 可以看出，两个变压器试样在同一平均磁通密度条件下，分频磁化特征量具有相似的数值规律——3 次谐波实际励磁占比会随着 B_m 的增加而上升：对于卷铁心 D9-MR-160（B30P120）而言，当 $B_m = 1.1$ T 时，基波实际励磁 B_{m1} 是 3 次谐波实际励磁 B_{m3} 的 12 倍，则基波励磁占据主导地位，谐波励磁对涡流损耗计算精度的影响不大，可以忽略；当 $B_m = 1.7$ T 时，B_{m1} 的占比明显减小为 B_{m3} 的 5.3 倍；当 $B_m = 1.9$ T 时，3 次谐波实际励磁的占比进一步增大，B_{m1} 仅为 B_{m3} 的 4 倍左右。对于卷铁心 D11-MR-1（27QG100）而言，当 $B_m = 1.3$ T 时，B_{m1} 可以达到 B_{m3} 的 16 倍，在涡流损耗计算时仍然可以忽略 3 次谐波励磁带来的影响；当 $B_m = 1.9$ T 时，3 次谐波实际励磁的效果显著，B_{m1} 仅为 B_{m3} 的 3.3 倍。因此，针对过励磁工况的卷铁心涡流损耗计算时，需要考虑励磁电流谐波分量带来的影响，否则会出现显著误差。将表 2-8 的数据分批代入式（2-197）和（2-198），即可实现工频运行时不同励磁状态下的卷铁心涡流损耗计算。

表 2-8　不同平均磁通密度条件下分频磁化特征量的数值结果

B_m	D9-MR-160				D11-MR-1			
	λ_3	H_m	B_{m1}	B_{m3}	λ_3	H_m	B_{m1}	B_{m3}
1.1	0.26	21.74	1.08	0.09	0.22	10.94	1.02	0.02
1.2	0.31	23.16	1.18	0.12	0.26	12.58	1.17	0.05
1.3	0.37	24.68	1.27	0.16	0.3	14.77	1.28	0.08
1.4	0.45	26.32	1.33	0.21	0.34	17.56	1.39	0.13
1.5	0.5	28.03	1.42	0.25	0.36	21.06	1.46	0.18
1.6	0.54	29.64	1.51	0.29	0.39	25.78	1.52	0.25
1.7	0.51	32.11	1.59	0.3	0.39	29.46	1.56	0.29
1.8	0.53	34.58	1.62	0.35	0.42	34.58	1.6	0.37
1.9	0.5	40.97	1.67	0.42	0.49	38.71	1.62	0.49

与本书 2.3.1 节类似，本节仍采用 Ansoft Maxwell 3D 涡流场分析模块，搭建连续梯级渐变卷铁心等比缩放有限元模型，验证式（2-198）的有效性。模型几何尺寸、网格剖分规则及其分割结果如图 2-55 所示。模型相关参数配置为：励磁绕组设置为单层连续式，匝数 $N = 30$；电导率按照表 2-5 中对应的硅钢片牌号进行设置；磁导率需要调整为非线性模式，以图 2-54 的数据为基础，输入所有测试点坐标并在系统内生成 B-H 曲线。

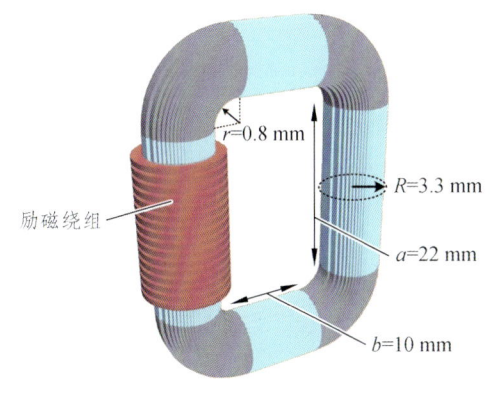 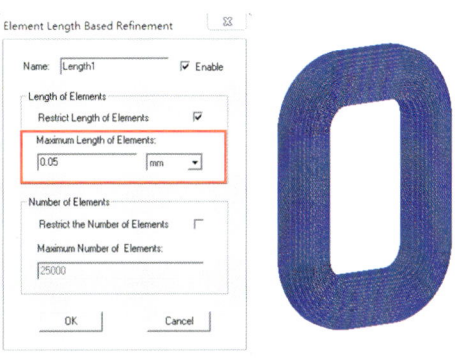

(a) 透视外观及几何尺寸　　(b) 面片规则　　(c) 网格剖分结果

图 2-55　单框式卷铁心等比缩放有限元建模与参数配置

此外，大部分有限元商业软件在涡流场计算时，其激励源方式往往不能设置为场路耦合，所以无法实现直接性的电压励磁，激励源只能设置为电流输出形式。然而，励磁电流同时存在工频基波分量和 3 倍工频谐波分量，且这两个分量对应的磁化曲线也不一致，因此对于每种（励磁）运行工况均需分别做两次仿真，其步骤大致为：

（1）按照如下依据设置电流的有效值：

$$I_\nu = \frac{H_{m\nu} \cdot l_0}{\sqrt{2} N} = \frac{\varLambda_\nu H_m \cdot l_0}{N\sqrt{2(1+\varLambda_3^2)}} \tag{2-205}$$

其中，频率系数 ν 的取值为 1 或 3，分别代表励磁电流的基波和 3 次谐波分量；l_0 为卷铁心模型几何中心的磁路长度，仍按照式（2-151）计算。

（2）将材料配置菜单中的磁导率项更改为对应频段下的 B-H 曲线。

（3）在涡流场运算结束后，将两个频段下的独立有限元分析得到的涡流损耗数据进行叠加，作为验证解析模型合理性的标准值。

当励磁条件（即平均磁通密度 B_m）发生变化时，需通过表 2-8 找到对应的 λ_3 和 H_m 的具体值，再代入式（2-205）计算得到有限元模型的输出电流参数 I_ν。

以图 2-54 的尺寸及材料参数为基础，计算了不同励磁条件下卷铁心等比微缩模型的涡流损耗，结果如图 2-56 所示：圆形标识所在曲线为直接采用原始损耗公式（2-73）的计算值，方形标识所在曲线为考虑非线性磁特征的损耗公式（2-198）的计算值，三角标识所在曲线为（有限元分析）参考值。两组硅钢片牌号对应的计算结果在数值规律上相似度较高；原始模型计算结果与标准值偏差较大，尤其是在平均磁通密度较高的条件下。比如当 B_m = 1.8 T 时，相对误差达到 12.1%和 11.6%，当 B_m = 1.9 T 时误差更是高达 21.7%和 14.6%；相比之下，基于分频磁化曲线的计算模型在各种励磁运行工况下均与标准值达到了良好的数值匹配，整体误差不超过 6%。由此说明，卷铁心磁化过程的非线性特征是高磁密（或过励磁）运行工况下涡流场分析必须考虑的因素。

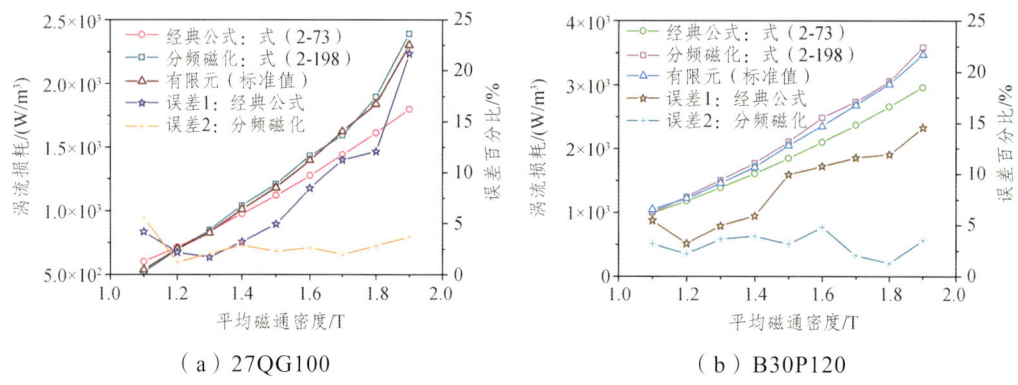

(a) 27QG100　　　　　　　　(b) B30P120

图 2-56　卷铁心模型的涡流损耗随平均磁通密度的变化关系对比图

2.3.3　考虑相异磁边值和非线性磁特性的损耗耦合模型

在我国的高速和重载电气化铁路工程中已经多处试点运用的高电压/大容量卷铁心牵引变压器，其铁心重量可达百吨级、截面尺寸接近米级，在过励磁或冲击负荷的影响下往往会超过正常工作磁通密度，甚至达到磁饱和，因此实际卷铁心涡流场分析模型需要同时考虑各层级电磁量的边界效应以及铁磁材料的非线性。

2.3.3.1　分频解耦下各层级电磁参数计算

实际牵引变压器电磁问题通常无须多频段分析，因而可以采纳经过低频近似的非线性涡流场解析模型。这里借鉴 2.3.1 节的思路，在分频磁化解耦公式的基础上，运用卷铁心各层级独立的磁场强度等效幅值 $H_{2s-1m,i}$ 和磁通密度幅值 $B_{2s-1m,i}$ 代替整体平均值：

$$H_{z,i}^{(2s-1)}(x,y,z) = -(2s-1)\omega\sigma B_{m,i}^{(2s-1)} \cdot \Gamma(x,y,z) + \mathrm{j} \cdot H_{m,i}^{(2s-1)} \qquad (2\text{-}206)$$

由 2.3.2 节对空载电流的谐波特性分析结论可知，5 次及其以上的高次谐波幅值占比通常很小，实际案例分析往往仅考虑基波和 3 次谐波分量对磁化效果、损耗分布的影响，即 $s \in \{1, 2\}$。参考式（2-197）得到励磁解耦后卷铁心任意层级涡流损耗计算式：

$$P_{e,i}^{(1)}(z) = 0.5\omega^2\sigma\left[B_{m,i}^{(1)}\right]^2 \cdot \iint_\Omega \left[\frac{\partial \Gamma(x,y,z)}{\partial x}\right]^2 + \left[\frac{\partial \Gamma(x,y,z)}{\partial y}\right]^2 \mathrm{d}x\mathrm{d}y$$

$$P_{e,i}^{(3)}(z) = 4.5\omega^2\sigma\left[B_{m,i}^{(3)}\right]^2 \cdot \iint_\Omega \left[\frac{\partial \Gamma(x,y,z)}{\partial x}\right]^2 + \left[\frac{\partial \Gamma(x,y,z)}{\partial y}\right]^2 \mathrm{d}x\mathrm{d}y$$

（2-207）

卷铁心材料磁化过程充斥着显著的非线性特征，导致研究者只能通过不断微调励磁条件以获取足够密集的测试点，才能比较真实地反映原始激励和励磁效果的关系。然而，要获取大量测试点数据终究是非常费时费劲的。因此，在电磁计算允许的精度范围内，可以通过必要的近似方法得到具体的函数表达式，提升研究工作的效率。为此，本书 2.3.2 节提出的多分段折线系近似描述硅钢片 B-H 关系，以实现磁场强度基波和 3 次谐波分量在卷铁心各层级的实际励磁效果 $B_{m,i}^{(1)}$ 和 $B_{m,i}^{(3)}$ 的计算。具体步骤如下：

（1）通过空载（励磁）电流的测量值 I_m，依照式（2-192）计算出整体平均磁场强度等效幅值 H_m，再参考式（2-154）得到各层级平均磁场强度等效幅值 $H_{m,i}$ 的算式如下：

$$H_{m,i} = \frac{H_m l_0}{l_i} = \frac{NI_m}{l_i} \qquad (2\text{-}208)$$

当变压器励磁条件确定时，N 和 I_m 均为定值，由式（2-208）可知 $H_{m,i}$ 是关于 l_i 的反比例函数，函数值随着层级序数的上升而单调递减，最值在层级端点处取得：最大值、最小值分别为 H_1 和 H_{2k}。然后再乘以占比系数，得到 $H_{m,i}^{(1)}$ 和 $H_{m,i}^{(3)}$ 的取值范围，具体表示为：

$$\frac{1}{\sqrt{1+\Lambda_3^2}}H_{m,2k} \leqslant H_{m,i}^{(1)} \leqslant \frac{1}{\sqrt{1+\Lambda_3^2}}H_{m,1}, \quad \frac{\Lambda_3}{\sqrt{1+\Lambda_3^2}}H_{m,2k} \leqslant H_{m,i}^{(3)} \leqslant \frac{\Lambda_3}{\sqrt{1+\Lambda_3^2}}H_{m,1} \qquad (2\text{-}209)$$

（2）将硅钢片工频 B-H 曲线中实际测试点横坐标落在式（2-209）定义域内的数值及其对应的纵坐标数值筛选出来，得到 $H_{if}^{(1)}$ 和 $B_{if}^{(1)}$，其中 $if \in \{p_0, p_0+1, p_0+2, \cdots, p_0+p-1\}$，$p_0$ 表示起始点，p 表示筛选出的元素个数。按照同样的规则在硅钢片 3 倍工频 B-H 曲线中筛选出满足要求的实际测试点对应的坐标值,得到 $H_{ih}^{(3)}$ 和 $B_{ih}^{(3)}$,其中 $ih \in \{u_0, u_0+1, u_0+2, \cdots, u_0+u-1\}$,$u_0$ 表示起始点,u 表示挑选出的元素个数。

(3)将 $H_{if}^{(1)}$ 和 $H_{ih}^{(3)}$ 代入式(2-195)得到 B-H 曲线实际测试点对应到卷铁心某个层级的平均磁场强度等效幅值 $H_{m.if}$、$H_{m.ih}$,再结合式(2-208)计算出该层级的磁路长度:

$$l_{if}^{(1)} = \frac{H_m l_0}{H_{m.if}} = \frac{H_m l_0}{H_{if}^{(1)}\sqrt{1+\varLambda_3^2}}, \quad l_{ih}^{(3)} = \frac{H_m l_0}{H_{m.ih}} = \frac{H_m l_0 \cdot \varLambda_3}{H_{ih}^{(3)}\sqrt{1+\varLambda_3^2}} \quad (2\text{-}210)$$

(4)结合式(2-67)和(2-210),计算出 B-H 曲线实际测试点对应的卷铁心层数:

$$if^{(1)} = \frac{l_{if}^{(1)} - 2(h+e+\pi r)}{2\pi d} + \frac{1}{2}, \quad ih^{(3)} = \frac{l_{ih}^{(3)} - 2(h+e+\pi r)}{2\pi d} + \frac{1}{2} \quad (2\text{-}211)$$

(5)磁场强度基波和三次谐波的励磁效果 $B_{m.i}^{(1)}$ 和 $B_{m.i}^{(3)}$ 具有鲜明的层级区域属性,因而将卷铁心层级数 i 划分为三个区段进行讨论分析,具体描述如下:

① $1 \leq i < if_{\min}, 1 \leq i < ih_{\min}$:对于基波分量,该区域仅有一个固定点($H_{p_0+p-1}, B_{p_0+p-1}$),需要合理补充右端点才能构建一条直线段。这里引入式(2-209)所示定义域外、最接近数值上限的实际测试点(H_{p_0+p}, B_{p_0+p}),于是直线方程得以确定。同样地,对于 3 次谐波分量,该层级分段内也仅有一个固定点(H_{u_0+u-1}, B_{u_0+u-1}),需要补充右端点(H_{u_0+u}, B_{u_0+u})以获得直线方程的解析式。各层级分频励磁效果按照下式计算:

$$\begin{cases} B_{m.i}^{(1)} = \dfrac{B_{p_0+p}^{(1)} - B_{p_0+p-1}^{(1)}}{H_{p_0+p}^{(1)} - H_{p_0+p-1}^{(1)}} \cdot \left(H_{m.i}^{(1)} - H_{p_0+p-1}^{(1)}\right) + B_{p_0+p-1}^{(1)} \\ B_{m.i}^{(3)} = \dfrac{B_{u_0+u}^{(3)} - B_{u_0+u-1}^{(3)}}{H_{u_0+u}^{(3)} - H_{u_0+u-1}^{(3)}} \cdot \left(H_{m.i}^{(3)} - H_{u_0+u-1}^{(3)}\right) + B_{u_0+u-1}^{(3)} \end{cases} \quad (2\text{-}212)$$

② $if_{\min} \leq i < if_{\max}, ih_{\min} \leq i < ih_{\max}$:对于基波分量,该区域至少包含 2 个固定点,无论 i 取何值,($H_{m.i}^{(1)}, B_{m.i}^{(1)}$)均能落在 B-H 折线系的某个直线分段上,且该线段具有明确的解析式,由相邻端点($H_{if}^{(1)}, B_{if}^{(1)}$)和($H_{if+1}^{(1)}, B_{if+1}^{(1)}$)唯一确定;同理,对于 3 次谐波分量,($H_{m.i}^{(3)}, B_{m.i}^{(3)}$)也必定落在某条解析式明确的线段上,从而得到励磁效果计算式:

$$\begin{cases} B_{\mathrm{m}.i}^{(1)} = \dfrac{B_{if+1}^{(1)} - B_{if}^{(1)}}{H_{if+1}^{(1)} - H_{if}^{(1)}} \cdot \left(H_{\mathrm{m}.i}^{(1)} - H_{if}^{(1)}\right) + B_{if}^{(1)} \\ B_{\mathrm{m}.i}^{(3)} = \dfrac{B_{ih+1}^{(3)} - B_{ih}^{(3)}}{H_{ih+1}^{(3)} - H_{ih}^{(3)}} \cdot \left(H_{\mathrm{m}.i}^{(3)} - H_{ih}^{(3)}\right) + B_{ih}^{(3)} \end{cases} \quad (2\text{-}213)$$

③ $if_{\max} \leqslant i \leqslant 2k$, $ih_{\max} \leqslant i \leqslant 2k$：对于基波分量，该区域仅有一个固定点（$H_{p_0}$，$B_{p_0}$），需要合理补充左端点才能构建一条直线段。此处引入式（2-209）所示定义域外最接近数值下限的实际测试点（H_{p_0-1}，B_{p_0-1}），于是直线方程得以确定；类似地，对于三次谐波分量，在该层级分段内也仅有一个固定点（H_{u_0}，B_{u_0}），需补充左端点（H_{u_0-1}，B_{u_0-1}）以获得直线方程的解析式。各层级分频磁化效果的计算式为：

$$\begin{cases} B_{\mathrm{m}.i}^{(1)} = \dfrac{B_{p_0}^{(1)} - B_{p_0-1}^{(1)}}{H_{p_0}^{(1)} - H_{p_0-1}^{(1)}} \cdot \left(H_{\mathrm{m}.i}^{(1)} - H_{p_0-1}^{(1)}\right) + B_{p_0-1}^{(1)} \\ B_{\mathrm{m}.i}^{(3)} = \dfrac{B_{u_0}^{(3)} - B_{u_0-1}^{(3)}}{H_{u_0}^{(3)} - H_{u_0-1}^{(3)}} \cdot \left(H_{\mathrm{m}.i}^{(3)} - H_{u_0-1}^{(3)}\right) + B_{u_0-1}^{(3)} \end{cases} \quad (2\text{-}214)$$

由于变压器硅钢片数量巨大，通常从数百到数千层级不等，因此上述计算需配合 Matlab 编程求解。参考式（2-198），得到面向实际工程的卷铁心涡流损耗计算公式：

$$P_{e.\mathrm{pra}} = \sum_{i=1}^{2k}\left\{w_i \cdot l_i \left[P_{e.i}^{(1)}(z) + P_{e.i}^{(3)}(z)\right]\right\} \Big/ \sum_{i=1}^{2k}(w_i \cdot l_i) \quad (2\text{-}215)$$

2.3.3.2 验证标准值的确定

当变压器处于欠励磁或正常励磁条件（$<110\%U_\mathrm{N}$）时，采用与本书 2.2.5 节一致的以平均磁通密度 B_m 为自变量的损耗分离公式：

$$P(B_\mathrm{m}) = K_\mathrm{h} f B_\mathrm{m}^\beta + K_\mathrm{e}(f B_\mathrm{m})^2 + K_\mathrm{a}(f B_\mathrm{m})^{1.5} \quad (2\text{-}216)$$

当变压器处于过励磁状态时，铁心往往会达到磁饱和，此时励磁电流发生严重畸变，谐波分量实际励磁效果突显，导致卷铁心内实际磁通密度大于式（2-146）的计算值。为了描述因励磁畸变产生的异常损耗，在过励磁条件（$\geqslant 110\%U_\mathrm{N}$）下，采用自变量为励磁频率 f 的损耗分离公式：

$$P_{\mathrm{sat}}(f) = K_{\mathrm{h.sat}} f B_\mathrm{m}^{\beta_{\mathrm{sat}}} + K_{\mathrm{e.sat}}\left(f B_\mathrm{m}\right)^2 + K_{\mathrm{a.sat}}\left(f B_\mathrm{m}\right)^{1.5} \quad (2\text{-}217)$$

对式（2-217）进行改写，得到自变量为 $\sqrt{f}$、因变量为 P/f 的实际拟合求解对象：

$$\frac{P_{\text{sat}}\left(\sqrt{f}\right)}{f} = K_{\text{e.sat}} B_{\text{m}}^2 \left(\sqrt{f}\right)^2 + K_{\text{a.sat}} B_{\text{m}}^{1.5} \sqrt{f} + K_{\text{h.sat}} B_{\text{m}}^{\beta_{\text{sat}}} \quad (2\text{-}218)$$

在对额定运行为工频的变压器做变频-损耗试验时，通常不能随意改变绕组匝数或铁心尺寸。因而根据式（2-146）的描述，输入电压和频率是严格的正比关系，在电源条件确定以后，应酌情选取合适的频率测试范围。对于大容量变压器，寻找 f-P 曲线的数据点往往需要输入达到较高的电压水平，则测试频率上限通常不会超过 200 Hz。

2.3.3.3 分析结果与讨论

本节以一台 QYS-R-(31500+25000)/220 节能型卷铁心牵引变压器作为分析案例，它由两台不等容量的单相双柱式卷铁心变压器组合构建，基本参数如表 2-9 所示。

表 2-9　220 kV/56.5 MVA 卷铁心牵引变压器电气和结构参数

参数特征	定性/定量描述
变压器类型	组合式三相（单相+单相）
额定容量	(31.5/31.5/16) / (25/25/12.5) MVA
额定电压	220 / 2×27.5 kV
额定电流	(143.2/222.9/113.6) / (1145/581.8/909.1/454.5) A
空载电流（额定）	0.09%（31.5 MVA）、0.12%（25 MVA）
空载损耗（额定）	17.71 kW（31.5 MVA）、14.63 kW（25 MVA）
绕组匝数	高压 1328 / 低压 308，包含自耦绕组 2×154
铁心材料	冷轧取向电工硅钢片 23ZH90
铁心截面半径 R	405 mm
铁心质量密度 D	7580 kg/m³
铁心叠片系数 F	0.97

按照《电力变压器试验导则》（JB/T 501—2020）的规定，对该组合式牵引变压器的子单相变压器（31.5 MVA）开展励磁特性试验以及空载电流谐波试验。图 2-57 给出

了变压器测试现场接线和测量设备情况,包括一台 Yokogawa WT3000E 的高精度谐波功率分析仪和具备数据实时监测与采集的高性能服务器。本试验由 31.5 MVA 单相变压器低压端子 a1x1 供电,实际励磁绕组匝数为低压侧一半,即 $N = 154$。

(a)现场接线

(b)测控平台

图 2-57 QYS-R-(31500+25000)/220 节能型卷铁心牵引变压器空载试验

根据表 2-9 的相关数据,结合式(2-146)可以计算出该变压器额定运行时的平均磁通密度约为 1.46 T,由此折算出不同电压倍数对应的平均磁通密度数值,将其标注在表 2-10 对应列表栏。此外,不同电压倍数下空载电流有效值 I_{rms} 及其 3 次谐波比例系数 λ_3 直接由空载试验得出,平均磁场强度等效幅值 H_m 按照式(2-192)计算,磁场强度基波和 3 次谐波占比 β_1、β_3 按照式(2-195)计算,详细数值结果如表 2-10 所示。

表 2-10 31.5 MVA 单相卷铁心变压器损耗分析有关参数

电压倍数	P_0/kW	I_{rms}/A	H_m/(A/m)	λ_3	β_1	β_3
80%U_N(1.17 T)	11.04	0.708	10.95	0.39	0.93	0.36
90%U_N(1.34 T)	13.98	0.842	13.05	0.41	0.93	0.38
100%U_N(1.46 T)	17.71	0.964	14.94	0.44	0.92	0.4
110%U_N(1.61 T)	23.04	1.105	17.12	0.46	0.91	0.42
120%U_N(1.75 T)	34.12	1.268	19.65	0.49	0.9	0.44
130%U_N(1.9 T)	56.23	1.453	22.51	0.51	0.89	0.45

不同电压倍数（平均磁通密度）条件下的空载损耗数据如图 2-58（a）所示，此即为工频下的 B-P 曲线。卷铁心材料对应的硅钢片 23ZH90 在 50 Hz 和 150 Hz 条件下的 B-H 曲线如图 2-58（b）所示，实际测量点已在图中明确标注。

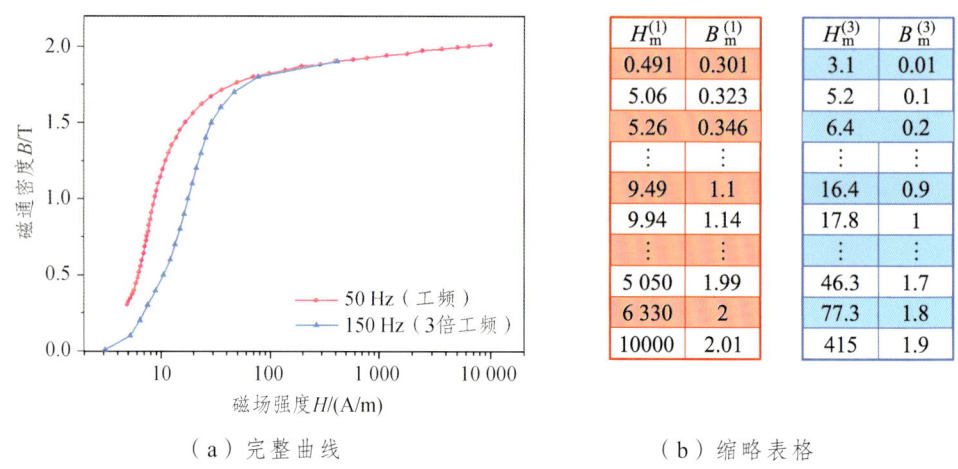

（a）完整曲线　　　　　　　　　　（b）缩略表格

图 2-58　高导磁取向硅钢片 23ZH90 不同频率条件下的磁化特征

图 2-59 演示了不同电压倍数下卷铁心牵引变压器实际励磁效果随卷片层级的变化规律。对于同一激励条件，各层级磁通密度均随着卷片层级的增加而单调递减，这也正好与本书 2.3.1 节基于磁路理论的分析结果保持一致；卷铁心整体磁通密度一直伴随着电压倍数的增加处于上升态势，但分频解耦效果具有各自的特点，拆解描述如下：

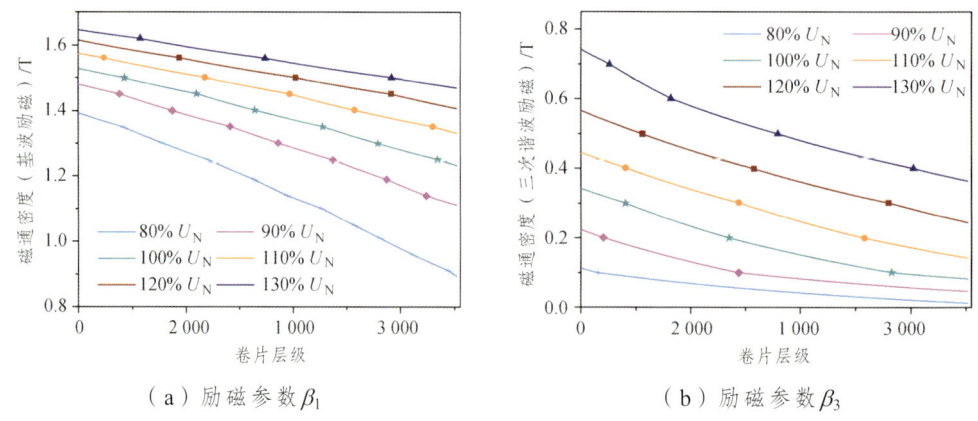

（a）励磁参数 β_1　　　　　　　　　（b）励磁参数 β_3

图 2-59　不同励磁条件下 31.5 MVA 单相卷铁心变压器各层级磁通密度变化特征

（1）对于基波励磁，当处于欠励磁状态（80%U_N）时，整体磁通密度数值最小，但随着卷片层级的变化逐渐剧烈，卷片首尾两端磁通密度差异变大；当处于过励磁状态（130%U_N）时，整体磁通密度数值最大，但对卷片层级的变化并不敏感。

（2）对于谐波励磁，当处于欠励磁状态（（80%U_N）时，整体磁通密度数值最小，但对卷片层级的变化不敏感，卷片首尾两端磁通密度差异小；当处于过励磁状态（130%U_N）时，整体磁通密度数值最大，且随卷片层级的变化最剧烈。

曲线上各种几何形态标记点表示通过式（2-208）~（2-211）得到的基波（50 Hz）和三次谐波（150 Hz）磁化曲线实际测试点横坐标数值对应到卷铁心层级的位置，即 if 和 ih 的值。然而，每种电压倍数下反推出的实际测试点落在卷铁心层级区域 $1 \sim 2k$ 的数目多半是不相等的：对于基波励磁而言，低电压倍数往往能包含更多的实际测试点，当 80%U_N 时，囊括了 10 个实际测试点之多，随着激励源的增加，实际测试点数目逐渐减少；当 130%U_N 时，实际测试点的数目仅为 3 个。但对于三次谐波励磁，趋势结果正好相反——高电压倍数才能包含更多的实际测试点，当 130%U_N 时，实际测试点可以达到 4 个；当 80%U_N 时，实际测试点仅有 1 个。此外，无论是对于哪个分频段的励磁，若包含的实际测试点越多，则该曲线随卷片层数的变化就越剧烈。在这些变化剧烈的曲线上，可以看到实际测试点附近存在数值突变，曲线整体呈现出歪歪扭扭的姿态，如图 2-59（a）的 80%U_N 对应曲线和图 2-59（b）的 130%U_N 对应曲线。

参考本书 2.2.5 节所述方案，获取了工频条件下的 B-P 曲线，包括 0.73 T（50%U_N）、0.88 T（60%U_N）、1.02 T（70%U_N）、1.17 T（80%U_N）、1.34 T（90%U_N）、1.46 T（U_N）和 1.61 T（110%U_N）7 个励磁条件对应的空载损耗数值，以及 B_m = 1.75 T（120%U_N）和 1.9 T（130%U_N）2 个励磁条件下 50~200 Hz 频段内的 $\sqrt{f}$-P/f 曲线，其中包含了 7 个具体测试点，如图 2-60 所示。结合本书 2.2.5 节所述的 Bertotti 损耗分离方法，利用 Excel 数值逼近模块，得到三条曲线各自的多项式拟合函数：

$$\left. \begin{aligned} P(B_m) &= 0.12 B_m^{2.37} + 0.06 B_m^2 + 0.0258 B_m^{1.5}, R = 0.9952 \\ P_{\text{sat}}^{(1.75)}\left(\sqrt{f}\right)/f &= \left[8.15 \left(\sqrt{f}\right)^2 + 1.31\sqrt{f} + 14.2 \right] \times 10^{-5}, R = 0.9955 \\ P_{\text{sat}}^{(1.9)}\left(\sqrt{f}\right)/f &= \left[10.7 \left(\sqrt{f}\right)^2 + 3.37\sqrt{f} + 22.7 \right] \times 10^{-5}, R = 0.9988 \end{aligned} \right\} \quad (2\text{-}219)$$

将式（2-219）的二次项系数与式（2-216）和（2-218）对应项联立起来，即可确定涡流损耗系数：$K_e = 2.4 \times 10^{-5}$，$K_{\text{e.sat}}^{(1.75)} = 2.66 \times 10^{-5}$，$K_{\text{e.sat}}^{(1.9)} = 2.96 \times 10^{-5}$，进而计算出

涡流损耗分量。以此为基准值，对本书提出的 4 种涡流损耗计算方法的精度进行评估，其中：方法 1 为仅考虑卷铁心的多层梯级渐变的连续卷绕特性，按照式（2-73）计算；方法 2 在方法 1 的基础上考虑了卷铁心截面电磁特征量的非均匀分布，即边界效应，按照式（2-169）计算；方法 3 在方法 1 的基础上考虑了分频磁化现象，即铁磁材料的非线性特性，按照式（2-198）计算；方法 4 为方法 2 和方法 3 的性态耦合——即同时考虑电磁特征量的分层特性和卷铁心材料在高磁密条件下的强非线性，按照式（2-215）计算。

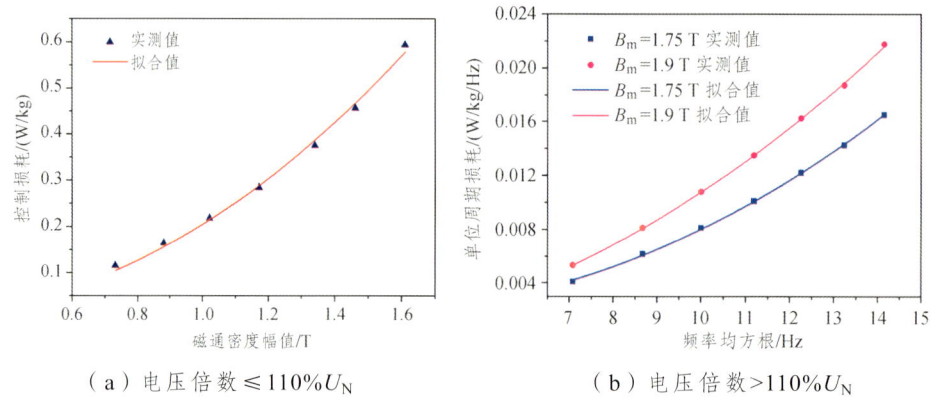

图 2-60　31.5 MVA 单相卷铁心变励磁、变频-损耗测试与数值拟合结果对比

31.5 MVA 高效节能牵引变压器卷铁心涡流损耗计算结果如图 2-61 所示。方法 1 的计算精度最差，初始误差（80%U_N）即达到 12.1%，并且随着励磁条件的上升，误差会显著增加，当电压倍数为 130%U_N 时，误差可达 30.8%；方法 2 在 80%U_N ~ 130%U_N 的初始阶段，误差整体较小，数值稳定在 5%以下，和基准值保持齐平，但随着励磁条件的上升，误差会变得很大，当电压倍数为 130%U_N 时，误差可达 22.1%；方法 3 误差在 14.6% ~ 18.8%区域内无规律摆动，尽管整体偏大，但数值波动剧烈程度较小，并且励磁条件的改变对计算误差影响不大；方法 4 的计算精度最高，全程误差不超过 3%，且励磁条件的变化与计算误差不存在直接的关联性。此外还可以看出，磁饱和区强非线性对涡流损耗计算值造成的影响要大于截面电磁特征量的边界效应：比如仅考虑了分级磁密、未考虑分频磁化的方法 2，在过励磁条件下的计算误差也能接近甚至超过 20%；而仅考虑分频磁化、未考虑分级磁密的方法 3 能将每个励磁条件的误差整体降低一个档次，即使电压倍数达到 130%U_N 的过励磁条件，其对应的误差也仅为 13.1%。

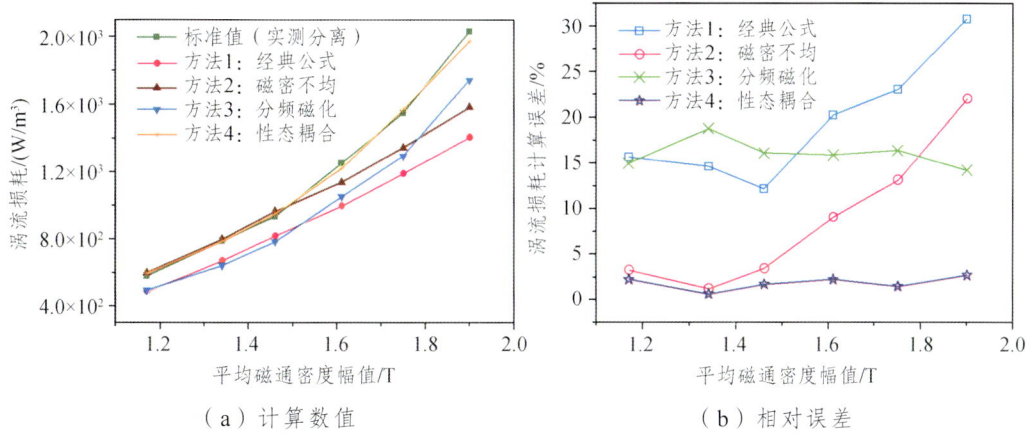

图 2-61 QYS-R-31500 大型牵引变压器卷铁心涡流损耗随励磁条件的变化特征

2.3.4 小 结

本节在多层梯级渐变硅钢片涡流损耗解析计算公式（即方法 1，参见本书 2.1 节）和卷铁心电磁各向异性均质化模型（参见本书 2.2 节）的基础上，深入研究了直接服务于工程设计的牵引变压器涡流损耗的计算方法：首先，根据卷铁心实际结构，建立了径向分级的磁阻网络模型，结合有限元分析探明了边界磁通密度与卷片数量的关联特性，提出了考虑卷铁心截面电磁特征量非均匀分布的涡流损耗计算方法（即方法 2）；其次，针对过励磁运行工况下铁心材料达到磁饱和而出现的谐波励磁，将非线性媒质关系引入涡流场方程原始解析过程，提出了分频磁化效果解耦的涡流损耗计算方法（即方法 3）；最后，考虑到大型卷铁心变压器的实际运行工况，整合边界磁通分级和分频磁化现象，提出了大型牵引变压器卷铁心涡流损耗解析计算优化方法（即方法 4），并以在网服役的 QYS-R-（31500+25000）/220 大型高效节能卷铁心牵引变压器组中的 31.5 MVA 单相变压器作为分析案例，检验了 4 种涡流损耗计算方法的适用范围和计算精度。具体结论如下：

（1）方法 2 在励磁条件电压倍数低于 110%U_N 时，计算误差小于 5%，当电压倍数为 120%U_N 和 130%U_N 时，误差分别可达 13.2%和 22.1%。该方法适用于平均磁密较低运行工况下的涡流损耗计算。

（2）方法 3 对励磁条件电压倍数的变化不算敏感，曲线较为平整，其最小值和最大值分别为 14.6%和 18.8%，整体误差较大的原因是验证样品的尺寸很大，边界磁通密度分级现象不可忽略。该方法适用于小容量卷铁心的涡流损耗计算。

（3）方法4在任何励磁条件下都具有很高的精度，缺点是需要求解的参数太多，步骤相对烦琐：如无法得知各层级内部平均磁通密度和磁场强度与时间的函数，其基波和谐波分量的占比计算需要依靠经验方法——以励磁电流（表征卷铁心整个截面平均磁场强度）的畸变特征作为频率分割的计算依据。

至此，大型卷铁心涡流损耗计算方法已构建完善。

第3章

卷铁心牵引变压器绕组分布参数建模与计算

本章介绍大型卷铁心牵引变压器绕组的分布式参数建模及其模型的参数求解方法，是牵引变压器绕组设计和故障诊断的基础。

3.1　N 阶梯形网络电路模型

N 阶梯形网络电路模型是将变压器绕组等效为电阻（R）、电感（L）、电容（C）构成分布式参数电路模型[3]。分布式参数是用类似于磁通量、电势、电容等表示几何部分的量集中在一起表示整个几何的一种方法。在变压器中，变压器的绕组可以分成有限的单元，每个单元可以用分布式电容、电导、电感和电阻表示。变压器电路单元的选取可以是单匝、多匝、单线饼或者多线饼。选取的电路单元越小越精确，但是同时也要考虑到计算量，本节选取双线饼为基本电路单元。在工频或上百赫兹时，绕组内的位移电流不显著，只有感应电动势和欧姆电压降存在，因此一个绕组只能通过其自感、相应的互感和电阻来建模，如图 3-1 所示。

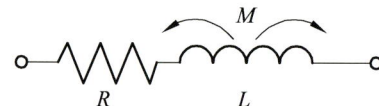

图 3-1　低频下的单个线饼模型

在高频下，位移电流变得显著，与截面相关的重要位移电流必须用电容器表示，以便在更高频率下进行精确建模。一个特定线饼的总电容可以分为两部分，其中一部分位于该线饼的两端，相当于用于模拟传输线的π形电路。一个绕组的完整模型可通过将所有线饼串联而成。如图 3-2 所示为双绕组变压器的绕组模型。

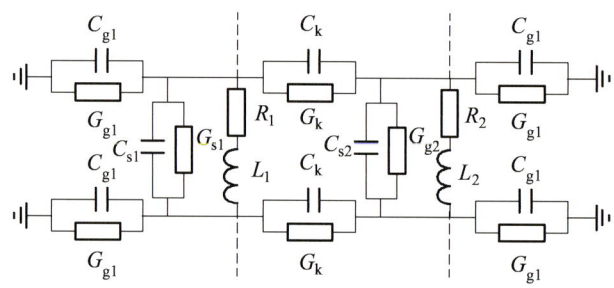

图 3-2　双绕组电路模型

对牵引变压器进行分布式参数电路建模时，需要考虑其体积容量大，内部线饼数量多，且绕组结构复杂，内部绕组间线饼的不对称性受线饼间多耦合电容的影响较大等特点。而传统分布式参数电路模型，只考虑了绕组间对应的并联电容，忽略了该电容的影响,不能准确地描述绕组间电容的耦合关系。为了建立能反映牵引供电系统中大容量卷铁心牵引变压器内部绕组接线、耦合关系的分布式参数频率响应电路模型,在传统分布式参数电路模型的基础上,考虑了绕组间交叉电容参数,对模型进行了改进,如图 3-3 所示。

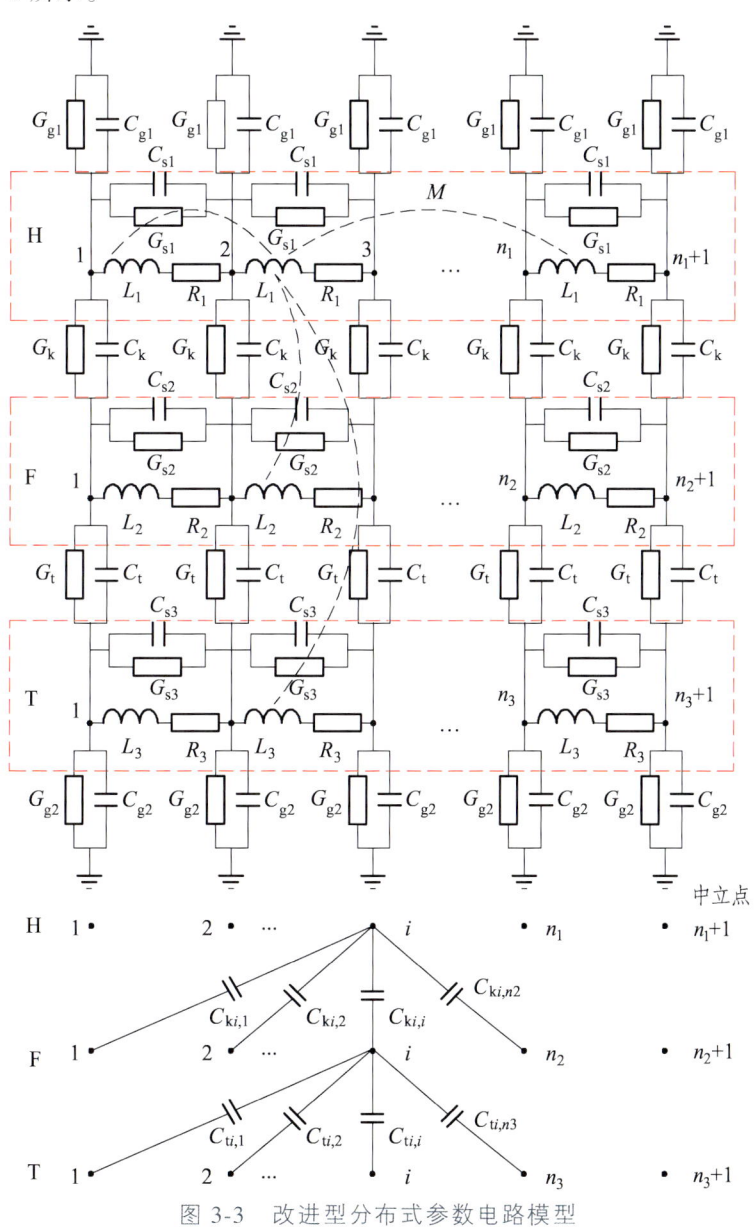

图 3-3 改进型分布式参数电路模型

图 3-3 所示的改进型分布式参数电路中每个参数的定义如下：

L：双线饼的自感；

M：双线饼之间的互感；

R：双线饼的欧姆电阻；

C_s, G_s：双线饼的纵向等值电容与电导；

C_{g1}, G_{g1}：高压绕组对油箱壁的电容与电导；

C_{g2}, G_{g2}：牵引绕组对铁心的电容与电导；

$C_{ki,i}$, $G_{ki,i}$：高压绕组与馈电绕组的交叉电容与电导；

$C_{ti,i}$, $G_{ti,i}$：牵引绕组与馈电绕组的交叉电容与电导。

电感支路中的电阻代表直流损耗、集肤和邻近效应损耗以及铁心中的等效涡流损耗。在计算电路模型中电容、电感、电导和电阻时，可以用有限元法或者是基于近似几何参数的解析公式法[48-50]。

基于简化的牵引变压器的实际结构和尺寸，结合数值公式和有限元法进行绕组等效参数计算，主要参数如图 3-4 所示，其中纵向等值电容、电阻和对地电容用数值公式法计算。考虑到电感参数和 3 个绕组间的全电容的计算量较大且数值计算误差较大，所以电路模型中的电感、绕组间的电容参数通过在 Ansoft Maxwell 中搭建变压器有限元模型来进行计算。

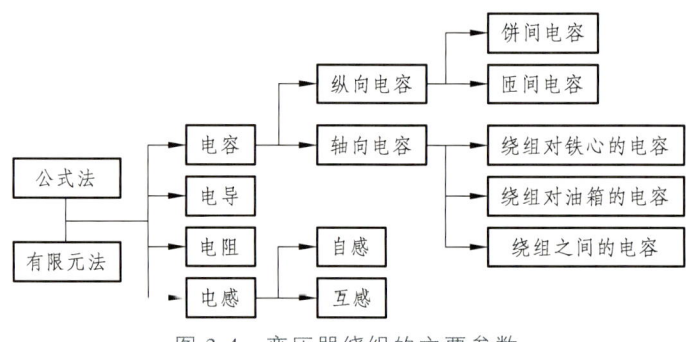

图 3-4　变压器绕组的主要参数

3.2　分布电感参数计算

根据牵引变压器的实际结构尺寸和材料特性，在 Ansoft Maxwell 软件中搭建变压器有限元模型，如图 3-5 所示。由于垫块、纸筒等对电感的计算影响较小，建模时忽略线饼之间的垫块以及线圈之间的绝缘纸筒和撑条。因为卷铁心叠装方向与叠铁心不同，将铁心分为三个部分：心柱、铁轭和拐角[6, 17]。每个部分分别设置不同参考方向的磁导率和电导率，以获得一个最优的磁路。牵引绕组和馈电绕组都由 35 个双线饼构成，而高压绕组由 41 个双线饼构成[3]。

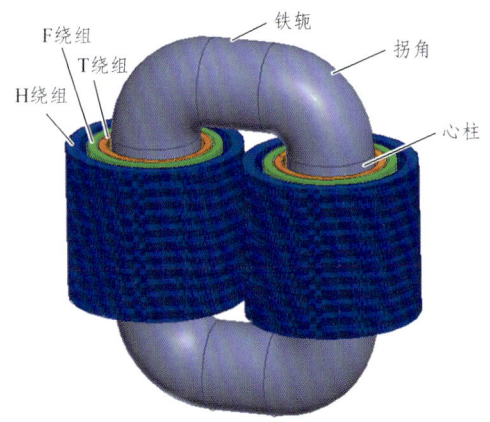

图 3-5 变压器有限元模型

为了得到变压器模型的电感矩阵，Ansoft Maxwell 进行了一系列的三维静磁场模拟，对于 n 个导体的系统，系统自动进行 n 次场模拟，导体间的电感基于如下所示的静电储能原理得到[51]：

$$W_{ij} = \frac{1}{2}\int B_i H_j \tag{3-1}$$

$$L_{ii} = 2\mathrm{Im}\left(\mathrm{j}W_{ii}\right)\bigg/I_i^2 \tag{3-2}$$

$$M_{ij} = \left[\mathrm{Im}\left(\mathrm{j}W_{ij}\right) - \frac{1}{2}L_{ii}I_i^2 - \frac{1}{2}L_{jj}I_j^2\right]\bigg/(I_i \cdot I_j) \tag{3-3}$$

式中，W_{ij} 表示第 i 个单元与第 j 个单元之间的储能；W_{ii} 表示对第 i 个单元施加电流 I 后的磁场储能；L_{ii} 表示第 i 个单元的自感；M_{ij} 表示第 i 个单元与第 j 个单元之间的互感。

三个导体的磁链与电流的关系如图 3-6 所示，其关系式为：

$$\begin{cases} \lambda_1 = L_{11}i_1 + L_{12}i_2 + L_{13}i_3 \\ \lambda_2 = L_{21}i_1 + L_{22}i_2 + L_{23}i_3 \\ \lambda_3 = L_{31}i_1 + L_{32}i_2 + L_{33}i_3 \end{cases} \tag{3-4}$$

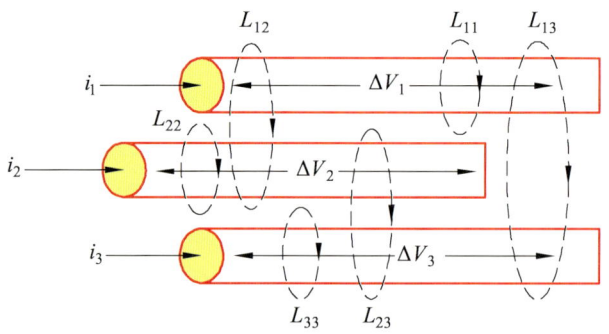

图 3-6 磁链与电流的关系

将式（3-5）写成矩阵形式：

$$\begin{bmatrix} \lambda_1 \\ \lambda_2 \\ \lambda_3 \end{bmatrix} = \begin{bmatrix} L_{11} & L_{12} & L_{13} \\ L_{21} & L_{22} & L_{23} \\ L_{31} & L_{32} & L_{33} \end{bmatrix} \begin{bmatrix} i_1 \\ i_2 \\ i_3 \end{bmatrix} \quad (3-5)$$

式（3-6）描述的是 3×3 的电感矩阵，对于 n 个闭合导体的系统，磁流与相应电流的关系可用一个 $n \times n$ 的电感矩阵 $\boldsymbol{L}$ 表示：

$$\boldsymbol{L} = \begin{bmatrix} L_{11} & M_{12} & \cdots & M_{1n} \\ M_{21} & L_{22} & \cdots & M_{2n} \\ \vdots & \vdots & L_{ii} & \vdots \\ M_{n1} & M_{n2} & \cdots & L_{nn} \end{bmatrix} \quad (3-6)$$

本书所研究的牵引变压器一共有 111 个绕组回路，计算得到的电感矩阵是一个 111×111 阶的矩阵，选取矩阵中的部分参数，如表 3-1 所示。

表 3-1 电感矩阵的部分参数表

电感	数值/mH	电感	数值/mH
$L_{1,1}$	8.0341	$L_{41,41}$	8.0341
$M_{1,2}$	7.9925	$L_{42,42}$	0.3691
$M_{1,3}$	7.6184	$M_{42,43}$	0.36695
$M_{1,41}$	7.6143	$M_{42,78}$	0.36508
$M_{1,42}$	1.6918	$M_{42,111}$	0.34921
$M_{1,77}$	1.6864	$L_{111,111}$	0.3699

当有磁通通过硅钢片时，硅钢片内部会产生涡流，涡流会产生一个与铁心磁通反向的磁场，产生去磁效应。频率越高，涡流效应越明显，其产生的反向磁场就越大，最终会让铁心几乎不导磁，其结果如图 3-7 所示。从图中可以看到，工频下铁心磁通密度 B 基本保持在 1.25 T，随着频率的增加，硅钢片中心部分的磁通密度 B 急剧下降，当频率达到 1000 kHz 时，只有硅钢片边缘导磁，内部磁通密度几乎为 0。

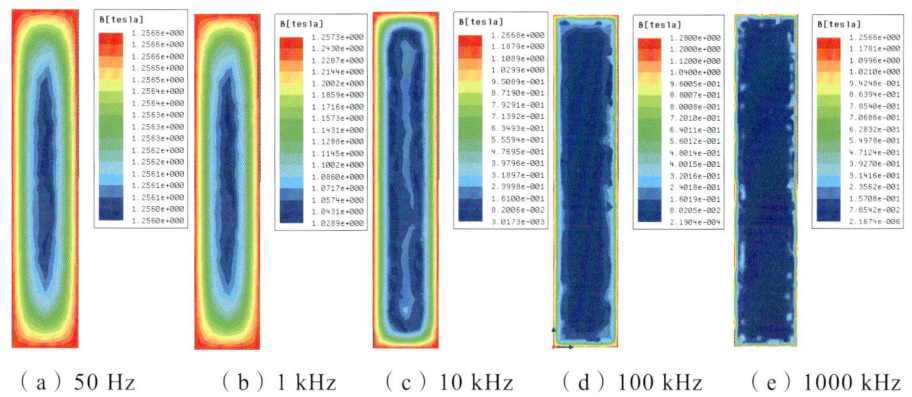

（a）50 Hz　　（b）1 kHz　　（c）10 kHz　　（d）100 kHz　　（e）1000 kHz

图 3-7　不同频率下硅钢片内磁通密度

因此，为了限制涡流及涡流损耗，铁心通常由厚度为 0.23～0.35 mm 的硅钢片叠装或绕制而成，硅钢片表面涂有绝缘涂层，如图 3-8 所示。对于牵引变压器，其铁心直径通常能达到 0.8 m，包含了数千片的硅钢片。针对实际铁心若在进行有限元仿真时直接将硅钢片一一建模分析，尤其当频率达到 1 MHz 时，集肤深度达到微米级[52-54]，计算机要进行如此精细的计算将会耗费巨大的工作量，对于常规的服务器和计算机来说基本无法胜任。

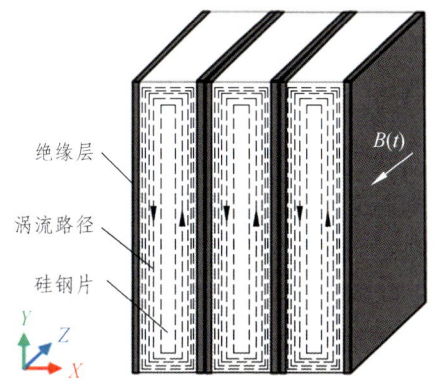

图 3-8　硅钢片叠片及内部涡流分布示意图

为了解决该问题,均质化模型得以推广应用。均质化模型是通过将叠片等效成一个均质体,沿叠片方向设置等效电导率和磁导率来模拟叠片特性。瑞典查尔姆斯理工的学者提出采用均质化的铁心模型进行电感的计算[55]。对于图 3-9(a)中的取向硅钢片,厚度为 $2b$,x 方向为硅钢片轧制方向,对于由若干片这种硅钢片组成的铁心,如图 3-9(b)所示,可通过改变均质化铁心的磁导率来模拟铁心不同频率下的导磁能力。其磁导率满足如下公式:

$$\mu_x^{\text{eff}} = \mu_x \frac{\left((1+\text{j})b/\delta_x\right)}{(1+\text{j})b/\delta_x}; \delta_x = \sqrt{2/(\omega\sigma_s\mu_0\mu_x)} \qquad (3\text{-}7)$$

$$\mu_y^{\text{eff}} = \mu_y \frac{\left((1+\text{j})b/\delta_y\right)}{(1+\text{j})b/\delta_y}; \delta_y = \sqrt{2/(\omega\sigma_s\mu_0\mu_y)} \qquad (3\text{-}8)$$

$$\mu_z^{\text{eff}} = \mu_z \Big/ \left(\mu_z(1-k_{fe}) + k_{\text{Fe}}\right) \qquad (3\text{-}9)$$

其中,μ_x,μ_y,μ_z 分别为三个方向上的初始磁导率;δ 为集肤深度;k_{Fe} 为铁心的叠装系数(一般为 0.92~0.97)。

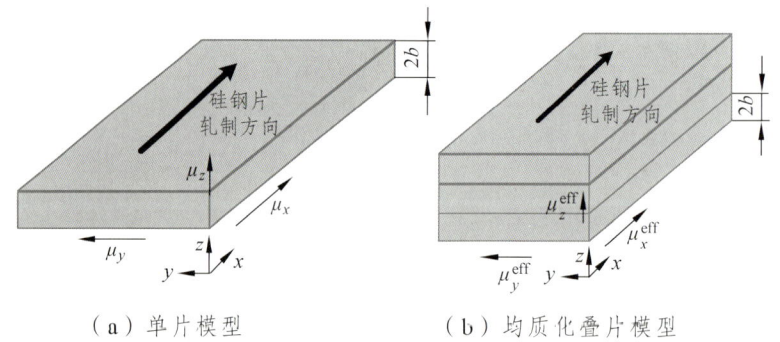

(a)单片模型　　　　　　(b)均质化叠片模型

图 3-9　取向硅钢片示意图

该方法通过定义铁心集肤深度与磁导率之间的关系,模拟了铁心磁导率的频变过程,但该方法存在如下问题:

(1)硅钢片的初始磁导率须通过现场测量确定,否则通过该公式计算得到结果误差大,并且测量过程复杂,需要专业的测量仪器。

(2)该方法适用于硅钢片截面宽度不变的情况,当硅钢片截面宽度渐变时,如采用卷铁心时,精度较差。

针对上述两个问题,本书提出一种不需要在现场测量磁导率的方法,仅通过测量的频率响应曲线结合反馈算法进行自动拟合,确定磁导率的变化曲线,且该方法适用于截面宽度不变的叠铁心,同样也适用于截面宽度渐变的卷铁心结构。

首先,探究铁心磁导率与电感之间的关系。基于本书的变压器模型,建立了变压器静磁场模型。其中,本书所研究的牵引变压器均采用了卷铁心结构,具体结构如图3-10(a)所示,基于实际结构尺寸,建立了对应的三维静磁场对称模型[见图3-10(b)],其中,将铁心分成铁轭、铁心拐角和铁心柱,分别设置各向异性磁导率。对于取向硅钢片,沿轧制方向的磁导率远大于其他两个方向。

 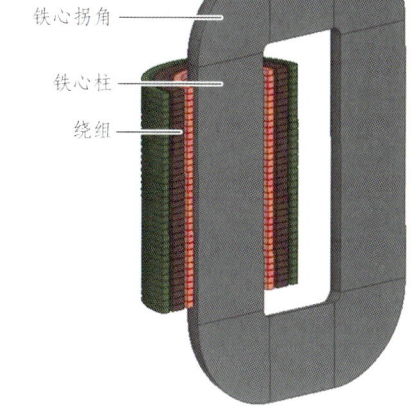

(a)卷铁心　　　　　　(b)三维静磁场对称模型

图 3-10　变压器卷铁心及模型

这里以牵引变压器为例,研究铁心磁导率与电感之间的关系,本节设置了各向异性初始相对磁导率如下:

$$\begin{bmatrix} \mu_x^{\text{eff}} & & \\ & \mu_y^{\text{eff}} & \\ & & \mu_z^{\text{eff}} \end{bmatrix} = \begin{bmatrix} 330 & & \\ & 5 & \\ & & 5 \end{bmatrix} \quad (3\text{-}10)$$

其中,330为轧制方向的相对磁导率,5为非轧制方向的磁导率,硅钢片厚为0.23 mm。根据式(3-7)~(3-9),计算得到随频率变化的等效相对磁导率变化曲线,如图3-11所示。

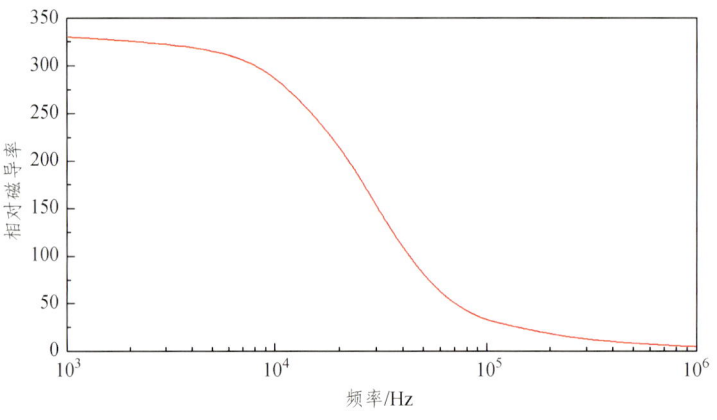

图 3-11 轧制方向磁导率变化曲线

基于该曲线，分别计算出 1 kHz～1 MHz 之间不同磁导率的绕组电感。其中针对计算出的结果，Maxwell 中计算绕组电感时，由于垫块、纸筒等对电感的计算影响较小，建模时忽略线饼之间的垫块以及线圈之间的绝缘纸筒和撑条。针对计算出的结果，选取部分线饼的电感进行分析，其中第一个线饼的自感随频率变化的曲线如图 3-12 所示，可以看到公共绕组的自感与串联绕组的自感比值为 4 左右，等于公共绕组与串联绕组匝数比的平方，符合电感的计算原理。

由图 3-12 可以看到，随着频率的增加，由于磁导率的下降，绕组线饼自感下降较为明显，且下降趋势与图 3-11 中磁导率的下降趋势非常相似。为了能进一步分析不同电感的变化，以公共绕组（C 绕组）为分析对象，研究绕组内部互感与其他绕组互感之间的变化关系。

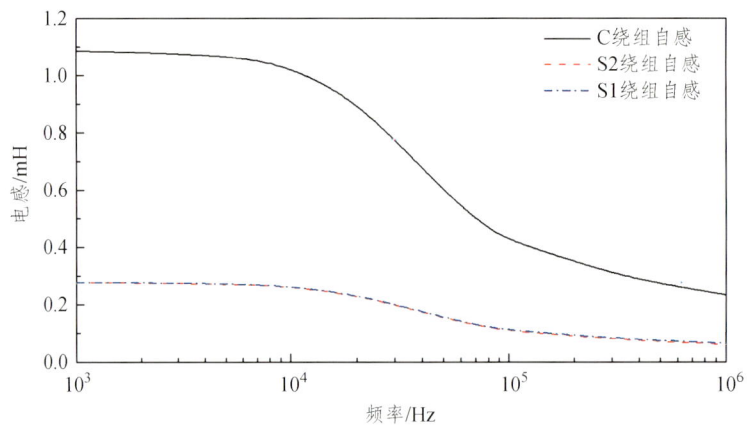

图 3-12 不同绕组第一个线饼自感变化曲线

如图 3-13（a）所示，一个绕组内部的互感随频率的变化趋势几乎一致，而从图 3-13（b）可以看到，S1 和 S2 同一高度的线饼与公共绕组同一线饼互感几乎一致，且同样地，电感变化趋势与磁导率变化趋势几乎一致。为此，本书提出直接通过计算频变系数来表征绕组电感的频变特性，首先以 1 kHz 的值为参考值，其他频率下的电感或磁导率均除以 1 kHz 时的电感或磁导率，计算出磁导率和电感的频变系数，如图 3-14 所示。

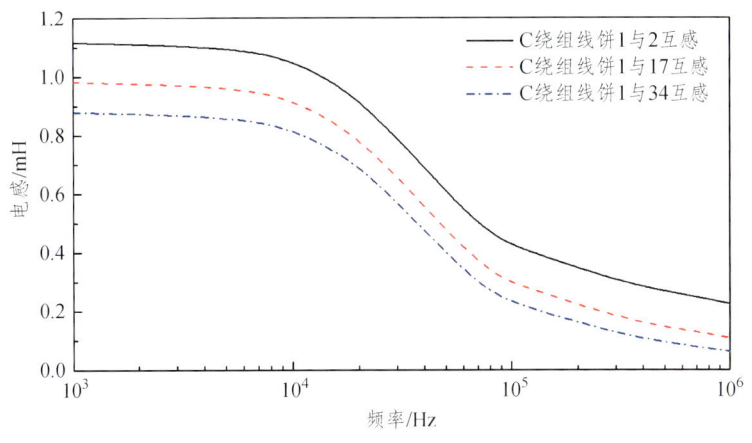

（a）公共绕组内部互感

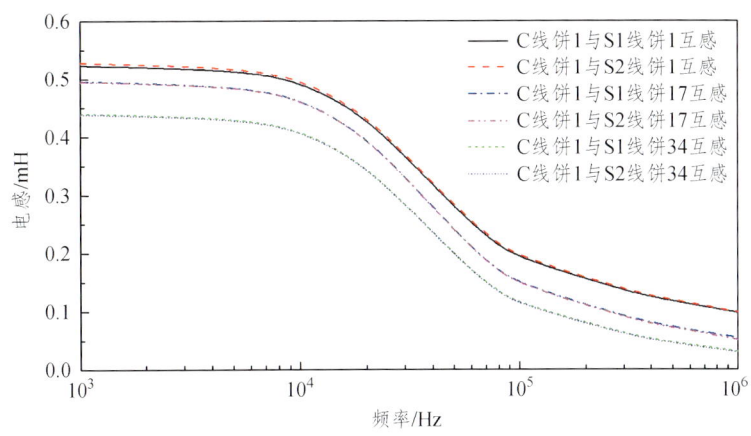

（b）公共绕组与其他两个绕组互感

图 3-13　公共绕组与不同线饼间互感变化曲线

从图 3-14 中可以看到，磁导率、绕组自感以及绕组互感随频率的变化趋势基本一致，因此，可以通过直接计算 1 kHz 时的电感矩阵，并乘以频变系数来表征电感的频变特性。基于该方法，结合实测和仿真频响曲线提出了频变系数的计算方法，具体流程如图 3-15 所示。

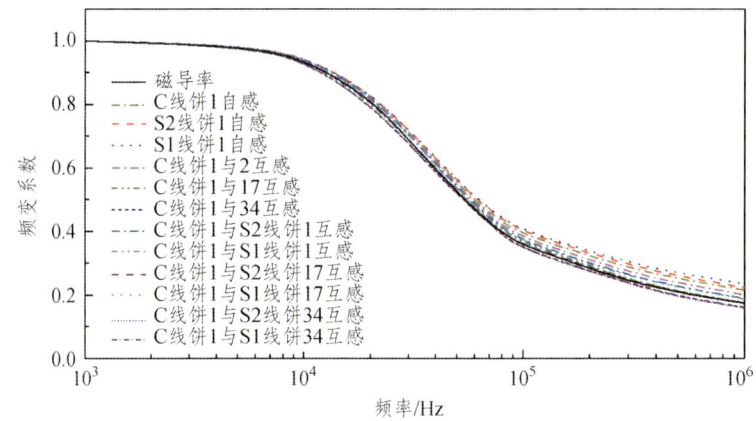

图 3-14 磁导率和电感的频变系数

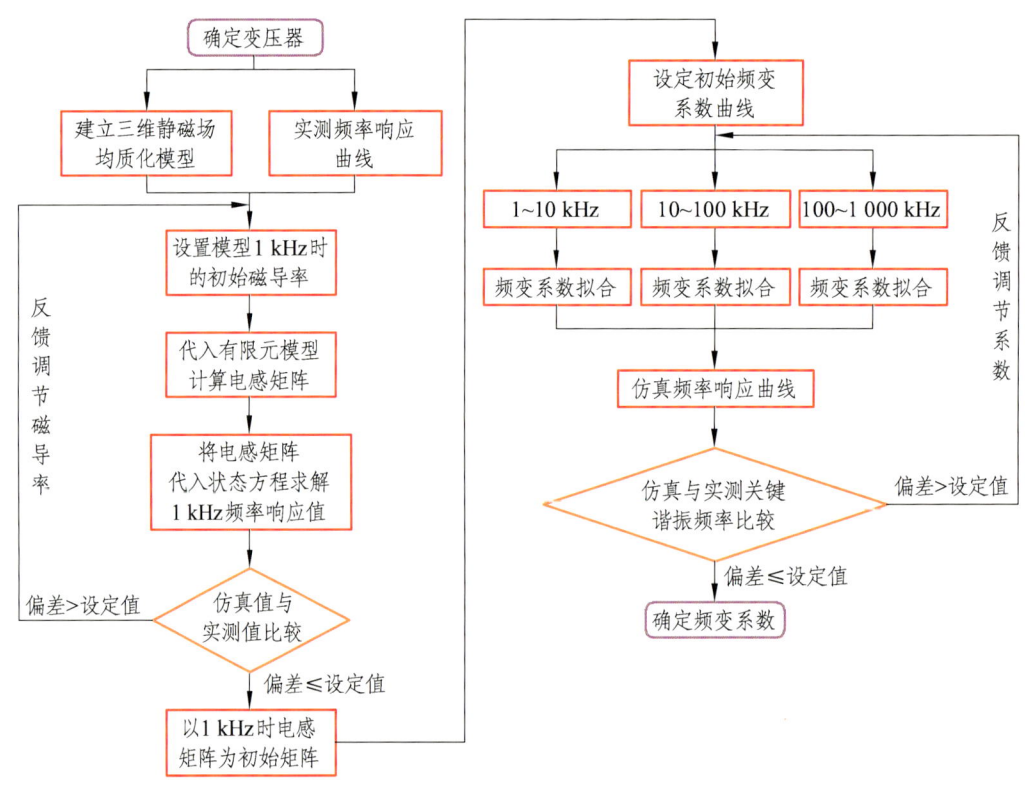

图 3-15 变压器绕组电感及频变系数计算流程图

如图 3-15 所示，本书所提出的频率响应曲线计算方法主要包括如下步骤：

（1）建立三维静磁场均质化有限元模型，确定初始相对磁导率及初始电感矩阵。由于本书建模频率范围为 1 kHz ~ 1 MHz，在频率为 1 kHz 时，等效相对磁导率已较小，不同铁心材料、片厚及铁心结构等均会影响计算结果。根据本书对不同变压器的测试仿真结果，设置轧制方向初始相对磁导率为 300，非轧制方向为 5 时，计算精度和效率较高，通过静磁场模型计算出电感矩阵，并代入状态方程计算（电容、电阻参数在前面两节已进行了计算），以仿真和实测值偏差为评价指标，反复调整轧制方向初始相对磁导率值，直至满足设定的偏差值。

（2）基于步骤（1）中确定的 1 kHz 时电感矩阵 $\boldsymbol{L}_0$ 和初始相对磁导率 μ_{x0}，计算初始绕组电感矩阵频变系数。根据式（3-7）中相对磁导率随频率变化的计算方法，计算出不同频率下的等效相对磁导率，将不同频率下的相对磁导率均除以 μ_{x0}，得到初始频变系数。

（3）基于步骤（1）中的初始电感矩阵 $\boldsymbol{L}_0$，和步骤（2）中得到的初始频变系数，根据实测频率响应曲线调节频变系数。以实测和仿真值偏差为寻优目标，建立循环反馈算法，反复调整关键谐振点处的频变系数，提高频率响应仿真精度。

通过上述计算，便可得到的绕组电感及其频变系数。为验证本书提出的改进型分布式参数电路模型及等效电气参数计算方法，进行了现场实测对比。

3.3 分布电容参数计算

绕组的电容参数包括纵向等值电容和轴向电容。纵向等值电容通过匝间电容和饼间电容计算得到；轴向电容包括内绕组对铁心的对地电容、外绕组对油箱的对地电容以及每两个相邻绕组的电容。要计算绕组的电容参数，首先需要得到介质的等效介电常数。单一介质的介电常数可通过查表得到，但是对于组合式的绝缘介质则需要通过公式推导得到。而变压器的绝缘大部分是使用组合式的绝缘，而并非单一介质的绝缘，例如油纸绝缘就是一种复合式的绝缘[49]。准确地计算电容参数需要得到介质的等效介电常数，其主要包括线饼间的介质的等值介电常数和线圈间介质的等值介电常数。

3.3.1 介质的等效介电常数

线饼间的绝缘如图 3-16 所示，其由匝间绝缘和油道串联形成，而油道由垫块绝缘和纯油隙并联形成。油道的等值介电常数计算式为：

$$\varepsilon_{oe} S_{oe} = \varepsilon_o S_o + \varepsilon_d S_d \quad （3-11）$$

式中，S_{oe} 和 ε_{oe} 是油道的面积和等值介电常数；S_o 和 ε_o 是纯油隙的面积和等值介电常数；S_d 和 ε_d 是垫块的面积和等值介电常数。

线饼间等值介电常数 ε_{de} 由电容器串联公式可得：

$$\varepsilon_{de} = \frac{a_o + a_p}{\dfrac{a_o}{\varepsilon_{oe}} + \dfrac{a_p}{\varepsilon_p}} \quad （3-12）$$

式中，a_p 和 ε_p 是匝绝缘两边的厚度和介电常数；a_o 是油道高度。

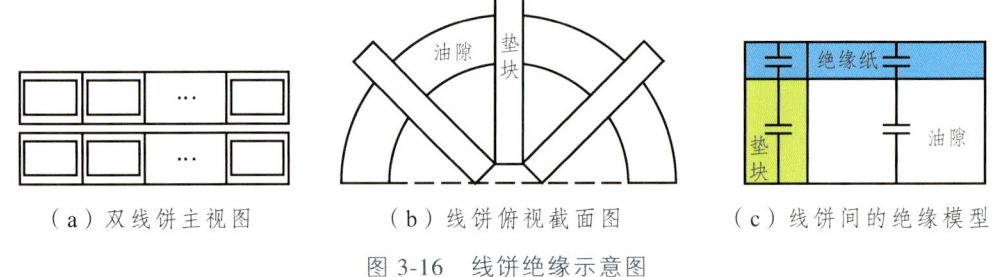

图 3-16 线饼绝缘示意图

线圈间绝缘如图 3-17 所示，包括内绕组与铁心间的绝缘、外绕组与油箱间的绝缘以及绕组之间的绝缘。它们之间的绝缘由绝缘纸筒、绝缘纸和油隙串联形成，其中油隙又分为纯油隙和带有撑条的油隙，带有撑条的油隙绝缘由纯油隙和撑条并联形成。线圈间介质的等效介电常数 ε_{we} 可由下式得到[56]：

$$\varepsilon_{we} = \frac{a_p + a_o + a_{pc} + \cdots}{d_w \left(\dfrac{a_p}{\varepsilon_p d_p} + \dfrac{a_o}{\varepsilon_o d_o} + \dfrac{a_{pc}}{\varepsilon_{pc} d_{pc}} + \cdots \right)} \quad （3-13）$$

式中，a_p，a_o，a_{pc} 分别表示匝绝缘厚度、油隙厚度和绝缘纸筒厚度；d_w 表示线圈之间绝缘的平均直径；d_p，d_o，d_{pc} 分别表示匝绝缘、油隙和绝缘纸筒的平均直径。

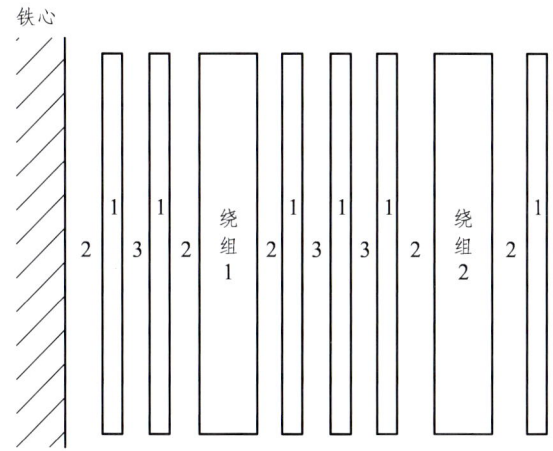

1—纸筒;2—纯油隙;3—撑条油隙。

图 3-17　线圈间的绝缘示意图

根据牵引变压器的实际结构,得到各种介质的等值介电常数如表 3-2 所示。

表 3-2　介质的等值介电常数

介质	等值介电常数	介质	等值介电常数
空气	1	串联绕组 1 饼间	2.3
绝缘纸筒	3.3	公共绕组饼间	2.2
垫块	3.3	串联绕组 2 饼间	2.3
高压绕组与油箱	1	串联绕组与铁心	2.22
串联绕组 1 与公共绕组	2.42	公共绕组与串联绕组 2	2.42

3.3.2　纵向等值电容参数

纵向等值电容 C_s 包括线匝之间的匝间电容 C_t 和线饼之间的饼间电容 C_d。可按平板电容公式计算匝间电容和饼间电容:

$$C_t = \frac{\varepsilon_0 \varepsilon_p \pi d_a h}{a_p} \tag{3-14}$$

$$C_d = \frac{\varepsilon_0 \varepsilon_d \pi d_a B}{a_d} \tag{3-15}$$

式中，ε_p 为匝间的等效介电常数；ε_d 为饼间的等效介电常数；d_a 为线饼的平均直径；h 为线匝的净金属高度；B 为线饼的径向宽度；a_p 为匝间绝缘厚度；a_d 为饼间绝缘厚度。

计算纵向等值电容时，基于能量相等的原理，假定电压是均匀分布在线饼的各线匝上，并且假设加在一对双饼的电压为 U_d，则一个单饼上的压降为 $U_d/2$。

对于连续式绕组，如图 3-18 所示，双饼的匝数 $N = 12$，那么相邻的线匝间的电压差 U_t 为

$$U_t = U_d / N \tag{3-16}$$

假设每个匝间电容都为 C_t，则一个匝间能量为

$$E'_t = \frac{1}{2} C_t U_t^2 \tag{3-17}$$

在一对 N 匝双饼中，共有 $N-1$ 个匝间电容，则双饼匝间总能量为

$$E_t = (N-2) E'_t = C_t U_d^2 (N-2) / 2N^2 \tag{3-18}$$

这对双饼饼间总能量为

$$E_d = 2 \int_0^B \frac{1}{2} \frac{C_d}{B} \left(\frac{U_d}{B} \cdot x \right)^2 dx = \frac{1}{3} C_d U_d^2 \tag{3-19}$$

运用能量相等的原理 $\frac{1}{2} C_s U_d^2 = E_t + E_d$，得到双饼的纵向等值电容 C_s：

$$C_s = \frac{N-2}{N^2} C_t + \frac{2}{3} C_d \tag{3-20}$$

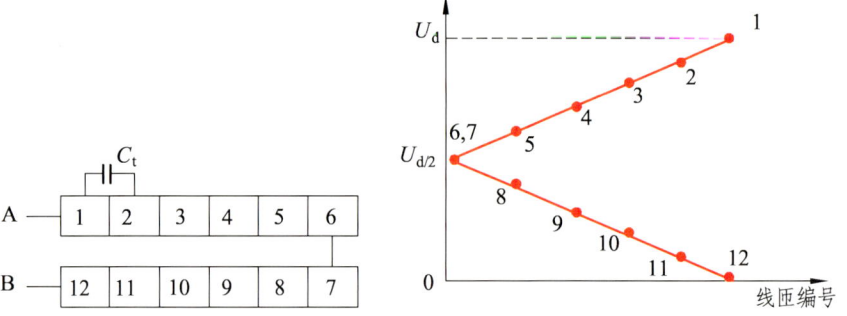

图 3-18 连续式绕组线匝结构和电位分布

由于牵引变压器的高压绕组包含普通纠结式绕组,其双饼匝数为 42 匝,与连续式绕组相比,其相邻线匝的电压差增大,而匝间电容的储能按平方关系增加,所以其匝间电容数值会远远大于饼间电容的数值,在这里忽略饼间电容,利用匝间总能量计算得到纠结式绕组的纵向等值电容。一对匝数为 N 匝的双饼中,共有 $N-2$ 个匝间电容。在这些电容中,当 $N=4n$ 时,相邻的线匝电压差为 $U_d/2$ 的匝间电容有 $N/2$ 个,相邻的线匝电压为 $(N-2)U_d/2N$ 的匝间电容有 $(N-4)/2$ 个。当 $N=4n+2$ 时,相邻的线匝电压差为 $U_d/2$ 的匝间电容有 $(N-2)/2$ 个,相邻的线匝电压为 $(N-2)U_d/2N$ 的匝间电容有 $(N-2)/2$ 个。如图 3-19 所示为 $N=12$ 的普通纠结式绕组线匝结构和电位分布图。

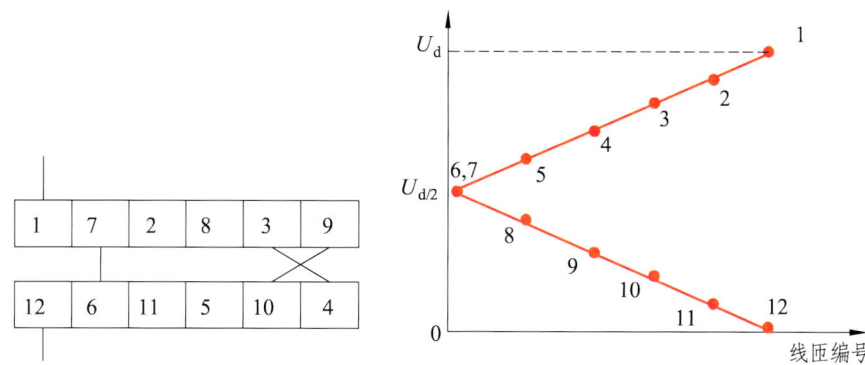

图 3-19 普通纠结式绕组线匝结构和电位分布

基于匝间总能量:

$$\left.\begin{array}{l}\dfrac{1}{2}C_sU_d^2 = \dfrac{1}{2}C_t\left[\dfrac{N-2}{2}\left(\dfrac{U_d}{2}\right)^2 + \dfrac{N-2}{2}\left(\dfrac{N-2}{2N}U_d\right)^2\right],\quad N=4n+2 \\ \dfrac{1}{2}C_sU_d^2 = \dfrac{1}{2}C_t\left[\dfrac{N}{2}\left(\dfrac{U_d}{2}\right)^2 + \dfrac{N-4}{2}\left(\dfrac{N-2}{2N}U_d\right)^2\right],\quad N=4n\end{array}\right\} \quad (3-21)$$

得到纠结式绕组线圈饼间等值电容:

$$\left.\begin{array}{l}C_s = \dfrac{C_t}{4}\left(N-4+\dfrac{6}{N}-\dfrac{4}{N^2}\right),\quad N=4n+2 \\ C_s = \dfrac{C_t}{4}\left(N-4+\dfrac{10}{N}-\dfrac{8}{N^2}\right),\quad N=4n\end{array}\right\} \quad (3-22)$$

牵引变压器的高压绕组包括屏9、屏7、屏5、屏2这4种内屏蔽跨二段屏式绕组形式，内屏蔽式绕组的屏蔽线匝并不参与变压器的正常运行。对于一个单饼匝数为N、屏蔽线匝为n的跨二段屏蔽式绕组，匝间压差为$U_d/2$的匝间电容共有n个，匝间压差为$(N-1)U_d/2N$的匝间电容共有n个，匝间压差为$U_d/2N$的匝间电容共有$N-n-1$个。由匝间分布电容总能量：

$$\frac{1}{2}C_{de1}U_d^2 = 2\left[\frac{1}{2}C_t\left(n\left(\frac{U_d}{2}\right)^2 + n\left(\frac{U_d(N-1)}{2N}\right)^2 + (N-N-1)\left(\frac{U_d}{2N}\right)^2\right)\right] \quad (3\text{-}23)$$

计算得到由匝间分布电容形成的等值电容C_{de1}：

$$C_{de1} = \left(n - \frac{n}{N} + \frac{N-1}{2N^2}\right)C_t \quad (3\text{-}24)$$

图3-20所示为单饼匝数$N=8$、屏蔽线匝为$n=4$的屏4跨二段屏式绕组的结构及电位分布。A线饼与B线饼对应工作线匝的电压差$U_1(x)$和对应屏蔽线匝的电压差$U_2(x)$如下：

$$\left.\begin{array}{l} U_1(x) = \dfrac{U_d}{b}x \\ U_2(x) = \dfrac{nU_d}{Nb'}x \end{array}\right\} \quad (3\text{-}25)$$

式中，b是工作线匝总厚度；b'是屏蔽线匝总厚度。

线饼A、B饼间分布总能量E_{d1}：

$$E_{d1} = \frac{C_{d1}}{2B}\left[\int_0^b U_1(x)^2 dx + \int_0^{b'} U_2(x)^2 dx\right] \quad (3\text{-}26)$$

B线饼与C线饼对应工作线匝的电压差$U_3(x)$和对应屏蔽线匝电压差$U_4(x)$：

$$\left.\begin{array}{l} U_3(x) = \dfrac{U_d}{b}x \\ U_4(x) = \dfrac{nU_d}{Nb'}x + U_d \end{array}\right\} \quad (3\text{-}27)$$

线饼 B、C 饼间分布总能量 E_{d2}：

$$E_{d2} = \frac{C_{d2}}{2B}\left[\int_0^b U_3(x)^2 dx + \int_0^{b'} U_4(x)^2 dx\right] \quad (3\text{-}28)$$

一对双饼的饼间分布等值电容 C_{de2} 基于以下能量相等的原理得到：

$$\frac{1}{2}C_{de2}U_d^2 = E_{d1} + E_{d2} \quad (3\text{-}29)$$

一对内屏蔽跨二段屏式绕组双饼的纵向等值电容 C_s：

$$C_s = C_{de1} + C_{de2} = \left(n + \frac{n}{N} + \frac{N-1}{2N^2}\right)C_t + \frac{C_d}{3(b+b')}\left(2b + \frac{4nb'}{N} + \frac{b'n^2}{N^2}\right) \quad (3\text{-}30)$$

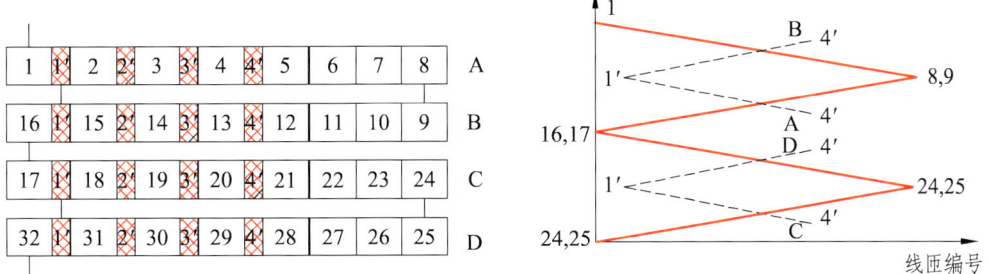

图 3-20　内屏蔽跨二段屏式绕组线匝结构和电位分布

根据牵引变压器的实际绕组结构，得到各种形式绕组的纵向等值参数如表 3-3 所示。

表 3-3　各种形式绕组双饼的纵向等值电容参数

绕组	电容/pF	绕组	电容/pF
连续式（牵引绕组）	617.8	屏 9 式（高压绕组）	5703
连续式（馈电绕组）	691.8	屏 7 式（高压绕组）	4573
连续式（高压绕组）	1031	屏 5 式（高压绕组）	3553
纠结式（高压绕组）	6167	屏 2 式（高压绕组）	1985

3.3.3 对地电容参数

按同轴圆柱的电容公式，电路模型中的对地电容包括高压绕组对油箱壁的电容 C_{g1} 和牵引绕组对铁心的电容 C_{g2}：

$$C_{g1} = \frac{3}{4} \frac{2\pi\varepsilon_0\varepsilon_{g1}}{\ln\frac{R_y}{R_w}} \frac{h}{m} \tag{3-31}$$

$$C_{g2} = \frac{2\pi\varepsilon_0\varepsilon_{g2}}{\ln\frac{R_n}{R_t}} \frac{h}{n} \tag{3-32}$$

式中，ε_{g1}、ε_{g2} 分别为高压绕组与油箱壁间的等效介电常数和牵引绕组与铁心间的等效介电常数；R_y 为油箱内壁的等效半径；R_w 为高压绕组的外半径；R_n 为牵引绕组的内半径；R_t 为铁心的外接圆半径；h 为线圈的高度；m 为高压绕组的基本单元数；n 为牵引绕组的基本单元数。根据所研究对象实际结构尺寸，计算得到 C_{g1} = 6.06 pF，C_{g1} = 21.80 pF。

3.3.4 绕组间电容参数

用 Maxwell 求解电容参数时，计算原理与计算电感参数类似[57]。电容 C 和静电能量 W 的关系可以写成：

$$W = \frac{1}{2}CV^2 \tag{3-33}$$

在三维静电场下电容矩阵中的元素可通过下式得到：

$$C_{ij} = \frac{\mathrm{Re}\{W_{ij}\} - \frac{1}{2}V_i^2 C_{ii} - \frac{1}{2}V_j^2 C_{jj}}{V_i \cdot V_j} \tag{3-34}$$

$$C_{ii} = 2\frac{\mathrm{Re}\{W_{ii}\}}{V_i^2} \tag{3-35}$$

式中，C_{ij} 表示第 i 个单元与第 j 个单元之间的互电容；C_{ii} 表示第 i 个单元的自电容，其数值是与其他单元互电容的总和。

对于三个导体组成的系统,其电压与电荷关系如图3-21所示,关系式为:

$$\left.\begin{array}{l}Q_1 = C_{10}V_1 + C_{12}(V_1 - V_2) + C_{13}(V_1 - V_3) \\ Q_2 = C_{20}V_2 + C_{12}(V_2 - V_1) + C_{23}(V_2 - V_3) \\ Q_3 = C_{30}V_3 + C_{13}(V_3 - V_1) + C_{23}(V_3 - V_2)\end{array}\right\} \quad (3-36)$$

将式(3-32)写成矩阵形式:

$$\begin{bmatrix} Q_1 \\ Q_2 \\ Q_3 \end{bmatrix} = \begin{bmatrix} C_{10} & -C_{12} & -C_{13} \\ -C_{12} & C_{20}+C_{12}+C_{23} & -C_{23} \\ -C_{13} & -C_{23} & C_{30}+C_{13}+C_{23} \end{bmatrix} \begin{bmatrix} V_1 \\ V_2 \\ V_3 \end{bmatrix} \quad (3-37)$$

式(3-37)描述的是 3×3 的电容矩阵。对于 n 个导体的系统,电荷与相应电压的关系可用一个 $n \times n$ 的电容矩阵 $\boldsymbol{C}$ 表示:

$$\boldsymbol{C} = \begin{bmatrix} C_{11} & C_{12} & \cdots & C_{1n} \\ C_{21} & C_{22} & \cdots & C_{2n} \\ \vdots & \vdots & C_{ii} & \vdots \\ C_{n1} & C_{n2} & \cdots & C_{nn} \end{bmatrix} \quad (3-38)$$

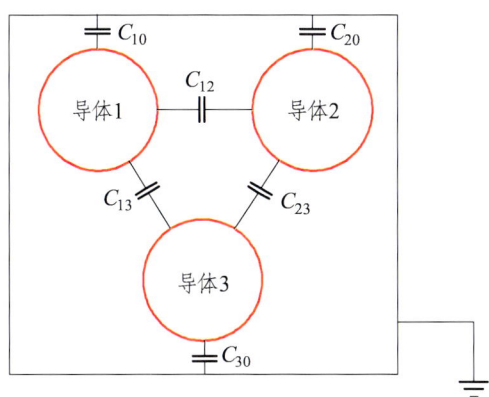

图 3-21　电荷与电压的关系

本节所研究的牵引变压器一共有 111 个绕组。求解绕组间的电容时,将求解区域的介电常数设为绕组间的等效介电常数。利用三维静电场分析得到绕组间的全电容矩阵 $\boldsymbol{C}$,选取矩阵中的部分参数,如表 3-4 所示。

表 3-4　绕组间电容参数

电容	数值/pF	电容	数值/pF
$C_{1,42}$	70.592	$C_{2,42}$	17.085
$C_{1,43}$	16.21	$C_{2,43}$	69.962
$C_{1,44}$	0.31254	$C_{2,44}$	16.854
$C_{1,45}$	0.0073296	$C_{2,45}$	0.40503
$C_{1,46}$	0.00020974	$C_{2,46}$	0.01001
$C_{42,77}$	13.082	$C_{43,77}$	11.033
$C_{42,78}$	6.532	$C_{43,78}$	11.765
$C_{42,79}$	2.0023	$C_{43,79}$	5.8278
$C_{42,80}$	0.41517	$C_{43,80}$	1.4282
$C_{42,81}$	0.10151	$C_{43,81}$	0.37007

3.4　分布电阻参数计算

绕组的电阻参数分为两部分：一部分是信号在铜导体中传播时的电阻 R；另一部分是变压器绝缘中表征泄漏电流的绝缘电导，在电路模型中用电容的并联电导 G 来表示，两者均表征了导线和绝缘的损耗特性。

由于频率响应测试频段较宽，电流分布受导体集肤效应及邻近效应影响，频率越高，则导体的等效载流面积变小；频率越大，则电阻越大。大部分研究均采用经验公式计算得到，本书通过有限元涡流场计算，以更好地考虑集肤效应及邻近效应。本书以牵引变压器绕组为例，仿真了 1 kHz 下导体内部的电流密度分布，如图 3-22 所示。由图可知，当交变电流频率较高时，内部电流密度分布在水平方向上差异较大，导致导体交流电阻随频率变化。实际计算中，各绕组计算取匝平均值，以牵引变压器为例，通过二维涡流场模型，计算各个绕组同时输入激励时的频变电阻。绕组铜导体电阻随频率变化的计算结果如图 3-23 所示，可以看到，绕组的电阻随频率的增加而增加。这主要是由集肤效应导致的。同时可以看到，不同的绕组电阻增加的趋势具有差异性，如串联绕组 2，在较低的频段中电阻值较大，而在较高的频段中电阻更大，这是由导体间的邻近效应导致的。

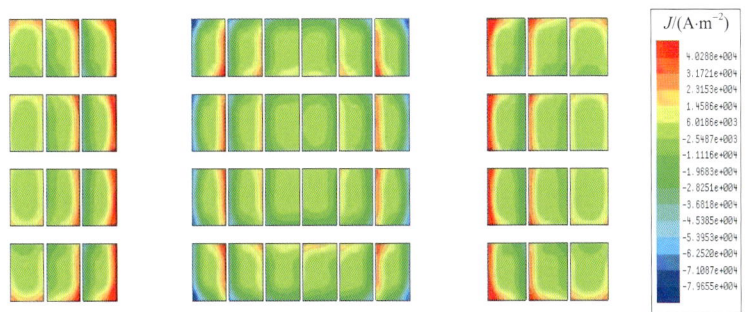

图 3-22　1 kHz 下导体内部电流密度分布

电容的并联电导同样与频率相关。电导参数 G 是根据绝缘材料的容性损耗得到的，与工作频率 f、电容参数 C 以及损耗因数 $\tan\delta$ 有关，其表达式为[58]：

$$G = 2\pi f C \tan\delta \tag{3-39}$$

其中，C 为电容参数矩阵，由前述计算方法得到；$\tan\delta$ 取变压器进行出厂试验的测试值。

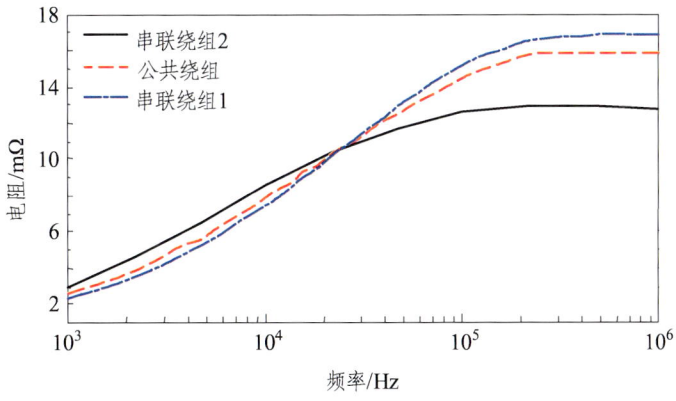

图 3-23　牵引变压器绕组电阻

3.5　状态空间方程建模

在常见的频率响应仿真中，通常将单个或多个变压器线饼看成一个电路单元，并在电路仿真软件（如 PSPICE、ATP/EMTP 等）中搭建电路进行仿真[150-152]，但采用软件搭建电路模型进行计算时存在如下问题：

（1）常见的电路软件无法直接批量对电路参数进行计算。当电路单元较多时，电路参数的设置和改动是一项非常大的工作量，而常见的电路仿真软件均无法实现参数的批量设置和改动，这也是为何大多数的频率响应仿真均采用将绕组进行大量简化的方法，来降低在电路软件中的工作量。

（2）在电路软件中较难实现电路参数的频变特性。由于频率响应法涵盖的频段较宽（1 kHz~1 MHz），如电感、电阻、电导等参数具有显著的频变特性，但电路软件实现起来较为复杂，当模拟故障时，参数改动较为复杂。

（3）电路软件设置互感和交叉电容时的工作量繁杂。如前面所述，模型包括绕组单元间互感和交叉电容可有效提高模型的精度，当绕组单元较少时，该方法可以通过设置两两单元之间的耦合参数来实现；当绕组单元较多时，通过该方法进行仿真时有一定难度，尤其在一些利用电路仿真软件进行仿真工作时，常常忽略互感。

综上，建立一种完整、便捷的电路仿真方法有助于提高频率响应计算的精度，同时提高其在各种故障情况下的计算效率。

基于图 3-3 中所示的等值电路，为了计算不同节点的正弦电压瞬时值，可通过建立状态空间方程求取不同频率下的不同节点的系统传递函数，选取的状态变量为每个电路单元的首末端节点电压瞬时值 U_i 与电感电流瞬时值 I_i，以 H 绕组第 1 个节点为例，根据基尔霍夫定律有：

$$\begin{cases} -I_1 = C_{\mathrm{Hs}}\dfrac{\mathrm{d}(U_1-U_2)}{\mathrm{d}t} + G_{\mathrm{Hs}}(U_1-U_2) + C_{\mathrm{Hg}}\dfrac{\mathrm{d}U_1}{\mathrm{d}t} + \\ \qquad G_{\mathrm{Hg}}U_1 + \sum_{i=43}^{77} C_{\mathrm{HF}(1,i)}\dfrac{\mathrm{d}(U_1-U_i)}{\mathrm{d}t} + \sum_{i=43}^{77} G_{\mathrm{HF}(1,i)}(U_1-U_i) \\ U_1-U_2 = L\dfrac{\mathrm{d}I_2}{\mathrm{d}t} + R\cdot I_2 + \sum_{i=1,\,i\neq 2}^{111} M_{2,i}\dfrac{\mathrm{d}I_i}{\mathrm{d}t} \end{cases} \quad (3\text{-}40)$$

同理，对于 H 绕组第 i（$1<i\leqslant 42$）个节点有：

$$\begin{cases} I_{i-1}-I_i = -C_{\mathrm{Hs}}\dfrac{\mathrm{d}(U_{i-1}-U_i)}{\mathrm{d}t} - G_{\mathrm{Hs}}(U_{i-1}-U_i) + C_{\mathrm{Hs}}\dfrac{\mathrm{d}(U_i-U_{i+1})}{\mathrm{d}t} + G_{\mathrm{Hs}}(U_2-U_3) + \\ \qquad C_{\mathrm{Hg}}\dfrac{\mathrm{d}(U_i)}{\mathrm{d}t} + G_{\mathrm{Hg}}U_i + \sum_{j=42}^{78} C_{\mathrm{HF}(i,j)}\dfrac{\mathrm{d}(U_i-U_j)}{\mathrm{d}t} + \sum_{j=42}^{78} G_{\mathrm{HF}(i,j)}(U_i-U_j) \\ U_i-U_{i+1} = L\dfrac{\mathrm{d}I_i}{\mathrm{d}t} + R\cdot I_i + \sum_{j=1,\,j\neq 2}^{111} M_{i,j}\dfrac{\mathrm{d}I_j}{\mathrm{d}t} \end{cases} \quad (3\text{-}41)$$

其中，$C_{\text{HF}(i\text{-}j)}$ 和 $G_{\text{HF}(i\text{-}j)}$ 为 H 绕组节点 i 和 F 绕组节点 j 间的交叉电容和电导；M_{ij} 为 H 绕组第 i 个单元与所有绕组第 j 个单元之间的互感，其中对所有绕组的电压和电流关系可建立矩阵如下：

$$\begin{cases} \boldsymbol{T}_I \cdot \boldsymbol{I} = \boldsymbol{C} \cdot \dot{\boldsymbol{U}} + \boldsymbol{G} \cdot \boldsymbol{U} \\ \boldsymbol{T}_U \cdot \boldsymbol{U} = \boldsymbol{L} \cdot \dot{\boldsymbol{I}} + \boldsymbol{R} \cdot \boldsymbol{I} \end{cases} \tag{3-42}$$

式中，$\boldsymbol{T}_I$ 为电流系数矩阵；$\boldsymbol{T}_U$ 为电压系数矩阵；$\boldsymbol{I}$ 为电流矩阵；$\boldsymbol{U}$ 为电压矩阵；$\dot{\boldsymbol{I}}$ 为电流微分矩阵；$\dot{\boldsymbol{U}}$ 为电压微分矩阵；$\boldsymbol{C}$ 为电容矩阵；$\boldsymbol{L}$ 为电感矩阵；$\boldsymbol{R}$ 为电阻矩阵；$\boldsymbol{G}$ 为电导矩阵。其中电流系数矩阵如下：

$$\boldsymbol{T}_I = \begin{bmatrix} \boldsymbol{T}_{IH} & \boldsymbol{0} & \boldsymbol{0} \\ \boldsymbol{0} & \boldsymbol{T}_{IF} & \boldsymbol{0} \\ \boldsymbol{0} & \boldsymbol{0} & \boldsymbol{T}_{IT} \end{bmatrix}_{114 \times 111} \tag{3-43}$$

式中，$\boldsymbol{0}$ 为 0 矩阵；$\boldsymbol{T}_{IH}$ 为 H 绕组电流系数矩阵；$\boldsymbol{T}_{IF}$ 为 F 绕组电流系数矩阵；$\boldsymbol{T}_{IT}$ 为 T 绕组电流系数矩阵，具体如下：

$$\boldsymbol{T}_{IH} = \begin{bmatrix} -1 & 0 & \cdots & 0 \\ 1 & -1 & \cdots & 0 \\ 0 & 1 & \cdots & 0 \\ \vdots & \vdots & & \vdots \\ 0 & 0 & \cdots & -1 \\ 0 & 0 & \cdots & 1 \end{bmatrix}_{42 \times 41}; \boldsymbol{T}_{IF} = \begin{bmatrix} -1 & 0 & \cdots & 0 \\ 1 & -1 & \cdots & 0 \\ 0 & 1 & \cdots & 0 \\ \vdots & \vdots & & \vdots \\ 0 & 0 & \cdots & -1 \\ 0 & 0 & \cdots & 1 \end{bmatrix}_{36 \times 35}; \boldsymbol{T}_{IT} = \begin{bmatrix} -1 & 0 & \cdots & 0 \\ 1 & -1 & \cdots & 0 \\ 0 & 1 & \cdots & 0 \\ \vdots & \vdots & & \vdots \\ 0 & 0 & \cdots & -1 \\ 0 & 0 & \cdots & 1 \end{bmatrix}_{36 \times 35}$$

$$\tag{3-44}$$

基于得到的电流系数矩阵，可由电流系数矩阵转置求取得到电压系数矩阵，具体计算为：$\boldsymbol{T}_U = -\boldsymbol{T}_I^{\mathrm{T}}$。电压和电流矩阵如下：

$$\boldsymbol{I} = \begin{bmatrix} I_1 \\ \vdots \\ I_{41} \\ \vdots \\ I_{76} \\ \vdots \\ I_{111} \end{bmatrix}; \boldsymbol{U} = \begin{bmatrix} U_1 \\ \vdots \\ U_{43} \\ \vdots \\ U_{79} \\ \vdots \\ U_{114} \end{bmatrix}; \dot{\boldsymbol{I}} = \frac{\mathrm{d}}{\mathrm{d}t} \begin{bmatrix} I_1 \\ \vdots \\ I_{41} \\ \vdots \\ I_{76} \\ \vdots \\ I_{111} \end{bmatrix}; \dot{\boldsymbol{U}} = \frac{\mathrm{d}}{\mathrm{d}t} \begin{bmatrix} U_1 \\ \vdots \\ U_{43} \\ \vdots \\ U_{79} \\ \vdots \\ U_{114} \end{bmatrix} \tag{3-45}$$

根据上面的推导，电容矩阵可以写成：

$$C = \begin{bmatrix} C_H & C_{HF} & C_{HT} \\ C_{HF} & C_F & C_{FT} \\ C_{HT} & C_{FT} & C_T \end{bmatrix}_{114 \times 114} \quad (3\text{-}46)$$

其中：

$$C_H = \begin{bmatrix} C_{Hs} + \dfrac{C_{Hg}}{2} + \sum\limits_{i=43}^{77} C_{HF(1\text{-}i)} & -C_{Hs} & 0 & \cdots & 0 \\ -C_{Hs} & 2 \cdot C_{Hs} + C_{Hg} + \sum\limits_{i=43}^{78} C_{HF(2\text{-}i)} & -C_{Hs} & \cdots & \vdots \\ 0 & -C_{Hs} & \vdots & -C_{Hs} & 0 \\ \vdots & \vdots & -C_{Hs} & 2 \cdot C_{Hs} + C_{Hg} + \sum\limits_{i=43}^{78} C_{HF(2\text{-}i)} & -C_{Hs} \\ 0 & 0 & \cdots & -C_{Hs} & C_{Hs} + \dfrac{C_{Hg}}{2} + \sum\limits_{i=44}^{78} C_{HF(1\text{-}i)} \end{bmatrix}_{42 \times 42}$$

$$(3\text{-}47)$$

$$C_{HF} = \begin{bmatrix} C_{HF(1,43)} & \cdots & C_{HF(1,77)} & 0 \\ C_{HF(2,43)} & C_{HF(2,44)} & \cdots & C_{HF(2,78)} \\ \vdots & \vdots & & \vdots \\ 0 & C_{HF(42,44)} & \cdots & C_{HF(42,78)} \end{bmatrix}_{42 \times 36} \quad (3\text{-}48)$$

同理，C_F、C_T、C_{HT}、C_{FT} 的构建可参考上述的电容结构。

电感矩阵 L 和 R 的构建方法如下：

$$L = \begin{bmatrix} L_H & M_{1,2} & \cdots & M_{1,42} & M_{1,43} & \cdots & M_{1,77} & \cdots & M_{1,111} \\ M_{2,1} & L_H & \cdots & M_{2,42} & M_{2,43} & \cdots & M_{2,77} & \cdots & M_{2,111} \\ \vdots & \vdots & & \vdots & \vdots & & \vdots & & \vdots \\ M_{42,1} & M_{42,2} & \cdots & L_F & M_{42,43} & \cdots & M_{42,77} & \cdots & M_{43,42} \\ M_{43,1} & M_{43,2} & \cdots & M_{43,42} & L_F & \cdots & M_{43,77} & \cdots & M_{43,111} \\ \vdots & \vdots & & \vdots & \vdots & & \vdots & & \vdots \\ M_{77,1} & M_{77,2} & \cdots & M_{77,42} & M_{77,43} & \cdots & L_T & \cdots & M_{77,111} \\ \vdots & \vdots & & \vdots & \vdots & & \vdots & & \vdots \\ M_{111,1} & M_{111,2} & \cdots & M_{111,42} & M_{111,43} & \cdots & M_{111,77} & \cdots & L_T \end{bmatrix}_{111 \times 111} \quad (3\text{-}49)$$

$$\boldsymbol{R} = \begin{bmatrix} R_H & \cdots & 0 & 0 & \cdots & 0 & 0 & \cdots & 0 \\ \vdots & & \vdots & \vdots & & \vdots & \vdots & & \vdots \\ 0 & \cdots & R_H & 0 & \cdots & 0 & 0 & \cdots & 0 \\ 0 & \cdots & 0 & R_F & \cdots & 0 & 0 & \cdots & 0 \\ \vdots & & \vdots & \vdots & & \vdots & \vdots & & \vdots \\ 0 & \cdots & 0 & 0 & \cdots & R_F & 0 & \cdots & 0 \\ 0 & \cdots & 0 & 0 & \cdots & 0 & R_T & \cdots & 0 \\ \vdots & & \vdots & \vdots & & \vdots & \vdots & & \vdots \\ 0 & \cdots & 0 & 0 & \cdots & 0 & 0 & \cdots & R_T \end{bmatrix}_{111 \times 111} \quad (3\text{-}50)$$

建立参数矩阵之后，为了计算频率响应，则需确认信号输入节点。以节点 1 为信号节点为例，输入电压瞬时值为 U_1，为了求取传递函数，需将 U_1 提取出来，得到下式：

$$\begin{cases} \boldsymbol{T}_I' \cdot \boldsymbol{I} = \boldsymbol{C}' \cdot \dot{\boldsymbol{U}}' + \boldsymbol{G}' \cdot \boldsymbol{U}' + \boldsymbol{Q} \cdot U_1 \\ \boldsymbol{P} \cdot U_1 + \boldsymbol{T}_U' \cdot \boldsymbol{U}' = \boldsymbol{L} \cdot \dot{\boldsymbol{I}} + \boldsymbol{R} \cdot \boldsymbol{I} \end{cases} \quad (3\text{-}51)$$

式中，变换过程为 $\boldsymbol{T}_I$ 矩阵去掉对应节点 1 的行向量，得到 $\boldsymbol{T}_I'$ 矩阵；$\boldsymbol{C}$ 和 $\boldsymbol{G}$ 矩阵同时去掉对应节点 1 的行向量和列向量，得到 $\boldsymbol{C}'$ 和 $\boldsymbol{G}'$ 矩阵；$\boldsymbol{T}_U$ 去掉对应节点 1 的列向量，得到 $\boldsymbol{T}_U'$ 矩阵；$\boldsymbol{Q}$ 为 $\boldsymbol{C}$ 去掉对应节点 1 的行向量后的第 1 列向量；$\boldsymbol{P}$ 为 $\boldsymbol{T}_U$ 对应节点 1 的列向量。对式（3-51）进行变换得到：

$$\dot{\boldsymbol{X}} = \boldsymbol{A} \cdot \boldsymbol{X} + \boldsymbol{B} \cdot U_1 \quad (3\text{-}52)$$

上式中的参量分别为：

$$\dot{\boldsymbol{X}} = \begin{bmatrix} \dot{\boldsymbol{U}}' \\ \dot{\boldsymbol{I}} \end{bmatrix}; \boldsymbol{X} = \begin{bmatrix} \boldsymbol{U}' \\ \boldsymbol{I} \end{bmatrix} \quad (3\text{-}53)$$

$$\boldsymbol{A} = \begin{bmatrix} -\boldsymbol{C}'^{-1} \cdot \boldsymbol{G}' & \boldsymbol{C}'^{-1} \cdot \boldsymbol{T}_I' \\ \boldsymbol{L}^{-1} \cdot \boldsymbol{T}_U' & -\boldsymbol{L}^{-1} \cdot \boldsymbol{R} \end{bmatrix} \quad (3\text{-}54)$$

$$\boldsymbol{B} = \begin{bmatrix} -\boldsymbol{C}'^{-1} \cdot \boldsymbol{Q} \\ \boldsymbol{L}^{-1} \cdot \boldsymbol{P} \end{bmatrix} \quad (3\text{-}55)$$

将式（3-52）转换到频域，即进行拉普拉斯变换，变换得到对应输入的频域传递函数：

$$H(s) = \frac{X(s)}{U_1(s)} = (s \cdot E - A)^{-1} \cdot B \qquad (3\text{-}56)$$

其中，$s = \mathrm{j}\omega$ 为复频率；E 为单位矩阵；计算得到矩阵 $H(s)$ 即所有节点电压和电感电流与输入电压的传递函数矩阵，通过改变频率即可计算得到频率响应曲线。

3.6 模型验证与优化

为验证模型的准确性，通过现场测试，验证分析了所提模型的有效性。其中，现场测量设备采用 Megger 公司的扫频响应分析仪 FRAX99，频率范围为：1 kHz ~ 1 MHz，输入和输出阻抗为 50 Ω，对应测量电压为 1 V_{pp}。

测试接线方法如图 3-24 所示，低压绕组与高压绕组测试一致，测量频率范围选取 1 kHz ~ 1 MHz，对本书所提模型与传统模型及实测数据进行对比分析。

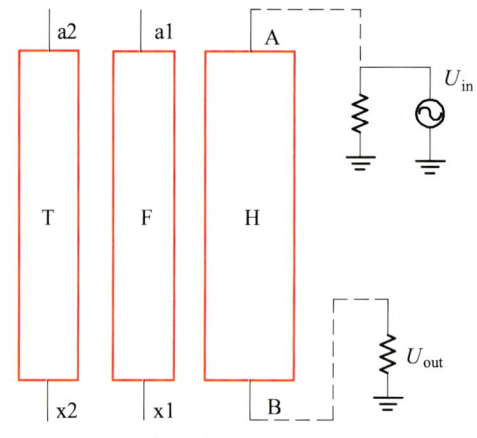

图 3-24 牵引变压器测量接线示意图

图 3-25（a）、（b）和（c）中分别为高压绕组 H、馈线绕组 F 和牵引绕组 T 仿真与频率响应曲线。从图中可以看到仿真结果与实测结果较为接近，当采用优化的状态空间模型时，仿真的频率响应曲线相比于未考虑全电容的曲线与实测曲线更为接近，100 kHz 以下两种模型均能够较好地计算出关键的谐振点，但改进模型谐振频率吻合更好，100 kHz 以上改进模型的谐振点个数和频率点与实测曲线更为接近，但未考虑全电容的模型计算出的幅值与实测更为接近。总体来看，牵引变压器测试结果说明了改进模型的有效性，尤其在低频段的准确率更高。

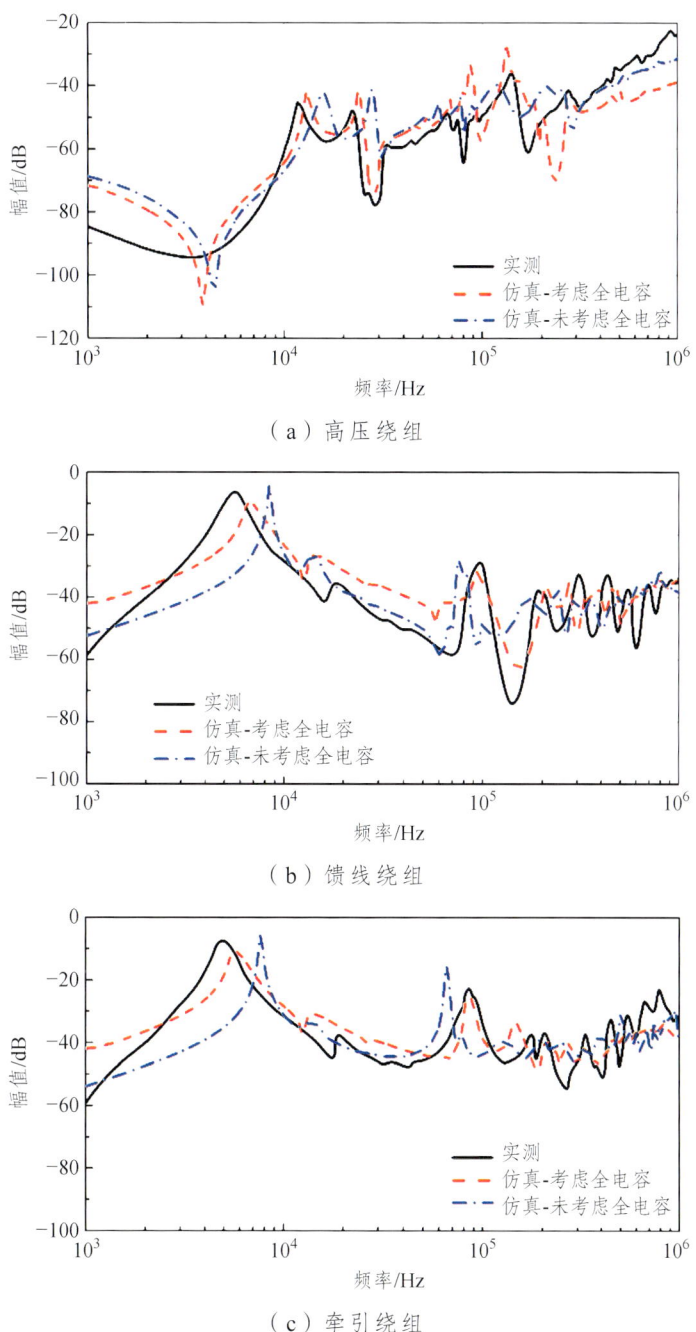

图 3-25 牵引变压器仿真与实测频率响应曲线

根据上述仿真与实测频率响应曲线的对比分析可以知道，考虑绕组间所有电容的影响，可以更为有效地计算绕组频率响应曲线，为第 6 章故障情况下的曲线分析奠定基础。

第4章

卷铁心牵引变压器温升建模与热性能分析

本章介绍牵引负荷下变压器产热、传热和散热的机制,阐述油流速度与绕组温升之间的动态耦合关系,是牵引变压器热性能匹配设计的理论基础。

4.1 卷铁心牵引变压器传热过程分析

4.1.1 卷铁心牵引变压器的散热方式

铁心和绕组是变压器内部最主要的热源。运行中的变压器将持续发热,导致变压器内部温度升高,若不及时散热,将导致内部温度过高,影响绝缘材料的热稳定性,加快其老化分解速率,缩短变压器的绝缘寿命,因此需要及时将热量通过媒介传递到外部空间以保持变压器内部温度在安全范围内。变压器中热流流经的路径很复杂,对于油浸式变压器,散热方式主要有热传导、热对流和热辐射[59-62]。处于稳态运行中的油浸式变压器热量传递过程如图4-1所示。

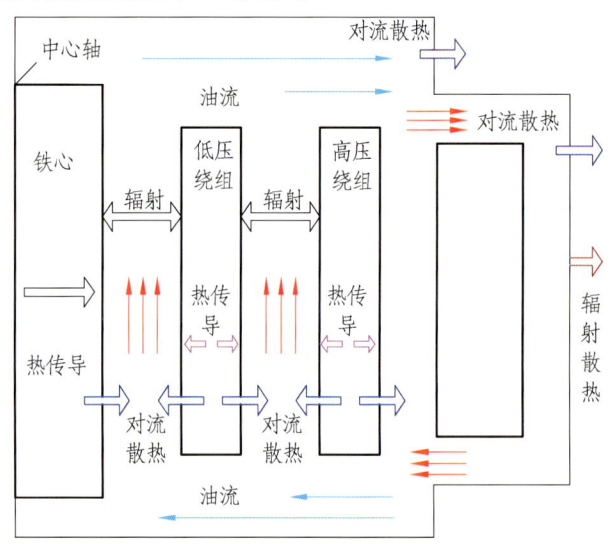

图4-1 油浸式变压器散热示意图

在高低压绕组和铁心内部,热量主要依靠热传导方式进行传递;与绝缘油相接触的各表面部分,以自然对流和辐射的方式进行热量的传递;被加热的绝缘油向上流动到油箱顶部,再沿器身和散热器的散热片内表面向下流动,与器身及散热片形成热对流,把绕组和铁心传递给绝缘油的热量传递给器身和散热片,绝缘油被冷却;被加热的器身和散热片通过与冷空气的对流以及辐射将热量转移。稳态运行中的油浸式变压器热量传递过程是一个准静态的过程，而当负荷变化时，油浸式变压器的热量传递过程也会有所变化[61]。

1. 热传导

热量总是从温度较高的区域传向温度较低的区域。当固体材料两端存在温度差时，热量就会从热端自动传向冷端，传递的速度与两者之间的温差有关。根据热传导理论，两个平行表面间所传递的热流量 P 的表达式为[63]：

$$P = \frac{S\lambda(\tau_1 - \tau_2)}{\delta} \tag{4-1}$$

式中，λ 为介质的导热系数，W/(m·K)；δ 为平行表面间距，mm；$\tau_1 - \tau_2$ 为两平面间的温差，K；S 为表面面积，m²；$\delta = RS\lambda$，R 为热阻。

在变压器中热传导主要发生在导线、铁心、绝缘材料、器身内部以及导线与绝缘材料之间、铁心与绝缘材料之间。

若两表面间有多层介质且不同介质导热系数不同时，等效导热系数计算公式为：

$$\lambda = \frac{\delta_1 + \delta_2 + \cdots + \delta_n}{\delta_1/\lambda_1 + \delta_2/\lambda_2 + \cdots + \delta_n/\lambda_n} \tag{4-2}$$

式中，δ_1，δ_2，$\cdots$，δ_n 为不同层介质的厚度；λ_1，λ_2，$\cdots$，λ_n 为不同层介质的导热系数。

2. 热对流

对流散热是变压器最主要的散热方式。自然对流的冷却效果由冷却介质的物性参数、冷却表面的温度、形状和位置决定。若采用液体作冷却介质，则冷却效率与液体的比热容、黏度、密度和对流散热系数有关；若采用空气作冷却介质时，则冷却效果与海拔和空气密度有关。

对于油浸式变压器，当油是冷却介质时，流体与固体表面间的对流散热量为：

$$q = h(T_1 - T_2) \tag{4-3}$$

式中，q 为热流量，W/m²；h 为对流换热系数，W/(m²·K)；T_1 为固体的温度，K；T_2 为液体温度，K。当固体温度高于液体温度时，热量由固体传给液体；当固体温度低于液体温度时，热量由液体传给固体。在变压器中，热对流主要发生在绕组与油流之间、铁心与油流之间、油流与器身之间以及器身与空气之间。由于绕组、铁心和油流的相对温度受负荷状态影响，因此热量传递方向由负荷状态决定。

很多因素都会影响表面对流散热系数的大小，如换热面的大小、形状、位置以及流体的性质，而且流速对散热系数也有着重要的影响，其表达式为：

$$h = f(v_\mathrm{f}, t_\mathrm{w}, t_\mathrm{f}, \lambda, c, \rho, \mu, \beta, x, y, z, \phi) \quad (4\text{-}4)$$

式中，v_f 为流体速度；λ、c、ρ 分别为导热系数、比热容、密度；μ 为流体黏度；β 为流体体积膨胀比值；x、y、z 分别为直角坐标系中点的坐标；ϕ 为固体表面形状系数。因此，油的物性参数、冷却表面的性质和位置决定了油中对流散热系数的值。

采用自然油循环冷却的变压器器身内为有限空间的自然对流，器身外为无限空间的自然对流。无限空间的对流散热方式与变压器内部的有所不同。器身内的对流散热系数由流固耦合模型计算得到，而器身外的对流散热系数要人工计算，其对流散热系数为：

$$h = \frac{Nu\lambda}{L} \quad (4\text{-}5)$$

式中，L 为器身高度；Nu 为努塞尔数，其表达式为：

$$Nu = \left\{ 0.825 + \frac{0.387 Ra^{1/6}}{[1+(0.429/Pr)^{9/16}]^{8/27}} \right\}^2 \quad (4\text{-}6)$$

式中，Pr 为普朗特数；Ra 为瑞利数，其表达式为：

$$Ra = \frac{g\beta(T_\mathrm{w} - T_\infty)L^3}{k\nu} \quad (4\text{-}7)$$

式中，g 为重力加速度；β 为空气热膨胀系数；k 为黏度比例系数；ν 为空气的动力黏度；T_w 为器身温度；T_∞ 为空气温度。

3. 热辐射

热量总是从温度较高的物体以波的形式辐射到温度较低的介质中去。辐射强度与发热体自身形状、温度以及颜色等有关。

在油箱内由于油流冷却效果较好，对流散热占主导作用，因此铁心和绕组通过辐射散发到油中的热量与对流散发的相比可以忽略不计。但在油箱外部，由于空气自然对流效果较差，因此必须考虑通过辐射散发到空气中的热量。通过辐射从箱壁传递给空气的热量与辐射源温度及环境温度的关系如下[65]：

$$q_\lambda = C\frac{(T_1/100)^4 - (T_2/100)^4}{T_1 - T_2} \quad (4\text{-}8)$$

式中，q_λ 表示温差为 1°C 时，辐射体单位表面辐射出的热量；T_1，T_2 分别为辐射体及周围环境的绝对温度（K），$T_1 = 273+t_1$；C 为常数，与辐射体的表面状态有关。

4.1.2 流体流动方式

自然界中的流体流动方式主要有层流和湍流。层流是指流体是分层或分片流动的，而在湍流中，速度分量在其平均值上还叠加有随机流动的湍流脉动。对于特定的流体，当流动的速度变大时，流体流动会经过一个过渡状态，即从层流过渡到湍流。流体的流动方式以雷诺数为判断依据。圆管的雷诺数计算如下：

$$Re = \frac{\rho U D}{\mu} \quad (4\text{-}9)$$

式中，ρ 为流体密度；U 为流场中的特征速度；D 为管子直径；μ 为流体的黏性系数。

当雷诺数 Re 小于 2320 时，管内流体以层流方式流动；当 Re 大于 8000 时，管内流体以湍流方式流动；当 Re 介于 2320 与 8000 之间时，可能是层流也可能是湍流，处于过渡区。计算变压器油的雷诺数 Re 时，可以用水力半径 R 来代替管子的直径 D。水力半径是通流截面面积与湿周之比。对于自然油循环，由于油流速度很低，Re 小于 2320，故采用层流模型。对于强油循环来说，流速较快，Re 大于 8000，故采用湍流模型。

4.1.3 自然油循环理论

由于牵引负荷曲线平均负载率并不高，导致绕组平均温度也不高，牵引变压器整体散热问题不是很突出，所以目前牵引供电系统中运行的变压器一般都采用自然油循环冷却方式[67, 68]。自然油循环冷却方式能够解决变压器噪声扰民和油流带电问题，但同时由于采用自然油循环冷却方式导致油流循环速度降低，散热能力有限，在负载剧烈变化，尤其是高倍过载运行时散热困难，铜油温差加大，热点温升问题突出。

自然油循环变压器内部油的加热以及散热器中油的冷却过程构成了变压器油的循环过程。这个过程主要受循环驱动力和循环阻力的影响。油流受热胀冷缩原理影响，密度不断变化，产生热升浮力，驱动油流流动构成循环驱动力。作为驱动油流循环的热升浮力产生的压差可表示为：

$$\Delta P = \gamma_a \beta_a T = \gamma_a \beta_a [h_1 \Delta t_{co} + h_r (\Delta t_{oic} - \Delta t_{o-a} - 0.5 \Delta t_{co})] \quad (4\text{-}10)$$

式中，h_1 为绕组与散热器的高度差，m；h_r 为散热器高度，m；Δt_{co} 为散热器进出口油温差，℃；Δt_{oic} 为散热器进口油温与环境温度的差值，℃；Δt_{o-a} 为散热器的对数均温差，℃。

冷却油流在循环的过程中会遇到阻力，限制油流循环速度。循环阻力包括沿程阻力和局部阻力。沿程阻力主要取决于油道的形状、尺寸、油流速度和油的物理参数等。由于变压器内部形状不规则，不同部位的油道截面面积不相同，流速也不相同，所以在计算沿程阻力时应该分段计算，然后进行求和。沿程阻力表达式为：

$$R_l = \lambda_l \frac{L}{D_H} \frac{1}{2} \rho v^2 \quad (4\text{-}11)$$

式中，λ_l 为沿程阻力系数；L 为油路沿程长度，m；D_H 为油道当量直径，m；v 为油流速度，m/s，$V = G/A$。

流体在流动的过程中可能会流过界面或弯头等发生突变的区域，在此处流体发生扰动，产生局部阻力，其表达式如下：

$$R_f = \xi \frac{1}{2} \rho v^2 \quad (4\text{-}12)$$

式中，ξ 为局部阻力系数，由截面发生突变区域的几何尺寸决定。

当自然油循环达到稳定状态，即满足式（4-13）时，可求出该自然油循环的流量：

$$\Delta p = \sum R_l + \sum R_f \quad (4\text{-}13)$$

对于牵引变压器，由于负荷不断变化，绕组温度变化剧烈，绕组与绝缘油之间的热量交换时快时慢，导致绝缘油的温度也在不断变化，受温度影响，绝缘油的黏度、密度等都将发生变化，从而使油流的热升浮力也发生变化，导致油流的循环驱动力发生改变，此时自然油循环已经不再稳定。

4.2 计算流体动力学仿真建模及试验验证

4.2.1 牵引变压器温升试验

4.2.1.1 牵引变压器温升试验平台搭建

1. 牵引变压器温升试验平台结构设计

尽管变压器效率很高,但并不存在理想的变压器。变压器在正常运行过程中依然会产生损耗,主要有空载损耗和负载损耗。空载损耗又称铁耗,属于励磁损耗,由磁滞损耗和涡流损耗组成,取决于电压,与负载无关,其表达式如下:

$$P_{Fe} = P_h + P_c \tag{4-14}$$

$$P_h = \sigma_h B_m^2 V f \tag{4-15}$$

$$P_c = \sigma_c B_m^2 V f^2 \tag{4-16}$$

式中,P_{Fe} 为铁心损耗,W;P_h 为磁滞损耗,W;P_c 为涡流损耗,W;σ_h、σ_c 均为与铁心材料有关的系数;f 为电源频率,Hz;B_m 为磁场强度的最大值,T;V 为铁心材料的体积,m³。

变压器负载损耗又称铜耗,是运行过程中的损耗,会随负载变化而变化,主要取决于负载电流的值。牵引变压器相对于电力变压器结构较为特殊,以单相牵引变压器为例,其具有与供电网相连接的高压绕组,与接触网相连接的牵引绕组,起回流作用的馈线绕组。单相三绕组结构的牵引变压器在额定情况下的基本铜耗表达式为:

$$P_{Cu} = I_{HN}^2 r_{H,75℃} + I_{TN}^2 r_{T,75℃} + I_{FN}^2 r_{F,75℃} \tag{4-17}$$

式中,I_{HN} 为高压绕组额定电流,A;I_{TN} 为牵引绕组额定电流,A;I_{FN} 为馈线绕组额定电流,A;$r_{H,75℃}$、$r_{T,75℃}$、$r_{F,75℃}$ 分别为折合到75℃时高压绕组、牵引绕组和馈线绕组的总电阻,Ω。

然而实际运行中的牵引变压器很少处于额定工作状态。通常情况下牵引负荷与电力负荷都是以天为单位波动,但牵引负荷易受线路条件、天气状况、机车类型、调度信号、牵引质量、运行状态等因素的影响,导致其不同于一般的电力负荷,在这些因素的影响下,牵引负荷又具有随机性和冲击性[70-72]。目前单线电气化铁路空载运行时间常常高达 40%~50%,平均负载率很低,单线电气化铁路的平均负载系数为 0.3~0.6,但短时负荷很大,可达到额定负荷的 2~3 倍[73,74]。过载时温升剧烈,随着铁路的高速化与重载化,牵引变压器绕组热点温升问题越来越严重,因此有必要开展牵引工况下的绕组热点温升特性研究。

通常情况下,牵引变压器在额定状态下运行时负载损耗约为空载损耗的 5 倍,而冲击负荷下牵引变压器的负载系数最高可达额定状态时的 3 倍,即负载损耗最高可达额定空载损耗的数十倍。本书根据牵引变压器的结构特点和牵引负荷特性搭建了牵引变压器温升试验平台,如图 4-2 所示,并根据相应尺寸变压器损耗数据设定本温升试验平台处于额定状态时的空载损耗和负载损耗,考虑到试验的安全性及试验设备的限制,本温升试验平台的最大负载系数为 1.2。为避免强电磁场对测量仪器的干扰,本试验平台的高压绕组和低压绕组导线由高阻值的 $Cr_{25}Ni_{20}$ 合金经退火软化后包裹 0.15 mm 厚的 B 级绝缘纸绕制而成,长期工作温度可达 130℃,导线规格为 5 mm × 3 mm,并采用可调直流电源供电。

图 4-2 牵引变压器温升试验平台

目前牵引变压器一般采用饼式绕组结构,因此本试验平台的高低压绕组也采用饼式结构。高低压绕组尺寸见表 4-1。绝缘筒外表面纵向均匀布置 6 根撑条,每根撑条宽 6 mm,高低压绕组通过撑条固定在绝缘筒上,线饼间的横向油道高 4 mm,绝缘筒与线饼间的纵向油道宽 6 mm。

表 4-1 高低压绕组尺寸

绕组	内径/mm	外径/mm	高/mm	阻值/Ω
高压绕组	360	450	965	85
低压绕组	236	334	950	65

由于铁心柱表面包裹了多层绝缘材料,而绝缘材料热导率很低,铁心与绕组之间的横向热传递很少,因此铁心产生的热量主要通过纵向油道带到顶层,导致油温整体上升,但不会影响绕组温度分布。为简化试验平台结构,本节的铁心由 $Cr_{20}Ni_{80}$ 和环氧树脂桶组合等效而成,冷油从环氧树脂桶底部进入,加热后从环氧树脂桶四周开孔处和顶部流出,模拟铁心表面的对流散热。试验平台如图 4-3 所示。该平台主要包括发热控制装置、冷却控制装置以及测量装置。发热控制装置由可调直流电源、可调交流电源、高压绕组、低压绕组、电热丝等构成,高低压绕组分别与两台可调直流电源相连。通过调节直流电源的输出功率模拟牵引工况下的负载损耗,铁心与可调交流电源相连,通过调节交流电源的输出功率模拟铁心的空载损耗。冷却控制装置由散热器、油泵、回流阀、绝缘油、器身等构成。散热器在器身左右两侧对称分布,每组散热器由 7 片散热片和导油管组成,散热片尺寸为 450 mm × 650 mm,导油管直径为 85 mm。在散热器出口处装有油泵,通过控制油泵的启停可以模拟强油循环和自然油循环;通过调节回流阀的开启程度可以调节通过散热器的油流量及油流速度;当油泵开启且回流阀关闭时,油流速度最大可达 0.12 m/s;当油泵开启且回流阀也开启时,油流速度最小可达 0.02 m/s。

2. 牵引变压器传感器安装

本试验系统的测量装置主要由温度传感器、超声波流量计、记录仪等组成。为探究负荷状态和绕组温升及油流状态之间的关联性,需要进行温升试验并实时测量绕组温度、环境温度、顶层油温和油流速度,因此在线饼之间、油箱上部和油箱外部都安装了温度传感器。由于绕组热点位于绕组上部，因此在靠近绕组上部处密集布置。温度传感器与记录仪连接可以实时显示顶层油温、绕组温度和环境温度等。当采用强油循环模式时，开启油泵，通过超声波流量计实时监测流过散热器的流速以及流量，并根据需要调整流速、流量的大小；当进行自然油循环试验时，变压器内部油流循环速度很低，为提高测量准确性，在散热器出口处外接小直径钢管，使得油流必须通过此钢管才能循环，并将超声波流速传感器安装于此，在实时显示油流速度和流量的同时提高测量准确性，其测量精度可达 2.0×10^{-5} m/s。传感器阻尼时间根据负荷状态而定，当负荷变化较快时，阻尼时间较短，以便及时反映油流流速变化；当负荷变化较慢时，阻尼时间较长，以便得到更为稳定的数据。传感器安装如图 4-4 所示。

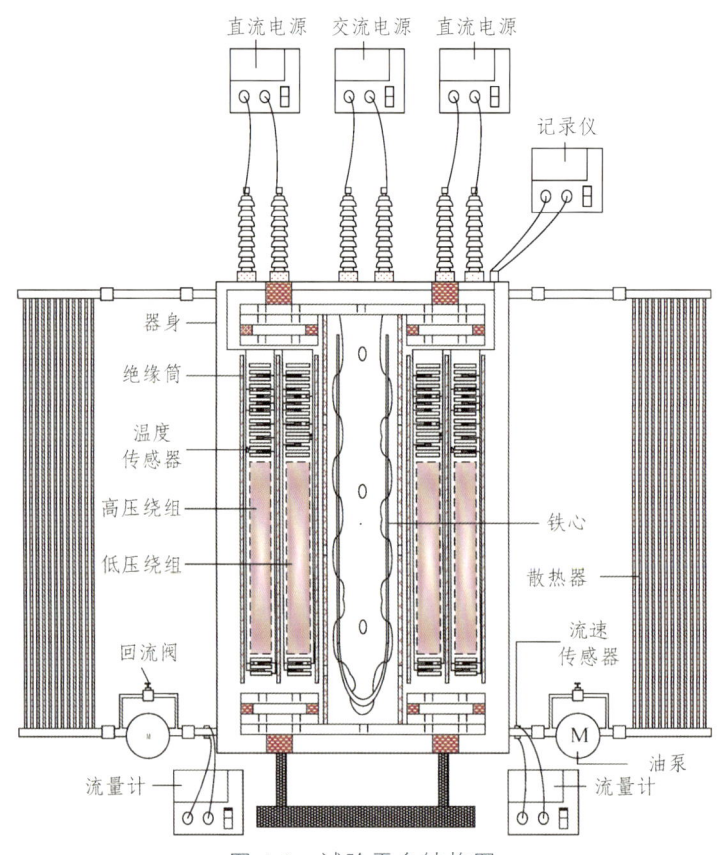

图 4-3 试验平台结构图

   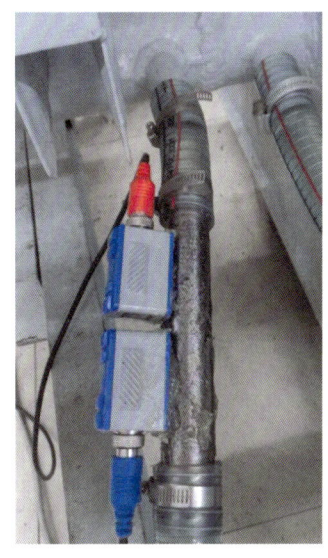

（a）温度传感器　　　　　　　　（b）流速传感器

图 4-4　传感器安装

4.2.1.2　牵引变压器温升试验步骤

（1）仪器接线：将高低压绕组分别与可调直流电源相连；将等效铁心与可调交流电源相连；将温度传感器与记录仪相连；将超声波流速传感器与超声波流量计相连。

（2）负荷曲线：牵引变压器一般处于空载状态或者冲击负荷下运行，因此，本次试验主要研究阶跃负荷和连续冲击负荷下变压器温度场与油流场变化的特性。根据不同负载系数产生不同的阶跃负荷曲线，并根据牵引工况绘制等效牵引负荷曲线。

（3）阶跃负荷试验：开启可调交流电源，让变压器产生空载损耗；开启可调直流电源，根据负载系数的大小调节直流电源的输出功率，并保持稳定的负载损耗。用温度传感器测量环境温度、绕组温度以及顶层油温；用超声波流量计监测散热器油流速度和流量；待绕组温度、顶层油温以及散热器油流速度基本稳定时，关闭可调直流电源，并继续记录绕组温度、顶层油温以及散热器油流速度和流量等。

（4）冲击负荷试验：开启可调交流电源，让变压器产生空载损耗；开启可调直流电源，使得变压器处于低负载状态下运行，待内部温度场基本稳定之后根据等效牵引负荷曲线调节可调直流电源的输出功率，产生动态变化的负载损耗，并用记录仪记录绕组温度以及顶层油温变化，用超声波流量计监测散热器油流速度变化。

4.2.1.3 温升试验结果分析

1. 稳态时温升试验结果

由于牵引变压器工作状态的不确定性,明确绕组在不同负载下所能达到的稳态热点温度有助于更好地预测绕组瞬态温度变化,从而更准确地评估绕组绝缘状态。本次试验记录了从低负载状态到负载系数为 1.2 时阶跃状态下绕组温度变化情况以及油流变化情况。稳态时绕组热点温度随负载变化曲线如图 4-5 所示。

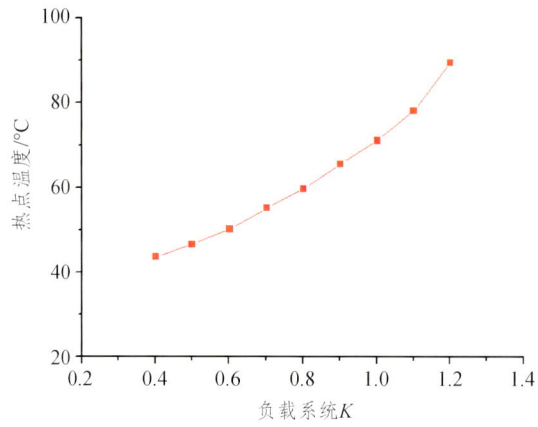

图 4-5 稳态时绕组热点温度随负载变化曲线

绕组的生热率与负载系数的平方成正比,负载系数变大将导致绕组生热量急剧增加。因此,当负载系数较小时,随着负载系数的变大,绕组热点温度上升速率较慢;当负载系数较大时,随着负载系数的变大,绕组热点温度上升速率开始加快,在绕组温度达到稳定时,绕组的生热与散热达到动态平衡。绕组热点温度随负载系数变大而快速升高,将导致绕组与冷却油流之间的温差加大,油流的对流散热效果增强,单位时间内吸收的热量增加,因此相对于绕组生热量增加的速率,绕组热点温度上升速率较慢。当试验变压器处于额定工作状态时绕组热点温度为 71.5℃,环境温度为 20℃ 左右,热点温升为 51.5℃,满足温升限值要求;当负载系数为 1.2 时,绕组热点温度已经超过 90℃,且负载系数越大,热点温度增长越快,因此牵引变压器严重过载持续时间不能太久,否则会破坏绕组绝缘结构。

不同负载系数下散热器油流平均速度曲线如图 4-6 所示。稳态时,随着负载系数的增长,散热器油流平均速度也逐渐增大,但散热器油流平均速度增长规律有别于绕组热点温度增长规律:当负载系数较低时,油流平均速度增长较快;当负载系数较高时，油流速度较大，内部油流流动更充分，导致油温分布更均匀，油流通过器身传递的热量变多，同时器身和散热器与空气的温差加大，对流散热效果增强，因此油流平均速度增长趋缓。

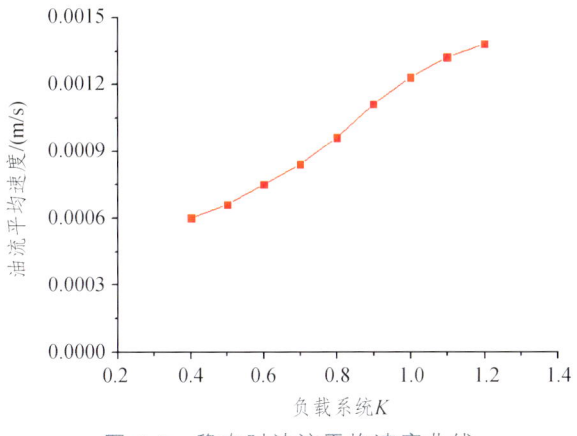

图 4-6　稳态时油流平均速度曲线

2. 阶跃状态时温升试验结果

阶跃负荷可以看成负荷变化过程的慢动作。分析阶跃负荷下绕组温度变化规律有助于研究负荷快速变化时绕组温度动态变化规律。阶跃负荷下绕组热点温升曲线如图4-7所示。

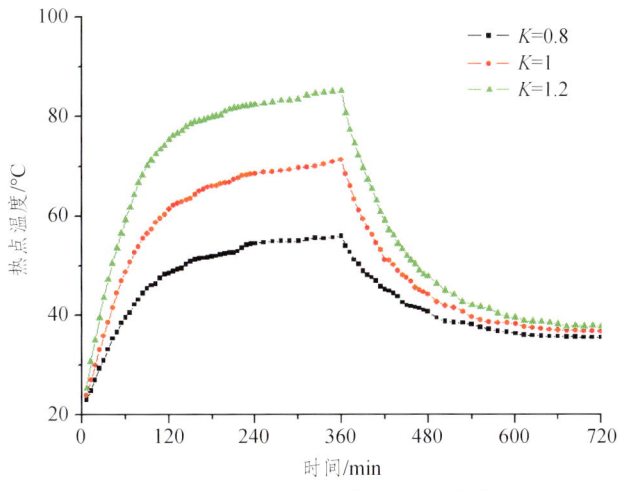

图 4-7　阶跃负荷下热点温升曲线

在阶跃负荷作用的初始阶段，绕组热点温度先迅速增加，上升 3 小时后绕组热点温度已升至稳态时热点温升的 80%以上，随后绕组热点温度缓慢增加，直至趋于稳定。当负荷不再作用时，绕组热点温度先迅速下降，在下降 3 小时后绕组热点温度已下降稳态时热点温升的 80%以上，随后绕组热点温度缓慢降低，直至趋于稳定。比较不同阶跃负荷下的热点温升曲线发现其规律基本一致，只是绕组热点温升幅值有所区别。

在负荷阶跃变化的过程中随着变压器内部温度场的变化，油流速度也会有所变化。根据流量计测量结果所得单位阶跃负荷下散热器油流平均速度曲线如图 4-8 所示。

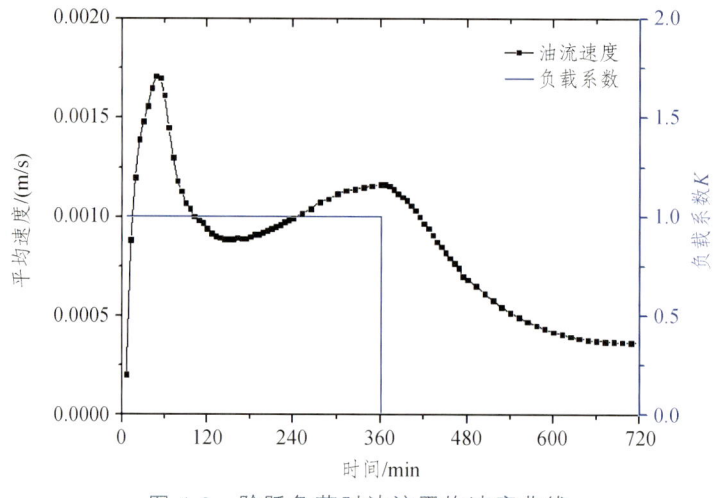

图 4-8　阶跃负荷时油流平均速度曲线

在阶跃负荷作用下绕组温度急剧升高，导致绕组附近油流密度突变，而油流的不可压缩性使得内部压强梯度突变，从而驱动油流流速突变，因此散热器油流平均速度会有一个快速上升的过程。当油流流动较充分后，内部压强梯度逐渐恢复，散热器油流平均速度在达到最大值后开始回落，随着油流温度整体的升高，热油与冷空气温差加大，对流散热加强，导致油流速度缓慢增加，当绕组不再发热时，油流速度先快速下降，下降到一定值时再缓慢减小。

3. 连续冲击负荷下温升试验结果

相对于稳态负荷和阶跃负荷，牵引负荷作用时间很短，其内部温度场与油流场往往来不及达到稳态而负荷又将变化，因此其温度场与油流场会有所区别。牵引变压器负荷曲线一般以 24 小时为周期，白天负荷较为集中，夜间负荷较为稀疏。当列车行驶过牵引变压器的供电区间时，负荷具有明显的冲击性，过载时的负荷可达额定负荷时的 2~3 倍，而绕组的时间常数仅为数分钟，绝缘油的时间常数可达数小时。因此在冲击负荷作用时，绕组温度也具有冲击性。冲击负荷作用时绕组温升剧烈，而油流温度变化则相对平缓。冲击负荷下绕组热点温升曲线如图 4-9 所示。

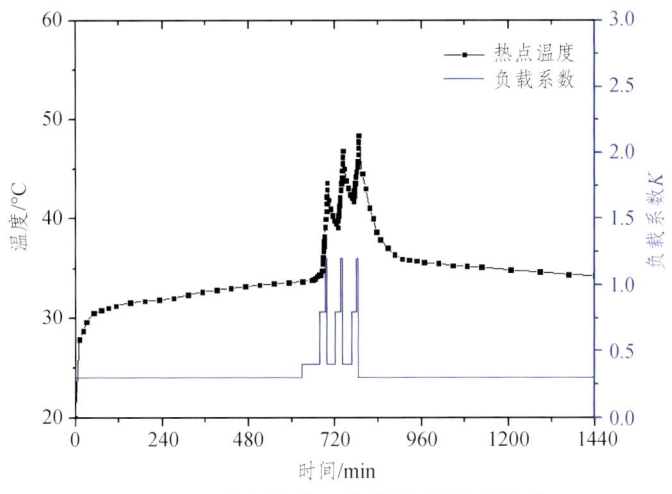

图 4-9　冲击负荷下绕组热点温升曲线

先对变压器进行预热，施加低倍负荷，待内部温度场基本稳定时再给绕组施加短时阶跃负荷即冲击负荷，高倍冲击负荷作用时间很短，短的数分钟，长的也才几十分钟，而绝缘油的时间常数往往长达数小时，在这么短的时间内绕组与绝缘油之间的热量交换未达动态平衡，因此变压器内部温度场与油流场处于瞬态变化过程中。由图 4-9 可知，绕组热点温度与负载变化基本同步，在冲击负荷作用的瞬间，绕组热点温度迅速增加，当冲击负荷减小或者消失时，绕组热点温度又快速下降。但是随着冲击负荷的连续作用，内部油温会逐渐升高，导致绕组热点温度也逐渐升高。

在监测绕组温度与顶层油温的同时测量了散热器油流平均速度，绕组受冲击负荷影响导致温度突变，加大了绕组与冷却油流之间的温度差，加剧了固液交界面处的耦合传热，导致冷却油流温度也会有所突变。但是，由于油流时间常数较大，油流上升一定温度的时间较绕组久，且绕组与油流之间热量传递需要一定时间，因此绕组附近油流温度会滞后于负载变化以及绕组温度变化，而绕组附近油流温度变化滞后于负载变化，导致此处油流密度突变也滞后于负载变化。由于变压器内部相对密封，局部油流密度的突变会导致此处压强梯度突变，而此处压强突变会迅速传导到其他部分，促使油流流动，因此油流速度也会有一个突变的过程。散热器油流平均速度随负载变化曲线如图 4-10 所示，油流平均速度会滞后于冲击负荷 10 min，且在冲击负荷作用时，油流平均速度也会有冲击性。

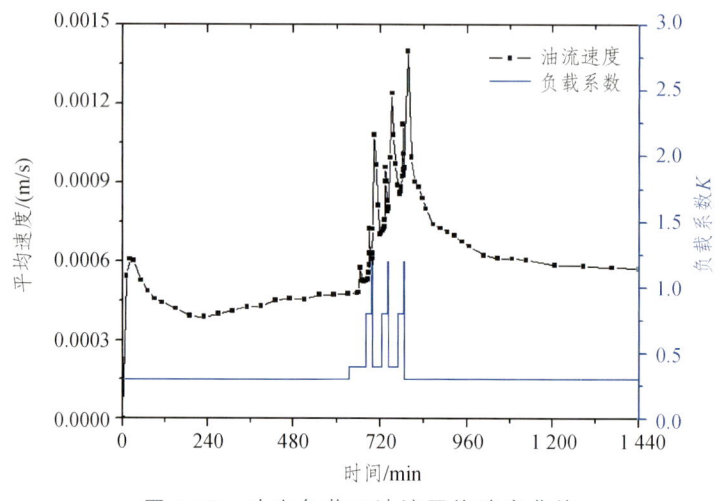

图 4-10　冲击负荷下油流平均速度曲线

4. 绕组纵向高度温度曲线

绝缘材料老化速率受温度影响很大，温度越高老化速率越快，而绕组热点处温度最高，绝缘老化速率最快，绝缘寿命最短。确定绕组热点位置有助于改善绕组结构，降低热点温度，延长绝缘寿命，因此，确定绕组热点位置与确定绕组热点温度同样重要。当负荷长时间不变时，变压器内部温度场与油流场也基本保持稳定，绕组热点位置可以视为固定的。但是，由于牵引变压器负荷波动剧烈，内部温度场与油流场处于瞬态变化中，因此绕组热点位置也会有所波动。定义绕组热点位置时只能定义一个热点区域。绕组纵向高度-温度曲线如图 4-11 所示。

空载时，由于只有铁心生热，而铁心柱周围有绝缘筒包裹，产生的热量被冷却油流从底部顺着铁心与绝缘筒构成的纵向油道带走，铁心与绕组之间的横向热量传递基本被隔断，绕组通过热油加热而升温，而此时顶层油温最高，底层油温最低，因此空载时绕组温度从上往下逐渐降低。当变压器处于稳态或者负载增加阶段时，绕组处于发热状态，额定情况下变压器负载损耗约为空载损耗的 5 倍，而绕组损耗密度比铁心损耗密度更大，因此绕组温度比铁心温度高，此时绕组温度的增加主要取决于自身发热。由于采用自然油循环,变压器内部油流流动缓慢,绕组内部的热量难以及时传递出去,而绕组顶部由于冷却油流的存在,散热条件较好,使得绕组热点位置一般位于绕组上端部。当变压器处于负载下降阶段时,绕组生热减小,此时绕组传递出来的热量高于绕组产生的热量,绕组温度降低,而此时绕组附近的油流温度较高,油流温度的影响大于绕组生热的影响,因此绕组温度从上向下逐渐降低。

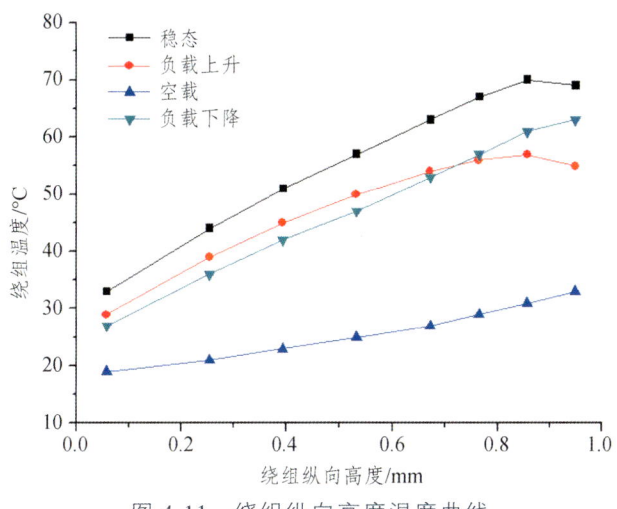

图 4-11 绕组纵向高度温度曲线

5. 油流速度对绕组温度的影响

散热器油流速度会影响绕组热点温度。随着高速铁路和重载铁路的发展,额定电压和额定电流越来越大,对牵引变压器容量的要求也越来越高。容量的增加会导致损耗的增加,而散热性能的增加却滞后于损耗的增加,导致变压器内部生热冷却问题越来越突出。采用强油循环有助于降低绕组温度,缩小变压器体积,减少用料,节约成本。由于本试验平台在额定负载时的绕组热点温度较低,为更好地验证流速对绕组热点温度的影响,本次试验在 1.2 倍额定负载的情况下进行。开启油泵,通过调节油泵的回流阀改变散热器油流循环速度,并通过超声波流量计监视流速变化。绕组热点温度随流速变化曲线如图 4-12 所示。

由图 4-12 可知,随着散热器油流平均速度的增加,绕组热点温度先快速下降,然后再缓慢下降,当流速较低时,增大油流循环速度能够显著降低热点温度,当流速增大到一定值时再继续增大油流循环速度对降低绕组热点温度效果不明显。牵引变压器在正常工作中负载率很低,绕组热点温度并不高,采用自然油循环模式即可满足要求。只有在高倍过载时热点温升才会剧烈，因此在牵引变压器运行过程中可以根据负荷状态有选择地开启油泵。

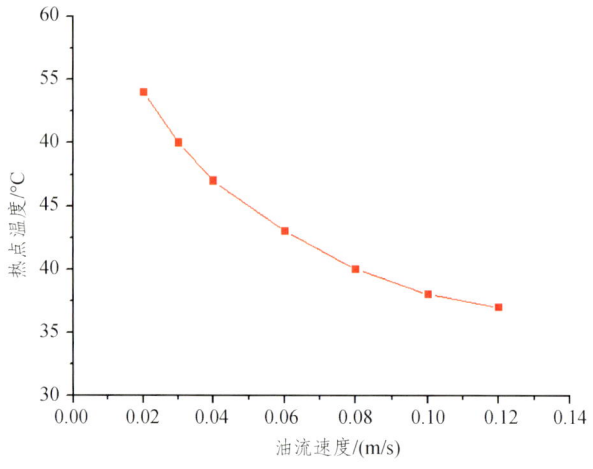

图 4-12 绕组热点温度随流速变化曲线

4.2.2 牵引变压器温升的计算流体动力学模型

4.2.2.1 固液耦合传热的数值计算法

流体流动控制方程的精确求解是计算绕组热点温度的前提。流体在流动的过程中要遵守物理守恒定律，主要有能量守恒定律、动量守恒定律和质量守恒定律。对于强油循环来说，油流处于湍流状态，流体流动还要遵守湍流输运方程[75]。

1. 能量守恒方程

能量守恒原则的本质就是热力学中的第一定律，即微元中能量增加的速率和进入微元的净热流的通量以及体积力和表面力对微元所做的功之和相等，其表达式如下：

$$\frac{\partial(\rho E)}{\partial t}+\nabla\cdot[V(\rho E+p)]=\nabla\cdot[k_{\text{eff}}\nabla T-\sum_j h_j J_j+(\tau_{\text{eff}}\cdot V)]+S_{\text{h}} \quad (4\text{-}18)$$

式中，E 为流体微团总能；$k_{\text{eff}}=k_{\text{t}}+k$ 为有效导热系数；J_j 为组分 j 的扩散通量；S_{h} 为由化学反应引起的热量变化。

2. 动量守恒方程

动量守恒定律即牛顿第二定律，其本质是微元中流体动量对时间的变化率等于外界作用在该微元上的合力，其表达式如下：

$$\frac{\partial(\rho V)}{\partial t}+\nabla\cdot(\rho Vv)=-\nabla p+\nabla\cdot(\tau)+\rho g+F \tag{4-19}$$

式中，ρ 为流体微元上的静压；g 为作用在微元体上的重力体积力；F 为其他外部体积力；τ 为作用在微元体表面上的黏性应力张量。

3. 质量守恒方程

质量守恒定律即连续性方程，其本质是单位时间内流通微元中质量的增加等于同时间内流入该微元内的净质量，其表达式如下：

$$\frac{\partial \rho}{\partial t}+\nabla(\rho \boldsymbol{v})=S_{\mathrm{m}} \tag{4-20}$$

式中，ρ 为密度；t 为时间；$\boldsymbol{v}$ 为速度矢量，S_{m} 为加入连续相的质量。

4. 固体控制方程

固体部分的守恒方程可以由牛顿第二定律导出，其表达式如下：

$$\rho_{\mathrm{s}}\boldsymbol{d}_{\mathrm{s}}=\nabla\cdot\boldsymbol{\sigma}_{\mathrm{s}}+\boldsymbol{f}_{\mathrm{s}} \tag{4-21}$$

$$f_T=\alpha_T\cdot\nabla T \tag{4-22}$$

式中，ρ_{s} 为固体密度；$\boldsymbol{\sigma}_{\mathrm{s}}$ 为柯西应力张量；$\boldsymbol{f}_{\mathrm{s}}$ 为体积力矢量；$\boldsymbol{d}_{\mathrm{s}}$ 为固体域当地重力加速度矢量；α_T 为与温度有关的热膨胀系数。

4.2.2.2 牵引变压器数值计算模型构建

为了更简单、更方便地分析牵引变压器的温度场分布情况，在变压器建模的过程中需要对一些部件和元件进行简化和忽略，只保留变压器器身、铁心、高低压绕组、绝缘套筒和绝缘端圈等部件，其中铁心简化为实心圆柱体，高低压绕组简化为圆在一条线上的圆环体，并做以下假设[59]：

（1）外壳自身的材料特性在不同温度下是不变的。

（2）外壳的对流系数和辐射系数保持恒定，但是不同位置的对流系数和辐射系数不一样，外表面温度即为环境温度。

（3）变压器散热主要依靠散热器和器身，通过调节散热器和器身的对流散热系数和辐射系数模拟散热环境，从而改变散热能力。

由于变压器的物理结构具有几何对称性，并且其热边界条件也具有对称性，因此变压器内部的温度场和热流也具有相应的对称性，所以在建立变压器模型时又可以对变压器结构进一步进行简化,以方便问题的求解,但不影响结果准确性。假设温度场的分布沿变压器的圆周方向是没有梯度变化的,即各向同性,这样可以用二维轴对称圆柱模型来分析变压器的温度场。显然,将三维问题简化为二维问题大大减少了网格划分的难度与数量,同时又保证了一定的精确度,分析过程也更加简单明了。牵引变压器数值计算模型如图 4-13 所示。

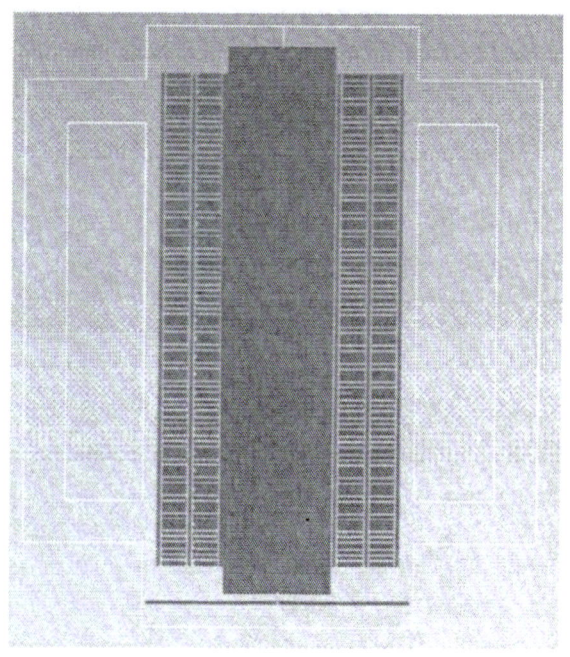

图 4-13 牵引变压器数值计算模型

在有限体积模型中每个单元除了表现出一定的外部形状外,还应具备计算所需要的内部数据,即材料的物性参数,每个单元具有可视的外部形状和不可见的内部特征。变压器内部材料基本参数见表 4-2,同时假设流体流动为定常运动,即流体流动过程中的物性参数与时间无关。

表 4-2 牵引变压器内部材料基本参数

材料	铜	铁	绝缘材料
密度/(kg/m³)	8980	7550	1400
比热容/(W/m³)	381	450	247
热导率/[W/(m·K)]	387.8	52	0.45

然而变压器中的绕组材料并非纯铜,而是在铜导线的外表面还包裹着一层绝缘材料,若建模的时候将两者分开则模型变复杂,计算量太大,因此在计算绕组的参数时,需要将绝缘材料和铜导线等效为一个整体,计算出等效参数,如式(4-23)~(4-25)所示。

等效热导率:

$$\lambda_{AB} = \frac{\lambda_A V_A + \lambda_B V_B}{V_A + V_B} \quad (4\text{-}23)$$

等效比热容:

$$C_{AB} = \frac{C_A \rho_A V_A + C_B \rho_B V_B}{\rho_A V_A + \rho_B V_B} \quad (4\text{-}24)$$

等效密度:

$$\rho_{AB} = \frac{\rho_A V_A + \rho_B V_B}{V_A + V_B} \quad (4\text{-}25)$$

绝缘油的物性参数会随温度而有所变化,也正是由于绝缘油物性参数的变化才使得自然油循环能够进行。绝缘油物性参数随温度变化的拟合函数如表4-3所示。

表4-3 变压器油的拟合函数

油的物理性质	拟合函数
密度/(kg/m³)	$\rho = 1059.67 - 0.58\,T$
比热容/(W/m³)	$C_P = 825.327 + 3.51\,T$
热导率/[W/(m·K)]	$K = 0.1532 - 9.85 \times 10^{-5}\,T$
动力黏度/(kg/m·s)	$\mu = 14.98 - 0.1161\,T + 2.0 \times 10^{-4}\,T^2$

边界条件:自然环境中的空气对流散热系数为 6~25 W/(m²·K),其大小受所处环境的影响而有所区别。而牵引变压器一般采用油浸风冷或油浸自冷方式进行散热。采用油浸风冷方式进行散热时,会在散热器底部安装有风机,根据油温以及负载状态进行开关,其对流散热系数也会相应变化。由于采用二维简化模型,因此在设置油箱和散热器的对流散热系数和辐射系数时需要进行折算,并以实验数据进行验证。

由于牵引变压器温升试验平台较小,所以其时间常数也较小。在进行对比仿真计算时以实验当天最后 2 小时的平均气温作为数值计算模型的环境温度。

4.2.2.3 牵引变压器温升数值计算模型验证

1. 温度场与油流场分布云图

因为在自然油循环中需要考虑浮力的影响,为加快收敛速度,此处采用 Boussinesq 模式,SIMPLE 计算方法,为提高计算精度,差分格式为 Second Order Upwind,迭代次数为 1000 次,残差收敛标准设置为 0.00001,收敛因子采用默认设置,若不收敛,则将收敛因子调小,得到如图 4-14 所示稳态时温度场与油流场的分布云图。

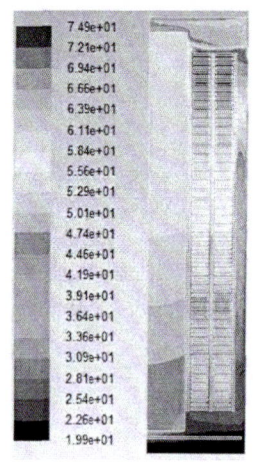 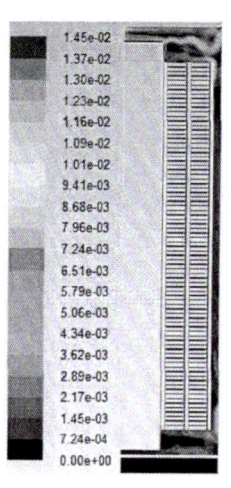

(a)温度场　　　　(b)油流场

图 4-14　温度场与油流场分布云图

由图 4-14(a)所示温度场分布云图可知,绕组从下往上温度逐渐升高,在绕组上端部温度达到最大值。额定损耗情况下绕组热点温度为 74.9°C,实验测得绕组热点温度为 71.5°C,相差 3.4°C,相对误差在 5% 以内。误差来源主要有以下 4 点:

(1)绕组导线外部包裹了一层绝缘纸,导线与绝缘纸之间存在温度差,而温度传感器与绝缘纸直接接触,导致传感器所测温度低于导线真实温度。

(2)在设置绕组物性参数时将绝缘纸与导线的物性参数进行了等效计算,使得绕组内部温度分布更均匀。

(3)温度传感器与绝缘纸接触的同时也与绝缘油直接接触,而绝缘油的温度要低于导线温度,因此也会对传感器的读数有所影响。

（4）温度传感器数量有限，测量点的温度并不一定反映热点温度。

由图 4-14（b）所示油流场分布云图可知，在绕组内部绝缘油受热升浮力的作用会产生向上的力，由于没有挡板强迫油流改变方向，同时横向油道油流循环阻力比纵向油道油流循环阻力大，因此大部分绝缘油直接经由纵向油道向上流动流出绕组，导致横向油道油流速度较低，纵向油道油流速度较高。在额定状态下变压器内部油流速度很低，最大油流速度也仅为每秒厘米级别，散热器油流平均速度为 0.85×10^{-1}cm/s，实验测得散热器油流平均速度为 1.2×10^{-1}cm/s，相对误差在 50%以内。相对误差比绕组热点温度相对误差大很多，对比不同负载系数下的油流平均速度相对误差（见图 4-15），可知计算值与实测值相对误差范围基本固定。在计算油流平均速度时可以此为依据折算真实油流平均速度。分析油流速度误差来源主要有以下 3 点：

（1）试验变压器只有 2 组散热器，结构上没有绕组对称，导致实际油流速度要大于仿真计算值。

（2）在散热器出口处外接小直径钢管会导致油流流动状态的突变，使得油流有由层流往湍流发展的趋势，油流在钢管处流动更充分。

（3）测量油流速度时需要精确定位流速传感器的位置，安装不准确会加大测量误差。

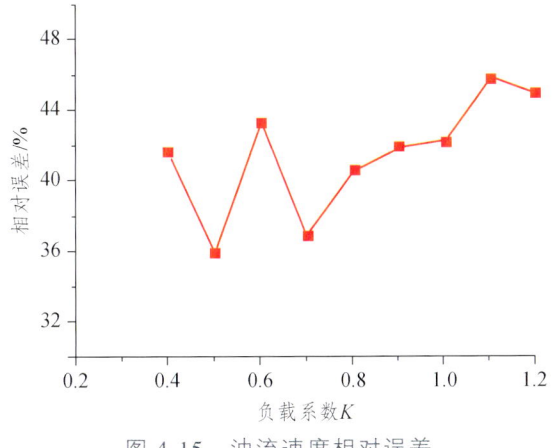

图 4-15 油流速度相对误差

2. 绕组热点温度验证

通常情况下变压器的负荷都处于阶跃变化中，此时绕组热点温度也将处于动态变化中，其变化规律较稳态时更为复杂，因此有必要验证阶跃负荷下绕组热点温度误差。阶跃负荷时绕组热点温度对比曲线如图 4-16 所示。

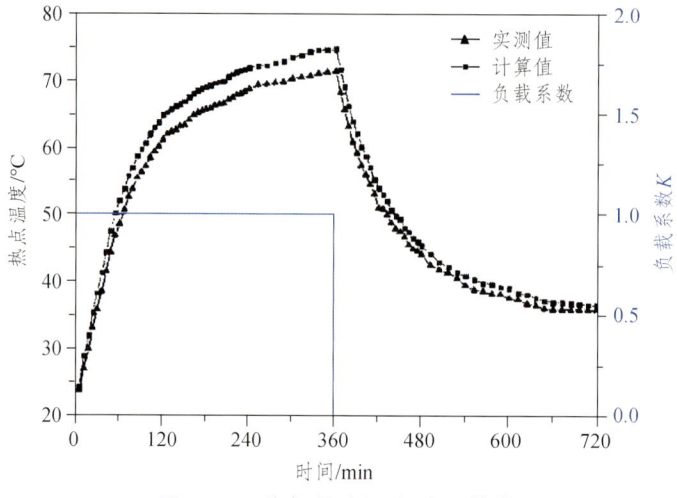

图 4-16　绕组热点温度对比曲线

由图 4-16 可知，阶跃状态时实际测量值与计算值变化规律一致。在绕组热点温度快速上升阶段时，由于温度较低，两者误差较小；当绕组热点温度逐渐稳定下来时，两者温度误差逐渐加大，最大误差为 4.3°C，相对误差在 6% 以内；在绕组热点温度快速下降阶段两者误差逐渐减小，其误差在可接受的范围内。

4.3　卷铁心牵引变压器温度场与油流场研究

通过对比分析温升试验与数值计算的结果发现，两者误差在可接受范围内，因此本节将以数值计算模型来代替温升试验平台，以获得更多实验无法得到的数据。研究变压器内部温度场与油流场的分布特征与变化规律，并尝试优化牵引变压器结构，在损耗相同的情况下最大限度地降低绕组热点温度。通过建立 DQY-31500/220 单相牵引变压器数值计算模型，计算在典型负荷曲线下的热点温度变化规律和绝缘老化规律，预测绝缘寿命损失情况。

4.3.1　稳态时卷铁心牵引变压器温度场与油流场研究

研究稳态时的温度场与油流场有助于变压器的绝缘老化分析，同时明确稳态时的温度场与油流场分布特性以及内在关联性，是研究动态时温度场和油流场变化规律的基础，对于分析牵引变压器绕组温升特性和绝缘老化规律具有重要意义[76]。

4.3.1.1 绕组温升曲线

在变压器中绕组温度主要由负荷状态决定，随着负载系数的增加，绕组发热量会剧增，绕组热点温度与绕组均温的差值也将有所变化，如图4-17所示。

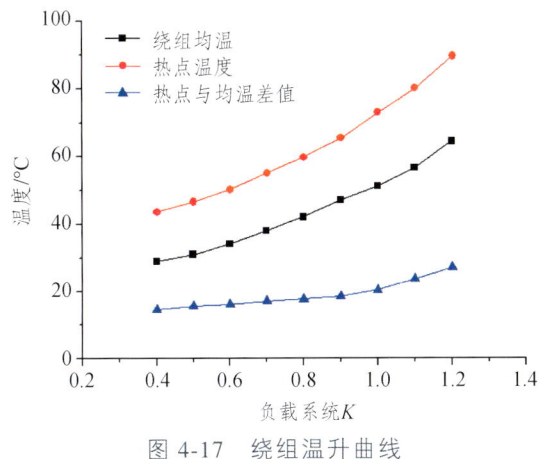

图 4-17　绕组温升曲线

由图 4-17 可知，绕组热点温度与绕组均温变化规律基本一致。随着负载系数的增加，上升速率都越来越快，与之相比，两者差值上升速率较为缓慢。当负载系数小于 1 时，热点温度与绕组均温的差值基本保持在 20°C 以内；当负载系数大于 1 时，热点温度与绕组均温的差值增长加快。相比于强油循环冷却模式，采用自然油循环冷却模式的变压器绕组内部油流循环速度较低，铜油温差加大，因此绕组内部温度分布更不均匀，绕组热点温度与绕组均温的差值变大。

4.3.1.2 散热器进出油口温度分析

根据自然油循环理论作为油流循环驱动力的热升浮力产生的压差与散热器进出油口的温差有关，温差越大压差越大，循环驱动力也就越大，进而影响到绕组散热，因此散热器的效率关系到绕组的热点温度。不同负载下散热器内部油温如图 4-18 所示。

由图 4-18 可知，随着负载系数的增加散热器进油口油流平均温度越来越高，但散热器出油口油流平均温度变化很小，因此经过散热器的热油基本得到充分冷却，但出油口温度低并不代表绕组得到有效冷却。由于采用自然油循环冷却方式，散热器出口处冷却油流速度很低，动能有限，对绕组的冷却效果也有限，导致绕组内部温差加大，因此在高负荷下运行时，不仅要提高散热器冷却效果，而且要加快油流循环速度。

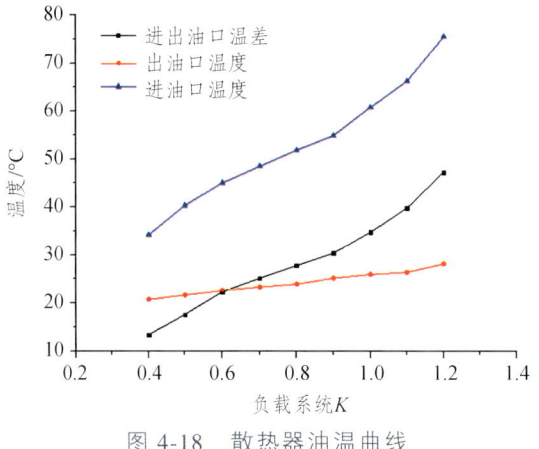

图 4-18　散热器油温曲线

4.3.1.3　顶层油温与平均油温曲线

顶层油温是计算绕组热点温度的重要参数，而平均油温是衡量变压器散热效果的重要参数。随着负载系数的变化，变压器负载损耗也会变化，将导致变压器内部顶层油温和平均油温变化，其变化曲线如图 4-19 所示。

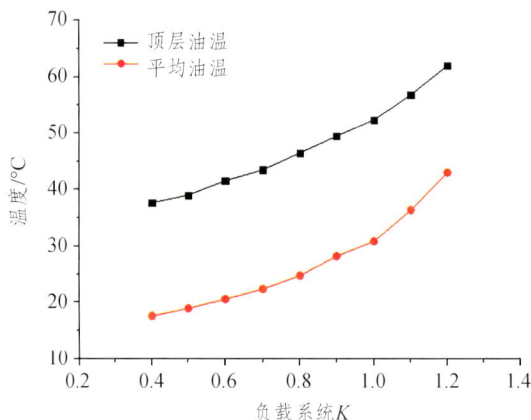

图 4-19　油流平均温度与热点对油温升曲线

随着负载系数的增加，绕组单位时间内产生的热量快速增加，变压器顶层油温和平均油温也逐渐上升，对比顶层油温曲线和绕组热点温度曲线，两者变化规律基本一致。由于负载系数越大，变压器内部油流循环速度也越大，导致油流温度相对均匀，因此顶层油温与平均油温的差值反而缩小。

4.3.1.4 变压器内部最大油流速度

由图 4-14（b）可知，变压器内部最大油流速度主要位于绕组纵向油道和器身周围，对比图 4-6 和图 4-20 可知，内部最大油流速度约为平均油流速度的 10 倍，最大油流速度与平均油流速度的比值代表了散热油道设置的合理性，将比值控制在一定范围内有助于绕组更好地散热。

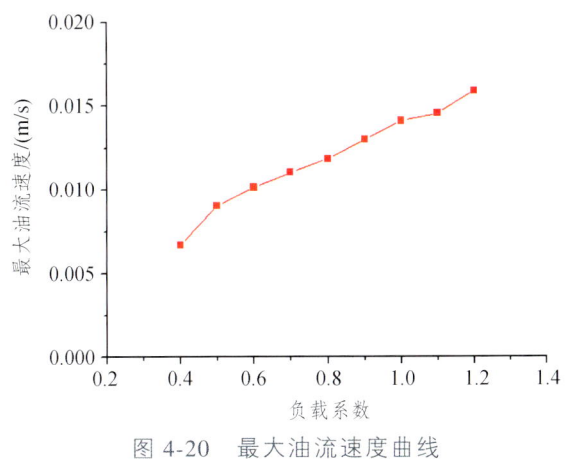

图 4-20 最大油流速度曲线

4.3.1.5 绕组热点温度与油流速度关联研究

油浸式变压器主要通过油流的循环冷却过程对绕组降温，在稳态时其内部温度场与油流场达到动态平衡，绕组热点温度与油流速度基本保持不变，因此绕组热点温度与油流速度存在特定的关系，如图 4-21 所示。

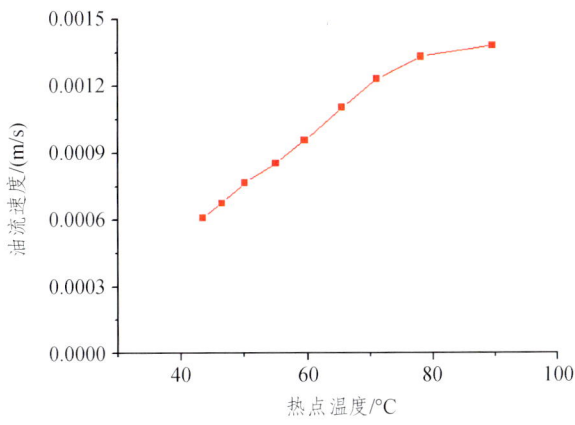

图 4-21 稳态时绕组热点温度与油流速度关系曲线

由图 4-21 可知，稳态时在环境温度和散热条件基本不变的情况下，当绕组热点温度较低时，油流速度基本随绕组热点温度线性增加；当绕组热点温度较高时，油流平均速度增长趋缓。因此，在负荷恒定的情况下，可以用易于测量的散热器平均流速来预测绕组热点温度。

4.3.2 阶跃负荷下卷铁心牵引变压器温度场与油流场研究

阶跃负荷可以看成负荷变化过程的慢动作[77]，研究阶跃负荷下变压器内部温度场及油流场分布特性与变化规律，有助于分析负荷快速变化时的温度场与油流场的动态特性，对于分析牵引变压器绕组温升特性和绝缘老化规律具有重要意义。

4.3.2.1 绕组温升曲线

图 4-22 所示为绕组热点温度、绕组均温以及热点温度对绕组均温温升在阶跃负荷下的变化曲线。

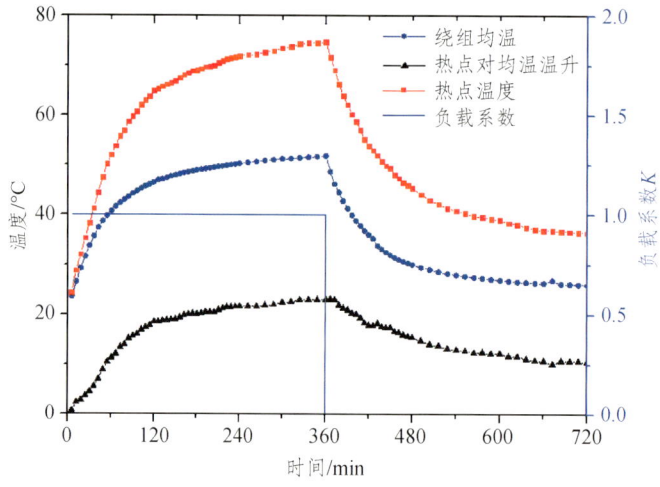

图 4-22 阶跃负荷下绕组温度曲线

由图 4-22 可知，相对绕组热点温升曲线，绕组均温温升曲线相对比较平缓，热点温度对绕组均温温升基本保持在 20 ℃ 左右。虽然绕组热点温度和绕组均温与负载变化基本同步，但由于绕组热点温度比绕组均温幅值变化更大，因此在负荷减小的初始阶段，两者差值变化会有一个滞后的过程，热点温度对绕组均温温升滞后于负载变化约 10 min。

4.3.2.2 散热器进出油口温度分析

根据自然油循环理论，散热器进出油口的温差越大，作为油循环驱动力的热升浮力产生的压差越大，油流循环驱动力也就越大，油流流动速度越快，散热效果越好。阶跃负荷下的散热器进出油口温度曲线如图 4-23 所示。

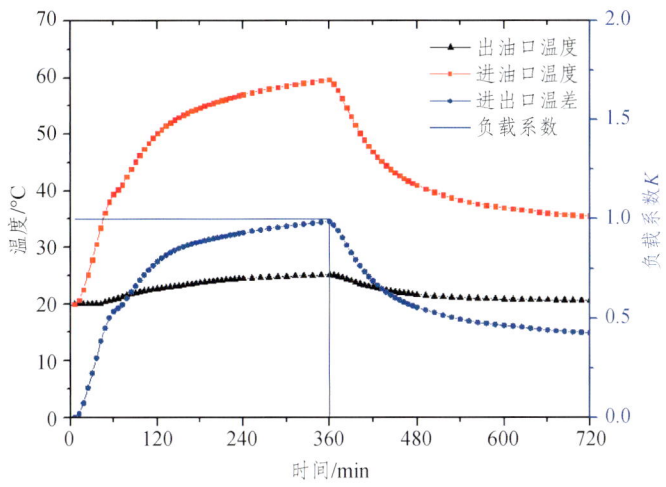

图 4-23　阶跃负荷下散热器进出油口温度曲线

由图 4-23 可知，散热器进油口温度变化和进出油口温差变化规律与绕组温度变化规律基本一致，且稍有延迟。由于采用自然油循环冷却模式，散热器内部油流速度较低，油流有充足的时间进行冷却，因此散热器出油口温度变化很小，且出油口温度变化滞后于负载变化约 10 min。

4.3.2.3 顶层油温与平均油温分析

稳态时顶层油温和平均油温与绕组热点温度都基本固定，并具有特定的关系，在计算绕组热点温度时具有重要意义，而在阶跃负荷下顶层油温与平均油温处于动态变化中，其变化曲线如图 4-24 所示。

由图 4-24 可知，阶跃负荷下变压器内部平均油温与负载变化基本同步，而顶层油温则滞后于负载变化约 40 min，且处于动态变化中，因此当负载动态变化或者内部温度场未达稳定时，通过顶层油温计算绕组动态热点温度时有局限性，不能仅以某个时刻的顶层油温为依据。

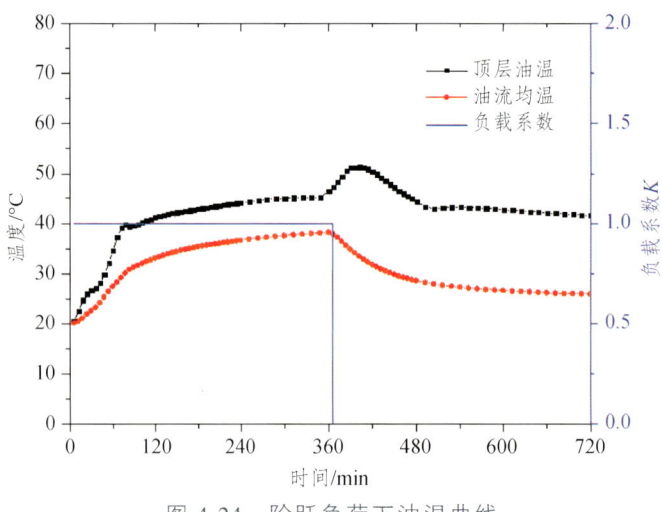

图 4-24 阶跃负荷下油温曲线

4.3.2.4 绕组热点温度与油流速度关联性研究

由图 4-21 可知,稳态时绕组稳点温度与油流速度之间存在着特定的联系,而变压器的负荷一般属于阶跃负荷,此时绕组热点温度和油流速度都处于动态变化中,变化规律较稳态时复杂,因此有必要研究阶跃负荷下的绕组热点温度与油流速度的关联性,其关联曲线如图 4-25 所示。

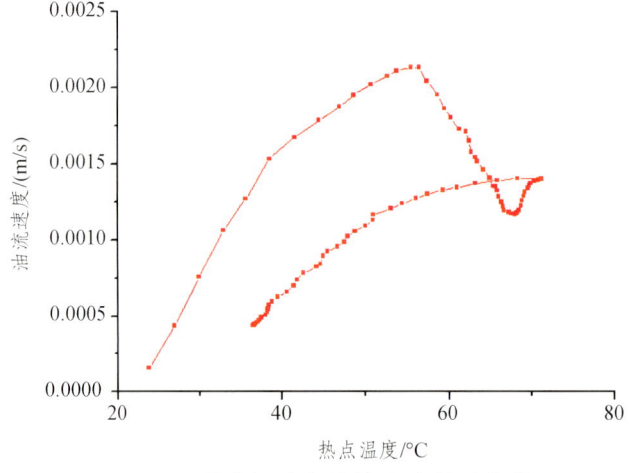

图 4-25 热点温度与油流速度关系曲线

由图 4-7、图 4-22 和 4-25 可知,在阶跃负荷作用的初始阶段,绕组热点温度会快速上升,此时油流平均速度也会快速上升,油流速度随绕组热点温度的增加而增加;当阶跃负荷作用一段时间后,绕组热点温度开始缓慢增加,此时油流速度开始回落,油流速度随绕组热点温度的增加而减小,且减小速度很快;随着绕组的持续生热,绕组热点温度继续缓慢增加,受绕组生热影响油流温度也开始逐渐增加,油流冷却传递能量的增加导致油流速度的增加,此时油流速度随绕组热点温度的增加而增加;当阶跃负荷停止作用时,由于绕组时间常数较小,绕组热点温度迅速回落,而流动的油流具有一定的惯性,因此当绕组温度开始降低时,油流速度需要一定时间才开始下降。

4.3.3 连续冲击负荷下变压器温度场与油流场研究

变压器的时间常数受变压器结构、冷却方式等影响,根据 IEEE 标准规定,变压器绕组时间常数为负载变化时绕组温升超过油温升启止温升差的 63.2% 所需时间。自然油循环变压器时间常数为 1~2 h,而变压器内部温度场达到稳态所需时间通常为时间常数的数倍[78],因此变压器内部温度场达到稳态所需时间很久。通常情况下电力变压器负荷都会有所变化,但由于负荷变化较小,其内部温度场与油流场虽然也处于瞬态变化之中,但绕组温度和油流速度变化都比较小,在计算时其影响可以忽略。而牵引变压器由于牵引负荷的特殊性,有时处于空载状态,有时处于剧烈过载状态,且负荷作用时间一般比较短,冲击性明显,因此变压器内部温度场和油流场变化剧烈,此时已经不能用稳态时的温度场和油流场来表征,有必要研究连续冲击负荷下的温度场与油流场变化特征,为计算绕组绝缘寿命提供理论基础。由于连续冲击负荷短时可达额定负荷的 2~3 倍,温度场与油流场受此负荷影响更大,因此,本节将分析高倍负荷下牵引变压器温度场与油流场的变化规律。

4.3.3.1 绕组温升曲线

由于牵引负荷的特殊性,牵引变压器时常处于连续冲击负荷作用下,同时由于冲击负荷作用时间较短,变压器内部温度场与油流场来不及达到稳态,时刻处于动态变化中,研究连续冲击负荷下绕组温升特性有助于预测绕组热点温度。本节将研究连续 3 个周期高倍冲击负荷下的绕组温升特性,其温度曲线如图 4-26 所示。

由图 4-26 可知,在连续冲击负荷作用时绕组热点温度与绕组均温均快速上升,而冲击负荷过后绕组温度又快速回落。由于冲击负荷周期间隔时间较短,绕组在短时间内产生大量的热,冷却油流受热温度升高,从而导致绕组热点温度以及绕组均温都相应升高。由于在冲击负荷作用时,热点温度和绕组均温变化具有同步性,因此热点温度与绕组均温的差值在连续冲击负荷作用时变化较小。

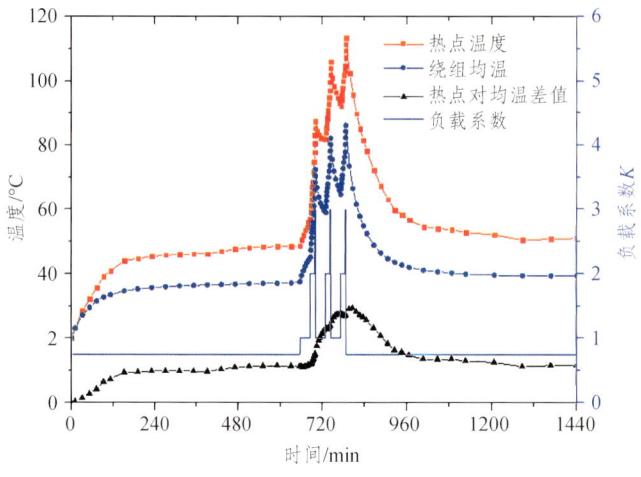

图 4-26　连续冲击负荷下绕组温度曲线

4.3.3.2　散热器进出油口温度分析

绕组在连续冲击负荷作用下产生的热量被冷却油流吸收导致油温升高,热油流入散热器后在其内部通过对流散热冷却后重新回到变压器内部。散热器进油口的油温是衡量绕组温度的重要指标,散热器进出口的油温差是衡量散热器效率的重要指标。因此,研究散热器进出口的油温具有重要意义。连续冲击负荷下散热器进出口油温曲线如图 4-27 所示。

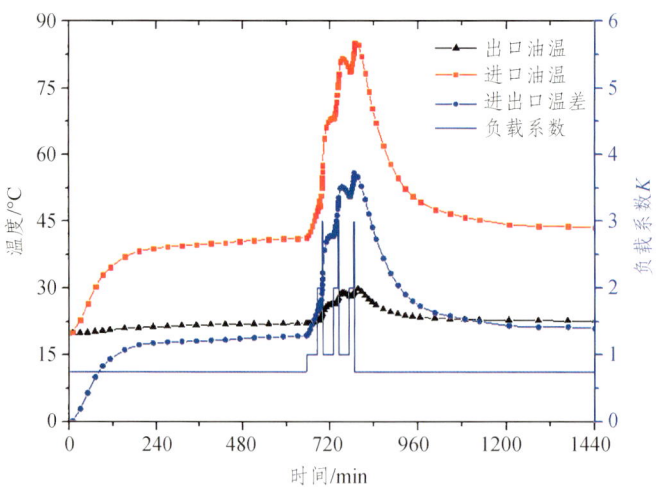

图 4-27　连续冲击负荷下散热器油温曲线

由图 4-27 可知，散热器进口油温在连续冲击负荷下也具有冲击性，但是冲击性没有绕组温度变化明显，而热油经散热器充分冷却流到散热器出口时已经不再具有明显的冲击性，温度只是稍有增加，且散热器进出口油温都会滞后于负载变化。

4.3.3.3 顶层油温与平均油温分析

连续冲击负荷下绕组温度剧烈变化，导致顶层油温和平均油温也会有所变化，其变化曲线如图 4-28 所示。

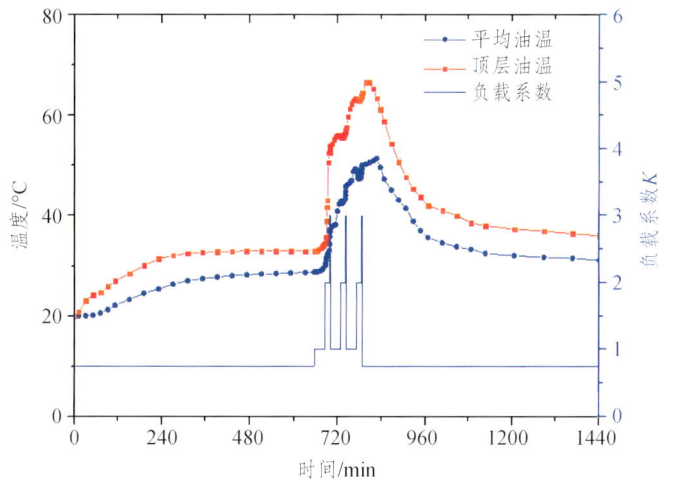

图 4-28 连续冲击负荷下变压器内部油温曲线

由图 4-28 可知，在连续冲击负荷作用时顶层油温也开始冲击上升，但比绕组热点温度变化慢，同时冲击峰值也不再尖锐。由于冲击负荷时间间隔较短，绕组在短时间内产生大量热量，导致油温在连续冲击负荷作用下也有所上升。由于绕组热量传递给油流需要一定时间，因此顶层油温和平均油温滞后于负载变化。

4.3.4 冲击负荷时绕组温升影响因素研究

牵引负荷的随机性与冲击性导致变压器内部温度场与油流场处于动态变化中，而冲击负荷作用时的绕组热点温度会受冲击负荷之前的温度场和油流场影响，因此有必要研究冲击负荷之前的油温以及油流速度对冲击负荷作用时的绕组热点温升的影响。本书采用相同的冲击负荷、不同的冲击间隔产生不同的油温与流速来研究冲击负荷之前的油温与流速对冲击负荷作用时的绕组温升的影响。图 4-29 所示为绕组热升曲线以及绕组热点温度对油温升曲线。

由图 4-29 可知，在连续冲击负荷作用下绕组热点温度逐渐升高，但与冲击负荷作用时的变化规律基本一致，且绕组热点温度与油流平均温度的差值在连续冲击负荷作用下变化规律基本保持不变，因此油流温度对绕组热点温升影响很小。冲击负荷之前的油流温度只影响绕组热点温度的绝对值，对绕组热点与油的温差基本无影响。

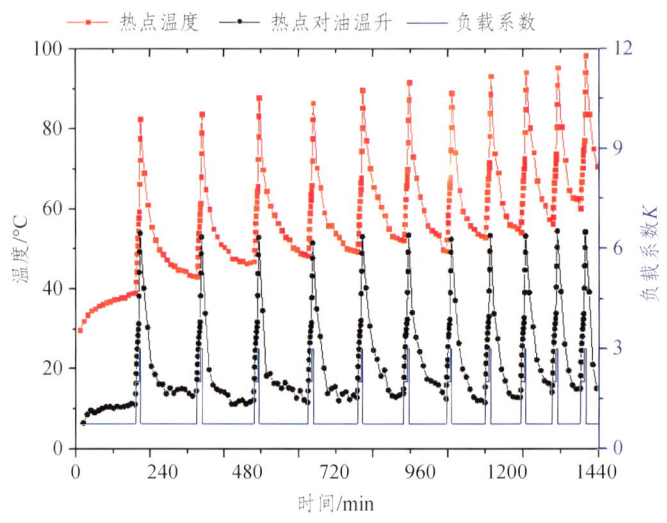

图 4-29　连续冲击负荷下绕组温升曲线

4.3.5　牵引变压器结构优化

4.3.5.1　散热器高度对热点温度的影响

由自然油循环理论可知，在散热器长度一定时，绕组中心与散热器中心的高度差会影响作为油流循环驱动力的热升浮力产生的压差，从而影响油流循环速度，因此散热器与绕组的相对位置会影响散热效果。本书研究了绕组中心与散热器中心的相对位置对绕组热点温度以及油流速度的影响，如图 4-30 所示。

由图 4-30 可知，在散热器长度不变时，散热器位置越往上，油流平均速度越大，从而导致绕组热点温度越低，因此在大型变压器上安装散热器时，尽量将散热器安装位置上移，同时当散热器的导油管可以调节时应增加入油口和出油口的高度差。

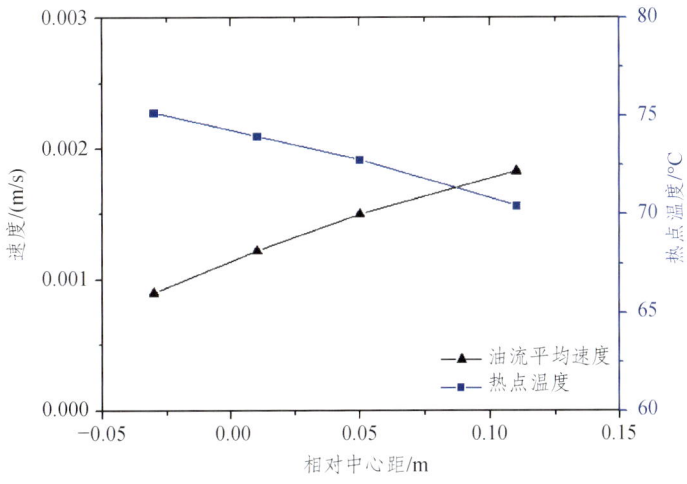

图 4-30 散热器高度对热点温度的影响

4.3.5.2 导向油道对热点温度的影响

由图 4.14（b）可知，在绕组内部横向油道油流速度与纵向油流差距很大，导致冷却油流未充分利用就流出绕组，冷却效果较差。因此，为提高冷却效果，在大型变压器绕组中都会设置导向油道来改变油流流动方向。为研究导向油道对热点温度的影响，在绕组内侧和外侧各设置 3 块挡板，其对比效果如图 4-31 所示。

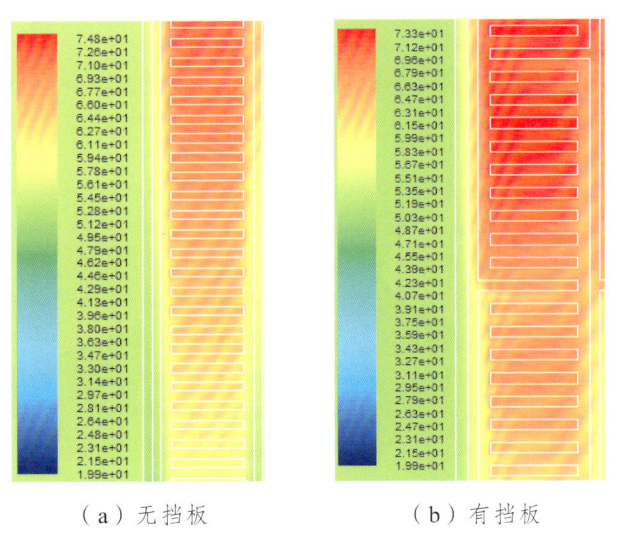

（a）无挡板　　　　　（b）有挡板

图 4-31 绕组温度分布云图

由图 4-31 可知，当绕组内部未设置导向油道时，绕组纵向温度由下往上递增；

而设置了导向油道后,由于改变了油流流动方向,使得在挡板附近油流速度较大,绕组温度较低,两块挡板中间的绕组温度较高,绕组纵向温度从下往上不再是简单地递增,如图 4-32 所示。由于采用自然油循环模式,绕组内部油流速度很低,导致增加挡板后绕组热点温度只下降了 1.5°C,下降效果不是很明显,因此,要降低绕组热点温度,最根本的是加快油流循环速度。

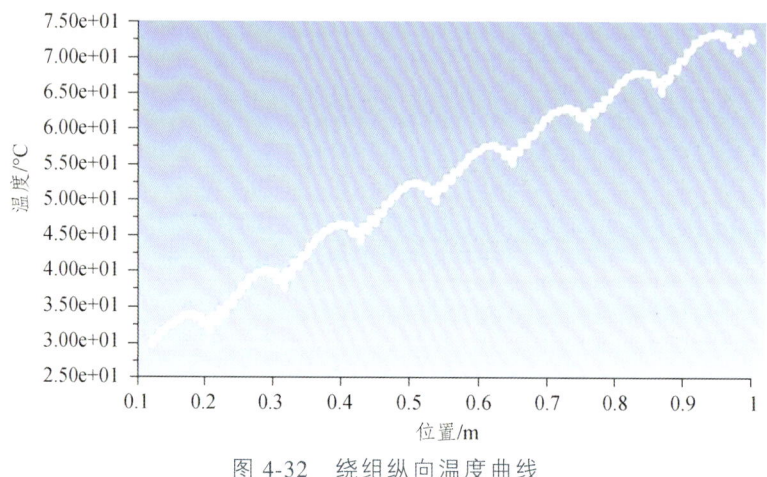

图 4-32 绕组纵向温度曲线

4.3.6 热点计算与寿命预测

《油浸式电力变压器负载导则》(GB/T 1094.7—2008)规定:热点温度的常用基准值为 98°C(环境温度为 20°C),在此温度下的相对老化率为 1。根据 6K 法则,在 80~140°C,温度每增加 6 K,绝缘老化速率增加翻倍,而牵引变压器空载率很高,空载时热点温度很低,空载时绝缘老化速率可以忽略不计。同时牵引变压器又时常处于过负荷下运行,过载时热点温度又大大高于 98°C,虽然过载时间很短,但绝缘老化速率很高,对绝缘寿命影响依然很大,导致牵引变压器绝缘寿命损失规律与电力变压器区别很大。因此,在选择牵引变压器时需要根据当前负荷状态、线路条件允许下的远期容量增长情况等因素分析不同时期绕组热点温升情况,计算绕组绝缘寿命损失,并根据绝缘寿命损失情况合理安排牵引变压器容量,从而减少两部制电费计算规则下因容量设计过大导致的电费支出。本书以 DQY-31500/220 单相牵引变压器为例,计算了其在典型负荷曲线下的热点温升以及绝缘寿命损失,其结构如图 4-33 所示,靠近铁心的分别是牵引绕组和馈线绕组,最外面的是高压绕组,其在典型负荷曲线下的绕组热点温升曲线如图 4-34 所示。

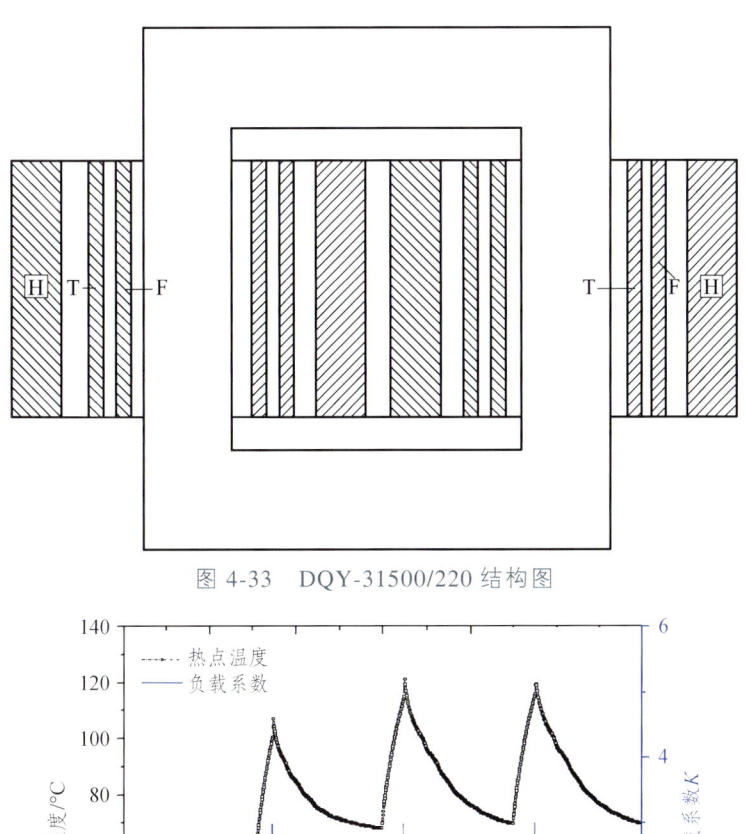

图 4-33 DQY-31500/220 结构图

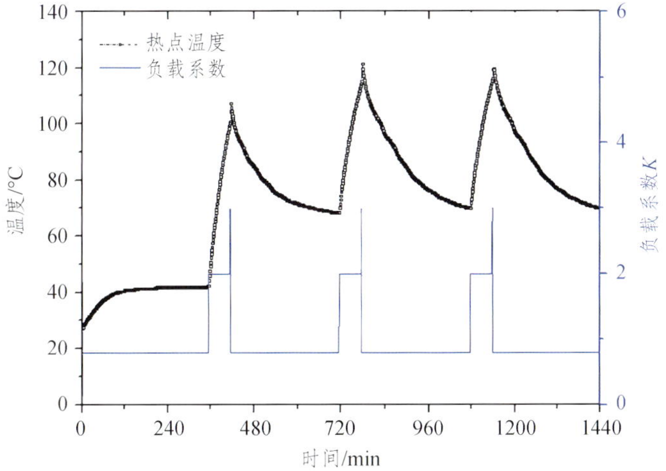

图 4-34 绕组热点温度曲线

由图 4-34 可知，经过 3 个典型负载周期后绕组热点温度基本呈规律性变化，当牵引变压器处于空载或者低负荷运行时，绕组热点温度很低；而当高倍过负荷时，绕组热点温升剧烈，短时间内即可达 120 ℃。若高倍过负荷运行时间较长，可能导致绕组热点温度超过温升限值，造成绝缘材料烧毁，酿成供电事故，影响机车的正常运行。

由于牵引变压器负荷曲线平均负荷率低、冲击负荷倍数高等特性，导致绕组热点温度变化剧烈，其绝缘材料的老化规律与电力变压器的区别很大，为此有必要研究绝缘材料在牵引负荷作用下的老化规律及寿命损失情况，其相对老化率和寿命损失如图 4-35 所示。

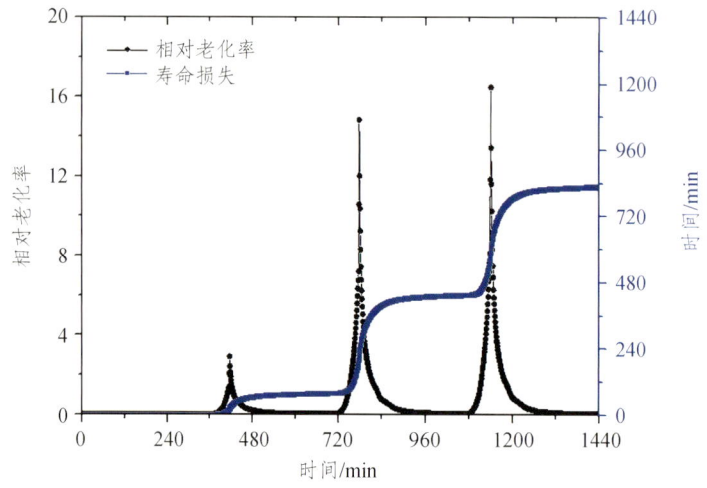

图 4-35 绝缘材料相对老化速率和寿命损失

由图 4-34 和图 4-35 对比可知，在 24 h 之内绝缘材料的相对老化速率较绕组热点温度更为集中，当绕组热点温度较低时，绝缘材料受温度影响导致的寿命损失基本可以忽略不计。当绕组受高倍冲击负荷作用时，绕组热点温度很高，虽然冲击负荷作用时间很短，绕组热点温度也会很快回落，但绝缘材料的相对老化速率很高，140°C 时的相对老化速率可达 80°C 的 1024 倍。绝缘材料在高温下短时间内的寿命损失也很客观，导致绝缘材料的寿命损失主要集中在高倍过负荷时，因此有必要降低绕组在过负荷时的绕组热点温度。

4.3.7 小 结

本节通过验证的仿真模型计算了各种负荷下的变压器内部温度场与油流场，研究了绕组热点温度的影响因素，分析了 DQY-31500/220 牵引变压器的绕组热点温升规律和绝缘老化规律，主要内容总结如下：

（1）计算了绕组热点温度、绕组均温、顶层油温、平均油温和散热器进出口油温在稳态时、阶跃负荷下和连续冲击负荷下时的分布规律和变化规律。

（2）研究了稳态时变压器内部最大油流速度与负载系数的关系，分析了稳态时和阶跃负荷下绕组热点温度与油流平均速度的关联性,并用相同的冲击负荷、不同的作用间隔研究了冲击负荷之前的温度场和油流场对冲击负荷作用时绕组热点温度的影响。

(3)为降低绕组热点温度,研究了散热器与绕组的相对位置以及导向油道对热点温度的影响;建立了 DQY-31500/220 牵引变压器数值计算模型,分析了在典型负荷曲线下绕组热点温升规律和绝缘老化规律,计算了日均绝缘寿命损失。

第5章

卷铁心变压器设计与制造技术

本章介绍大型卷铁心牵引变压器设计技术与制造技术，其中设计技术是在第 2、3、4 章理论模型和计算方法的基础上建立和完善的，制造技术部分介绍制造工艺装备和制造工艺流程。

5.1 总体方案与技术指标

我国的卷铁心变压器技术已处于世界领先地位，中小容量规格的卷铁心变压器在硅钢片开料、卷绕和成型铁心退火方面已具备成套的专用设备和丰富的技术经验。然而，这些厂商只能生产 35 kV/10 MVA 及其以下电压/容量等级的卷铁心变压器，110 kV 电压等级以上的卷铁心变压器设计技术、制造工艺和配套设备均尚属空白，面临的主要问题如下：

（1）铁心方面：首先，中小型容量变压器不存在截面宽度分级的现象，工艺方面相对容易实现，而大型变压器为了满足电场裕度和抗短路冲击性能的需要，绕组需要做成饼式线圈，同时为保证磁能利用率，铁心也要做成多级圆形结构，这就意味着封闭卷绕前的硅钢带必须形成多层梯级渐变的结构，而梯形料带的无偏剪裁和铁心封闭式连续卷绕工艺均属世界首例；其次，大型变压器铁心需要设置散热油道，铁心只能采用半圆拼合式，这给铁心卷绕、绑扎以及退火过程带来新的挑战。单条硅钢带长度和重量的增加对开料机、卷绕机等设备提出了新的要求，且铁心的拼合式结构以及体积的增加还可能影响高温退火炉的性能，导致现有的方案和体系失效，制造工艺需要进一步突破。

（2）绕组方面：由于卷铁心是采用超长梯形硅钢片连续绕制形成的封闭结构，无法在单个线圈绕制完成后进行套装，线圈结构必须考虑能在封闭式铁心上依次进行内、外线圈的绕制。该过程中如何形成绕组骨架、防止撑条移位，如何用最小的空间来保证绕制的顺利进行，以及线圈器身绝缘结构件特殊设计和放置顺序如何，等等，都需要重新考虑。因此，面对线圈一体化绕制的大型卷铁心牵引变压器专属绕线机的开发以及配套工艺方案也是保证项目成功的关键之一。

5.1.1 主要研究内容

1. 卷铁心牵引变压器设计技术

基于铁心涡流场分析模型、绕组分布参数模型、箱体内油流动力学计算模型、整体热特性分析对卷铁心变压器的电气性能、温升分布、抗短路能力进行计算和评估，确定变压器铁心设计方案、绕组设计方案、器身绝缘设计方案、油箱及结构件设计方案。其中，如何配合卷铁心的形状来设计绝缘结构和压紧结构是器身结构设计的关键。同时，对不易获取的技术参数通过专业软件进行仿真模拟，以其分析结果作为变压器设计的重要补充：如采用冲击梯度分析软件对绕组的冲击波过程进行计算，作为反复调整线圈形式和电容参数的依据，使冲击梯度分布达到较为理想的状态；通过有限元分析开展箱体漏磁场分布与温升关联性的研究，以计算结果为依据，灵活采用导向或隔断方式防止漏磁过高而引起局部过热，或圆整化电极，或对油隙进行分割，或加包新型材料绝缘，等等。

2. 卷铁心牵引变压器制造工艺

拼合式铁心在几何对称轴线上的散热油道拟采用绝缘扣进行点状分布，分布密度和分布形状由油流速度、铁心夹紧力和分级截面宽度来确定。由于饼式线圈制约了卷铁心带材形状，只能由超长多层梯级渐变硅钢片绕制成封闭形态，这又给绕组制作带来不利影响，无法在单个线圈绕制完成后进行套装，只能在封闭式铁心上进行连续绕制。因此，本书介绍了在模成型硬纸筒骨架结构和特殊的内、外线圈一体式结构，其线圈撑条均设置有特殊的定位装置，可防止绕制时撑条发生倾斜和移位。

3. 卷铁心牵引变压器样机研制

按照牵引变压器相关国家或行业标准进行样机装配：主要包括整体烘燥、开关引线装配、二次气相干燥、落罩、外部装配、出厂试验等。

5.1.2 技术条件

根据新型卷铁心的节能理念、性能指标，以及相关技术标准，参考本书涉及的铁心、绕组、温升、流速场模型及其耦合分析结果，制定了如下技术条件。

5.1.2.1 常规技术要求

1. 设计寿命

设计寿命为 30 年。

2. 使用条件

应用地点：山西中南部铁路通道王家庄牵引变电所。

户外温度：−35～+42°C；

相对湿度：月平均≤90%，日平均≤95%；

海拔高度：1500 m；

污秽区划：重污区；

振动：水平加速度 0.2g（1g = 9.8 m/s^2）；

垂直加速度：0.1g（1g = 9.8 m/s^2）；

地震烈度：≤8 级；

雷暴日：高雷区；

覆冰厚度：≤10 mm；

最大运营风速：30 m/s；

结构设计风速：35 m/s。

3. 采用标准

本设备的制造、试验和验收除了应满足本技术条件的要求外，还应符合但不限于下列标准（标准应使用最新版本）：

◇JB/T 12260　　　　　《AT 供电方式单相牵引变压器》

◇TB/T 3159　　　　　《电气化铁路牵引变压器技术条件》

◇GB 311.1　　　　　《高压输变电设备的绝缘配合》

◇GB 1094.1～1094.5　《电力变压器》

◇GB/T 6451　　　　　《三相油浸式电力变压器技术参数和要求》

◇GB/T 15164　　　　《油浸式电力变压器负荷导则》

◇GB/T 17468　　　　《电力变压器选用导则》

◇GB/T 2900.15　　　《电工术语变压器互感器调压器和电抗器》

◇GB/T 7595　　　　　《运行中变压器油质量标准》

◇GB/T 10237　　　　《电力变压器绝缘水平和绝缘试验外绝缘的空气间隙》

◇GB 2536　　　　　　《变压器油》

◇GB 7328　　　　　　《变压器和电抗器的声级测量》

◇GB 4109　　　　　　《高压套管技术条件》

5.1.2.2 核心技术参数

（1）设备类型。

户外、油浸自冷（ONAN），预留风冷条件。

（2）额定电压。

高压：（220±3）×（1+2.5%）kV（各电压抽头均保证全容量，无励磁调压）；

低压：AT 接线方式 2×27.5 kV；直供接线方式 27.5 kV。

（3）运行频率：50 Hz。

（4）极性：减极性。

（5）相数：三相（单相组合式）。

（6）联结组标号：

Ii0i0+Ii0i0（VX 接线）；端子标识见图 5-1：其中，原边 AB、BC 绕组（称为高压绕组，标识为 1 绕组）接电力系统三相进线电源；次边 a1-x1、b1-y1 绕组（称 T 绕组，标识为 2 绕组）接 T 线，a2-x2、b2-y2 绕组（称 F 绕组，标识为 3 绕组）接 F 线。a1-x1、b1-y1 及 a2-x2、b2-y2 同一绕组端子间电压为 27.5 kV；a1-x2、x1-a2、x2-b1、y1-b2、b1-y2 等异绕组端子间电压为 55 kV。

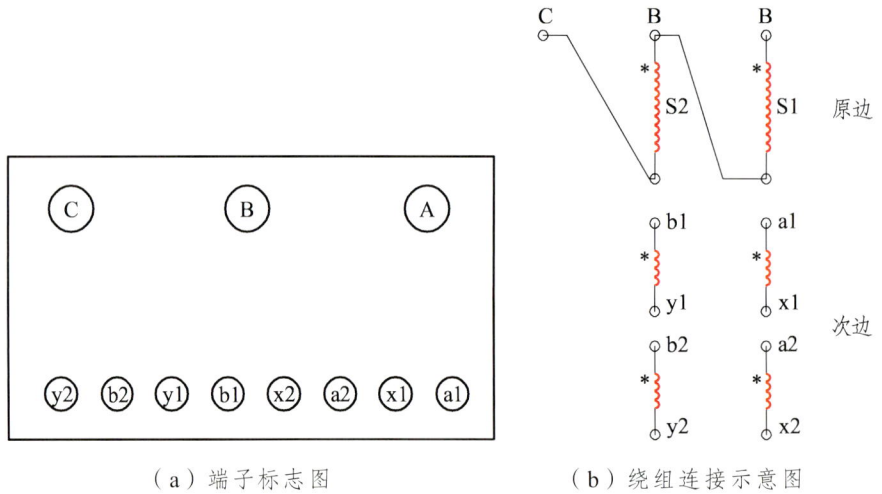

（a）端子标志图　　　（b）绕组连接示意图

图 5-1　联结组标号

（7）额定容量。

牵引变压器采用两台独立铁心和绕组的单相变压器拼合而成，总容量为 56.5 MVA，其中，原边绕组及对应次边 T/F 绕组额定容量见表 5-1。

表 5-1 组合式卷铁心变压器额定容量

高压绕组额定容量标识 S_1	S_{AB}		S_{BC}	
高压绕组额定容量/kVA	31500		25000	
中压绕组容量标识（S_2、S_3）	S_{a1-x1}	S_{a2-x2}	S_{b1-y1}	S_{b2-y2}
中压绕组的容量/kVA	31500	16000	25000	12500

（8）阻抗匹配要求。

基准容量采用高压绕组的容量，满足 $U_{d1-23} \approx 10.5\%$，以及：

$$Z_{31} < Z_{21}$$

$$Z_{31} + Z_{23} \approx Z_{21}$$

其中，Z_{21} 为变压器在 2 绕组上加电压、1 绕组短路、3 绕组开路时测得的阻抗；

Z_{31} 为变压器在 3 绕组上加电压、1 绕组短路、2 绕组开路时测得的阻抗；

Z_{23} 为变压器在 2 绕组上加电压、3 绕组短路、1 绕组开路时测得的阻抗。

（9）连续额定容量下的温升限值。

线圈：≤65 K（电阻法）。

油层顶部：≤55 K（温度计法）。

（10）空载电流。

在额定电压和运行频率的条件下，空载电流应小于额定电流的 0.3%。

（11）绕组绝缘水平。

绝缘耐受电压指标如表 5-2 所示，其中，该表所列数据系指 1000 m 海拔地区值，实际情况应根据实际海拔按 GB/TB 或 IEC 标准进行相应提高。

表 5-2 绝缘耐受电压指标　　　　　　单位：kV

额定电压	最高工作电压	雷电冲击耐受电压（峰值）		1 min 工频耐受电压（有效值）	操作冲击耐受电压（对地峰值）
		全波	截波		
220	252	950	1050	395	750
27.5	31.5	200	220	85	—

（12）空载损耗：≤41 kW，负载损耗：≤205 kW。

（13）过励磁能力。

满载时 105%励磁：连续。

空载时110%励磁：连续。

（14）承受短路能力。

变压器应能承受牵引网近端和远端频繁短路的能力（不少于70次/年，其中40%为近端短路；在一次侧额定电压、二次侧短路情况下3 s内连续两次冲击，而不影响其使用寿命）。变压器（在任意分接位置）应能在规定的过电流条件下承受外部短路的热、动稳定效应而无损伤。稳态短路电流 I 应使用变压器的短路阻抗加上系统阻抗来计算，220 kV系统短路表观容量取18000 MVA；最大暂态短路电流峰值取2.55倍（$S \leqslant 100$ MVA）或2.69倍（$S > 100$ MVA）的 I 值。

在稳态短路电流下，热稳定能力2 s内不应造成变压器任何热损伤；在最大暂态短路电流峰值下，动稳定能力0.25 s内不应造成变压器任何机械损伤，短路后绕组最热点温度不超过250°C（短路前牵引变压器在额定状态下运行）。

（15）噪声。

变压器噪声小于62 dB。

（16）过负荷能力。

牵引变压器按图5-2典型负荷曲线运行（负载周期约360 min），其中，环境温度30°C，绕组最热点温度不超过140°C，顶层油温不超过105°C。

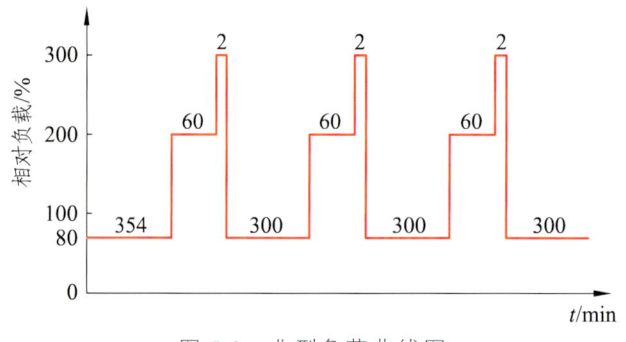

图5-2 典型负荷曲线图

此外，变压器铁心及其与外部的电气连接线（如套管和导电杆等）和油箱中的结构件均应满足变压器过负荷的要求。

（17）局部放电量。

变压器在 $1.3U_m$ 电压下，30 min高压线圈测量的视在放电量不大于200 pC，套管不超过10 pC。

（18）油箱机械强度。

应承受住真空度为 133 Pa 和正压力为 98 kPa 的油箱机械强度试验，油箱中与油接触的部件不会受损及出现永久变形。变压器油箱及其储油柜能够承受 50 kPa，持续时间 72 h 的油密封试验，油箱、储油柜、套管、阀门及散热器和油箱连接处不会发生渗漏油现象和损伤（出厂前进行）。

（19）套管爬距。

高压套管爬距不小于 7812 mm；低压套管爬距不小于 1400 mm；套管间距按 55 kV 电压等级设计，不小于 645 mm。

（20）其他。

牵引变压器采用无励磁调压，无载调压分接开关采用国内知名品牌，手动机构应引至油箱中下部，并便于操作。变压器投入运行时，在额定电压下进行 5 次冲击合闸应无异常现象。

5.1.2.3 各部件材料及结构要求

1. 铁心

铁心应采用高导磁、低损耗冷轧取向硅钢片制作的多级圆形截面的卷铁心结构，并设置专用的铁心接地套管接地。铁心应能够承受长途运输冲击，长期运行时不会发生任何移位。

2. 绕组

同一批次的绕组应采用同一厂家产品，绕组 27.5 kV 侧用自黏性换位导线绕制。绕组应在设计、工艺上充分保证变压器的抗短路能力、绝缘强度和散热能力。所有与线圈接触的绝缘件，如撑条和垫块等均应进行倒角去毛刺处理。

3. 油箱

油箱采用优质钢板材料，可用钟罩式结构，油箱整体通过地脚螺栓固定在基座上。油箱应配备温度计插座；油箱的两个垫脚各设一个接地端子，结构上应能在不拆卸外罩的情况下可以方便地更换套管和瓷件。

在变压器油箱上部装滤油阀，底部装有足够大的事故放油阀；在油箱和储油柜间应配有两部分油隔开活门；在箱体和散热器间有两部分油隔开活门，并设带自动复归压力释放器并带有跳闸接点。

在变压器上下节油箱分别配备滤油阀门，并且配事故排油阀和真空注油阀，在油箱壁的中部和下部各装有统一口径的油样阀门。此外，油箱应配备带栅栏的扶梯，扶梯的位置足以保证工作人员在带电工作的条件下能够取气样和观察气体继电器,并带导气盒。

4. 储油柜

储油柜采用金属波纹膨胀型储油柜,波纹补偿元件使用寿命应大于20000次,需提供国家级试验报告;配备带油封的吸湿器、真空注油阀、注油孔排气阀、放油及排污油装置、油位表和吊轴及牵引钩。

5. 冷却系统

散热器和箱体连接应设计为可拆卸式。

6. 套管

在220 kV(高压)侧采用带油位表的电容式套管,套管上应有油标指示。套管的水平破坏拉断力应大于等于3920 N。套管的安装位置和相互位置距离应便于接线,而且带电部分的空气间隙应能满足GB 1094.3的要求。

7. 绝缘油

应使用优质的45号新矿物油作为绝缘油。除抗氧化物外不得加入其他添加物,并按所需油量的110%提供。

8. 端子箱(或控制箱)

变压器所有的故障信号接点应通过耐油电缆并经不锈钢走线槽引至控制箱内的端子排上,端子排应预留8~10个端子。端子箱内应设有信号测量和保护装置辅助回路用的接线端子。

9. 安全保护装置

在安全保护装置中应配有气体继电器(带2对以上辅助接点,其安装位置和结构应能观察到分解出气体的数量和颜色,且应便于取气样)、压力释放装置(自动复归型,带辅助接点)、供给信号测量及保护装置辅助回路用的接线端子箱。

10. 油保护装置

油保护配置中配置的储油柜应设注油、放油和排污油装置。储油柜的容积应保证在最高环境温度与允许负载状态下油不溢出;在最低环境温度未投入运行时,观察油位计应有油位指示。储油柜的一端应装有油位计(带2对辅助接点),且应表示出变压器未投入运行时,相当于温度为−35℃、+20℃和+42℃三个油面标志。

另外,在变压器储油柜上应配备带油封的吸湿器。

11. 油温测量装置

在油温测量装置中应配有温度控制器及数显温度控制仪、户外式信号温度计（共带 4 对辅助接点），以满足油温报警、跳闸、综合自动化系统监控的需要。同时，还应装有玻璃温度计和温度计座，管座应设在油箱顶部，并伸入油内（120±10）mm。信号温度计的安装位置应便于观察，其准确级应符合相关标准。

12. 变压器应具有承受变压器总重的起吊装置

变压器器身、油箱和可拆卸结构的储油柜及散热器等应有起吊装置，油箱应配备吊轴和牵引钩；在油箱下部设置供千斤顶顶起变压器的装置，具体位置及尺寸须交买方认可。

13. 其他注意事项

① 所有设备的金属外壳均采用高黏着力、防腐涂料喷刷；② 变压器接线端子应有明显标志，该标志应牢固且耐腐蚀；③ 铁心及夹件通过套管从油箱上部引出可靠接地，接地处应有明显的接地符号"≐"或"接地"字样。

5.1.2.4 出厂试验要求

变压器试验按相应的 IEC 或 GB/TB 标准所规定的条款进行，包括例行试验、型式试验、特殊试验和现场试验。

1. 例行试验

（1）绕组电阻测量。

（2）电压比测量和联结组标号检定（包括各抽头）。

（3）短路阻抗和负载损耗测量。

（4）空载电流和空载损耗测量。

（5）绕组对地绝缘电阻和绝缘系统电容的介质损耗因数的测量。

（6）绝缘例行试验。

（7）局部放电测量试验。

（8）密封试验。

（9）分接开关试验。

（10）套管试验。

（11）绝缘油试验（击穿电压试验、介质损耗因数、含水量测量和油中气相色谱分析）。

（12）声级测定试验。

2. 型式试验

同类产品至少保证有一台进行该项目，且被测样品各部件需严格按照相关标准进行单独试验：

（1）温升试验。

（2）绝缘型式试验。

（3）油箱机械强度试验。

3. 特殊试验

（1）短路承受能力试验。

（2）过励磁试验。

（3）声级测定试验。

（4）过负荷能力试验。根据典型条款或用户提出实际使用的负荷曲线要求，由用户和制造厂共同商定进行试验，其各部分温升应满足本标准的规定；另外，在试验前后应取油样进行气相色谱分析。

4. 现场试验

变压器安装完毕后，还需进行如下测试：

（1）线圈直流电阻测定。

（2）电压比测定、电压矢量关系校定、极性测量。

（3）铁心绝缘电阻测定。

（4）绝缘油试验：击穿电压试验；介质损耗因数测量；含水量测量；油中气相色谱分析。

（5）密封油试验。

（6）绕组连同套管的耐压试验。

（7）套管试验。

（8）分接开关试验。

（9）在额定电压下进行空载冲击合闸试验。

5.1.2.5 起吊、运输及储存要求

（1）变压器需具有承受变压器总重的起吊装置。变压器器身、油箱、可拆卸结构的储油柜、散热器等也应有相应的起吊装置。

（2）在经过正常的铁路、公路及水路运输后，变压器内部结构相互位置不变，紧固件不松动，保证变压器运至现场后，不经吊罩检查即能可靠投入运行。变压器的组件、部件（如储油柜、散热器、套管和阀门等）的结构和布置应不妨碍吊装、运输及运输中紧固定位。

（3）变压器通常为带油进行运输。如受运输条件限制时，可不带油运输，但须充以干燥的气体，并明确标志所充气体种类。运输前应进行密封试验，以确保在充以 20~30 kPa 压力的气体时密封良好。变压器在运输中及到达现场后，油箱内的气体压力应保持正压，并有压力表进行监视。

（4）变压器应满足运输重量、尺寸限度和运输过程中耐受冲撞的能力，并装设冲撞记录仪进行检查，同时应满足允许倾斜15°的要求。

（5）运输时应保证变压器的所有组件、部件（如储油柜、散热器、套管和阀门等）不损坏和不受潮。

（6）成套拆卸的组件和零件（如气体继电器、套管、温度计及紧固件等）的包装应保证经过运输、贮存直到安装前不损伤和不受潮。

（7）成套拆卸的大组件（如储油柜和散热器等）运输时可不装箱，但应保证不损伤和不受潮。

5.2 铁心设计

本节详细介绍铁心部分的设计方案：通过截面直径、空载电流、空载损耗的计算，确定整体结构方案。

5.2.1 截面直径计算

铁心直径的选取直接关系着变压器耗材、重量、体积、成本、运输及重要性能指标。当铁心直径选取过大时，变压器的外形将变得矮胖，其器身重量、空载损耗、运输成本均会增加，而负载损耗会减小。选取合适的铁心直径，能使绕组用铜（铝）、铁心用硅钢片的数量达到最少，且能满足 5.1 节所述的各种性能参数（如阻抗电压、负载损耗、空载电流、空载损耗等）。每选出一个铁心直径，就可以设计出一种符合条件的牵引变压器。

变压器铁心直径通常根据经验公式计算得出。设每柱容量为 P'，可知：

$$P' = U_\phi I_\phi \times 10^{-3} \tag{5-1}$$

变压器电抗压降为：

$$U_X = \frac{49.6 f W I_\phi \rho \kappa \cdot \sum \Delta}{e_t H_k \times 10^6} \tag{5-2}$$

由式（5-2）可得：

$$I_\phi = \frac{e_t H_k \times 10^6 U_X}{49.6 f W \rho \kappa \sum \Delta} \tag{5-3}$$

而 $U_\phi = W e_t$，$e_t = 4.44 f B_m \dfrac{\pi D^2}{4} \times 10^{-4}$，将 I_ϕ，U_ϕ 代入式（5-1）中可得：

$$P' = \frac{\left(1.11 f B_m \pi D^2 \times 10^{-4}\right)^2 H_k U_x \times 10^3}{49.6 f \rho \kappa \sum \Delta} \tag{5-4}$$

进而得出变压器的铁心直径为：

$$D = \sqrt[4]{\frac{49.6 f \rho \kappa \sum \Delta}{1.11^2 f^2 B_m^2 \pi^2 h U_X \times 10^{-5}}} \times \sqrt[4]{P'} = K \times \sqrt[4]{P'} \tag{5-5}$$

式中　　ρ——洛式系数；

κ——横向漏磁通引起的附加电抗系数；

B_m——磁通密度幅值，T；

H_k——绕组电抗高度，cm；

$\sum \Delta$——漏磁空道之和，cm；

K——经验系数。

K 值随着变压器性能标准、导线材料、铁心（冷轧或热轧硅钢片）及变压器容量的不同而有所差异，大致可以参照表5-3选取。

表 5-3 经验系数 K 值表

变压器类别	P' 与 S 的关系	铜线	铝线
三相双绕组	$P' = \dfrac{1}{3}S$	冷轧硅钢片 $K = 54 \sim 60$	冷轧硅钢片 $K = 50 \sim 56$
三相三绕组	$P' = \dfrac{1}{2}S$		
单相双绕组	$P' = \dfrac{1}{2}S$	热轧硅钢片 $K = 58 \sim 64$	热轧硅钢片 $K = 54 \sim 60$
单相三绕组	$P' = \dfrac{3}{4}S$		

注：S 为变压器额定容量（kVA）。

单框式卷铁心为单相三绕组变压器，参照表 5-3，取 $P' = \dfrac{3}{4}S$。铁心材料为冷轧硅钢片材料，绕组材料为铜线，实际优化得知该类变压器经验系数较大，取值范围为 58~65，这里选取 63。由于该单相变压器容量为 25 MVA，则有：

$$P' = \dfrac{3}{4}S = \dfrac{3}{4} \times 25000 = 18750 \text{ (kVA)} \tag{5-6}$$

$$D = K\sqrt[4]{P'} = 63 \times \sqrt[4]{18750} \approx 740 \text{ (mm)} \tag{5-7}$$

5.2.2 空载电流计算

本节利用暂态电磁场-电路耦合方法建立大型卷铁心变压器和同等容量叠铁心变压器的等比例有限元模型，得到空载电流变化特征并进行对比分析。

5.2.2.1 仿真参数设置

三相 V/X 接线牵引变压器是由两台单相变压器组合而成，其接线方式如图 5-3 所示。本例中对其中一台额定容量为 25 MVA 的单相变压器进行分析。单相单框式卷铁心牵引变压器有高压绕组（H 绕组）、低压馈电绕组（F 绕组）、低压牵引绕组（T 绕组），高压绕组 H1 和低压绕组 T1、F1 通过心柱相耦合，同样高压绕组 H2 和低压绕组 T2、F2 通过另一个心柱相耦合，外加激励电路通过三个绕组与建立的仿真模型相连接，实现电磁场-电路的耦合。外加激励电路的简化示意图如图 5-4 所示。当改变低压侧负载阻抗的值时，就可以模拟变压器的空载、短路和额定负载等不同工况下的运行情况。

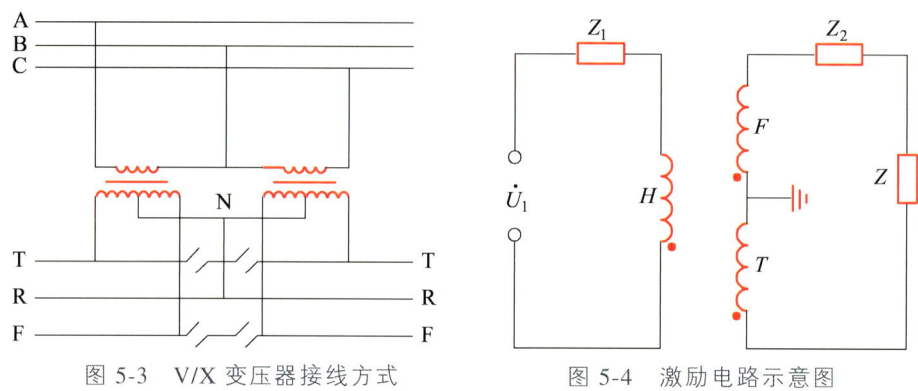

图 5-3　V/X 变压器接线方式　　　　图 5-4　激励电路示意图

本节的主要目的是获取空载电流的波形及其有效值，因此，仅需在空载条件下进行仿真。外部电路设置方案具体描述为：在牵引绕组（T 绕组）与馈电绕组（F 绕组）的激励源定义框中，将激励类型设为电流，大小为 0 A，代表低压绕组中没有电流流过，这样在建立外加激励电路模型的时候就可以不用考虑低压侧，只需建立高压侧激励电路模型；电源选用正弦交流电压源，设置幅值为 311 kV，相角为 0°；高压侧两个绕组的线圈设置为并联连接，再将绕组直流电阻代入，得到该节能型卷铁心牵引变压器外加激励电路模型，如图 5-5 所示。

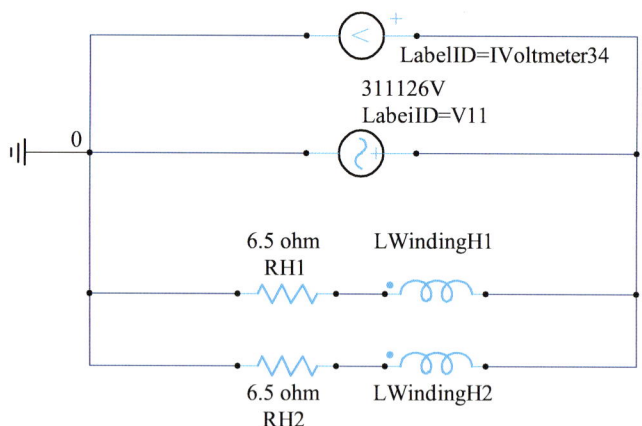

图 5-5　空载运行时的高压侧激励电路模型

外加电路设置好以后，按照牵引变压器铁心结构参数要求，利用 Maxwell 3D 有限元软件建立了卷铁心变压器和叠铁心变压器模型，如图 5-6 所示。

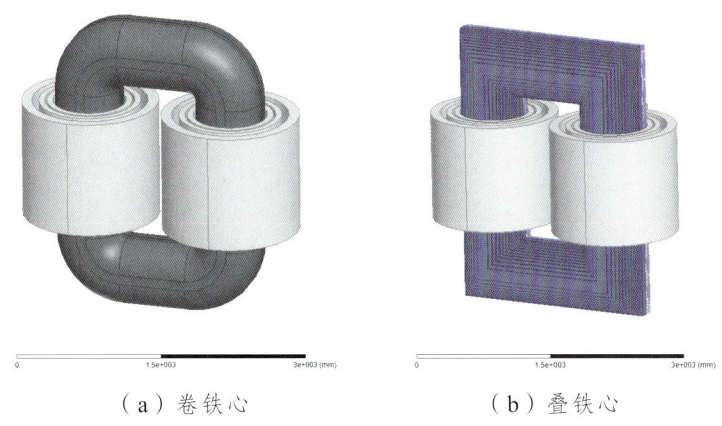

(a) 卷铁心　　　　　　　　(b) 叠铁心

图 5-6　两种铁心结构的有限元分析模型

5.2.2.2　仿真运算结果

通过暂态场自适应规则进行网格剖分，在尝试计算后得知在 400 ms 后空载电流波形基本趋于稳定，因此将求解条件时间域设置为 600 ms，以保证整体运算效率。整体仿真结果如表 5-4 所示。

表 5-4　节能型卷铁心牵引变压器与叠铁心牵引变压器仿真结果

类型	容量/MVA	励磁涌流最大峰值/A	空载电流有效值/A	空载电流占额定电流百分比/%
卷铁心	25	200	0.03	0.055
叠铁心		500	0.08	0.138

该结果显示，节能型卷铁心牵引变压器空载电流相比于同等容量的叠铁心变压器降低约 60%。

5.2.3　空载损耗计算

空载损耗是指变压器在额定电压下空载运行时所产生的能量消耗，它主要包括两个部分：一部分是铁心损耗，另一部分是绕组中的空载电流所产生的欧姆损耗。由于变压器的空载电流占比非常小，通常为 0.6%～3%，所以绕组中的欧姆损耗在空载时可以忽略不计。因此在实际工程中，可以认为空载损耗就是铁心损耗。根据第 1 章的介绍，Bertotti 损耗模型将铁心损耗分为磁滞损耗、涡流损耗、附加损耗三个部分，下面单独阐述。

各部分的损耗计算中,磁通密度是最为关键的物理量。根据1.2节所述,数千层级硅钢片卷绕形成的大型卷铁心,各层级边界磁通密度差异较为明显,在牵引工况影响下,铁磁材料非线性也变得突出,因此在计算铁心损耗各组分时,需要同时考虑磁通的边界效应和饱和特性。

1. 磁滞损耗

对式(1-1)改写后,得到卷铁心第 i 层级磁滞损耗计算式:

$$P_{h,i} = \gamma f \left\{ \left[B_{m.i}^{(1)} \right]^\tau + \left[B_{m.i}^{(3)} \right]^\tau \right\} \tag{5-8}$$

其中,$B_{m.i}^{(1)}$ 和 $B_{m.i}^{(3)}$ 按照式(2-212)~(2-214)计算;依据本书25 MVA牵引变压器运行工况,磁滞系数 γ 取 4.65×10^{-4},磁滞指数 τ 取 1.6~2.5。

在式(5-8)的基础上计算各层级单独的损耗,然后求和再除以总体积,得到整个卷铁心单位体积内磁滞损耗,其表达式为:

$$P_{h.wc} = \sum_{i=1}^{2k} (P_{h.i} \cdot V_i) / V_c \tag{5-9}$$

其中,V_i 为卷铁心第 i 层级的体积,V_c 为卷铁心总体积。

2. 涡流损耗

按照式(2-215)计算。

3. 附加损耗

通过改写式(1-3),得到卷铁心第 i 层级附加损耗的计算式:

$$P_{a.i} = 8\sqrt{\sigma G_w S H_p} \cdot f^{1.5} \cdot \left\{ \left[B_{m.i}^{(1)} \right]^{1.5} + \left[B_{m.i}^{(3)} \right]^{1.5} \right\} \tag{5-10}$$

在式(5-10)的基础上计算各层级单独的损耗,然后求和再除以总体积,得到整个卷铁心单位体积内附加损耗,其表达式为:

$$P_{a.wc} = \sum_{i=1}^{2k} (P_{a.i} \cdot V_i) / V_c \tag{5-11}$$

通过表5-5可知,节能型卷铁心牵引变压器空载损耗相比于同等容量的叠铁心变压器降低幅度超过了40%。同时,两种铁心结构的变压器计算值和测试值的偏差都很小。因此,本书改进后的铁心损耗计算模型能够作为现场试验的重要补充,进一步保障了测试数据的有效性和准确性。

表 5-5　同容量卷铁心和叠铁心变压器空载损耗计算和实测对比

类型	计算值/kW	实测值/kW
卷铁心	15.28	14.8
叠铁心	29.15	30.95

5.2.4　温度场计算

节能型卷铁心牵引变压器的核心在于卷铁心技术，其温度分布理论上应该比传统叠铁心变压器更加均匀，整体温差更小。为了验证这个理论，本节通过有限元软件进行电-磁-热耦合分析，明确不同负载系数下的铁心表面温度分布特征。

5.2.4.1　仿真参数设置

自然界中存在 4 种场：位移（应力应变）场、电磁场、温度场、流速场。工程中使用的软件可以进行这些场的单场分析。但是，自然界中这 4 个场之间是相互联系的，很多物理场问题都需要制定物理场耦合的计算方案才能解决。温升仿真软件的仿真平台可以将电磁计算结果导入稳态温度场（Steady-State Thermal）仿真器中，从而实现电磁热耦合仿真。具体操作过程：在温升仿真操作平台中建立涡流场分析模块，在电磁环境中对节能型卷铁心牵引变压器有限元模型进行三维涡流场仿真分析，仿真结束后将结果导入稳态热分析模块中，在稳态热分析模块中添加冷却系统的冷却性能参数，如铁心材料热导率、变压器油的对流换热系数等，来分析变压器铁心温度分布。仿真流程如图 5-7 所示。

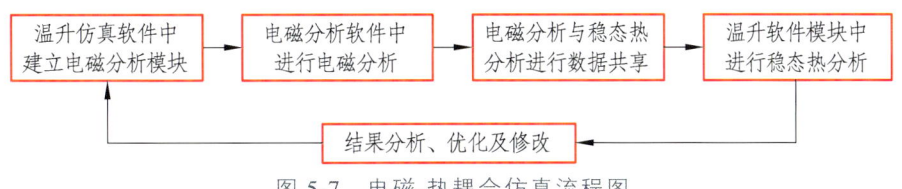

图 5-7　电磁-热耦合仿真流程图

5.2.4.2　仿真结果分析

模型整体仿真完成后，可以通过后处理操作查看铁心温度计算结果。

1. 80%额定牵引负荷下的铁心温度仿真结果

由过负荷曲线可知，80%额定负荷是本书中的节能型卷铁心牵引变压器主要的负荷情况。由图 5-8 可知，在该负荷运行情况达到稳定时，卷铁心的温度分布大概在 53℃，铁心温度分布比较均衡，而叠铁心的铁心柱温度分布比铁轭集中，铁心柱温度一般在 57℃ 左右，铁轭温度在 54℃ 左右。

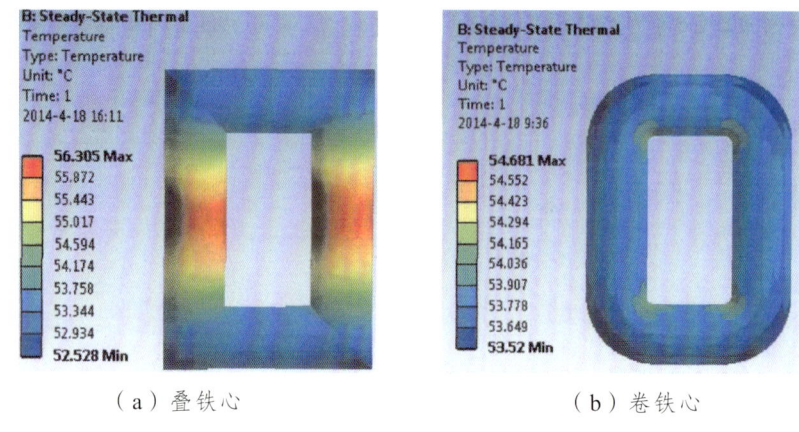

(a)叠铁心　　　　　　　　　(b)卷铁心

图 5-8　80%额定牵引负荷下的铁心温度分布图

2. 200%额定牵引负荷下的铁心温度仿真结果

由图 5-9 可知，在 80%额定负荷下运行至稳定后，再在 200%负荷情况运行 60 min 时，卷铁心的温度分布大概在 86℃，整个铁心中温度分布均衡，而叠铁心的铁心柱温度较之铁轭温度要高，铁心柱温度一般在 90~92℃，铁轭温度在 88℃左右。

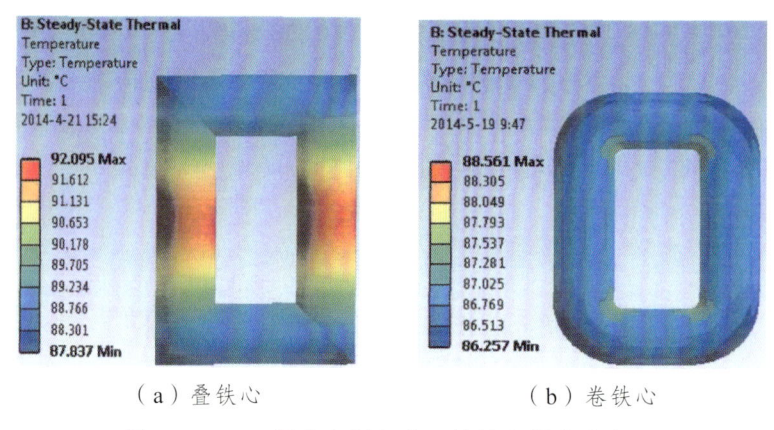

(a)叠铁心　　　　　　　　　(b)卷铁心

图 5-9　200%额定牵引负荷下的铁心温度分布图

3. 300%额定牵引负荷下的铁心温度仿真结果

牵引变压器的过负荷曲线显示，300%额定牵引负荷条件下运行时间最短，但这种情况对变压器的要求最高。由图 5-10 可知，在 200%额定负荷条件下运行 60 min 后再在 300%负荷情况下运行 2 min，卷铁心的温度分布大概在 128℃，整个铁心中温度分布均衡，而叠铁心的铁心柱温度较之铁轭温度要高，铁心柱温度一般在 130~133℃，铁轭温度在 129℃左右。

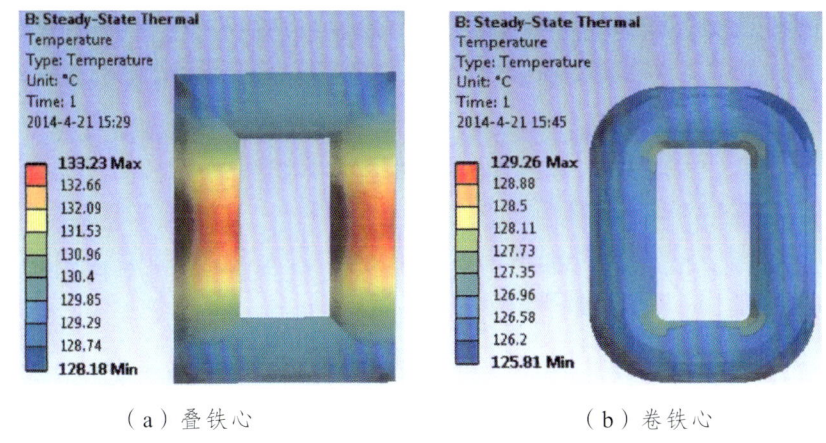

(a) 叠铁心　　　　　　　　　(b) 卷铁心

图 5-10　300%额定牵引负荷下的铁心温度分布图

由仿真结果可以看出,卷铁心在最大过负荷情况即 300%额定负荷情况下运行 2 min,其铁心温度在 140°C 以内,满足《油浸式电力变压器负载导则》(GB/T 1094.7—2008)中对电力变压器运行温度的要求,符合变压器厂反馈的卷铁心牵引变压器的温度测试结果。相比于叠铁心而言,卷铁心的温度分布更加均匀,且平均温度比叠铁心的温度要低。这是因为卷铁心结构的特殊特点,使得铁心中的磁通更加均匀,因此卷铁心中的温度分布也更加均匀。在实际应用中,这样的温度分布更有利于铁心散热,对变压器的稳定性及延长使用寿命都十分有益。

5.2.5　结构方案

根据铁心设计所必需的参数计算结果,结合大型节能牵引变压器卷铁心选用的多层梯级渐变硅钢片,确定最终技术方案。考虑牵引变压器工频过电压过励磁因素,为降低铁心温升达到许用值,单相卷铁心需要设置散热油道。目前,备选的方案有双框式和单框式结构,这两种结构各有优劣,分别如图 5-11 所示。下面进行综合分析。

1. 双框式结构绕组排列

双框式结构绕组排列方案铁心由两框拼接而成,每个框又由中间油道分为两部分,如图 5-11(a)所示,故其由四部分拼接而成,每部分独立卷绕,退火完成后由专门的工装设备拼合,并放置油道。

此结构的优势:因上下铁轭只有心柱一半,可以有效控制运输高度;双框结构铁心外轮廓表面是平面,绝缘垫块、压块结构简单。

此结构的劣势:铁心四部分拼合难度大;线圈高度较高,加上端部绝缘,铁心的直线部分已超过 2 m，卷绕时直线度较差，影响线圈绕制；牵引、馈线绕组需要开断交错绕制，上下绕组中间带绝缘间隙，安匝不平衡；高压线圈对旁柱绝缘距离（即 220 kV 对地）很大，铁心用料增加，且旁柱需要屏蔽；因上下铁轭遮挡，低压线圈内撑条放置困难，内线圈未有效支撑，抗短路能力较弱。

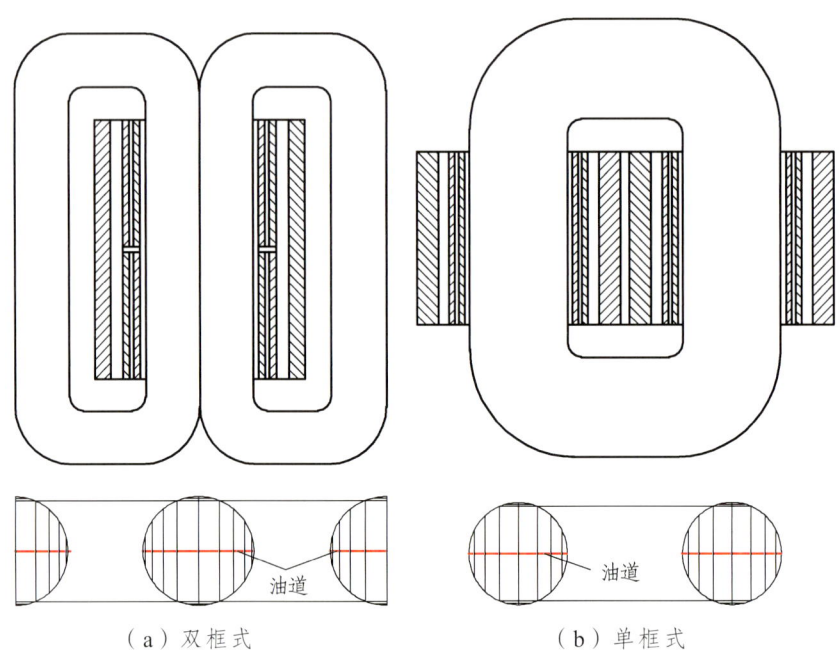

（a）双框式　　　　　（b）单框式

图 5-11　卷铁心油道配置方案

2. 单框式结构绕组排列

单框式结构绕组排列方案如图 5-11（b）所示，该方案由单独卷绕的铁心拼接而成，中间放置油道。高压线圈可以采用两部分串联或者两部分并联结构；若两部分串联，冲击波入波时高压首末端梯度很大，绝缘距离需放大，而且连接中间部存在电容突变点，经波过程计算得知，电压波动很大对绝缘不利；故采取两部分并联结构。

此结构的优势：高压并联，相间等电位或很小电位差，留够机械距离和必要的绕制裕度即可；低压内撑条可靠支撑，抗短路能力强；线圈分布在两个柱上，热源分散，更利于散热。

此结构的劣势：线圈绕制工作量翻倍，引线接线较复杂；铁心外轮廓表面是球面，尤其是四角的绝缘成型件，是非同心曲面，绝缘件及垫块制作困难，必要时要采取浇注办法；上下铁轭均为铁心直径大小，对于大容量变压器，变压器运输高度较难控制。

5.2.6 部件强度计算

通过以上分析可知，单框式铁心高压并联结构在抗短路能力、绝缘可靠性方面更具优势。因此，高效节能牵引变压器卷铁心采用单框式结构。

根据 5.2.5 节的分析，单框式结构低压内撑条有足够的操作空间放置，可以有效支撑抵抗幅向机械力。采用大板式夹件组成框架结构，使铁轭、夹件捆绑在一起，有效地夹紧了铁心，以保证足够的抗短路机械强度。铁心装配各部件强度计算通过相应的程序可得机械强度计算结果，如图 5-12 所示。

图 5-12 铁心部件机械强度计算结果

5.3　绕组及绝缘设计

电场计算是变压器绕组及绝缘设计的关键。由于牵引变压器工况相对复杂，时常面临过负荷或短路冲击，在满足基本技术条件的情况下，还需保证足够的绝缘裕度，以防止变压器带病运行或发生故障。本节先从绕组参数计算结果出发，通过仿真计算验证其绝缘强度是否符合运行要求，提出绕组自身、结构器身绝缘结构和短路机械性能设计方案。

5.3.1　绕组参数计算

大型牵引变压器通常选用饼式绕组结构，细分后包括连续式、纠结式、内屏蔽式、螺旋式以及更加复杂的交错式绕组。饼式绕组机械强度高、散热性好，其中的纠结式绕组和内屏蔽式绕组，可以增加绕组的纵向电容，改善绕组冲击电压的分布，冲击特性较好，适用于高电压等级的变压器。

短路阻抗是变压器设计中的重要参数，涉及变压器的成本、效率、电压变化率、机械强度、短路电流大小等。对于大型牵引变压器，短路阻抗的电阻分量所占的比重很小，所以短路阻抗的大小就由其电抗分量决定。短路电抗主要由变压器的绕组布置方式、连接方式决定，而不同的绕组布置方式又决定了变压器漏磁大小及分布规律。《电气化铁路牵引变压器技术条件》（TB/T 3159—2007）中规定 220 kV 级牵引变压器短路阻抗值一般为 12%~14%，本章设计的大型节能牵引变压器绕组布置方式也需满足这个要求。下面给出基于磁路法的牵引变压器短路电抗计算原理。

不论是通过等值的漏电感（负载电流产生的漏磁所形成的电感）或是通过漏电势来计算短路电抗，都需要以漏磁通为桥梁，而漏磁通是用磁路法得到的，所以又称为磁路法。下面通过图 5-13 中的同心圆式双绕组结构，推导其短路阻抗的表达式。

设 NN 为 ϕ_{s1} 和 ϕ_{s2} 的漏磁分界线，有了漏磁分界线就可以通过磁路法求出绕组（Ⅰ）和绕组（Ⅱ）的磁链数 Ψ_w，再求出漏电势 E_s，最后求出短路电抗 x_k。绕组（Ⅰ）的总磁链数可以分成两个部分计算。

（1）通过主漏磁空道分界线左边的漏磁通与低压线圈的全部线匝交链，即Ⅰ—Ⅱ之间的磁链数为：

$$\psi_{W_{1-2}} = B_m W y \pi (2R_1 + 2a_1 + y) \tag{5-12}$$

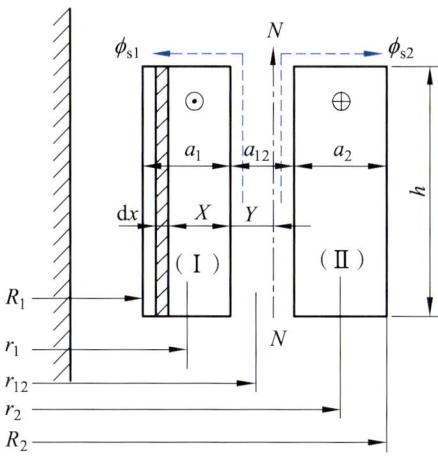

图 5-13　牵引变压器双绕组结构示意图

（2）通过低压线圈所占空间的漏磁通与低压线圈逐次交链，磁链数为：

$$\int_0^{a_1} \frac{B_m}{a_1} \times \frac{W}{a_1} \times 2\pi(R_1 + x)\mathrm{d}x = 2\pi B_m W \frac{1}{3} a_1 \left(R_1 + \frac{3}{4} a_1 \right) \tag{5-13}$$

那么总磁链数为：

$$\phi_{s1} W = 2\pi B_m W \left[y\left(R_1 + a_1 + \frac{y}{2} \right) + \frac{1}{3} a_1 \left(R_1 + \frac{3}{4} a_1 \right) \right] \tag{5-14}$$

同理，绕组（Ⅱ）的总磁链数为：

$$\phi_{s2} W = 2\pi B_m W \left[(a_{12} - y)\left(R_1 + a_1 + \frac{a_{12}}{2} + \frac{y}{2} \right) + \frac{1}{3} a_2 \left(R_2 + \frac{3}{4} a_2 \right) \right] \tag{5-15}$$

漏磁通在绕组（Ⅰ）、绕组（Ⅱ）中换算到同一绕组匝数的感应电势即漏电势分别为：

$$E_{s1} = 4.44 f (\phi_{s1} W) \times 10^{-4} \tag{5-16}$$

$$E_{s2} = 4.44 f (\phi_{s2} W) \times 10^{-4} \tag{5-17}$$

总的漏电势为：

$$E_s = E_{s1} + E_{s2} = 2\pi \times 4.44 f B_m \sum D \times 10^{-4} \qquad (5\text{-}18)$$

其中：

$$\sum D = \frac{1}{3}a_1(R_1 + \frac{3}{4}a_1) + \frac{1}{3}a_2(R_2 - \frac{3}{4}a_2) + a_{12}(R_1 + a_1 + \frac{1}{2}a_{12})$$
$$= \frac{1}{3}a_1 r_1 + \frac{1}{3}a_2 r_2 + a_{12} r_{12} \qquad (5\text{-}19)$$

$$B_m = \frac{1.78 W I \rho}{h} \times 10^{-4} \qquad (5\text{-}20)$$

所以：

$$E_s = \frac{49.6 f W^2 I \sum D \rho}{H \times 10^8} \qquad (5\text{-}21)$$

$$x_k = \frac{E_s}{I} = \frac{49.6 f W^2 \sum D \rho}{H \times 10^8} \qquad (5\text{-}22)$$

以百分数值表示短路电抗为：

$$u_{kx}\% = x_k\% = \frac{I_0 x_k}{U_N} \times 100\% = \frac{49.6 f W \sum D \rho}{e_t \cdot H \times 10^6}\% \qquad (5\text{-}23)$$

式中 e_t——每匝电势，V/匝；

U_N——绕组的额定相电压，V；

I——绕组额定相电流，A；

x_k——漏电抗，Ω。

牵引变压器由串联绕组和公共绕组组成，鉴于牵引变压器的短路阻抗要求，绕组结构设置如图 5-14 所示。此时从结构上来说，就有三个绕组，从内向外分别是 T（牵引）绕组、F（馈电）绕组、H（高压）绕组，匝数比为 1:1:8，同时采用两柱低压绕组并联的方式，两柱上的 T 绕组和 F 绕组分别并联后，再串联作为一个绕组。计算短路阻抗时，应分别计算出每两个绕组之间的阻抗电压。

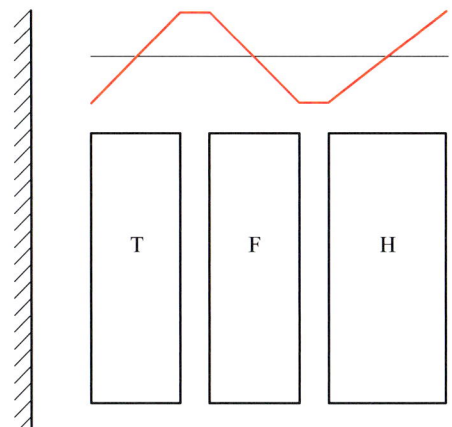

图 5-14 高低压绕组排列方式

T 绕组与 F 绕组之间的短路阻抗电压为：

$$U_{kr12} = \frac{49.6 fIW \sum_{12} \rho_{12}}{e_t \cdot H \times 10^6} \% \qquad (5\text{-}24)$$

T 绕组与高压绕组之间的短路阻抗电压为：

$$U_{kr13} = \frac{49.6 fIW \sum_{13} \rho_{13}}{e_t \cdot H \times 10^6} \% \qquad (5\text{-}25)$$

F 绕组与高压绕组之间的短路阻抗电压为：

$$U_{kr23} = \frac{49.6 fIW \sum_{23} \rho_{23}}{e_t \cdot H \times 10^6} \% \qquad (5\text{-}26)$$

如果是普通的双绕组高低压结构变压器，那么其短路阻抗电压为：

$$U_{kr} = \frac{W_3}{W_1 + W_3} U_{kr23} + \frac{W_1}{W_1 + W_3} U_{kr12} - \frac{W_1 W_3}{(W_1 + W_3)^2} U_{kr13} \qquad (5\text{-}27)$$

单框式铁心两个心柱上的绕组既可以采取两部分并联，也可以采取两部分串联。当两部分串联时，冲击波入波时高压首末段梯度很大，绝缘距离需放大，而且连接中间部分存在电容突变点，电压波动很大对绝缘不利，所以本书在设计时采用两部分并联结构。当两个心柱两部分并联时，短路阻抗将变为一半，且因为牵引变压器负荷特殊性，短路阻抗要乘以一个系数 0.5。所以本设计中牵引变压器的短路阻抗电压为：

$$U_{kx} = 0.5 \times 0.5 \times \left[\frac{W_3}{W_1+W_3} U_{kx23} + \frac{W_1}{W_1+W_3} U_{kx12} - \frac{W_1 W_3}{(W_1+W_3)^2} U_{kx13} \right] \quad (5\text{-}28)$$

绕组结构及尺寸方案如图 5-15 所示，短路阻抗的计算结果满足标准要求。

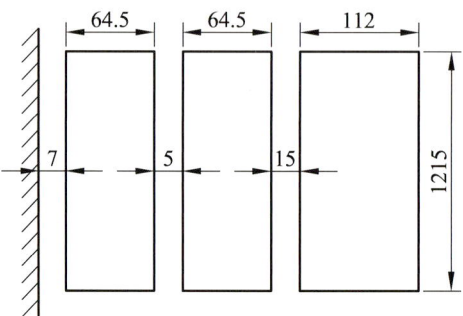

图 5-15　牵引变压器绕组及空道尺寸

整个绕组线圈连接及引线出口如图 5-16 所示。为确保三组线圈的同名端在相同的方向，Ⅰ柱串联 T1 和 F1 绕组为右绕向，高压绕组也为右绕向；Ⅱ柱 T2 和 F2 绕组为左绕向，高压绕组也为左绕向。

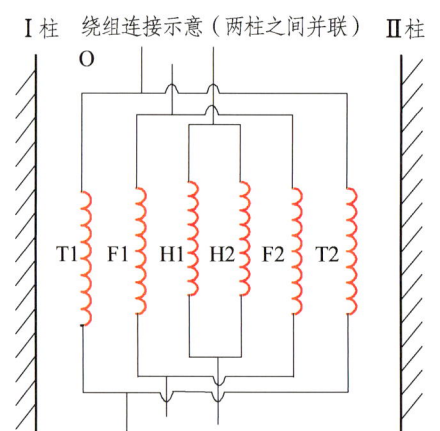

图 5-16　牵引变压器绕组各部分线圈连接图

牵引变压器绕组段匝数分布及导线规格如表 5-6 和表 5-7 所示。

表 5-6　牵引馈电绕组线圈段匝数分布及导线规格

参数	T 绕组				F 绕组			
段数	2 M	4N	52P	$\sum$ 58 段	2 M	4N	52P	$\sum$ 58 段
匝数	$2\frac{14}{20}$	$2\frac{9}{20}$	$2\frac{18}{20}$	$\sum$ 166 匝	$2\frac{14}{20}$	$2\frac{9}{20}$	$2\frac{18}{20}$	$\sum$ 166 匝
导线规格	自黏性半硬导线 19 包纸厚 0.54 mm				自黏性半硬导线 15 包纸厚 0.88 mm			

表 5-7　高压绕组匝数分布及导线规格

	高压绕组							
段数	2×4 A	2×4B	2×4C	2×4D	2×14E	2×1F	2×6G	2×4 H	$\sum$ 82 段
匝数	$12\frac{26}{28}$	$13\frac{26}{28}$	$15\frac{26}{28}$	$16\frac{26}{28}$	$18\frac{27}{28}$	$17\frac{14}{28}$	$17\frac{27}{28}$	17	$\sum$ 1396 匝
导线规格	正常段线规：2×1.9×8.0　　包纸厚（双边）1.7 分接段线规：4.0×7.5　　　包纸厚（双边）1.7 屏线线规：　1.0×7.1　　　包纸厚（双边）2.31								

牵引馈电绕组线饼的段数均为 58 段，绕组采用连续式绕组，且由于绕组辐向高度的限制，每饼匝数不能采用整数值，所以每饼的匝数设置为分数值。对于大容量变压器来说，线圈的附加损耗与导线的线规关系很大。因此，为降低线圈的附加损耗，目前比较多的是采用自黏性换位导线。与以往的单根导线及组合导线相比，自黏性换位导线由多股导线经过编织而成，在线圈绕制过程中不需要进行换位，从而减小了环流损耗，并在散热和抗短路能力方面更有优势，所以在绕组设计时，导线拟采用自黏性换位导线。

5.3.2　绝缘强度计算

本方案以"电场强度"为牵引变压器绝缘结构设计的核心，通过波过程计算程序，模拟出牵引变在雷电全波冲击、截波冲击电压作用下高压线圈各点的对地电位分布及线圈饼间电位分布，并与感应电压试验和局部放电试验时实际耐受场强比较，以最大场强作为电气设计时校验线圈间主/纵绝缘和开关主/纵绝缘裕度的计算依据，合理采取结构加强措施，使得器身内部各点保持足够的安全裕度。

主绝缘校验计算过程详见附录 A。

5.3.3 结构方案

1. 绕组

为了满足 $U_{d1\text{-}23} \approx 10.5\%$，$Z_{31} < Z_{21}$ 和 $Z_{31}+Z_{23} \approx Z_{21}$ 的阻抗匹配关系，结合绕组参数和绝缘强度计算结果，确定采用两柱线圈并联结构，从铁心向外依次是 T 绕组（牵引绕组）、F 绕组（馈电绕组）、高压绕组，如图 5-14 所示。通过线圈阻抗计算程序对线圈间安匝分布不平衡引起的横向漏抗进行计算，明确线圈间两两阻抗匹配关系，针对性地调整铁心直径、绕组匝数、线圈的相对位置。同时，每柱高压绕组各设 2 个分接区，使高低绕组之间由于分接区产生的不平衡安匝大大降低，进而减小了突发短路时产生的电动力，提高了变压器耐受短路的能力。调压时采用 2 只单相开关进行联调。

2. 器身绝缘

本书将牵引变压器设计为 220 kV 等级的全绝缘结构，即首末两端绝缘水平相同。器身结构如图 5-17 所示，在高压线圈及其对置线圈成对放置静电板。

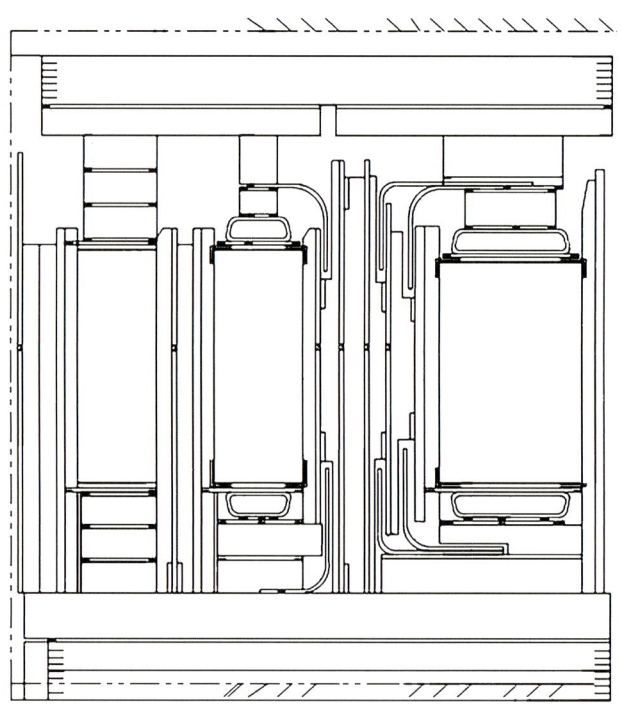

图 5-17 器身绝缘结构

高压线圈采用内屏连续式线圈，增大了纵向电容，极大地改善了冲击波分布。通过进一步仿真模拟，确认饼间压差在允许范围内并保留足够裕度。根据高压绕组波过程计算结果（见图 5-18～图 5-20）确定屏蔽深度、屏蔽饼数和端部线饼放置加强型 U 形垫块线饼数，优化绝缘薄弱点。此外，在高低压首末端放置成型角环，在线圈端部线饼设置小角环，增加高低压线圈匝绝缘厚度，将实际电场强度与许用值比较，并保留足够的安全裕度。

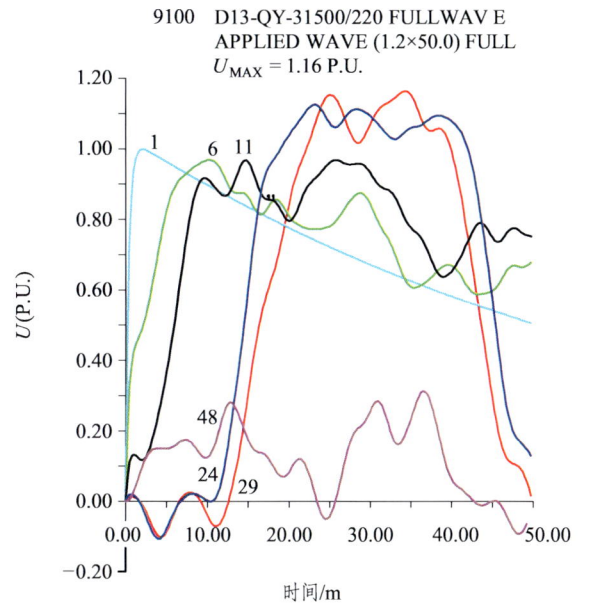

图 5-18　全波冲击下高压线圈各节点对地电压波形图

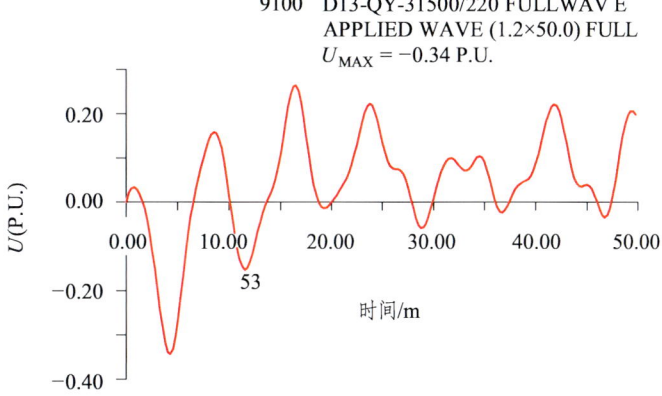

图 5-19　全波冲击下低压线圈感应对地最大电压波形图

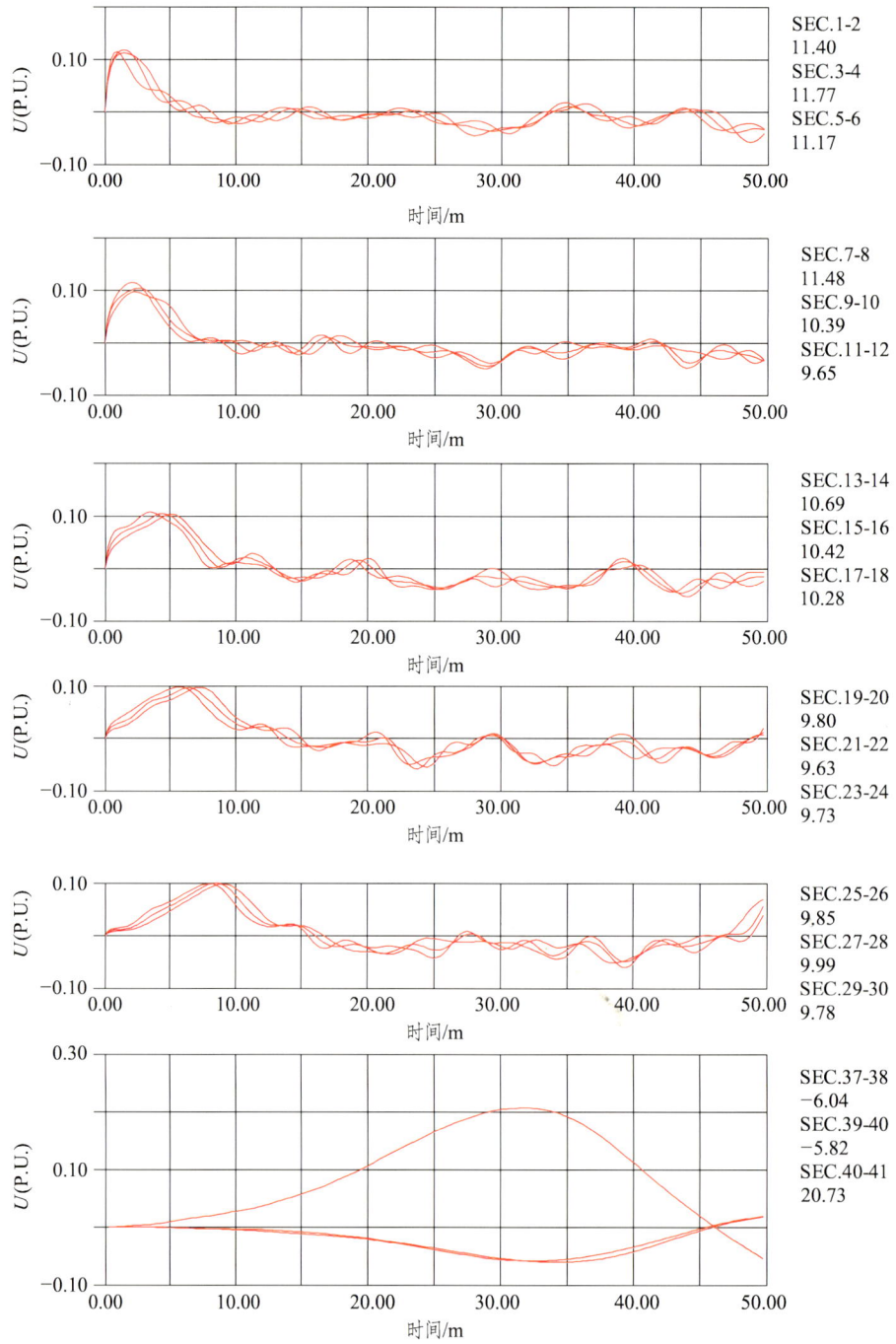

图 5-20 全波冲击下高压饼间分担电压波形图

高压线圈电抗高度 H_k = 1215，内屏蔽及连续线段的导线规格为：1.5 mm × 7.1 mm（3 根组合导线），裸导线圆角为 0.5 mm，包纸为 3PC+8PC，单边包纸厚度为 0.85 mm，即单根包 3PC 后 3 根组合再统包 8PC；分接段导线规格为：2.0 × 7.1（单根铜扁线），裸导线圆角为 0.65 mm，包纸为 3PC + 8PC，单边包纸厚度为 0.85 mm；屏蔽线为 1.0 mm × 6.3 mm，包纸为 15PC，单边包纸厚度为 1.155 mm；线圈端部进线，对称结构，从两端起的第 1～10 段均采用了 t0.5U 形垫块；分接段的中断点油道为 21.6，中断点上下的两个分接段亦采用了 t0.5U 形垫块；高压首末放置静电板。

T 绕组和 F 绕组额定电压为 27.5 kV，连续式线圈端部进线，采用高强度半硬自黏性换位导线；电抗高度 H_k = 1215 mm；处在中间位置的馈电绕组，端部放置静电板，与高压对置，端部放置小角环加强。根据统计学指标 sf 来衡量绝缘的安全裕度，其中：临界值为 sf = 1.0，它是指在 1.4 倍的过电压下击穿概率为 50%。当计算得出的 $sf \geqslant 1.0$ 时，即认为绝缘结构是足够可靠的。

5.4 整体设计

牵引变压器核心部件——铁心、绕组、绝缘设计完成后，还需进行油箱和结构件设计。本节结合有限元仿真，完成漏磁场分析，计算结构件涡流损耗；通过油流计算程序，完成了油流场分析，计算绕组热点温升；最后，提出短路机械性能方案和过负荷温升控制方案。

5.4.1 漏磁场分析及结构件涡流损耗计算

变压器漏磁场的大小及分布规律与绕组电抗、结构件涡流损耗密切相关，在很大程度上决定着绕组及其他部件的温升。在变压器设计时，若不考虑结构件的损耗，可能会加剧变压器整体温升，甚至导致局部绝缘出现热老化和击穿现象，严重影响其运行寿命。通过 Maxwell 3D 有限元分析，得到牵引变压器漏磁场强度分布特征，如图 5-21 所示。

图 5-22 给出了漏磁分布情况的局部放大图。可以看出，在绕组中部，磁通密度几乎只在高压绕组 H 和低压绕组 F 空道中，这两个绕组间空道的磁场强度最大，而在低压绕组 T 和低压绕组 F 间磁通密度很小；而漏磁通在绕组端部发散延伸至外部空间，越靠近外部，磁通密度越小。

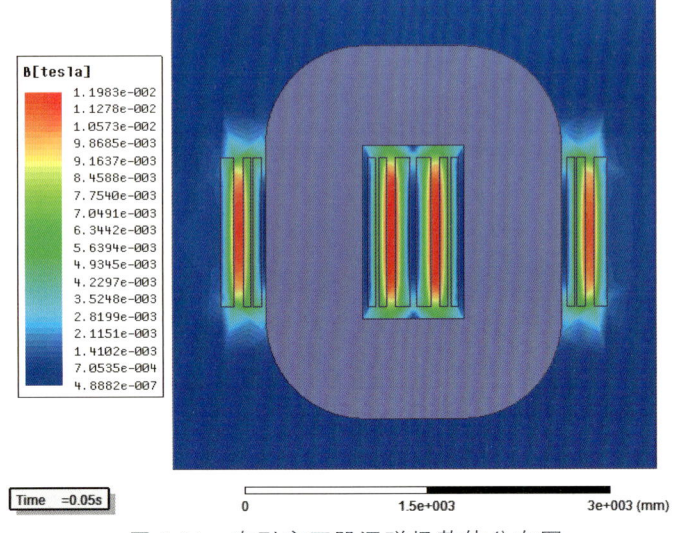

图 5-21　牵引变压器漏磁场整体分布图

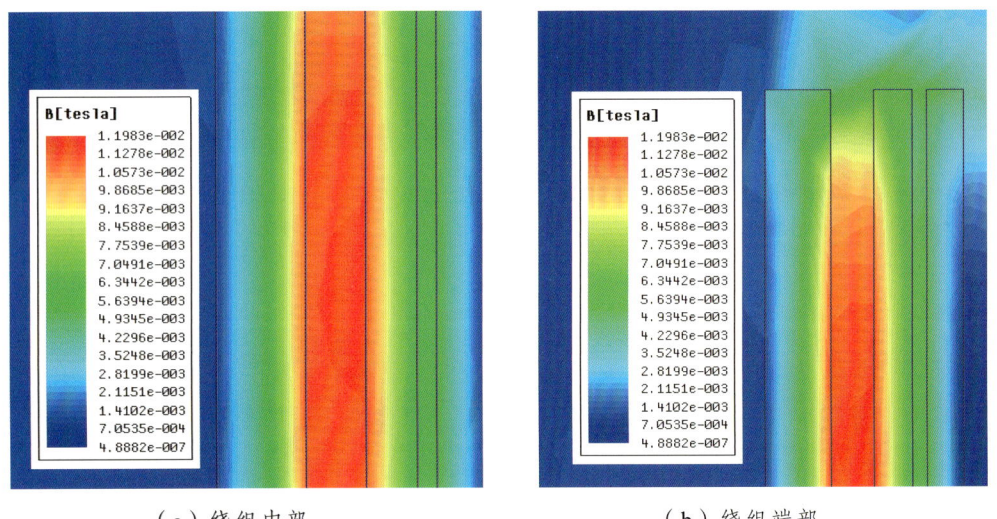

（a）绕组中部　　　　　　　　　　（b）绕组端部

图 5-22　牵引变压器漏磁分布局部特写图

图 5-23 反映了沿变压器轴线方向磁通密度随时间的分布。整体上来说，铁心中主磁通远高于漏磁通，但并非时时刻刻都满足这个特性。因为主磁通和漏磁通不在同一相位，所以有必要分析漏磁尖峰值在绕组不同位置的分布规律。

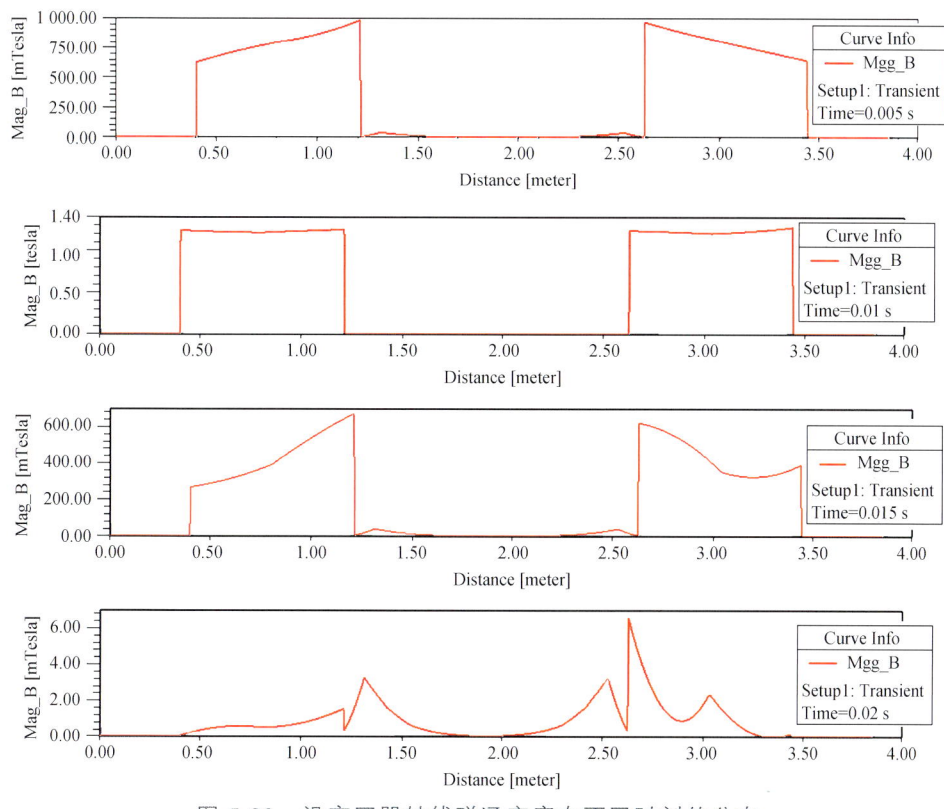

图 5-23　沿变压器轴线磁通密度在不同时刻的分布

图 5-24 给出了漏磁尖峰值沿绕组辐向的分布规律，其明显呈现出梯形特征，在绕组 H 和绕组 F 间空道中达到最大数值 0.135 T，然后向绕组两侧逐渐较少。在两段低压绕组间的空道处出现两个拐点，这是由轴向气道引起的。

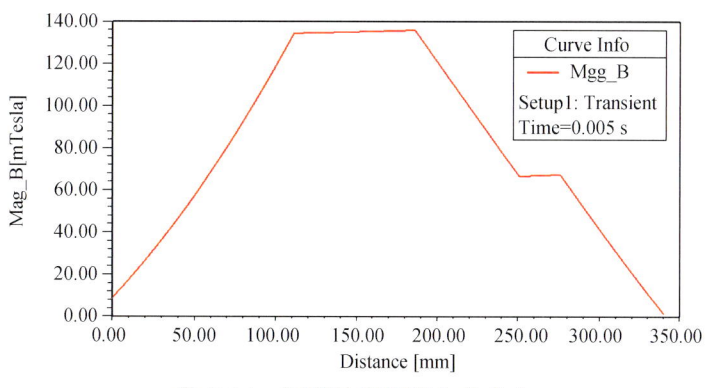

图 5-24　漏磁沿绕组辐向的分布

图 5-25 反映了绕组 H 和绕组 F 间空道最大漏磁沿绕组轴向的分布规律。磁场强度在绕组两端急剧减小，这是因为漏磁通在绕组两端发散，磁通密度减小。图 5-26 反映了低压绕组 T 和绕组 F 间空道漏磁通沿绕组轴向的分布规律，绕组中部漏磁通较密集，在靠近端部位置漏磁场骤然减小，而在端部又重新达到最大，这是由于绕组两端磁力线发生弯曲，磁通密度增大，最大值达到 0.066 T。

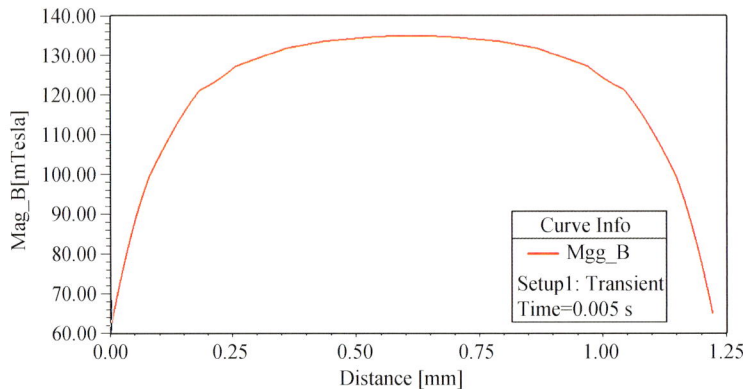

图 5-25　绕组 H 和绕组 F 间空道漏磁沿绕组轴向的分布规律

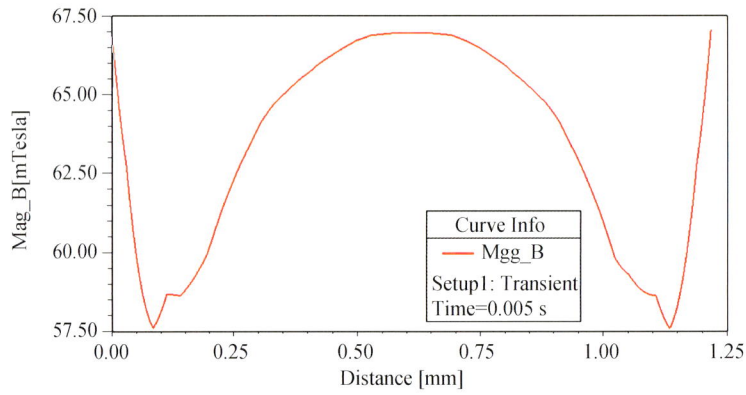

图 5-26　绕组 T 和绕组 F 间空道漏磁沿绕组轴向的分布规律

在绕组所占据空间里与绕组轴向平行的漏磁通称为纵向漏磁通，由它所产生的漏抗电势称为纵向漏抗电势。根据变压器的磁势平衡定律可知，变压器一、二次绕组的磁势总是平衡的，但由于纵绝缘结构要求绕组的起始部分加强绝缘，或调压线段设于高压侧的缘故，从而使沿绕组整个高度上一、二次绕组的安匝并不完全处于平衡状态，即在一些区域内一次绕组的安匝有可能大于二次绕组的安匝，而在另一些区域内一次绕组的安匝会小于二次绕组的安匝。这样，相当于绕组整个高度上交错地排列着几个等效绕组，各等效绕组的有效安匝等于该区域内一、二次绕组安匝之差，每个区域等效绕组的有效安匝必然与其相邻的另一个或几个区域的等效绕组有效安匝相互平衡。这些平衡磁势将产生漏磁通，因此，在绕组所占据的空间里还有一种流通方向与绕组轴向方向相垂直的漏磁通，称为横向漏磁通，它在变压器发生短路时，将引起极大的轴向电磁力。因此在变压器设计时，应尽量减小横向漏磁通，也就是使任何高度上的磁势尽可能平衡。一般在排列绕组线匝时，应尽可能使各区域里一、二次绕组的安匝趋于平衡。而由于同心式绕组扁平绕制的结构特点，横向漏磁引起的涡流损耗与其宽度的平方成正比，横向涡流损耗在整个绕组的累计量足以恶化变压器部分能效指标，而且由于横向漏磁沿绕组轴向分布极度不均，还可能造成绕组端部涡流损耗过分集中，进而使局部热点温升陡增，危及变压器的安全运行。所以说，一、二次绕组横向安匝平衡程度是变压器设计重要质量指标之一。

牵引变压器各个绕组内外侧横向、纵向漏磁通分布情况如图 5-27~图 5-29 所示。横向漏磁通整体分布上下对称、方向相反，且基本分布在绕组的两端，绕组中部几乎为零。这是因为绕组中部的磁力线几乎平行于绕组的轴向方向，只有在绕组的端部才明显看到磁力线向外弯折的现象，所以愈接近绕组端部，横向漏磁场愈大。绕组横向漏磁场最大值的不同来源于绕组排列结构的差异性。而纵向漏磁通也呈上下对称分布，但是两端较小、中间偏大，其特征与横向漏磁通正好相反。这是由于绕组中部磁力线都平行于绕组的轴线，越靠近绕组端部，磁力线向两边弯曲的现象越明显。对比分析发现，相比于横向漏磁通，纵向漏磁通的占比较大。

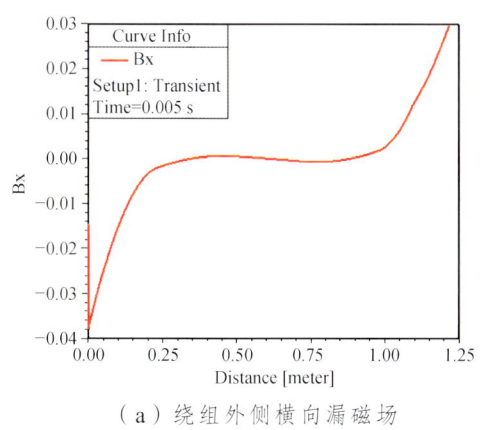
（a）绕组外侧横向漏磁场

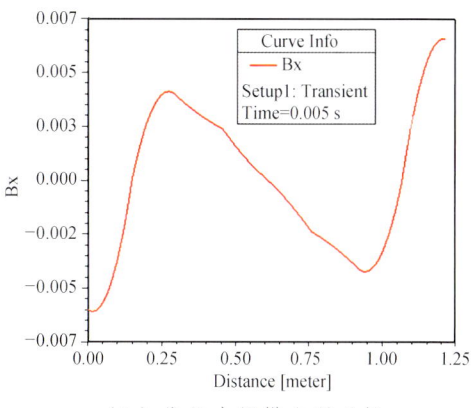
（b）绕组内侧横向漏磁场

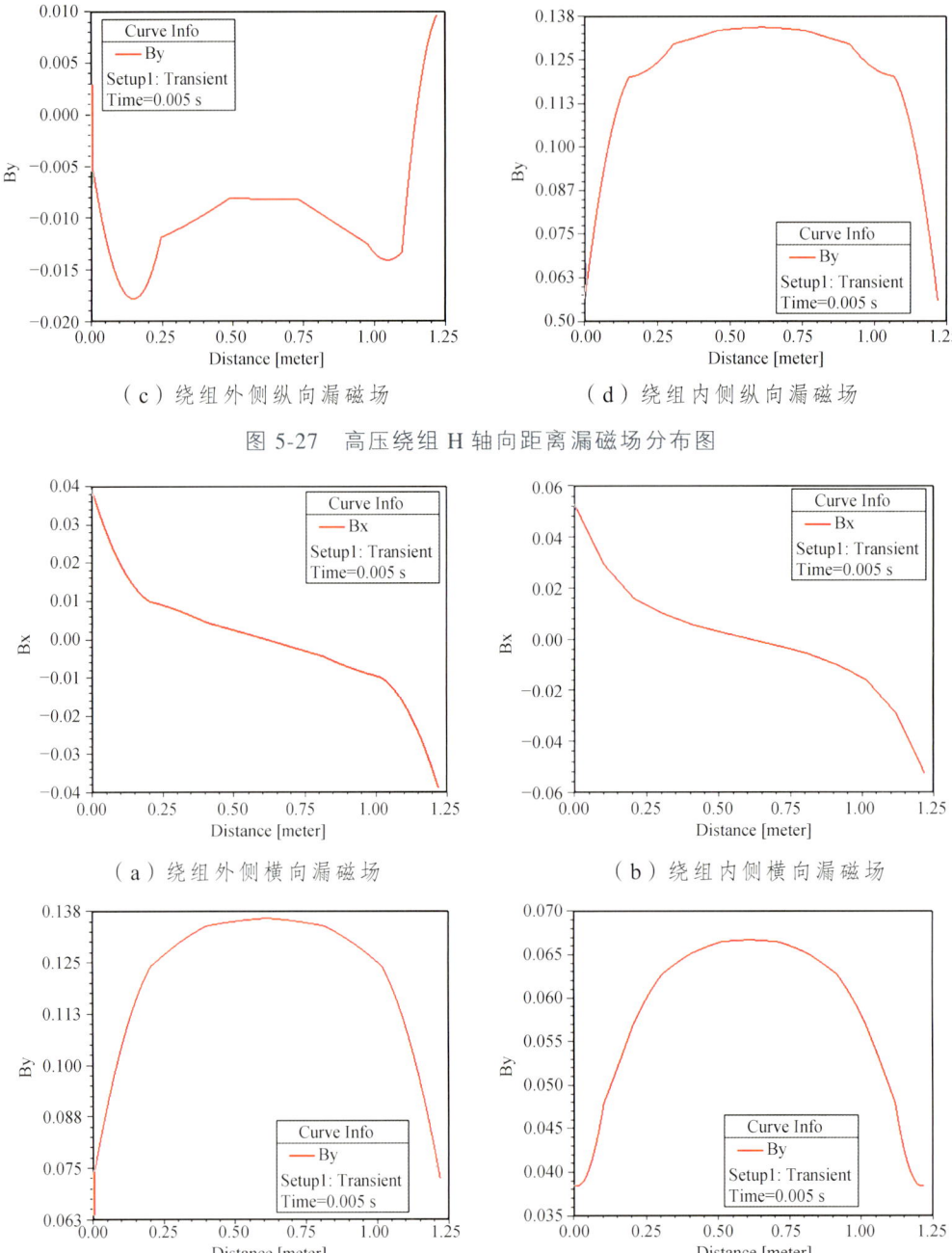

（c）绕组外侧纵向漏磁场　　　　　　　　（d）绕组内侧纵向漏磁场

图 5-27　高压绕组 H 轴向距离漏磁场分布图

（a）绕组外侧横向漏磁场　　　　　　　　（b）绕组内侧横向漏磁场

（c）绕组外侧纵向漏磁场　　　　　　　　（d）绕组内侧纵向漏磁场

图 5-28　低压绕组 F 轴向距离漏磁场分布图

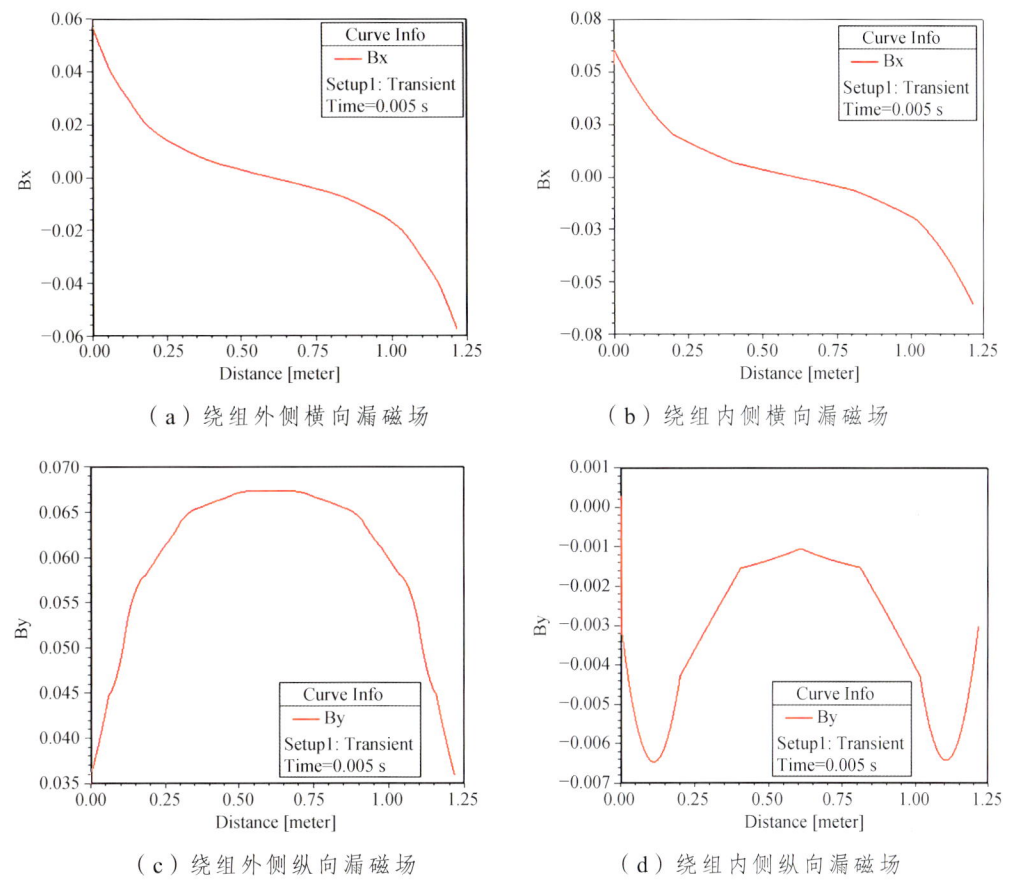

图 5-29 低压绕组 T 轴向距离漏磁场分布图

从绕组类型的角度分析，绕组 H 内侧的漏磁横向分量低于外侧，而绕组 F、绕组 T 的情况却相反，内侧漏磁横向分量高于外侧，并且各个绕组按横向漏磁通由大到小排列依次为：绕组 T、绕组 F、绕组 H。这是由于绕组离铁心越近，漏磁横向分量越大。所以，从图中得出的靠近铁心的绕组（即绕组 T）横向涡流损耗比远离铁心的绕组横向涡流损耗大得多。分析图中纵向漏磁通分布还可以看出，绕组 H 外侧的漏磁通纵向分量远小于内侧，而绕组 F、绕组 T 的外侧漏磁通则高于其内侧。这是因为纵向漏磁通多分布在两绕组的中间空道，并且绕组 H 与绕组 F 间纵向漏磁通达最大值，但三个绕组内外两侧纵向漏磁通的平均值相差不大。所以，各绕组纵向涡流损耗值基本相同。

5.4.2 油流场分析及绕组热点温升计算

针对牵引变压器的短时冲击负荷特征，按照《油浸式电力变压器负载导则》（GB/T 1094.7—2008）编制了油流计算程序。通过该程序进行反复推演，得到多个周期负荷后绕组和油的温升。当相邻两个周期绕组和油温度变化规律达到一致时，计算程序终止，此时得到绕组和油的最终温度。结合传统牵引变压器产品实测温升与理论计算的差值规律，保证绕组热点温度在任何情况下都不超过140°C。油流和绕组温升计算结果如图5-30所示。

```
D13-QY-31500/220  高压线圈温升计算            D13-QY-31500/220  低压线圈温升计算
计算结果：                                    计算结果：
*********************************             *********************************
* 水平油道平均流速       0.32 CM/SEC           * 水平油道平均流速       0.63 CM/SEC
* 内侧垂直油道最大流速   2.64 CM/SEC           * 内侧垂直油道最大流速   2.22 CM/SEC
* 外侧垂直油道最大流速   1.97 CM/SEC           * 外侧垂直油道最大流速   2.64 CM/SEC

* 线圈压力损失           0.33 CM OIL           * 线圈压力损失           0.13 CM OIL
* 线圈循环流量           32.4 LIT/MIN          * 线圈循环流量           18.1 LIT/MIN
* 线圈上下油温差         28.6 K                * 线圈上下油温差         23.8 K
* 线圈内与冷却器内的平均油温差  3.4 K          * 线圈内与冷却器内的平均油温差  1.5 K

* 线圈温升；
* 导体与线圈内油的温差   4.9 K                 * 导体与线圈内油的温差   7.5 K
* 考虑匝绝缘修正的导体与线圈内油的温差 5.8 K   * 考虑匝绝缘修正的导体与线圈内油的温差 7.5 K
* 线圈导体对冷却器油的平均温升   9.2 K         * 线圈导体对冷却器油的平均温升   9.0 K
* 线圈导体对环境温升     40.2 K                * 线圈导体对环境温升     40.0 K
*********************************             *********************************
```

图5-30 高低压线圈温升及所在油道流速情况

5.4.3 短路机械结构方案

牵引变压器的短路概率较普通变压器大得多，必须考虑最严格情况下的受力情况，与其许用值相比较，针对性地加强抗短路能力。

绕组方面加强措施：牵引馈电绕组导线均采用屈服强度≥180 MPa的半硬自黏性换位导线取代传统的铜扁线多根并绕形式，该种导线一方面可以大大减少绕组涡流损耗，降低绕组中最热点的温升；另一方面它在热油中遇热固化，黏为一体，极大地提高了变压器的抗突发短路的能力。

结构件加强：采用高强度大板式夹件组成框架结构，使铁轭、夹件捆绑在一起，有效地夹紧铁心，对拉板、压板、下铁轭托板进行强度校验，以保证足够的抗短路机械强度。

线圈支撑结构加强：将所有线圈绕制在 5 mm 硬纸筒上，并辅以外撑条，在线圈受幅向力作用时，以无应力集中点的硬纸筒和加密的撑条有效抵挡其发生常见的海星形变形。线圈垫块全部经过预密化处理，油隙撑条使用撑条定位件，全部垫块、撑条经倒角处理。

线饼轴向支撑加强：使用大量成型绝缘件，将导线换位处垫平，在线圈受轴向短路力作用时，每一根导线在轴向上得到有效支持，避免由单根导线侧倒扩大到整个线饼倒塌直至整体线圈崩溃。

通过以上加强措施，使用变压器机械力计算程序，计算出在系统容量无穷大并考虑线路阻抗为 0 时每个线饼的受力情况，具体结果见附录 B。同时结合 5.4.1 节铁心拉板和夹件等结构件中的漏磁通分布特征，在合适的位置采取开导磁槽、磁屏蔽或使用低磁钢等措施来降低结构件的整体涡流损耗。

5.4.4　过负荷温升控制方案

考虑到牵引变压器的负荷变动剧烈，为了安全稳定运行，要求绕组热点温度在任何情况下都不超过 140 °C。采用油流导向结构，并结合油流计算程序的计算结果，调整导向隔板设置来控制器身内部各处油流速度，有效降低铜油温升；采用高耐压强度的绝缘纸，在保证绝缘强度的前提下，减小匝绝缘厚度，散热更有利；采用双柱式结构，线圈分布在两个心柱上，热源分散，极大地降低了温升；此外，还可以适当拉长饼间油道。综合以上措施，额定负荷下铜油温升只有 10 K 左右，有效地限制了绕组的温升。

5.5　制造工艺装备及制造工艺技术

在铁心、绕组、绝缘、油箱及结构件理论设计的基础上，本节介绍高效节能卷铁心牵引变压器制造技术，主要包括研制的专用工艺装备和对应的制造工艺技术。

5.5.1 专用制造工艺装备

为了实现大型卷铁心牵引变压器的铁心无偏剪裁、均匀卷绕和高性能退火,以及线圈全封闭一体化绕制,研发了大型拆线开料机、大型铁心卷绕器、大型真空退火炉和大型立式绕线机等专用制造工艺装备。

1. 大型折线开料机

大型卷铁心必须采用多层梯级渐变硅钢片进行卷绕,合理地剪裁原始料带、得到满足几何要求的梯形硅钢片,这是铁心生产时需要克服的首要问题。为此,研制了一种针对超长梯形带材硅钢片折线开料机,如图 5-31 所示,其主要结构特点如下:

(1)由伺服跟踪放料装置、开料装置、收料装置和开料控制系统等部分组成。

(2)开料控制系统是保证超长硅钢带精确剪切的关键,采用计算机程序自动计算、实时纠偏,实现圆形、多边形、复合型截面铁心条料的精确剪切。

(3)具有单相、三相及平面、立体结构卷铁心开料功能。

(4)滚剪刀片"双向基准定位",双条带料套裁。

(5)伺服系统控制选料、开料、收料的同步动作。

(6)折线开料宽度达 450 mm,是目前最大的宽幅折线开料机,可满足 110 kV 以上电压等级变压器的铁心开料要求。

图 5-31　大型折线开料机

2. 大型铁心卷绕机

开料完成后,超长梯形硅钢片数千层级无错位、无鼓包地均匀卷绕是铁心生产的第二大难题。为此,开发了大容量变压器的铁心卷绕器,如图 5-32 所示,其结构特点如下:

(1)由卷绕动力装置、料带定位张紧装置、多工位放料架、绕线控制系统等部分组成。

（2）卷绕控制系统是保证超长硅钢带均衡卷绕的关键，其技术核心是跟随回路阻抗谱的自适应均衡卷绕控制技术，将层间压力检测转化为回路阻抗谱的无损检测，克服了卷绕过程中无法嵌入传感器的困难。

（3）可用于圆形、多边形、复合型等不同截面铁心的卷绕，同时也适用于单相、三相及平面、立体结构等各种不同结构卷铁心的卷绕。

（4）卷绕时可形成内置散热油道。

（5）为卷绕机配置的心模采用三边可拆卸结构，轴、孔连接采用胀套机构，方便成型铁心的脱卸和吊运。

（6）回转半径达到 1800 mm，承重 17 t，超过市场现有卷绕器的最大吨位。

图 5-32　大型铁心卷绕机

3. 大型真空退火炉

铁心在卷绕过程中，在持续的机械应力作用下，微观磁畴会发生局部转向，致使硅钢片的磁取向性能下降。高温退火的热处理工艺能够重新建立统一分布的磁畴，而保证退火时间的充分性和空间的均匀性，是恢复磁取向性能的关键。为此，研发了高性能退火炉体及其配套设备，如图 5-33 所示，其结构特点如下：

（1）由炉体、加热系统、气冷系统、真空系统、快速充气系统、冷却系统、气动系统、退火控制系统等部分组成。

（2）单室卧式结构，真空退火，三区六面镍铬带加热。

（3）炉内以高纯氮为冷却介质，炉体和内室风、水双冷却。

（4）各阀门采用气动或电动形式。

（5）真空炉门采用唇形胶圈密封，增强变形补偿能力，延长维修周期。

（6）退火全流程计算机自动控制和记录，并具有退火工艺段增加功能，方便工艺参数的调整。

（7）单炉最大退火吨位达到 40 t，是目前市面上最大规模的铁心退火炉。

图 5-33　大型真空退火炉

4. 大型立式绕线机

大型卷铁心在制作完成后就形成了连续的封闭结构，无法像叠铁心变压器那样拆掉铁轭进行套装，因此绕组的工艺方案也需要做必要调整。为此，研发了线圈一体化立式绕线机，如图 5-34 所示，其结构特点如下：

（a）第一代　　　　　　　　　（b）第三代

图 5-34　大型立式绕线机

（1）由可拆卸式工作台、机架可调式传动装置、支承座、绕线控制系统、辅助工装等部分组成。

（2）绕线控制系统是保证包括高载流导线在内的多种导线均衡绕制的关键，其技术核心是扫频激励的自适应绕组均衡绕制控制技术，将结构位移检测转化为阻抗变化的无损检测，克服了绕制过程中大型绕组难以嵌入传感器的困难。

（3）工作台十字滑动结构，适应不同直径铁心的线圈绕制；采用上、下双叉臂支承传动齿圈的传动结构，齿圈和上、下托板可拆卸。

（4）5片内撑板形成立式"鼠笼"结构，作为线圈绕制时的整体转动骨架，上下设置"凹、凸"槽、台啮合，确保动力的平顺传输，并在线圈绕制结束后可以快捷地抽出内撑板。

（5）最大绕制线圈直径可达1500 mm，是目前唯一可以进行闭环立式绕制饼式线圈的绕线机。

5.5.2 制造工艺流程

基于5.5.1节介绍的专用工艺装备，本节阐述大型卷铁心牵引变压器制造工艺流程流程，如图5-35所示。

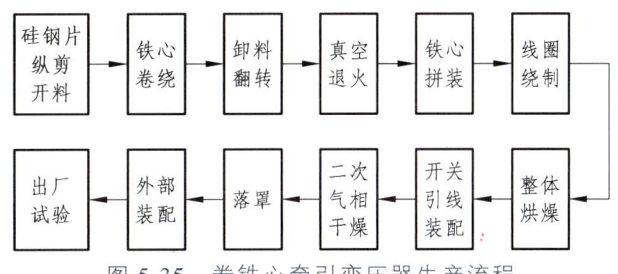

图5-35 卷铁心牵引变压器生产流程

具体到铁心、绕组、引线、油箱和总体装配，编制了如下工艺方案。

1. 铁心

大型卷铁心具有多层梯级渐变且连续卷绕的结构特点，在工艺方面与叠铁心变压器有较大差异，因此编制了卷铁心专用工艺：

TY2014-002　硅钢片开料、卷绕过程控制；

TY2014-003　卷铁心变压器硅钢片固化剂涂装工艺；

TY2014-005　大型卷铁心变压器铁心退火工艺；

TY2014-006　大型卷铁心变压器铁心拼装工艺。

2. 绕　组

卷铁心在制作完成后不能拆卸，线圈只能在封闭铁心上依次绕制低压、高压线圈，并在绕制过程中完成线圈组装工作，其工艺过程与常规叠铁心变压器完全不同，因此编制了线圈绕制专用工艺：

TY2014-001　　卷铁心牵引变压器器身整理和预压紧。

TY2014-004　　卷铁心牵引变压器线圈绕制及器身装配；

绕制以外的其他生产流程，仍然采用常规变压器工艺，主要包括：

TY2014.552.001　　对线圈的一般规定；

TY2014.552.007　　内屏蔽线圈；

TY2014-508007　　各种线圈出头的固定方法；

TY2014-303014　　硬纸圈筒的制作；

TY2014.553.002　　正角环、反角环的安装；

TY2014.552.009　　线圈的干燥和轴向压紧；

TY2014-804002　　压板和下铁轭垫块的防护；

TY2014-509001　　器身装配时线圈出头的绝缘。

3. 其　他

引线、油箱和总体装配工艺与常规变压器制造基本一致，主要包括：

TY2014.553.012　　引线绝缘距离；

TY2014.555.002　　引线及引线接头处的绝缘；

TY2014.555.004　　引线端子、连接件的压接；

TY2014.555.005　　引线涤纶管固定方法；

TY2014-510002　　引线的整形屏蔽作业；

TY2014.555.009　　变压器内装螺栓类的紧固；

TY2014.555.010　　变压器外装螺栓类的紧固；

TY2014-505008　　变压器外装配；

TY2014-505007　　卡爪式磁屏蔽安装作业；

TY2014-406001　　器身露空时间和解消方法；

TY2014.555.017　　变压器真空注油处理。

5.5.2.1 铁心制造工艺

1. 纵剪开料

由于该变压器容量比较大,铁心直径可达 800 mm,计算后得知铁心料带最大宽度为 400 mm,因此,该梯形料带具有斜率变化缓慢和截面宽度跨度很大的特点。如果直接采用现有的开料机进行剪裁,会出现以下问题:送料不平稳,开料刀间歇性停顿,开料过程中产生毛刺、开料后片料边缘有曲边现象,分隔片无法正常工作,压辊收料机构压折料带,收料不紧,收料不齐,等等。

经过反复调试、改变机构设施、调整控制原理等一系列措施,解决了上述难题。方案要点描述如下:通过对硅钢片常规横剪线上限位片在开料后加装压毛刺的方式,有效地削减了开料过程的片间毛刺;基于开料控制系统的精准控制程序,实时调整限位张力大小,解决了送料不平稳和开料的曲边现象;安装分隔片时给出位置裕度,并调整分隔间隙,杜绝了分隔片偶尔无法正常工作的现象。

按照设计要求纵剪合适宽度后,将原始料带放到折线开料机进行裁剪。现场工艺过程如图 5-36 所示。

图 5-36 纵剪开料

2. 铁心卷绕

大型卷铁心卷绕的均衡度(包括了齐整度、松紧度等)直接影响着卷铁心变压器铁心的电磁性能。如果卷绕效果未能达到要求,轻则铁心空载损耗可能不降反升,重则引起铁心内部过热甚至烧毁铁心,因此铁心卷绕工艺尤为重要。大型卷铁心由百万米硅钢带连续卷绕一次成型,均衡卷绕是最大的难题。基于卷绕控制系统与大型绕线机深度配合的制造工艺,解决了上述难题。

同时，为了使料带剪裁工艺的顺利进行、确保料带的平整度，在送料台上设置了相应的限位机构。由于该变压器铁心窗口尺寸比较大，需保证送料结束前整个铁心具备足够裕度的旋转空间。为此，在送料台与卷料轴之间加装了一套可调式限位机构。同时，铁心卷绕过程中卷料机需频繁启停，且每次停机位置的不固定会导致已经卷绕好的部分在不对称结构的重力影响下引发铁心松动现象，出现大量的气隙，严重时还会加剧噪声和额外损耗，影响变压器的运行性能。为此，在卷绕轴上安装气动碟刹机构，通过联锁机构将气动碟刹的工作开关与卷绕机的启停开关形成互锁关系。当卷绕机停止转动的瞬间，气动碟刹装置会迅速锁定卷绕轴，使其保持原位。

铁心卷绕时将心模（骨架）安装在支撑轴上，然后将剪裁后的梯形料带按照设计图纸逐级卷绕在心模上，如图 5-37 所示。

图 5-37　半圆形卷铁心成品

3. 卸料翻转

在已经成型的卷铁心上撤出心模，并在外侧加装厚重紧固件（铁心夹具），如图 5-38 所示。同时，配合起吊机直接对紧固件进行垂直翻转，将卷铁心从卷绕机上卸下，并从立式变为卧躺的状态。

图 5-38 卸料翻转

4. 铁心退火

对硅钢片冲片、剪裁及卷绕成铁心的过程均会导致机械应力,这些应力会给磁性能带来有害的影响,甚至出现额外损耗。为了消除这些应力并恢复到原有的磁性能,需要进行去应力的退火工艺热处理。退火工艺的优劣会直接影响变压器整体服役性能。真空退火是工业界常用的热处理方式,它能彻底消除高磁阻区,使硅钢片原有的优质磁取向性能得到恢复。因此,制定针对大型卷铁心的高性能退火工艺方案,是实现牵引变压器整体能耗优化的重要保障。退火工艺的核心是整体均匀退火。退火过程的时间曲线分为升温、保温和减温三个阶段,它们对应的炉体温度均在时间影响下呈现出线性函数特征,如图 5-39 所示。

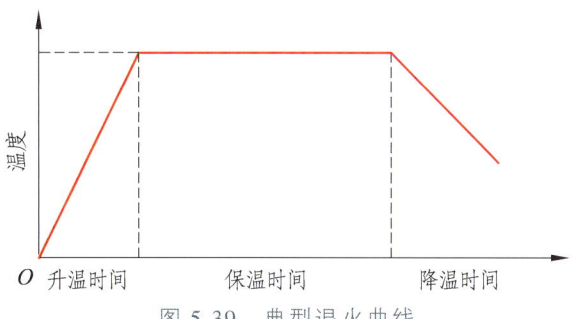

图 5-39 典型退火曲线

退火过程中,保温时间的参数是影响铁心空载性能最关键的因素之一。本书介绍的卷铁心牵引变压器在保温时间内的温度为 800°C。卷铁心退火现场情况如图 5-40 所示。

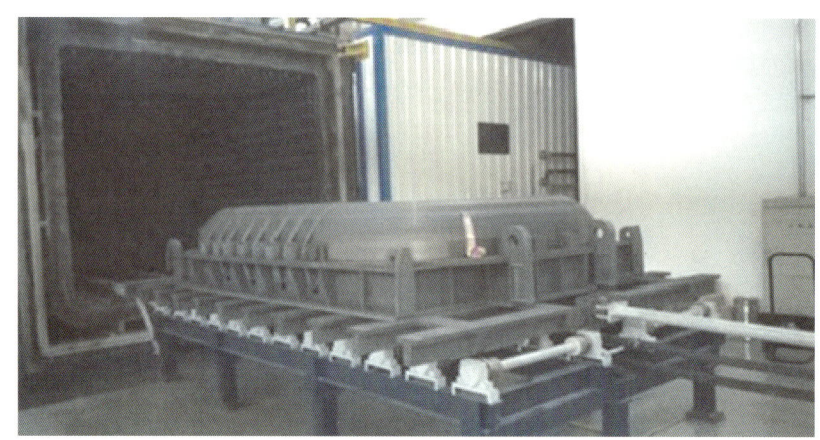

图 5-40　大型卷铁心退火实际工艺过程

5. 铁心拼装

将两个半圆形卧躺卷铁心拼合,并按照 5.2.5 节所述结构方案,留出散热油道空间裕度,再安装铁心拉板、夹件和支撑木件,最后用绑带捆扎为一体。该工艺过程的现场情况如图 5-41 和图 5-42 所示。

图 5-41　大型卷铁心吊装和拼合

图 5-42　大型卷铁心夹件组装

5.5.2.2　绕组制造工艺

1. 线圈绕制

大型卷铁心牵引变压器绕组载流量大，截面面积数十平方厘米的绕组只能在封闭式卷铁心上直接绕制。因此，本书设计了两个半圆柱形的硬纸筒作为骨架，将其套装在铁心的心柱上，由内向外依次绕制低压和高压绕组。然而，对于容量超过 500 kVA 的大容量变压器，因其导线的线规大、硬度大、并绕根数多，低压端线圈引出头预埋长度的尺寸较短，加上导线轴向和径向存在较大应力，致使导线塑形较为困难，拉伸难度大。因此，如何控制绕组匝间均匀、径向齐整，是绕组制造工艺的最大难点。

大型立式绕线机中的绕线控制系统采用扫频激励的自适应绕组均衡绕制控制技术，将结构位移检测转化为阻抗变化的无损检测，通过绕组微量移位实时检测实时协同控制承重转动一体化、中心转轴中空化的绕线支撑平台的"转速—升降"，结合调节自由、卡位精准的十字滑动安装辅助机构，确保导线进给位置的准确性和速率的均匀性。

线圈绕制实际工艺过程如图 5-43 所示。在高低压绕组完全成型后，拆卸内侧硬纸筒，还需进行压装、烘燥、引线制作、落罩等辅助工艺。

图 5-43　线圈一体化绕制过程

2. 整体烘燥

变压器干燥的目的是降低或去除器身绝缘的水分，增加其绝缘电阻，提高闪络电压。按照常规同容量电力变压器的工艺标准，进行第一次整体烘燥，防止残留水分对油纸绝缘产生影响，如图 5-44 所示。

图 5-44　整体烘燥

3. 开关引线装配

引线连接采用冷压端子结构，接触电阻小，连接可靠，强度高，还可杜绝金属异物进入器身。同时，所有冷压接部位均按现有技术要求进行整形、屏蔽处理，降低局部放电可能性，提高变压器运行可靠性。低压大电流引线采用机械紧固连接，引线支架用高密度层压木制作并形成框架结构，其中部分引线支架采用层压木绝缘螺母和特殊防松结构，同步提高机械和电气强度。此外，高压无励磁调压开关还需进行电屏蔽处理，使电场分布更加均匀。现场装配情况如图 5-45 所示。

图 5-45　开关引线装配

4. 二次气相干燥

传统干燥法热功率低且不稳定，容易使物体受热不均匀，因此，一次干燥通常不能完全去除水分，需要进行二次干燥。气相干燥是变压器烘燥处理的新方法，具体操作方案为：将贮存在真空罐的特殊煤油蒸气作为载热体浇到变压器器身上，煤油蒸气冷凝后会释放出大量热能，从而对器身进行加热。这种新方法的干燥效率更高、效果也更好，对绝缘材料的损伤度也很小，为保障大型卷铁心牵引变压器整体绝缘寿命起到了至关重要的作用。干燥现场如图 5-46 所示。

图 5-46　二次气相干燥

5.5.2.3 样机装配工艺

1. 落罩

变压器油箱的设计需满足真空注油的机械强度条件,上下节油箱采用传统钟罩螺栓连接结构,同时顶盖采用钟罩梯形结构并保持 1.5% 的倾斜陡度。油箱壁整体采用加强筋结构,各个面交线和各条棱的交点部分采用自动埋弧焊和二氧化碳气体保护焊进行连接,然后对其进行真空加压强度试验,保证其在均压为 0.1 MPa 的条件下任何部位不出现永久性形变。

油箱预装后对其进行气压灌水,检测其是否出现漏液现象,其中箱体连接处和吊轴等部位需要被重点关注。完成检漏后,对油箱进行喷丸除锈和表面涂装处理。随后,在油箱内壁加装磁屏蔽组件,并延伸到下节部位,结合 5.4.1 节介绍的漏磁场分析模型和现场参数测试,对吸磁效果进行检测。变压器升高座、油枕柜脚、上下节油箱等连接部位均设置等电位连接线,以防止悬浮电位的产生,保障铁心和其他金属结构件可靠接地。为了进一步避免变压器油出现渗漏,所有法兰的密封面均需附带限位槽,密封垫压缩后法兰面为硬连接,密封件安装时还需涂上防渗漏胶。最后,用吊机将油箱落罩到装配好的绕组和铁心上,如图 5-47 所示。

图 5-47 油箱生产和落罩

2. 外部装配

大型卷铁心牵引变压器采用全密封波纹膨胀型储油柜,在全附件装配后进行抽全真空注油,防止箱体内部形成气泡、出现大量局部放电现象。从器身出烘到真空注油期间,进行等效露空时间控制和规定真空度下等效露空时间的解消,同时还需测定绝缘构件水分含量,保证变压器单一部件绝缘性能处于良好状态。

此外,器身垫脚定位孔与下节油箱的定位孔之间应严格控制加工精度,使其紧凑配合。变压器运输途中,可在箱体上安装三维冲撞仪,对其机械强度进行监测。若其承受运输冲撞加速度(约 3 倍重力加速度)后不产生任何可视形变或损坏,则产品到现场后无须进行二次吊罩检测。整体装配现场情况如图 5-48 所示。

图 5-48 外部整体装配

通过上述步骤完成了大型节能卷铁心牵引变压器的设计和制造,样机如图 5-49 所示。接下来将对其进行故障特征分析和出厂试验。

图 5-49 大型节能卷铁心牵引变压器成品图

第 6 章

大型卷铁心牵引变压器故障诊断方法

本章深入分析大型卷铁心牵引变压器绕组变形、铁心多点接地等典型故障，在此基础上详细介绍绕组和铁心故障的测试与诊断方法。

6.1 绕组故障分析与频率响应法

由于高速铁路牵引供电系统结构的特殊性，导致其变压器绕组与电力变压器结构存在差异。常见的牵引供电牵引变压器接线形式为 YNd11 接线方式，该接线方式结构简单，但容量利用率较低，较多应用于直接供电方式。AT 供电通常采用 Vx 或 Vv 接线方式的牵引变压器，这类牵引变压器由高压绕组、牵引绕组和馈线绕组组成，由于 Vx 接线可省去牵引变电所出口的自耦变压器，因此这是目前高速铁路牵引供电系统中应用最多的牵引变压器接线方式[3, 94]。高速铁路牵引供电系统频繁因雷击、谐振过电压、异物掉落等引起短路故障，致使牵引变压器承受大电流冲击，这极易引起变压器绕组移位、变形等故障。变压器绕组变形具有一定的积累效应，已经变形的绕组，其机械承受能力就会下降，当再次有短路电流冲击时，绕组损坏的概率会明显增大[95]。在实际运行中，当系统发生短路后，采用一些常规的电气试验分析后发现变压器各项指标都在正常的范围内，但经过吊罩检查后发现变压器绕组已经发生严重的变形。基于以上原因，变压器绕组变形诊断技术的研究显得尤为重要，尤其针对高速铁路牵引供电系统，对变压器绕组变形检测提出了更高的灵敏性要求，以降低变压器事故发生率，为高速铁路的安全运行保驾护航。

但由于大多数的绕组变形检测方法，其评价标准与变压器类型和绕组结构具有很强的关联性，而高速铁路大型变压器与电力变压器结构存在较大的差异性，也导致其绕组频率响应特征之间存在较大的差异性，但鲜有针对高速铁路大型变压器的绕组检测和故障诊断方法方面的研究。由于高速铁路运行年限不长，该类问题尚不突出，但随着高速铁路运行年限的不断增加，变压器绕组机械性能将逐步下降，其绕组的检测和维护工作将显得尤为重要，准确、有效的检测和评估方法将有助于变压器绕组故障的预警，并有效提高变压器维护的效率，降低由变压器故障带来的损失。因此，急需研究并建立牵引变压器绕组检测及评价体系，进一步提高牵引供电系统的可靠性。

绕组是变压器的核心部件之一，在短路故障冲击电流的作用下，绕组将承受极大的电磁力，由此引起绕组鼓包、扭曲、倾斜塌陷、辐向和轴向尺寸变化等变形。绕组变形程度较轻时，变压器仍能正常运行，但由于绕组变形具有积累效应，未能及时检测可能发展成严重的绕组变形，甚至导致变压器机械失效或绝缘击穿等事故。国家电网公司出具的变压器故障分析表明，由绕组变形引发的故障占变压器总事故的比率超过一半[96]。因此，为保证变压器的稳定运行，开展变压器绕组状态评估、诊断和预测方法的研究十分重要，以便能在绕组变形早期检测到绕组故障。随着传感、通信和信号处理技术的快速发展，现有的变压器绕组诊断技术可涵盖电气、机械、物理和化学层面的分析，相关的监测技术和评估方法也受到国内外诸多学者的关注，并进行了大量的理论和试验研究。近年来，国内外的机构和学者针对多种检测变压器绕组变形的方法进行了研究。频率响应法（Frequency Response Analysis，FRA）由于良好的可重复性与灵敏性，得到了国内外学者的广泛研究。

频率响应分析法是通过在变压器绕组一端注入信号并在另外一端测量其响应的方法。当向变压器绕组注入一个交流电源激励时，变压器绕组可以看成一个由电阻、电感（互感）、电容、电导等分布参数构成的无源二端口网络。若绕组发生形变，将会改变上述电气参数，从而改变绕组的频率响应特性。因注入绕组的信号不同，频率响应法可分成两种：① 扫描频率响应法：以稳定的扫频正弦波信号为激励源，由加拿大的 Dick 于 1978 年首次提出；② 脉冲频率响应法：以脉冲信号为激励源，由加拿大的 Malewski 于 1988 年首次提出。扫描频率响应法激励源幅值一般为 1~10 V，而脉冲电压的幅值通常为 100 V~2 kV，两种方法分析频段均为 1 kHz~1 MHz。国内于 20 世纪 90 年代开始引入频率响应法，对扫描频率响应法应用较多，因此后面简称扫描频率响应法为频响法，而脉冲激励下为脉冲频响法。

针对频率响应法，我国电力部门制定了相关的电力行业标准，国外则对两种方法均进行了较多的研究，并针对电力变压器分别制定了相关的 IEEE 和 IEC 参考标准。近年来，也有不少学者尝试以其他信号为激励类型，如伪随机 M 序列、方波等信号，并测量响应的方法，但其适用性还有待进行更多的试验研究。国内外主要针对频率响应测试的影响因素和曲线分析方法进行了大量的研究，主要影响因素有：测量引线的长度和接触电阻、信号源位置、铁心接地状态及剩磁、高压套管、联结组别、变压器油温及绝缘水分含量等[97, 98]。瑞典查尔姆斯理工大学的学者研究了铁心剩磁对频率响应产生的影响，并指出当频率小于 10 kHz 时，铁心的影响最为明显，其同时尝试利用频率响应法去诊断绕组绝缘状况，认为绕组的绝缘状况与频率响应存在一定关系；加拿大 Powertech 公司的研究员研究了频率达到 10 MHz 的频率响应，发现频率大于 1 MHz 时，频率响应曲线更能反映绕组的微小变形，但其容易受到测试引线长度、接触电阻等的影响，提出将传感器置于变压器内部的 HIFRA 法；同时英国曼彻斯特大学学者则比较了不同的传递函数对不同故障的灵敏度，结果表明，不同接线方式对不同故障的灵敏度差异性显著；德国斯图加特大学的学者在不同的接线方式的基础上，进一步研究了接线时接触电阻、采样电阻对测量结果的影响。

基于分频段方法，标准通常只给出了相关系数的对比及谐振点的变化趋势，为此国内外学者对频率响应曲线的分析方法及评估指标进行了大量的研究。中国电科院的研究人员提出采用图块频点法识别曲线偏移较为明显的频段，通过反映极值点变化情况的量化指标来对故障做出评判，通过已有数据进行验证得到了较好的结果；在此基础上澳大利亚昆士兰大学的学者通过试验对奈奎斯特图用于绕组故障诊断进行了验证，结合相关系数指标，得出该方法在故障判据上是有效的；澳大利亚科廷大学的学者结合幅值和相位，绘制出零极点图，并利用图像处理方法求取图像指标来分析曲线的偏移情况；伊朗赞詹大学的学者则是结合相位得到极坐标下频率响应图，并用于故障分类；冀北电网的研究人员通过考虑频率响应相位曲线，计算曲线之间的复欧几里得距离来进行故障诊断；除了考虑相位之外，西安交通大学的学者通过伴随网络法分析了传递函数对电容、电感、电阻等电气参数的灵敏度，为故障分析提供了参考；重庆大学的学者则研究了图像处理结合三元图的分析方法，基于试验变压器得到了较好的结果；伊朗科技大学的学者提出了除相关系数外的其他的统计指标，如调和平均数、偏斜度、峭度和协方差等在故障诊断时的有效性。其中在线检测方法目前仍存在很多不确定性，极易受现场条件的干扰，也存在安全性问题，大部分尚处于研究阶段，还未在电力系统中广泛应用；离线检测方法相对更为可靠，重复性更好，离线的扫描频率响应测试法仍是电力变压器进行绕组故障诊断的主要方法[99, 100]。

牵引变压器通常在"天窗"时间进行定期的离线检修与预防性试验，其中，现有绕组变形检测方法基本参照电力部门的规程，在测试绕组是否发生故障时，通常会通过测量短路阻抗、油中气体溶解分析（Dissolved Gas Analysis，DGA）和频率响应分析等方法进行综合判断。

综上所述，针对高速铁路大型变压器的绕组变形诊断方法，多为通过电压、电流、电容等参数进行综合判断，难以形成统一的诊断和评估标准，目前对于频率响应法等专业的绕组变形诊断方法，现场应用只是参考电力变压器的测试和评估标准进行，仍缺乏针对性的、更为深入的研究，而由于不同类型和结构的变压器绕组频率响应差异大，也缺乏差异化的分析方法，这大大降低了高速铁路特种变压器绕组状态诊断的有效性。

根据上述分析，研究高速铁路牵引供电系统大型变压器绕组的状态诊断方法将有助于确保牵引供电系统的安全稳定运行，并直接提高高速铁路运行的可靠性。频率响应法作为一种绕组变形故障检测方法，在现场已经得到了大量应用，相关的测试设备已经趋于成熟，且具备了较高的精度，但从铁路部门、电力部门及国内外机构近年来的研究表明，直接将该方法应用于高速铁路牵引供电大型变压器的绕组状态诊断时，存在以下问题：

（1）频率响应法受变压器自身绕组和器身结构的影响较大，而高速铁路的大型变压器，如牵引变压器与电力变压器结构差异巨大，如何针对牵引供电系统变压器的特殊绕组结构进行频率响应测试，并评估相应的绕组状态，目前仍缺乏相关的指导标准。

（2）现有的频率响应法诊断标准采用相关系数为量化标准，评估指标较为单一，但频率响应曲线在一个较宽的频段上反映了较为丰富的信息，尽管国内外的学者进行了大量的研究，但针对牵引供电系统大型变压器方面，未有较为系统的评价体系和方法。

6.2 极二值化特征量故障诊断方法

目前，针对频率响应曲线的分析主要是通过分析相关系数来判断是否发生了故障，也有不少文献分析了谐振点偏移量、偏移方向、曲线峭度和偏移方向等特征参量，也有学者提出考虑频率响应的相位，分析提取频率响应极点图和奈奎斯特图的特征，上述这些方法都有助于进一步提高变压器绕组状态诊断的有效性和准确性。同时智能诊断的普及，其有效、准确的特征将有助于人工智能诊断方法在该领域中的普及，而上述所提及的工作，基本都是针对曲线的统计指标，通过分析频段并没有针对变压器类型、容量进行区分[101]。根据分析，绕组的绕制型式、变压器的结构类型都极大地影响变压器绕组频率响应曲线的特征，因此，同样的故障对不同类型的变压器频率响应曲线的影响是有很大差异的，主要为频段不同、谐振点偏移方向不同等。为进一步提高评估和诊断的准确性，有学者提出通过分频段的方法对不同类型的变压器绕组频率响应曲线进行分析，但该方法没有一个统一的标准。实际上，单纯看频率响应曲线，它属于几何学的范畴，曲线的形状即其几何特征，当其发生偏移时，即曲线的几何形状发生了变化，而通过量化这种几何特征，便能进一步量化出曲线的偏移情况，本节即提出通过探讨利用图像处理技术提取频率响应几何特征，以此提高曲线与故障映射的准确性。

6.2.1 频率响应曲线二值化方法

图形处理是指通过对图像进行数字化处理，通过数值化的二维数组来描述图像特征，也叫作数字图像处理。得到的二维数组中的元素称为像素，值一般为 0 或 1，称之为灰度值。图像处理技术主要包括图像的数字化、图像编码、图像分割和图像分析等，对于频率响应曲线，其图像仅为曲线或曲线之间的面域，不存在复杂的色彩，因此前期的处理相对较为简单，主要包括图像的二值化、膨胀与腐蚀处理。基于上述处理就能得到频率响应曲线的数字图像，通过进一步地分割和处理，可以进一步提取相关的图像几何特征。

二值图像分析在对象识别与模式匹配中有重要作用，同时也是各类特征提取的基础与关键步骤，选择不同的图像二值化方法得到的结果也不尽相同。实际的频率响应数据由离散的数据点组成。一般来讲，频率间隔不大于 1 kHz，若要保证图像识别的精度，则必须构建出一个阶数合适的二维矩阵，保证每个频率响应数据点能够映射到对应的矩阵元素，这样构成的频率响应二值化图像即可以进行数学形态学运算。

将频率响应曲线转化成二值图像的方法为：以纵坐标幅值为行、横坐标频率为列，为提高辨识的精确度，可设置若干行，频率的间隔取不大于 1 kHz。一般地，在图像数值化处理中，0 代表黑色，1 代表白色，为了便于理解，本书在显示的时候会进行取反操作。为了能提取更多的特征，本书提出两种频率响应曲线图像的二值化方法：① 将频率响应曲线之间的矩阵设置为 0，而两条频率响应曲线之间的矩阵设置为 1，如图 6-1（a）所示；② 将单个频率响应曲线下部的矩阵设置为 0，而频率响应曲线上部的矩阵设置为 1，如图 6-1（b）所示。

通过上述二值化方法可以分别得到频率响应曲线之间偏移产生的几何区域，以及单个频率响应曲线的几何形状，在此基础上对二值化的频率响应曲线图进行分析便能得到相关的几何特征。但由于频率响应曲线在重复测试时常常会因为接线等问题产生细微的偏移，而在进行图像处理时，对偏移量较小部分进行了处理，保留图像中最主要的部分，提高辨识的可靠性，而实现该类处理的方法称之为数学形态学。

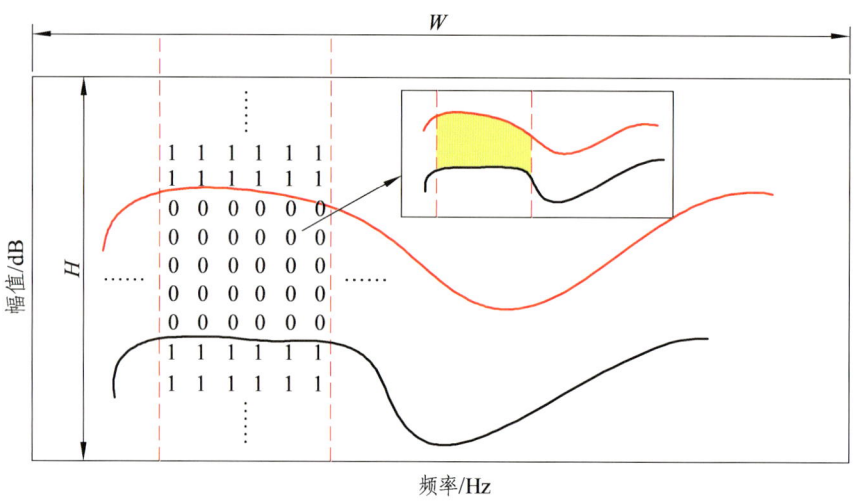

（a）二值化方法 1

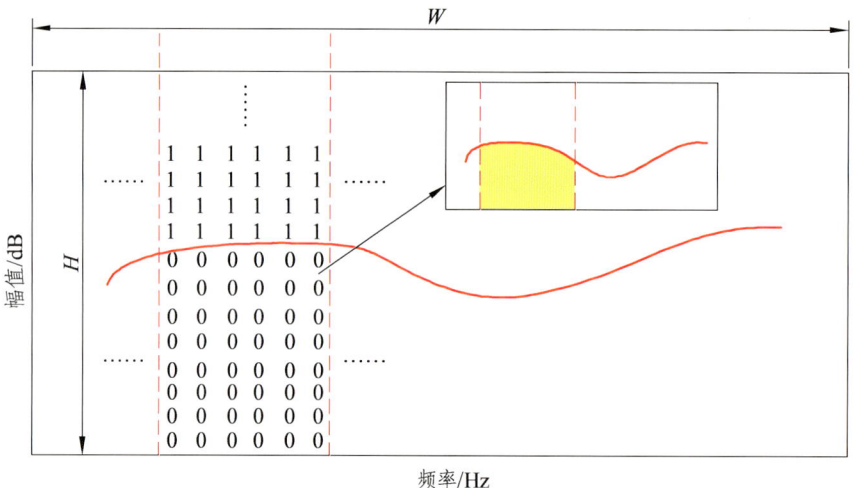

（b）二值化方法 2

图 6-1　频率响应曲线图二值化示意图

数学形态学借鉴了集合论，最早用于一些图像的纹理分析处理，当运用几何学和拓扑学中的概念来分析图像的几何结构时，提出了结构元素的概念，其基本原理是通过结构元素探测图像的所有几何结构，通过处理只保留图像中的主要形状特征，并滤除一些不相干的因素（如噪声和毛刺）。数学形态学已广泛应用于生物医学图像处理、几何形状分析、图像的编码和压缩、纹理分析以及多分辨率分析等领域。下面将对本书在进行频率响应曲线二值图像处理时用到的4个基本运算（膨胀、腐蚀、开运算和闭运算）进行介绍。

6.2.2 基于二值形态学的图像优化

二值形态学是针对要分析的二值图像和结构元素之间的处理方法，其中主要包括膨胀、腐蚀、开运算和闭运算四种基本运算。这里假设分析的二值图像为矩阵 A、结构元素为 B，其中假设 A 和 B 都是 N 维空间（E^N）中拥有元素 a 和 b 的集合。

1. 膨胀运算

膨胀运算的原理为：将结构元素 B 平移后若碰触 A，则记录该平移距离，所有满足上述条件的距离组成的集合称作 A 被 B 膨胀的结果，数学表达式如下：

$$A \oplus B = \{c \in E^N | c = a + b, a \in A, b \in B\} \quad (6\text{-}1)$$

如图6-2所示，当在同一坐标下有图6-2（a）中的 A 和 B 时，当 B 在当前坐标下进行平移时，其与 A 碰撞所需的距离与 A 形成的合集，即阴影部分为膨胀后的结果，如图6-2（b）所示，该运算是将部分区域进行扩张处理，有助于对形状不够突出的部分进行补充。

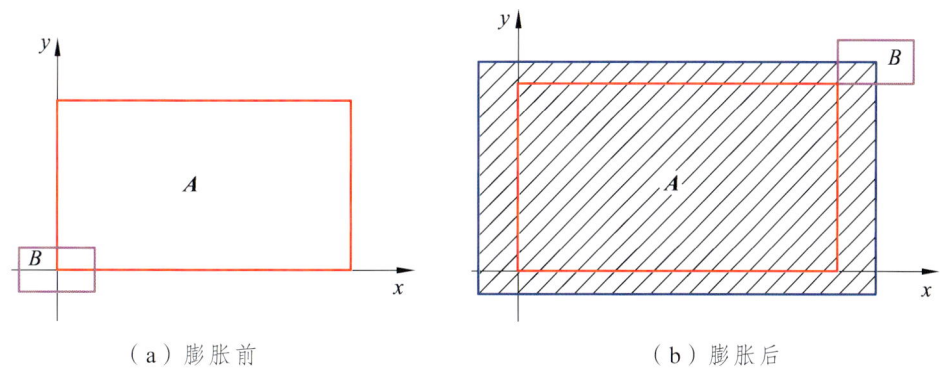

（a）膨胀前　　　　　　　　　　（b）膨胀后

图6-2　A 被 B 膨胀运算示意图

2. 腐蚀运算

腐蚀为膨胀的对偶运算，腐蚀运算的原理为：将结构元素 B 平移后仍在 A 内，则记录该平移距离，所有满足上述条件的距离组成的集合称作 A 被 B 腐蚀的结果，数学表达式如下：

$$A \ominus B = \{x \in E^N | x + b = A, \forall b \in B\} \quad (6\text{-}2)$$

如图 6-3 所示,当在同一坐标下有图 6-3(a)中的 A 和 B 时,当 B 在当前坐标下进行平移时,其一直在 A 内移动所需的距离与 A 形成的合集,即阴影部分为腐蚀后的结果,如图 6-3(b)所示,该运算有助于将部分想要滤除的形状进行滤除。

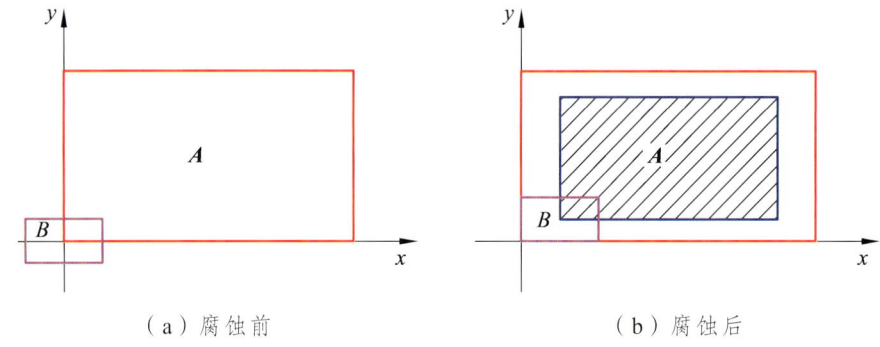

(a)腐蚀前　　　　　　　　　　(b)腐蚀后

图 6-3　A 被 B 腐蚀运算示意图

3. 开运算

开运算为先进行腐蚀运算后进行膨胀运算,数学表达式如下:

$$A \circ B = (A \ominus B) \oplus B \quad (6\text{-}3)$$

其中,开运算能够除去图像中一些孤立的小点以及一些毛刺等,但总体的形状不变,对于信号受干扰较为严重的波形可采用该处理。

4. 闭运算

闭运算为先进行膨胀运算后进行腐蚀运算,数学表达式如下:

$$A \bullet B = (A \oplus B) \ominus B \quad (6\text{-}4)$$

闭运算能够除去图像中的一些小孔及凹角,但总体形状不变,对于信号局部需要光滑处理的可采用该运算。综上所述,对于频率响应曲线的分析一般都采用开运算多一些,因为在高频时频率响应曲线有时会受到接触电阻等的干扰,进而产生一些毛刺和波动,不利于分析和特征提取,若采取适当的开运算处理将有助于提高分析的准确性。

6.2.3　频率响应曲线分频段方法研究

通过二值形态学可以将频率响应曲线的几何特征进行优化,提高分析的有效性。

但对于不同的变压器而言，其频率响应特征差异大，不同的故障影响的频段不同。因此，若在整体频段上提取整体特征分析，特征较为笼统，不利于后续的智能分析诊断，故本节针对该问题进行分频段处理，并结合二值形态学对频率响应特征提取进行分析。

目前对频率响应曲线的分析方法，无论是我国电力行业标准还是 IEEE 和 IEC 标准，均是基于幅频响应曲线进行分析。我国电力行业标准给出了定量指标，但 IEEE 和 IEC 标准只是进行定性分析。分析指标通常包括相关系数、谐振点数量变化、谐振点偏移方向和偏移量等，为进一步提高评估的准确性，国内外学者针对频段划分和评价指标进行了大量研究。表 6-1 所示为不同标准对测试和分析频段的定义。由于标准通常是针对某类变压器给出的经验值，因此给出的频段是固定的频段，但对于结构差异大的变压器，若采用同一种分频段方法将有可能导致误判。英国曼彻斯特大学的学者研究发现，变压器的绕组绕制方式和变压器结构均会对频率响应曲线产生较大的影响。为了进一步提高不同结构和种类变压器频段划分的有效性，阿根廷圣胡安国立电力学院的学者提出，通过频率响应曲线中的相位曲线确定频段，分频段依据为关键相位过零点。华南理工的学者在此基础上研究提出在高频段的分段方法应考虑故障后的曲线。

表 6-1 频段划分方法

标准	测试频段	频段划分方法
电力行业标准 （DL/T 911—2004）	1 kHz ~ 1 MHz	1 ~ 100 kHz；100 ~ 600 kHz； 600 ~ 1000 kHz
IEEE 标准 （IEEE Std C57149—2012）	20 Hz ~ 2 MHz	20 Hz ~ 10 kHz；5 kHz ~ 100 kHz； 50 kHz ~ 1 MHz；>1 MHz
IEC 标准 （IEC 60076—18：2012）	20 Hz ~ 2 MHz	未做明确要求

现有分析频率响应曲线的方法多为直接提取幅频曲线的特征，而对于频率响应曲线，除了幅频曲线，还有相频曲线，但由于相频曲线可辨识度没有幅频曲线好，在故障识别时难以适用。

如图 6-4 所示，由于谐振点的存在，当一定频率的信号在系统中发生谐振时，幅值表现为波峰和波谷，而响应与输入信号的相位差则变为 0，因此在相频曲线中会有多个突变点。当谐振点发生偏移时,相位差过零点也随之偏移,但一般只是左右平移,变化规律单一,较难用于故障的诊断,但通过分析谐振点过零点可以判断其谐振区间。对于不同的变压器,其谐振区间是不一样的,从而导致同一参数对不同变压器频率响应的影响区间差异性较大。由此可见,合适的分频段方法,将有助于提高不同类型变压器或不同故障类型的区分。

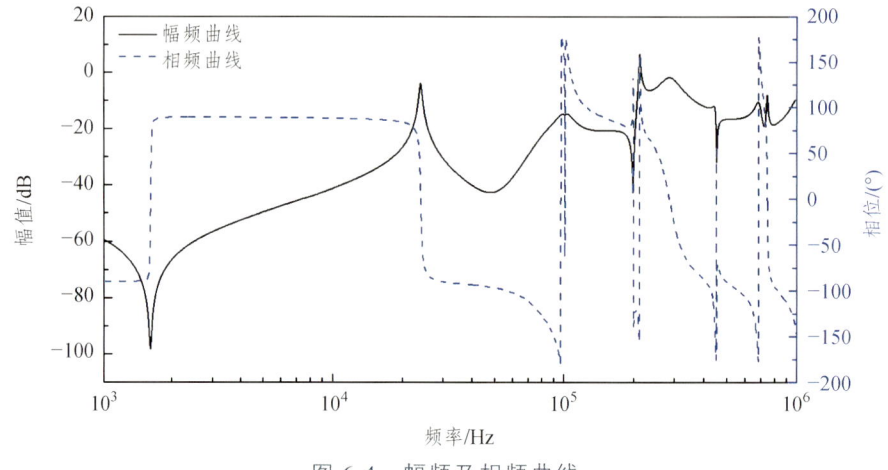

图 6-4 幅频及相频曲线

根据我国电力行业标准,将频率响应测试范围定为 1 kHz ~ 1 MHz,并根据长期的现场测试经验,将整个频率范围分为:低频段 1 ~ 100 kHz(Low Frequency,LF)、中频段 100 ~ 600 kHz(Middle Frequency,MF)和高频段 600 ~ 1000 kHz(High Frequency,HF)。该分段范围对于大多数的电力变压器都适用,其中基于上述频段相关的故障类型及影响参数如表 6-2 所示。对于一些特种变压器,如牵引供电用单相牵引变压器和自耦变压器,由于绕组结构差异性大,其分频段范围的适用性较低,也不利于后期的智能诊断分析[102]。

表 6-2 故障频段及影响参数

频段	故障类型	影响参数
低频段	匝间短路、铁心接地不良、剩磁影响	L,M
中频段	径向凹陷变形、凸出变形、线饼倾斜	C_g,C_s,C_k,L,M
高频段	绕组整体移位、接触不良	C_s,C_g

通过前面的分析可以看到，幅频曲线的谐振区间可通过谐振点的过零点较好地区分开。阿根廷圣胡安国立大学电力学院的学者就尝试通过幅频曲线的过零点进行频段的划分，共分为 5 个频段，分别将低频段和高频段做了进一步的细分。为了进一步说明，下面以自耦变压器仿真幅频和相频曲线为例进行介绍。

如图 6-5 所示，根据不同的相位过零点，可以将其分成两种：一种是从负相位变为正相位，称之为 $L\text{-}C$ 过零点，此时系统从感性转为容性；另一种是从正相位变为负相位，称之为 $C\text{-}L$ 过零点，此时系统从容性转为感性。根据上述相位特性，可选取 4 个特殊的相位过零点，分别为 A（第一个 $L\text{-}C$ 过零点）、B（第二个 $L\text{-}C$ 过零点）、C（最后一个 $L\text{-}C$ 过零点）和 D（最后一个 $C\text{-}L$ 过零点）。根据这些点，频率区域可以划分如下：

$$\text{LF1}_{\text{range}} = \left[f_1, \frac{1}{2}(f_1 + f_A) \right] \tag{6-5}$$

$$\text{LF2}_{\text{range}} = \left[\frac{1}{2}(f_1 + f_A), \frac{1}{2}(f_A + f_B) \right] \tag{6-6}$$

$$\text{MF}_{\text{range}} = \left[\frac{1}{2}(f_A + f_B), f_C \right] \tag{6-7}$$

$$\text{HF1}_{\text{range}} = [f_C, f_D] \tag{6-8}$$

$$\text{HF2}_{\text{range}} = [f_D, f_n] \tag{6-9}$$

其中，f_1 和 f_n 是频率范围的起始和结束频率，f_A、f_B、f_C 和 f_D 是点 A、B、C 和 D 的频率。

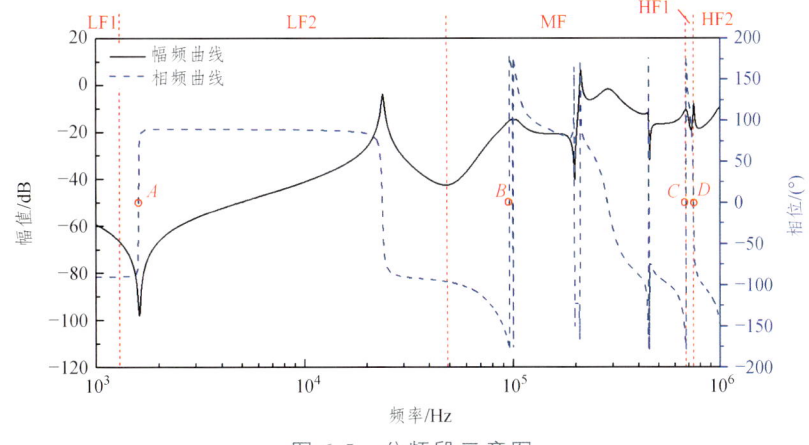

图 6-5 分频段示意图

根据上述方法，一旦确定了频率区域，就可以更准确地识别出故障。但从上述方法可以看出，其对相位过零点的区分较为固定。为此华南理工的学者在此基础上，提出通过幅值差异确定高频分段点的方法。该方法需基于参考与故障曲线之间的差值来确定频率点，进而进行区分。但该方法是一个动态的分频段方法，不同的故障曲线对应不同的频段，在不同的测试阶段进行往期测试数据对比时，难以对比量化指标。

基于上述讨论和分析，利用相位过零点进行频段的划分具有一定的可行性，但其仅仅对一类变压器进行了分析，缺乏普适性。本节针对现场实测牵引变压器和自耦变压器绕组频率响应的相频曲线，通过实测信号的分析，提出了适用于该类变压器的分频段方法。图6-6和图6-7分别为牵引变压器和自耦变压器的实测相频曲线。为了能较为清晰地分析关键的过零点，将牵引变压器分别通过对数坐标和线性坐标进行分析。

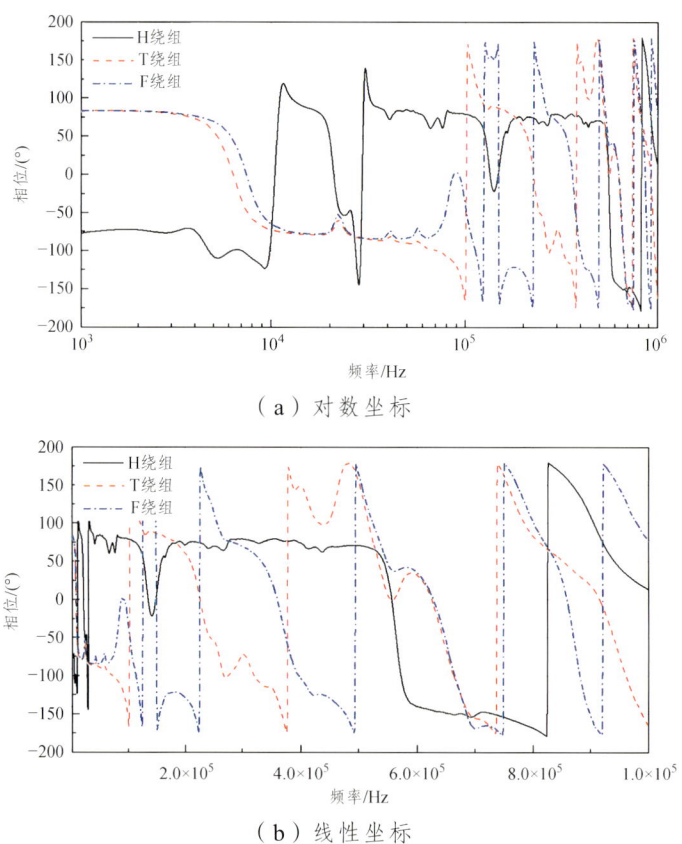

图6-6 现场牵引变压器绕组实测相频曲线

由图 6-6（a）可以看到，H 绕组与 T 绕组在低频段的相位差过零点差异极大，尤其是 T 和 F 绕组，第一个 $L\text{-}C$ 过零点已经到了 100 kHz，而 H 绕组则为 10 kHz。同样地，自耦变压器的相频曲线第一个 $L\text{-}C$ 过零点也在 10 kHz 以上。根据实际分析，由于一般测试的频率范围为 1 kHz ~ 1 MHz，因此，若将 LF1 的上限频率设置为 $0.5(f_1+f_B)$，LF1 区间则较小，且不包含谐振点。从 5.2.2 节的分析可以得出不同绕组故障下频率响应曲线前面谐振点偏移差异大的结论，而这样计算出的 LF1 没有反映出该结论，基本无法用于诊断故障；而从图 6-6（b）可以看到，对 H 和 F 绕组，最后一个 $L\text{-}C$ 过零点反而在最后一个 $C\text{-}L$ 过零点前面，这样 C 和 D 点的位置就相反了。同样的，自耦变压器也存在这个问题。因此，若直接利用文献[162]的方法，在高频段的划分会出现问题，这是不同变压器之间结构差异所导致的。综上，由于变压器结构之间的差异性，该方法需进行改进以增加其普适性。

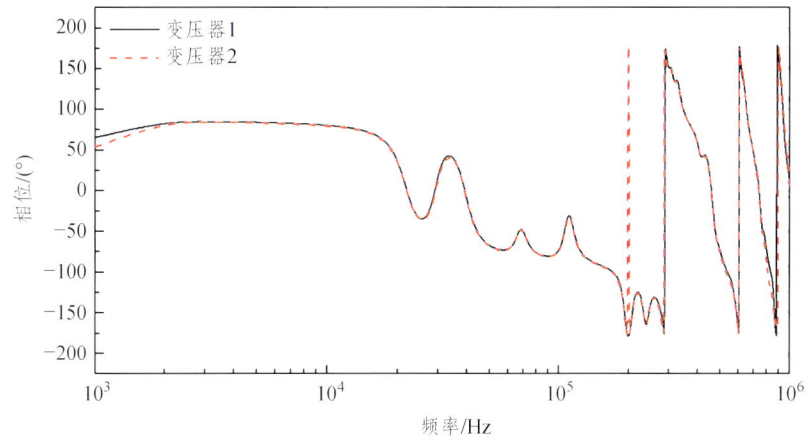

图 6-7　现场自耦变压器绕组实测相频曲线

根据 6.2.2 节中对不同故障下的分析，本书提出将 LF1 频段扩展，增加其在故障诊断中的有效性，并提高 LF1 和 LF2 之间的辨识度，同时将 MF 细分成 MF1 和 MF2。由于中频段的谐振点最多，对各类故障均有较好的灵敏度，因此细分后的 MF 将有助于提高故障辨识的有效性。对于高频段，其故障类型较为单一，且最易受测试系统的干扰影响，若将其细分，容易增加故障诊断的误判率。因此，本书提出将其进行合并，只分析一个 HF。

基于上述分析，提出了将整个频段分成 LF1、LF2、MF1、MF2、HF，具体的计算步骤包括：将第一个 $L\text{-}C$ 或 $C\text{-}L$ 过零点设置为 A 点，并将紧挨着的第二个过零点

设置为 B 点,将第三个过零点设置为 C 点,将最后两个过零点设置成 D 和 E。各个频段的上下限频率计算方法如下:

$$\mathrm{LF1}_{\mathrm{range}} = \left[f_1, \frac{1}{2}(f_A + f_B) \right] \tag{6-10}$$

$$\mathrm{LF2}_{\mathrm{range}} = \left[\frac{1}{2}(f_A + f_B), \frac{1}{2}(f_B + f_C) \right] \tag{6-11}$$

$$\mathrm{MF1}_{\mathrm{range}} = \left[\frac{1}{2}(f_B + f_C), \frac{1}{2}(f_C + f_D) \right] \tag{6-12}$$

$$\mathrm{MF2}_{\mathrm{range}} = \left[\frac{1}{2}(f_C + f_D), \frac{1}{2}(f_D + f_E) \right] \tag{6-13}$$

$$\mathrm{HF}_{\mathrm{range}} = \left[\frac{1}{2}(f_D + f_E), f_n \right] \tag{6-14}$$

式中,f_1 和 f_n 是频率范围的起始和结束频率;f_A、f_B、f_C、f_D 和 f_E 是点 A、B、C、D 和 E 的频率。

以自耦变压器仿真频率响应曲线为例,通过新的频率响应分段曲线如图 6-8 所示。与图 6-5 中的分频段方法相比,本书提出的方法将低频段分成两段,两段分别包含了低频段较为关键的谐振点。由于通常在分析频率响应曲线的时候一般都是以谐振点的偏移为辨识特征,因此新提出的分段方法提高了 LF1 中频率响应曲线的可辨识度。同时,无论是牵引变压器还是自耦变压器,在发生故障时不同的谐振点偏移情况差异大。这说明参数在不同频段的灵敏度是有差异的,若将其归于同一频段,降低了其辨识的有效性。可见新提出的方法也提高了 LF1 和 LF2 之间的辨识度,增加了诊断的有效性。

根据大多数文献的仿真和实测分析,中频段是谐振点最多的频段,对各类故障都较为敏感,且谐振点的偏移差异性较大。因此,为了进一步提高中频段的有效性,将其由原来的一个分成两个,这样对于同样的绕组,有利于总结出不同故障类型的频率响应特性。原来的高频段由谐振点作为分频段区间的上下限,这样其实难以观察到谐振点的偏移情况,而且该频段受测试系统影响较大,只分析一个高频段有助于降低测试误差造成的影响。

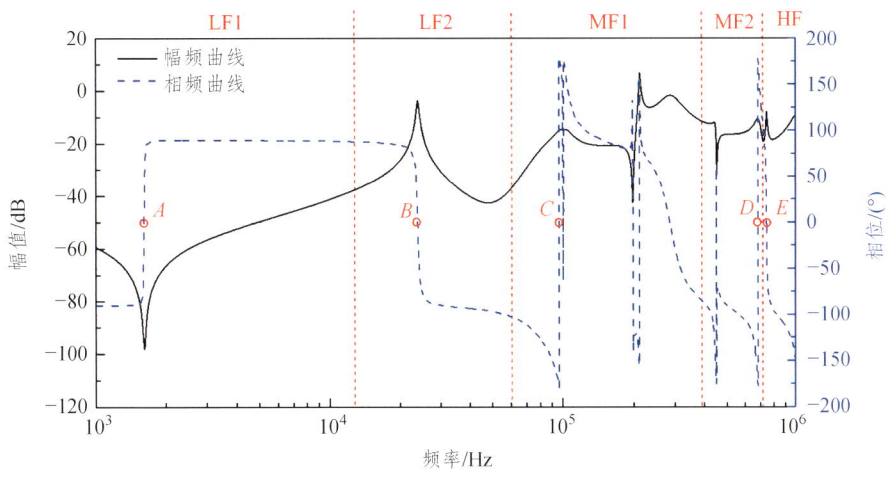

图 6-8 新的分频段示意图

根据所提出的分频段方法,对模拟试验平台中的正常绕组频率响应曲线进行了分频段,结果如图 6-9 所示。由于比例模型中的绕组匝数较实际变压器要少得多,尺寸也较小,因此在低频段的谐振点较少,初始的谐振点均发生在 10 kHz 以后,因此关键的相位过零点频率也较高,仍将该变压器的测试曲线分成五个频段,分别为 LF1、LF2、MF1、MF2 和 HF,但可以看到通过分频段后,LF1 和 LF2 将关键的谐振点提取出来,而 MF1 和 MF2 则将中间的关键谐振点区分开来,这样也有助于提取关键的特征。

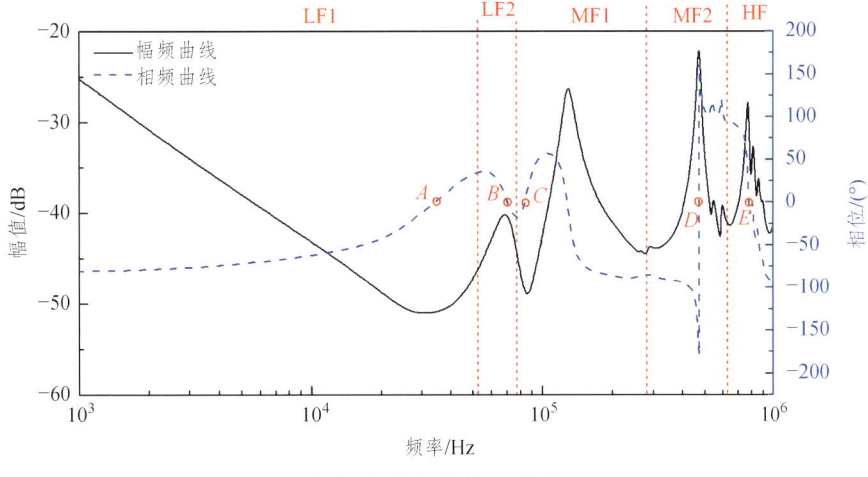

(a) 牵引变压器 H 绕组

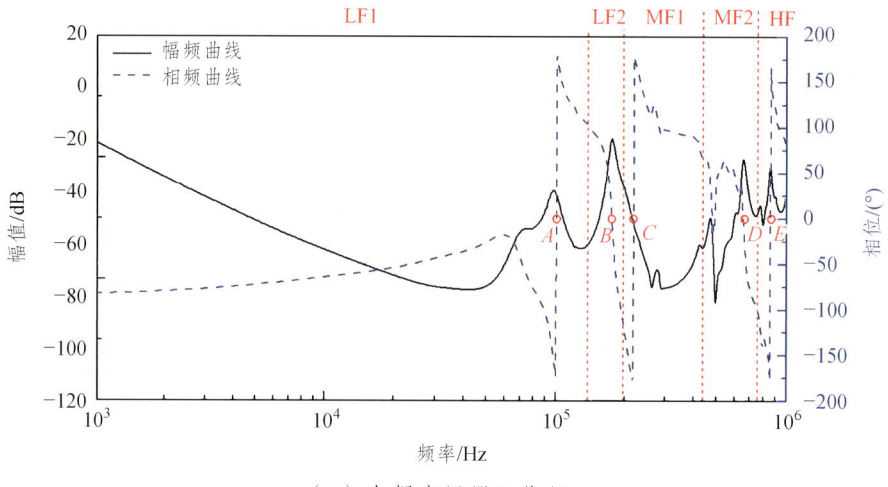

(b) 自耦变压器三绕组

图 6-9 正常测试下频率响应曲线

6.2.4 频率响应曲线图像特征提取

目前，相关系数等统计指标是评估频率响应曲线偏移最主要的指标。近年来也有不少文献研究了利用谐振点幅值和频率偏移量进行状态评估的方法；也有将频率响应曲线映射到奈奎斯特图中，计算曲线偏移量来评估绕组状态；同时也有将离散的频率响应点映射到极坐标中，对离散点的分布特征进行提取，并与绕组的状态进行映射。上述指标增加了频率响应曲线的信息丰富度，在以大数据为分析基础的人工智能时代，大量的评价指标将有助于提高变压器绕组状态辨识的有效性。但上述提及的一些特征均为数值指标，其都为一维属性，只能表示数值大小，在进行不同故障的区分时，仅仅通过数值指标进行区分，其可辨识度的精度较低。为此，本书基于图像特征处理和分频段方法提出了 2 个新的评估指标：① 面积占比；② 质心偏移。

由前面所述可知，相关系数指标在评价两个形状相仿、只是发生了上下平移的曲线时，无法有效计算出曲线间的偏移，因此需要通过增加其他指标进行辅助判断。为了解决该问题，本书提出采用面积占比的方式计算曲线间的偏移程度。

如图 6-10（a）所示，对于经验丰富的测试人员来说，可直接通过观察正常与故障下的频率响应曲线来判断可能发生的故障，但仍需评价指标进行确认。本节提出首先计算面积占比来判断。

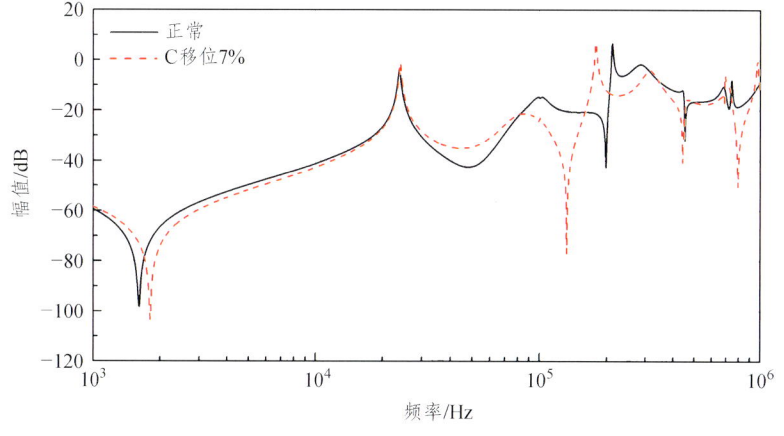

（a）频率响应曲线

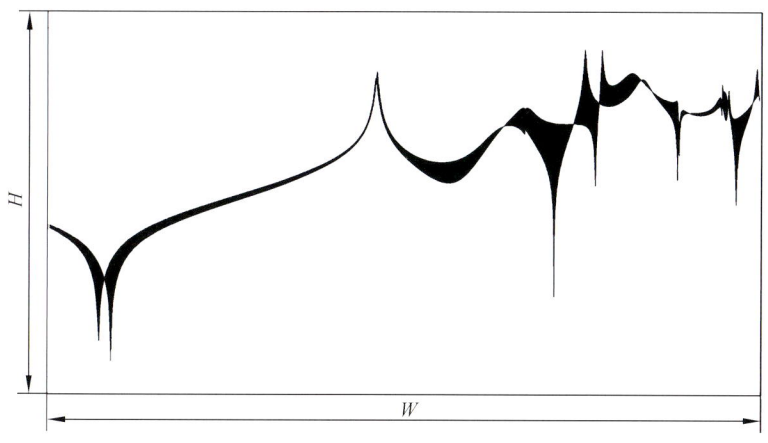

（b）二值化图像

图 6-10 曲线间二值化示意图

如图 6-10（b）所示，根据上节中给出的二值化方法 1，将频率响应曲线转化成二值化的图像，其中图片的大小分别为 $H = 840$ 像素、$W = 1998$ 像素。一般现场实测中频率响应为 1000 个频率点，因此宽度像素足以较好地分析出频率响应点。对于高度将每分贝细化成 6 个像素点，根据不同的幅值取值范围动态调整像素高度即可。并不是所有的曲线均发生了较大的偏移，而是需要将主要变化区域突出，因此对二值图像进行了二值形态学中的开运算，将幅值变化小于 5 dB 的曲线间的图像消除，结构元素选取高度为 3 像素、宽度为 1 像素的矩形，处理结果如图 6-11 所示，由图可以看到部分变化较小的部分已被消除。

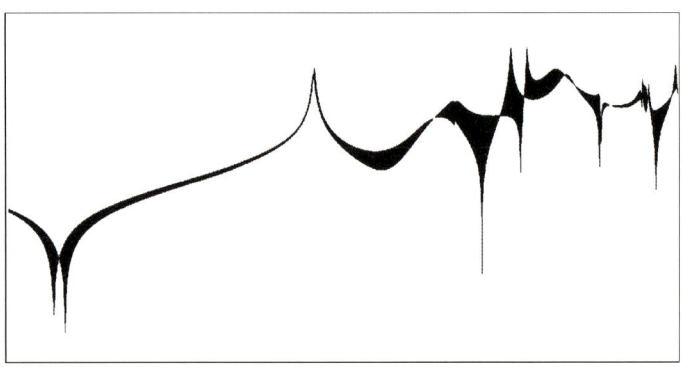

图 6-11　曲线间二值化示意图

1. 面积占比

基于处理后的图像,计算图中黑色部分占所有图像的比例,公式如下:

$$AR = \frac{\sum p_0}{W \times H} \qquad (6\text{-}15)$$

式中,AR 即为面积占比(Area Ratio,AR);p_0 为像素为 0 的点;W 为频段的宽度;H 为频段的高度。根据 6.2.2 节中的分频段方法,分别计算出整个频段以及分频段后各个频段的面积占比。

表 6-3　相关系数与面积占比

频段	WF	LF1	LF2	MF1	MF2	HF
相关系数	0.8799	0.9302	0.9286	0.6330	0.9187	0.7421
面积占比	0.0401	0.0294	0.0276	0.0641	0.0319	0.0605
各频段与全频段的面积占比差	—	−0.0107	−0.0125	0.0239	−0.0082	0.0204

表 6-3 为计算出的 C 绕组发生 7% 移位时,全频段(Whole Frequency Band,WF)和各个频段(LF1、LF2、MF1、MF2、HF)下的面积占比及相关系数,相关系数用于对比 AR 的特性。由表可以看到,各频段中的 S 与相关系数规律性一致。相关系数为 1 时,可以认为曲线是完全重合或者只发生了上下平移。结合图 6-11 的曲线可以看到,曲线在 MF1 和 MF2 处相关性是最差的,远低于 WF 中的相关系数,而这也可以通过对比 AR 参数对比看到,曲线相关性越差则面积占比就越高。因此,曲线是否发生故障可通过 WF 中的 AR 判断,而较为严重的故障频段,则通过判断 AR 大小来

确定。从表 6-3 中可以看到，当各频段 WF 中的 AR 之差为正时，可视为主要故障频段，而其他频段可视为辅助判断频段。从上述分析中可以看到，通过面积占比的方式可以有效表征其曲线偏移，同时面积参数可以避免相关系数无法评估上下平移曲线的缺点。

2. 质心偏移

频率响应曲线偏移通常也可作为分析故障时的特征，一个经验丰富的测试人员往往可以通过关键谐振点的偏移情况大致判断发生了何种故障，但这是一种经验式的判断，同时在不同的频段可以看到谐振点的偏移差异化明显，有的甚至发生了谐振点的缺失或增加，这都极大地增加了经验判断的难度。若能将曲线偏移情况量化，将有助于进一步判断故障，为迅速消除故障争取时间。为此，本书提出了采用质心偏移的方式进行曲线偏移的量化。

质心原本指物质系统上被认为质量集中于此的一个假想点，而对于一个匀质平面几何体来讲，质心即几何中心。假设一个二值平面图形，由 n 个点构成一个几何形状，并将其坐标化，将每个点的坐标分别定义为 (x_i, y_i)，$i = 1, 2, 3, \cdots, n$，则质心的坐标位置为：

$$x_0 = \frac{\sum_{i=1}^{n} m_i x_i}{\sum_{i=1}^{n} m_i}, y_0 = \frac{\sum_{i=1}^{n} m_i y_i}{\sum_{i=1}^{n} m_i} \tag{6-16}$$

图 6-12 给出了一些较为规则的图像的质心计算示意图，可以看到，对于矩形、圆形这种较为规则的图像，质心即图像的中心点，而三角形这样的图形较难区分。但可以看到几何形状对于质心的位置影响非常大。同理，质心也可以在一定程度上表征几何形状的变化，本书提出将其用于频率响应曲线偏移的量化。

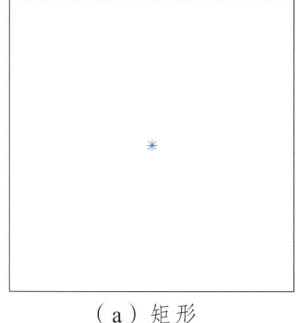
（a）矩形

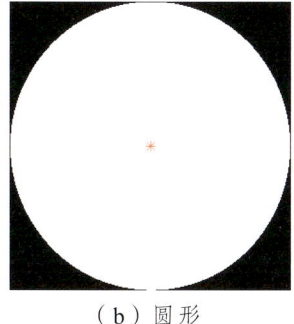
（b）圆形

（c）三角形

图 6-12 质心示意图

为能通过质心表征频率响应曲线的特征，采用上节中的二值化方法 2 将频率响应曲线上下部分进行区分，并在分频段后绘制出每个二值图像下半区域的质心分布。以自耦变压器仿真频率响应曲线为例，结果如图 6-13 所示。从图中可以看到不同频段内，质心的分布受白色区域几何形状的影响，尤其当曲线发生了变化，即白色区域上面的形状改变，就会改变质心的位置。

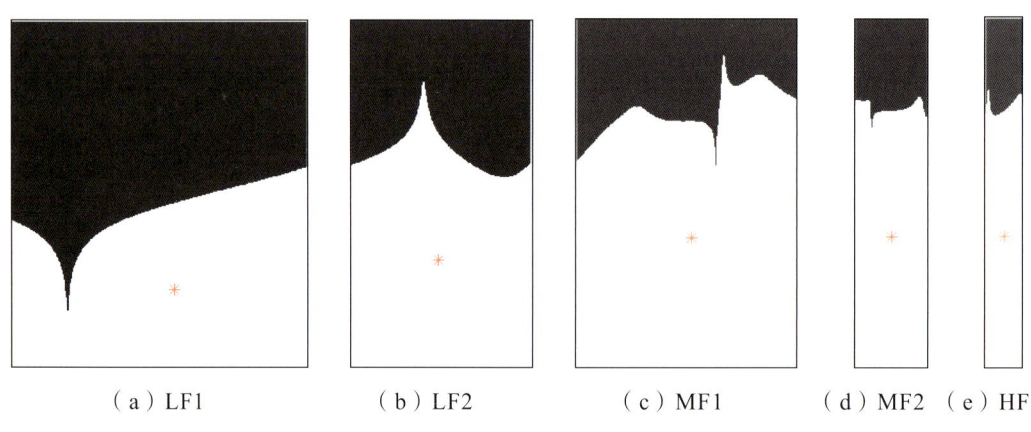

图 6-13 频率响应曲线质心示意图

为能进一步分析曲线偏移对质心的影响，绘制出了 MF1 中正常及 C 绕组移位 7% 情况下的质心坐标，如图 6-14 所示。从图中可以看到，当曲线发生偏移时，质心坐标从（281.76，314.34）变成（282.05，305.63），可见其在横坐标上和纵坐标上均发生了变化，且其纵坐标变化更为明显。从曲线中分析可知，C 绕组移位 7%时，频率响应曲线向左下偏移，而质心向右下偏移。通过分析可以得出以下结论：① 质心的纵坐标变化与曲线偏移方向相同；② 当频段内只有波谷偏移显著时，质心的横坐标变化与曲线偏移方向相反；③ 当频段内只有波峰偏移显著时，质心的横坐标变化与曲线偏移方向相同。

对于曲线偏移，通常可以定义偏移方向为上、下、左、右、右上、右下、左上、左下。由于同一个频段内，谐振点之间的偏移方向可能是相反的，有时难以确认某个频段的曲线到底是如何偏移的，因此本书提出采用质心偏移来反映曲线的偏移情况。

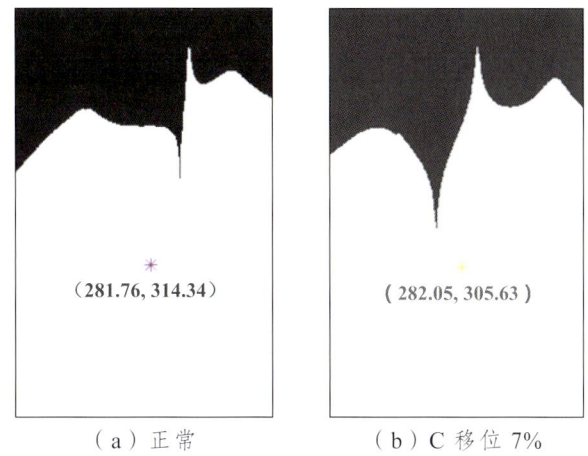

(a)正常　　　　　　(b)C 移位 7%

图 6-14　不同情况下 MF1 中质心示意图

偏移距离的计算方式如下：

如图 6-15 所示，设定正常情况下曲线下几何形状的质心坐标为 (x_0, y_0)，故障下曲线下几何形状的质心坐标为 (x_i, y_i)，参考笛卡儿坐标系对象限的划分，将质心偏移（Centroid Deviation，CD）的区域划分为 4 个区间，其中 CD 具体计算方式如下[104, 105]：

$$CD = (\Delta r, \Delta \theta) \tag{6-17}$$

式中，Δr 为偏移距离；$\Delta \theta$ 为偏移角度。

偏移距离的计算方式如下：

$$\Delta r = \sqrt{(x_i - x_0)^2 + (y_i - y_0)^2} \tag{6-18}$$

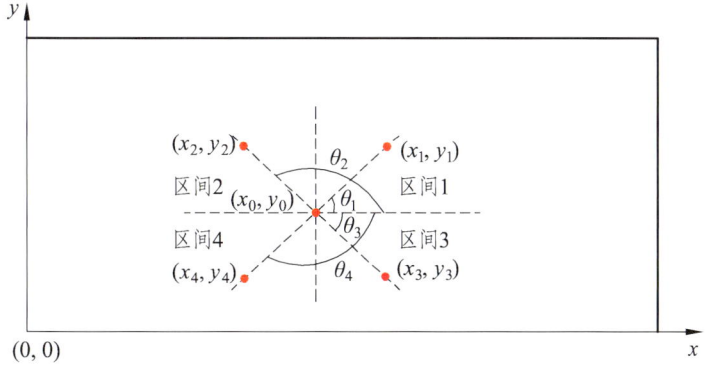

图 6-15　质心偏移示意图

其中，偏移角度的定义与偏移区间相关，具体定义如表6-4所示。根据质心偏移情况与曲线偏移方向特征，定义了质心偏移区间与曲线偏移的定量关系。

表6-4 质心偏移区间定义

区间	角度	坐标差特征	曲线偏移方向
1	$\arctan(|y_1-y_0|/|x_1-x_0|)$	$\Delta x \geq 0$，$\Delta y \geq 0$	左、左上或右、右上
2	$180°-\arctan(|y_2-y_0|/|x_2-x_0|)$	$\Delta x<0$，$\Delta y \geq 0$	右、右上或、左上
3	$-\arctan(|y_3-y_0|/|x_3-x_0|)$	$\Delta x \geq 0$，$\Delta y<0$	左、左下或右、右下
4	$-180°+\arctan(|y_4-y_0|/|x_4-x_0|)$	$\Delta x<0$，$\Delta y<0$	右、右下或左、左下

根据上述定义的面积占比（AR）和质心偏移（CD），本节将进一步对故障曲线进行分析，明确上述两个指标在量化曲线变化时的效果。尤其分析了上述参数在通过自耦变压器频率响应曲线来诊断绕组故障类型的可行性，为基于该特征的智能诊断方法提供理论基础。

6.2.5 极坐标下图像分析方法

根据前面提出的质心偏移指标，本节讨论如何通过极坐标进一步分析特征的偏移情况，并研究该特征在进行绕组故障诊断时的可行性。

图6-16（a）为自耦变压器不同绕组发生移位时的频率响应曲线。根据提出的分频段方法进行了频段的划分，可以看到，不同绕组发生移位时频率响应曲线差异较为显著。在LF1中C绕组移位时谐振点发生了较为明显的偏移，其他两个绕组移位时没有明显偏移，LF2中三个绕组移位导致的谐振点发生的偏移均不同；同时也看到，MF1、MF2和HF中的谐振点偏移差异性均大，均可用于故障绕组的诊断。表6-5列出了不同情况下的AR值，其中从WF中AR值可以看到，C绕组移位时曲线偏移最为严重，S2绕组移位次之。同时可以看到，S1和S2绕组移位时LF2、MF1、MF2和HF均为故障频段，而C绕组移位时MF1和HF为主要故障频段。根据该结论，首先在极坐标中绘制出每个频段中曲线下部区域的质心偏移。

如图6-16（b）所示，LF1中C和S2绕组移位时质心偏移区间一致，而S1绕组相反；LF2中三个绕组发生移位时偏移区间均不一致；MF1中S1和S2绕组移位时质心偏移区间一致，而C绕组相反；MF2中S1和S2绕组移位时质心偏移区间一致，而 C 绕组则在相邻区间；HF 中三个绕组发生移位时偏移区间均不一致。若以 MF1 和 HF 为主要故障频段，则通过 MF1 中质心特征就可以区分出 C 绕组，进而通过 HF 中特征分析区分 S1 和 S2 绕组移位。若要进一步进行区分，则可进一步对比 LF1 和 LF2 中的特征变化，LF1 中可以区分出 S1 绕组移位，LF2 中可以区分出三个绕组。

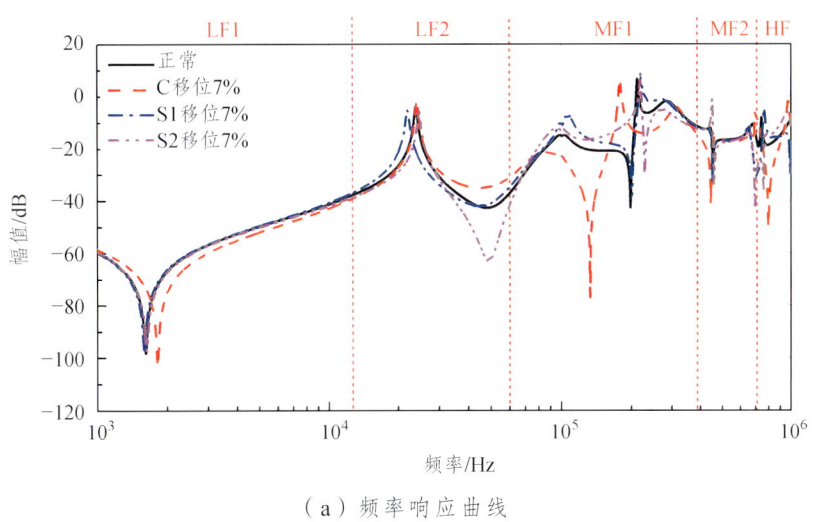

（a）频率响应曲线

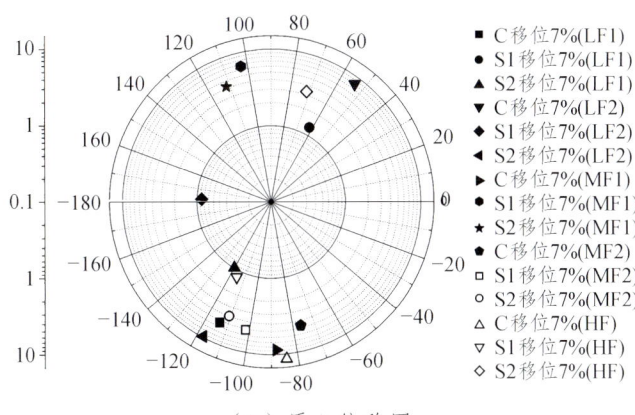

（b）质心偏移图

图 6-16 自耦变压器不同绕组移位时特征

表 6-5　不同绕组移位时面积占比

不同绕组移位	WF	LF1	LF2	MF1	MF2	HF
C 移位 7%时 AR	0.0401	0.0294	0.0276	0.0641	0.0319	0.0605
C 移位 1%时 AR 差	—	-0.0107	-0.0125	0.0239	-0.0082	0.0204
S1 移位 7%时 AR	0.0188	0.0063	0.0257	0.0268	0.0200	0.0361
S1 移位 7%时 AR 差	—	-0.0126	0.0068	0.0079	0.0012	0.0172
S2 移位 7%时 AR	0.0264	0.0061	0.0428	0.0361	0.0310	0.0411
S2 移位 7%时 AR 差	—	-0.0203	0.0164	0.0098	0.0047	0.0148

从上述分析可以看到，面积占比参数可以将主要的故障频段和辅助判断频段区分出来，便于进行主要的分析，而质心偏移图能够较为直观地反映出不同绕组故障时的区别，尤其对于偏移区间，是进行故障绕组区分的主要方法。

6.3　多分辨率分析故障诊断方法

频率响应曲线中，相频特性曲线由于变化复杂，在现有研究中利用相频特性信息的较少。在第 3 章中，使用多级分解获得了各级别的幅频特性曲线和相频特性曲线，并在自耦变压器串联式绕组与牵引变压器独立绕组中应用了分解各级的幅频特性曲线，相频特性曲线由于高频部分变化复杂难以直接分析。极坐标图可同时利用幅频特性曲线和相频特性曲线的特征信息，在提取原有数学特征的基础上还可进一步提取图像特征[106]。极坐标图中，线条的变化情况不同，提取的图像特征会有差异，利用图形与图像特征的差异，有助于识别绕组的故障情况。目前，频响曲线极坐标图的研究主要针对原始频响的极坐标图提取图像特征，但因为频响极坐标图散点较多，获得的图像特征可能会产生误差。本书提出了频响极坐标图多级图像特征的方法，将多级分解后的幅频特性曲线与相频特性曲线转化为分解各级的极坐标图，并提取分解后各级的图像特征，分析图形与极坐标图的变化情况从而识别变压器绕组的状态。

6.3.1 频响极坐标图

频响极坐标图可同时利用幅频特性、相频特性的特征信息，通过将幅值与相位转化为极径与极角，将幅频特性、相频特性曲线转化为极坐标图。相应的公式如下：

$$x(\omega) = |H(\omega)| \cdot \cos[\eta(\omega)] \tag{6-19}$$

$$y(\omega) = |H(\omega)| \cdot \sin[\eta(\omega)] \tag{6-20}$$

式中，$x(\omega)$为特定频率下转化成的极径；$y(\omega)$为特定频率下转化成的极角。

以绕组的正常情况与故障情况为例，将幅频特性、相频特性曲线转化为极坐标图，如图6-17（a）所示。图6-17（a）中，正常情况与绕组故障情况的极坐标图形有明显差异，散落的点较多，在后续提取图像特征可能会带来一些困难。应用第3章的多级分解的方法，将原始频响曲线分解七级后再转化为极坐标图，如图6-17（b）所示。图6-17（b）中，分布在线条周围的散点较少，曲线变化清晰，这有利于提取图像特征用于后续的分析[107]。

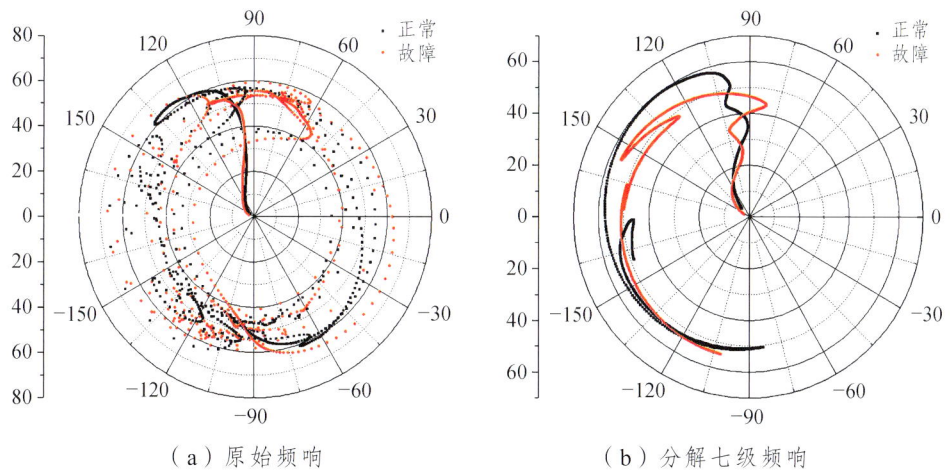

（a）原始频响　　　　　（b）分解七级频响

图6-17　频响极坐标图

将频率响应法的幅频特性曲线与相频特性曲线结合转化为极坐标图，可同时利用频响测试获得两条曲线的特征信息，同时还可进一步提取图像特征用于绕组故障识别的相关研究，丰富了频率响应的特征。由图6-17可知，原始频率响应曲线转化的极坐标图与分解以后的极坐标图存在差异，但散落的点较多；分解后的极坐标图散落点较少，规律明显，因此还需要分析分解后的各级极坐标图，研究各级极坐标图的差异。

6.3.2 多级极坐标图

原始的频率响应曲线转化的极坐标图，虽然也能看出正常情况与故障情况的明显差异，但周围的散点较多，在后续提取图像特征时可能会造成误差。经过第3章中的多分辨率分析平滑处理，可获得多级分解后各级的幅频特性曲线与相频特性曲线，经过平滑处理以后再转化极坐标图可减少不规律的散点。

以第2章中变压器绕组正常情况的幅频特性曲线与相频特性曲线为例，进行七级分解以后将分解各级的幅频特性曲线与相频特性曲线结合转化为极坐标图。分解各级频响的极坐标图如图6-18所示。

图6-18中original表示原始频响曲线，1 th～7 th表示分解一级至分解七级。如图6-18所示，随着分解级数的增加，多分辨率分析平滑处理后转化而成的极坐标图的散点减少。其中，分解一级至分解三级，极坐标图与原始极坐标图的图形差异没有明显变化；分解四级开始与原始极坐标图的图形出现明显变化，不过保持了曲线变化趋势的一致性，分解四级时在极坐标图的下方出现了变化；分解五级时，平滑处理的效果使极坐标图右上方的散点消失。

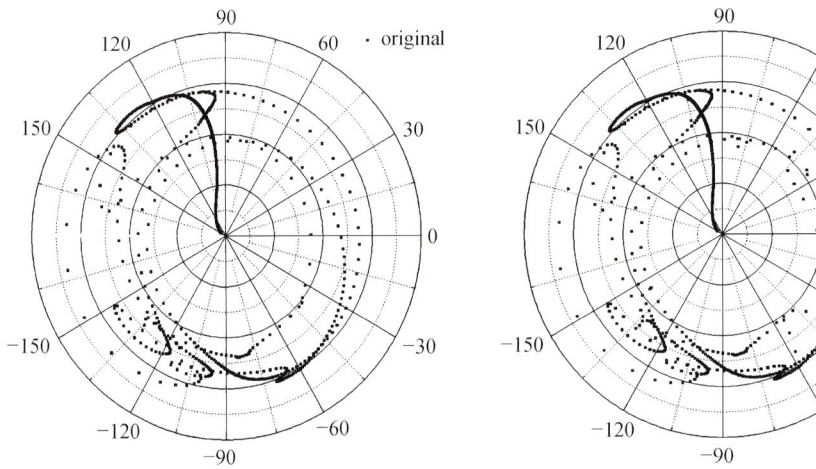

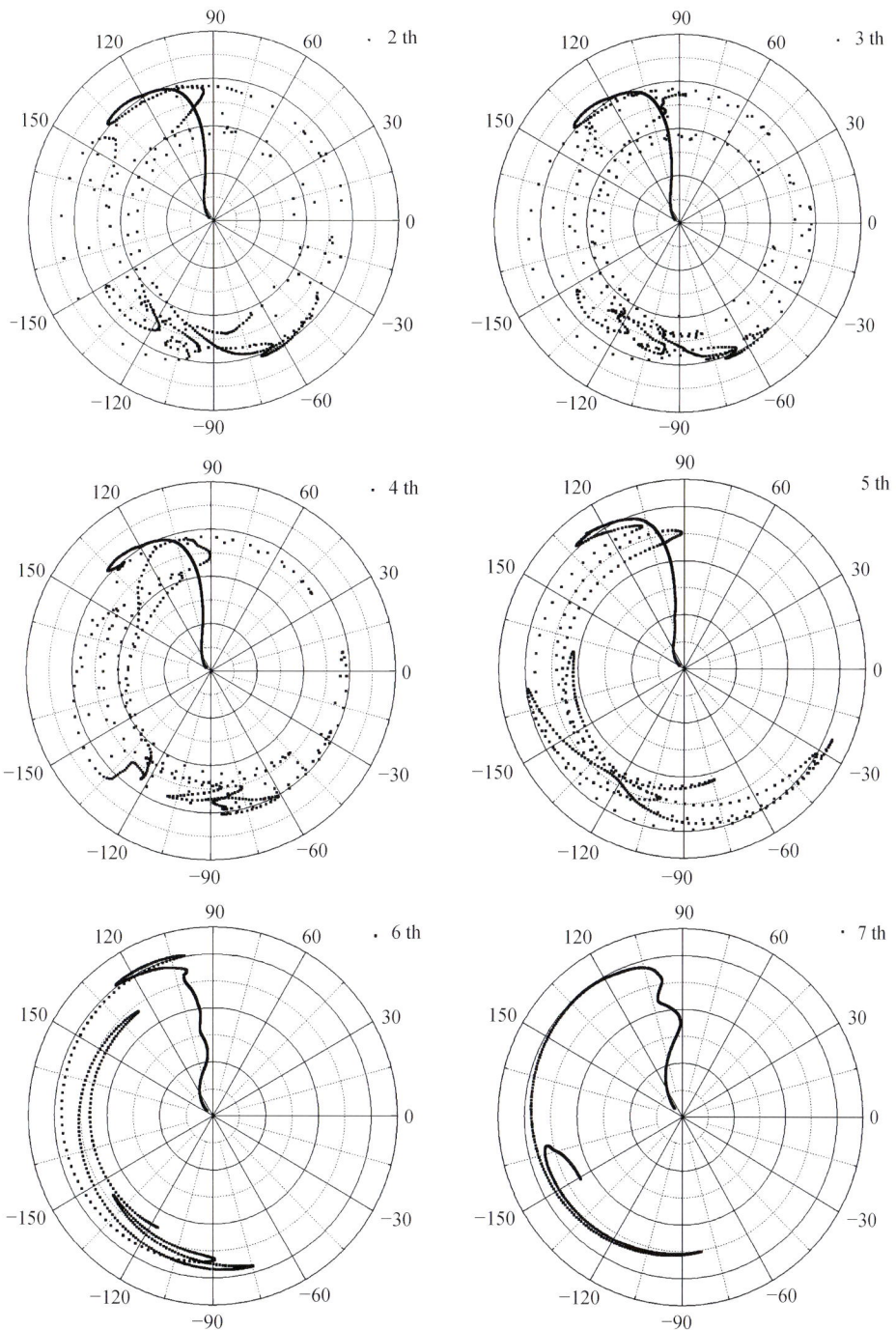

图 6-18 分解各级极坐标图

分解六级与分解七级的极坐标图,线条较少,两个分解级数曲线变化情况也一致;分解七级与分解六级相比点数更少,线条更简洁。与原始频响的极坐标图、分解一级至分解五级的极坐标图相比,分解六级与分解七级的极坐标图在图像的左半部分变化趋势一致,这与 6.2 节多分辨率分析中各级曲线的关联性分析保持一致。分解六级与分解七级与原始频响的极坐标图相关性较高,提取的图像特征可代表原始频响极坐标图中的特征信息。

频率响应曲线经过分辨率分析多级分解与极坐标图结合,可获得原始频响极坐标图与分解一级至分解七级的极坐标图。多级分解中不仅同时利用了幅频特性曲线与相频特性曲线的特征信息,而且不同级别的曲线都可单独进行分析,大大丰富了频响曲线中获得的特征信息。其中,原始频响、分解五级至七级差异较大,可单独分析,下一步可在图形的基础上,提取图像特征量化图形的差异。

6.3.3 图像特征

如图 6-17 所示,不同情况下的极坐标图曲线与变化趋势均存在差异,为量化极坐标图的差异,需要在极坐标图的基础上做进一步处理,提取相应的图像特征用于后续的分析。数字图像处理技术可以有效提取图像与图像之间的差异特征[108],因此,本书使用数字图像处理技术提取绕组不同情况下的极坐标图的图像特征,量化图像的差异。

图像可以由一个二维矩阵$[A]_{X \times Y}$表示,该矩阵由有限数量的像素组成,尺寸为 $X \times Y$。极坐标图上的任何点都可以表示为(x_1, y_1),其值为$|a|$,表示在点 a 上的图像强度,该点相对于 XOY 坐标具有空间位置(x_1, y_1)。将幅频特性、相频特性曲线转化为极坐标图后,因为不同情况的图形存在差异,可提取图像特征用于进一步研究。在频响的极坐标图中,主要的图形为线条和曲线等,提取局部特征容易产生误差。纹理特征是一种全局特征,它描述了图像或图像区域对应的表面性质,不会因为局部的小差异产生较大影响。后续处理中,转换极坐标图后提取纹理特征用于特征分析,其中极坐标图像素统一为 700×525,扩展类型统一为.tif。纹理特征统计法简单且易于实现,有较强的适应性与鲁棒性。因此,本书采用纹理特征统计法中的灰度梯度共生矩阵和灰度差分统计特征对极坐标图进行特征提取分析。

6.3.3.1 灰度-梯度共生矩阵

图像中，像素点灰度与梯度之间的关系，可以使用灰度-梯度共生矩阵模型反映，同时像素与领域像素之间的空间关系也能很好地表征。归一化的灰度图像 $F(i,j)$ 与归一化的梯度图像 $G(i,j)$ 中，灰度-梯度共生矩阵的元素 $H(i,j)$ 为具有共同灰度值 i 和梯度值 j 的像素数[109]。即在集合：$\{(i,j)\,|\,\pmb{F}(i,j)=x\cap G(i,j)=y, i,j=0,1,\cdots,\pmb{N}-1\}$ 中元素个数 $F(i,j)\in[0,\pmb{L}-1], G(i,j)\in[0,\pmb{L}_g-1]$。对矩阵进行归一化处理可表示为：

$$\widehat{H}(x,y)=\frac{H(x,y)}{\sum_{x=0}^{L-1}\sum_{y=0}^{L_g-1}H(x,y)}=\frac{H(x,y)}{N^2} \tag{6-21}$$

其中，$\sum_{x=0}^{L-1}\sum_{y=0}^{L_g-1}H(x,y)=N\times N=N^2$。

在本书中，采用几个常用的灰度-梯度共生矩阵特征描绘子，有：大梯度优势 T_1、梯度平均 T_2、灰度均方差 T_3、梯度均方差 T_4、相关 T_5、灰度熵 T_6、梯度熵 T_7、混合熵 T_8，分别如下：

$$T_1=\frac{\sum_{x=0}^{L-1}\sum_{y=0}^{L_g-1}[\widehat{H}(x,y)y^2]}{\sum_{x=0}^{L-1}\sum_{y=0}^{L_g-1}\widehat{H}(x,y)} \tag{6-22}$$

$$T_2=\sum_{y=0}^{L_g-1}y\sum_{x=0}^{L-1}\widehat{H}(x,y) \tag{6-23}$$

$$T_3=\left\{\sum_{x=0}^{L-1}(x-T_6)^2\sum_{y=0}^{L_g-1}\widehat{H}(x,y)\right\}^{\frac{1}{2}} \tag{6-24}$$

$$T_4=\left\{\sum_{y=0}^{L_g-1}(x-T_7)^2\sum_{x=0}^{L-1}\widehat{H}(x,y)\right\}^{\frac{1}{2}} \tag{6-25}$$

$$T_5 = \sum_{x=0}^{L-1}\sum_{y=0}^{L_g-1}(x-T_6)(y-T_7)\widehat{H}(x,y) \qquad (6\text{-}26)$$

$$T_6 = -\sum_{x=0}^{L-1}\sum_{y=0}^{L_g-1}\widehat{H}(x,y)\log\sum_{y=0}^{L_g-1}\widehat{H}(x,y) \qquad (6\text{-}27)$$

$$T_7 = -\sum_{y=0}^{L_g-1}\sum_{x=0}^{L-1}\widehat{H}(x,y)\log\sum_{x=0}^{L-1}\widehat{H}(x,y) \qquad (6\text{-}28)$$

$$T_8 = -\sum_{x=0}^{L-1}\sum_{y=0}^{L_g-1}\widehat{H}(x,y)\log\widehat{H}(x,y) \qquad (6\text{-}29)$$

式（6-22）～（6-29）中，L、L_g、H、x、y 和 N 分别表示梯度数、归一化梯度数、像素数、通用灰度值、梯度和像素。

6.3.3.2 灰度差分统计特征

在图像中，不同像素在邻域内的关联程度可通过计算像素间的灰度差值来获得，此即灰度差分统计特征。其中，图像内两点间的灰度差值 $g_\Delta(x,y)$ 定义如下：

$$g_\Delta(x,y) = g(x,y) - g(x+\Delta x, y+\Delta y) \qquad (6\text{-}30)$$

在图像中使用移动窗口计算点（x，y），累计 $g_\Delta(x,y)$ 取不同值的次数作出 $g_\Delta(x,y)$ 直方图。通过直方图可得 $g_\Delta(x,y)$ 取值的概率为 $p_\Delta(i)$。当采用较小 i 值的概率 $p_\Delta(i)$ 较大时，表示纹理较为粗糙；概率较小时，纹理较细。本书使用四个灰度差分统计特征描绘子对极坐标图进行描述，有：对比度 T_9、角度方向二阶矩 T_{10}、熵 T_{11}、平均值 T_{12}。

$$T_9 = \sum_{i=0}^{255} i^2 p_\Delta(i) \qquad (6\text{-}31)$$

$$T_{10} = \sum_{i=0}^{255} p^2{}_\Delta(i) \qquad (6\text{-}32)$$

$$T_{11} = -\sum_{i=0}^{255} p_\Delta(i)\lg p_\Delta(i) \qquad (6\text{-}33)$$

$$T_{12} = \frac{1}{q}\sum_{i=0}^{255} ip_{\Delta}(i) \tag{6-34}$$

式中，i 表示迭代级数；q 表示所有可能的灰度差值。

6.3.3.3 统计特征 FCD

基于 T_1 至 T_{12} 共 12 个图像特征，可从图像像素变化的不同角度反映极坐标图图形的变化情况。通过提取极坐标图的 12 个纹理特征，可以分析绕组状态改变情况下极坐标图的变化情况，从而分析绕组状态的变化。这 12 个图像特征从各自的角度反映了极坐标图的变化，具体的变化趋势可能有差别。本书采用特征关联度（Features Correlation Degree，FCD）来表征图像特征的变化情况。特征关联度的计算公式如下：

$$FCD = \sqrt{\frac{1}{12}\sum_{i=1}^{12}\left|F_{Fi} - F_{Hi}\right|^2} \tag{6-35}$$

其中，F_F、F_H 分别表示绕组故障情况、正常情况下的图像特征数值。

通过计算绕组频响曲线正常情况与故障情况下极坐标图的 12 个图像特征之间的差异，得到了反映特征变化的统计特征 *FCD*。在后续的分析中，既可以针对 12 个图像特征中的单个特征对极坐标图的某个像素维度进行分析，也可以对反映图像特征变化情况的统计特征 *FCD* 参数进行分析。

6.3.4 多级图像特征研究方法

本节提出了一种基于多级分解与图像特征的频率响应解释方法。该方法首先使用多分辨率分析对频响曲线中的幅频特性、相频特性曲线进行平滑处理，分析原始频响曲线与分解各级频响曲线之间的关联性确定分解级数；然后将幅频特性、相频特性曲线结合，绘制分解各级的极坐标图，提取灰度梯度共生矩阵与灰度差分统计共 12 个特征，并计算相应的 *FCD* 参数；最后分析特征之间的变化规律，探究绕组状态的变化情况，使用的特征还可进一步用于分类算法的输入实现智能诊断。图 6-19 所示为多级图像特征的研究流程。在本节中，将应用该频响解释方法，对串联式绕组与独立绕组的故障情况进行分析。

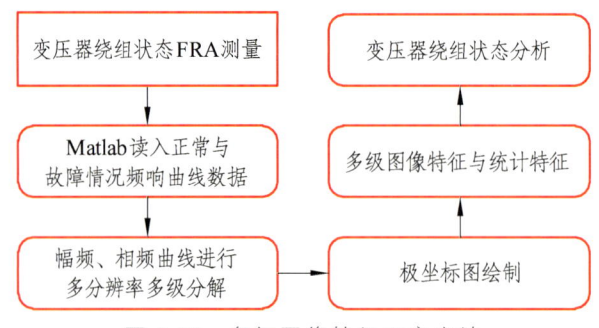

图 6-19 多级图像特征研究方法

6.3.4.1 串联式绕组故障应用

本节使用多级图像特征的方法处理分析串联式绕组轴向移位、并联电容和短路故障的频率响应曲线数据。首先分析轴向移位故障，轴向移位原始幅频特性曲线使用多级图像特征研究的方法对数据进行处理，经过多级分解后绘制极坐标图，以第七级极坐标图为例。

图 6-20 所示为不同绕组轴向移位分解七级后的极坐标图对比。极坐标图中不同绕组变化趋势不同。其中，S1 绕组的变化区段主要在曲线末段，在曲线的末段变化趋势逐渐增大，C 绕组在前端与后端均有明显变化，而 S2 绕组在前端基本无变化，后端变化较大。后续可进一步提取特征，获得可用于量化的特征量，用于判断轴向移位的故障绕组与故障程度。如表 6-6 所示为串联绕组 1（S1 绕组）的图像特征变化情况。

表 6-6 ~ 表 6-9 为 S1 绕组、C 绕组与 S2 绕组轴向移位情况下七级分解极坐标图所提取的图像特征。从表中可知，不同绕组发生轴向移位时，对应的图像特征数值与变化规律有所差别，如 S1 绕组轴向移位时，T_1 特征和 T_2 特征有整体增加的趋势，T_{10} 特征有整体减少的趋势；C 绕组轴向移位时，T_1 特征和 T_2 特征有整体减少的趋势，先减少再增加，T_{10} 特征出现波动；S2 绕组轴向移位时，T_1 特征和 T_2 特征有整体减少的趋势，T_{10} 特征明显下降。图像特征从不同角度反映了极坐标图的图形变化情况，因此，在分析频响极坐标图的变化情况时可针对变化情况较为明显的单个图像特征进行分析，也可以结合多个图像进行分析。这些图像特征的变化反映了极坐标图的变化，以及频响幅频特性曲线与相频特性曲线的变化。根据图像特征的变化情况可判断变压器绕组的状态。综合来看，这 12 个图像特征中，T_3、T_4、T_{10} 等特征变化的规律比较明显，数值也较大；$T_5 \sim T_9$ 特征数值也有变化，但数值较小，例如 T_9 特征，不同绕组轴向移位故障情况下差异明显。

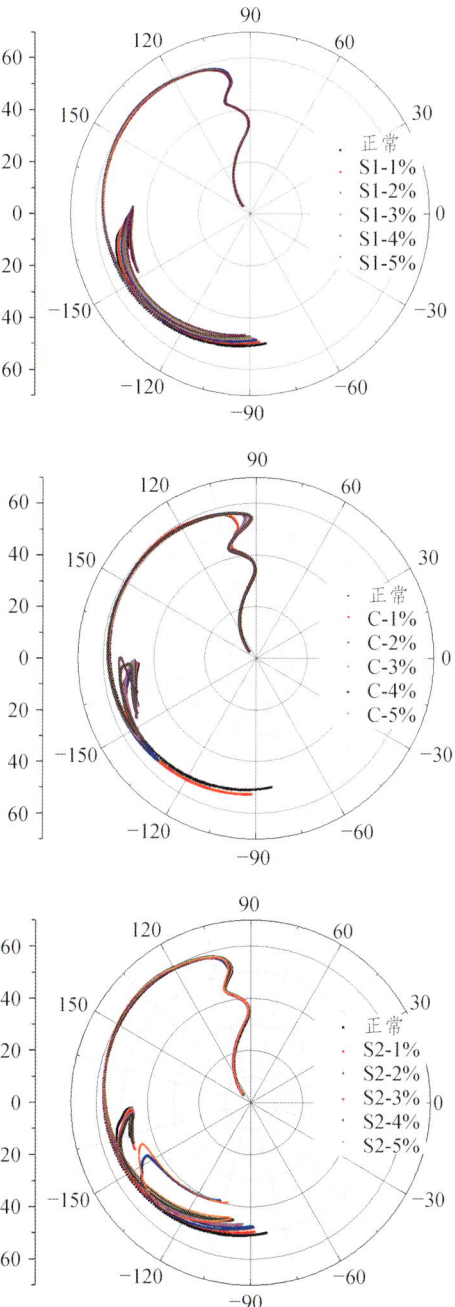

图 6-20 轴向移位七级分解极坐标图

表 6-6　S1 绕组轴向移位七级图像特征

特征	正常	S1-1%	S1-2%	S1-3%	S1-4%	S1-5%
T_1	0.3252	0.3319	0.3698	0.3638	0.3723	0.3984
T_2	24.47	24.97	25.52	25.311	25.55	25.59
T_3	3.158	3.191	3.365	3.339	3.377	3.419
T_4	−57.39	−59.24	−64.02	−64.30	−64.74	−65.48
T_5	0.0473	0.0485	0.0512	0.0504	0.0510	0.0501
T_6	0.0253	0.0257	0.0281	0.0277	0.0282	0.0280
T_7	0.0515	0.0528	0.0556	0.0547	0.0554	0.0564
T_8	0.0031	0.0033	0.0032	0.0033	0.0033	0.0033
T_9	0.0104	0.0105	0.0107	0.0105	0.0106	0.0103
T_{10}	253.96	255.01	255.24	252.07	251.67	248.64
T_{11}	0.9698	0.9691	0.9674	0.9683	0.9680	0.9688
T_{12}	0.1624	0.1658	0.1735	0.1688	0.1705	0.1665

表 6-7　C 绕组轴向移位七级图像特征

特征	正常	C-1%	C-2%	C-3%	C-4%	C-5%
T_1	0.3252	0.3115	0.2734	0.2469	0.2510	0.2768
T_2	24.47	24.08	23.83	23.00	23.08	23.62
T_3	3.158	3.092	2.898	2.756	2.778	2.916
T_4	−57.39	−52.94	−51.35	−47.92	−46.42	−51.28
T_5	0.0473	0.0455	0.0415	0.0389	0.0393	0.0412
T_6	0.0253	0.0244	0.0219	0.0202	0.0204	0.0222
T_7	0.0515	0.0495	0.0453	0.0425	0.0429	0.0448
T_8	0.0031	0.0030	0.0031	0.0031	0.0030	0.0031
T_9	0.0104	0.0102	0.0099	0.0099	0.0099	0.0099
T_{10}	253.96	244.07	244.15	246.48	247.05	241.03
T_{11}	0.9698	0.9714	0.9737	0.9747	0.9745	0.9736
T_{12}	0.1624	0.1512	0.1434	0.1386	0.1395	0.1440

表 6-8　S2 绕组轴向移位七级图像特征

特征	正常	S2-1%	S2-2%	S2-3%	S2-4%	S2-5%
T_1	0.3252	0.3099	0.3544	0.2892	0.2972	0.3797
T_2	24.47	23.94	25.39	23.98	24.50	25.70
T_3	3.1584	3.0838	3.2957	2.9804	3.0206	3.4096
T_4	−57.39	−55.01	−63.99	−52.14	−54.32	−68.39
T_5	0.0473	0.0450	0.0490	0.0432	0.0445	0.0496
T_6	0.0253	0.0243	0.0271	0.0230	0.0235	0.0287
T_7	0.0515	0.0489	0.0532	0.0470	0.0486	0.0536
T_8	0.0031	0.0030	0.0032	0.0033	0.0033	0.0031
T_9	0.0104	0.0102	0.0100	0.0098	0.0098	0.0102
T_{10}	253.96	248.04	232.86	232.63	229.47	225.02
T_{11}	0.9698	0.9714	0.9705	0.9736	0.9728	0.9695
T_{12}	0.1624	0.1548	0.1586	0.1444	0.1478	0.1630

图 6-21 所示为轴向移位七级分解的统计特征 FCD 参数的变化图。各绕组在不同轴向移位情况下的 FCD 参数存在差异。串联绕组 1、公共绕组与串联绕组 2 的 FCD 数值均有随移位程度增加而增加的趋势，而且数值存在差别，这有利于对绕组状态进行区分。S1 发生轴向移位 1%时 FCD = 0.6296，5%时 FCD = 2.8145；C 绕组轴向移位 1%时 FCD = 3.1342，5%时 FCD = 4.1358；S2 绕组移位程度为 1%时 FCD = 1.8485，2%时 FCD = 6.3886，5%时 FCD = 8.9447。串联式绕组轴向移位的情况下，结合 12 个图像特征以后获得的统计特征 FCD 可以有效区分故障绕组与轴向移位的程度。

综上，结合多级分解后的极坐标图、极坐标图的图像特征和相应的 FCD 数值，可区分串联式绕组轴向移位的故障绕组与故障程度，这验证了本书提出的基于多分辨率分析与图像特征的频响解释方法的可行性。基于多分辨率多级分解与图像特征的频响解释方法利用了幅频、相频特性曲线的信息，同时绘制多级分解的极坐标图灵敏反映了曲线的变化，可用于分析频响曲线的微小变化。针对变压器绕组多类单故障与多故障发生的情形需要进一步研究细分。

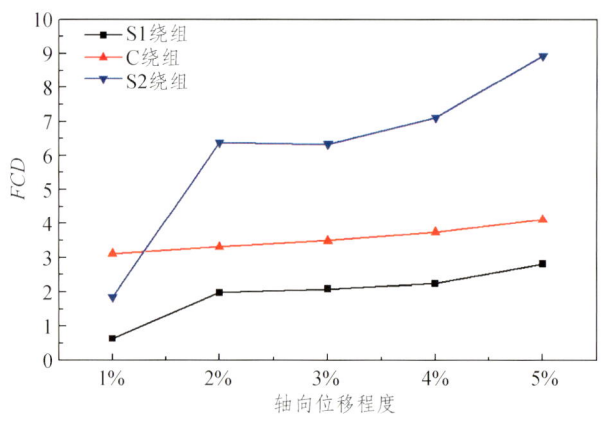

图 6-21 轴向移位七级分解 FCD 参数

然后分析串联式绕组短路故障，以绕组底部短路为例进行说明。使用多级图像特征研究的方法对短路数据进行处理，经过多级分解后绘制极坐标图，以第七级极坐标图为例。如图 6-22 所示为不同绕组底部短路分解七级后的极坐标图对比。极坐标图下不同绕组变化趋势不同，区分明显。S1 绕组极坐标图在极坐标图上部变化明显；C 绕组在曲线末端与极坐标图上部均有变化；而 S2 绕组变化主要集中在曲线末端，而且变化与 C 绕组不同。

表 6-9 所示为绕组底部饼间短路故障时不同绕组的图像特征变化情况。由表可知，不同绕组发生短路故障时其特征参数有差异，不同的特征有相应的变化规律。如特征 T_4，绕组底部短路时，串联绕组 1 数值为 $-56 \sim -65$，公共绕组数值为 $-70 \sim -72$，串联绕组 2 数值为 $-66 \sim -65$；如特征 T_{10}，在绕组底部短路故障时，串联绕组 1、公共绕组与串联绕组 2 其数值差异与变化有明显不同。这些图像特征的变化反映了极坐标图的变化以及频响幅频特性曲线与相频特性曲线的变化情况。根据图像特征的变化情况可判断变压器绕组的状态。综合来看，这 12 个图像特征中，T_2、T_4、T_{10} 等特征变化的规律比较明显，数值也较大；$T_5 \sim T_9$ 特征数值也有变化，但数值较小，不同绕组底部短路故障情况有较明显的差异。

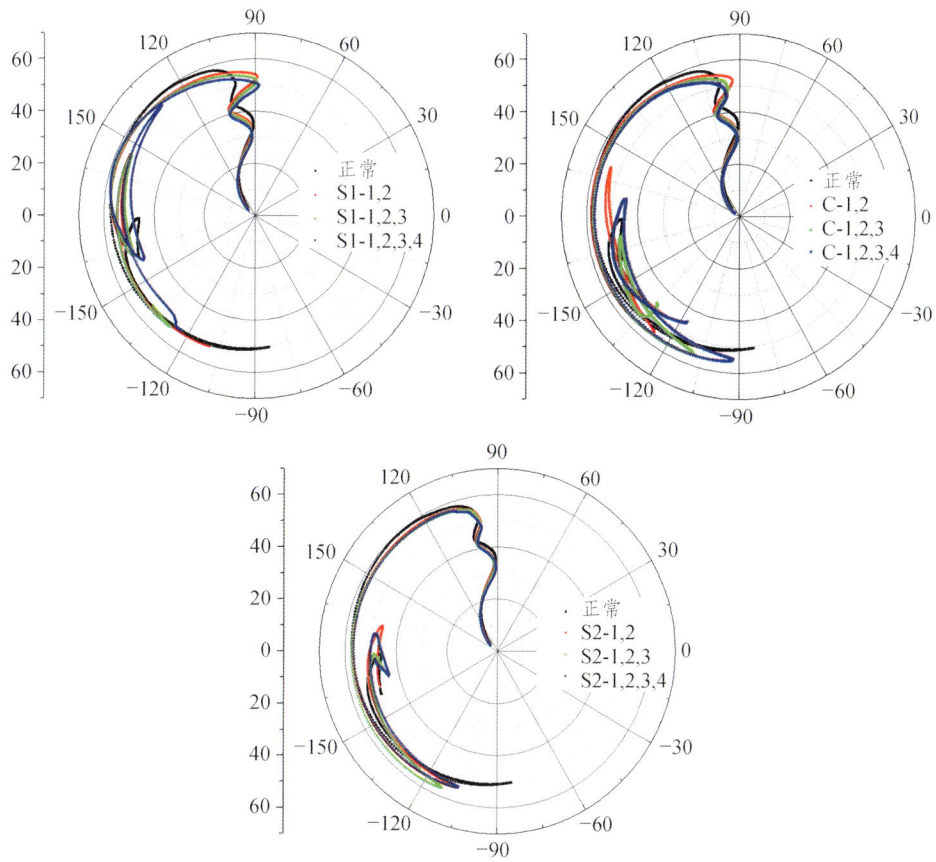

图 6-22 绕组底部短路七级分解极坐标图

表 6-9 绕组底部短路七级图像特征

特征	正常	S1-1, 2	S1-1, 2, 3	S1-1, 2, 3, 4	C-1, 2	C-1, 2, 3	C-1, 2, 3, 4	S2-1, 2	S2-1, 2, 3	S2-1, 2, 3, 4
T_1	0.3431	0.3050	0.3099	0.3564	0.3842	0.3715	0.4362	0.3622	0.3355	0.3789
T_2	25.0109	25.2694	25.1883	26.6575	26.6950	25.2768	26.3898	24.9017	23.2564	23.9676
T_3	3.5430	3.0596	3.0838	3.3048	3.4295	3.3731	3.6515	3.3313	3.2075	3.4061
T_4	−60.6108	−56.5289	−57.4408	−65.7573	−70.3738	−70.6264	−71.8542	−66.3676	−66.5542	−65.4072
T_5	0.0493	0.0455	0.0460	0.0516	0.0516	0.0489	0.0566	0.0493	0.0446	0.0488
T_6	0.0624	0.0240	0.0243	0.0273	0.0290	0.0282	0.0321	0.0276	0.0259	0.0287
T_7	0.0537	0.0497	0.0505	0.0564	0.0561	0.0529	0.0612	0.0534	0.0481	0.0525

续表

特征	正常	S1-1, 2	S1-1, 2, 3	S1-1, 2, 3, 4	C-1, 2	C-1, 2, 3	C-1, 2, 3, 4	S2-1, 2	S2-1, 2, 3	S2-1, 2, 3, 4
T_8	0.0033	0.0036	0.0035	0.0036	0.0036	0.0030	0.0030	0.0029	0.0023	0.0024
T_9	0.0106	0.0105	0.0105	0.0116	0.0106	0.0101	0.0113	0.0103	0.0094	0.0099
T_{10}	257.8154	264.8897	264.9751	264.9958	258.8438	263.3029	264.0551	244.2421	239.4531	235.7267
T_{11}	0.9684	0.9714	0.9710	0.9658	0.9680	0.9701	0.9635	0.9689	0.9727	0.9698
T_{12}	0.1691	0.1542	0.1567	0.1802	0.1696	0.1604	0.1916	0.1665	0.1483	0.1622

基于这 12 个图像特征获得的 FCD 参数的变化趋势如图 6-23 所示。图中，短路故障程度 1、2、3 分别表示两饼短路、三饼短路、四饼短路。绕组底部故障时，S1 绕组 FCD 最大值为 2.5942，最小值为 2.2614；C 绕组 FCD 最大值为 3.7352，最小值为 2.8758；S2 绕组 FCD 最大值为 6.5322，最小值为 4.2563。不同位置发生短路与不同绕组发生短路情况下，FCD 参数有明显的变化区间，因此可以用于区分。FCD 参数可区分发生短路的故障绕组与故障位置，可结合其他提取的图像特征分析故障程度。总的来说，FCD 参数在反映短路的故障绕组与故障位置时有良好的效果，在反映故障程度时，因此识别短路故障程度可结合具体的图像特征如 T_4、T_{10} 与相应的极坐标图来进行判断。

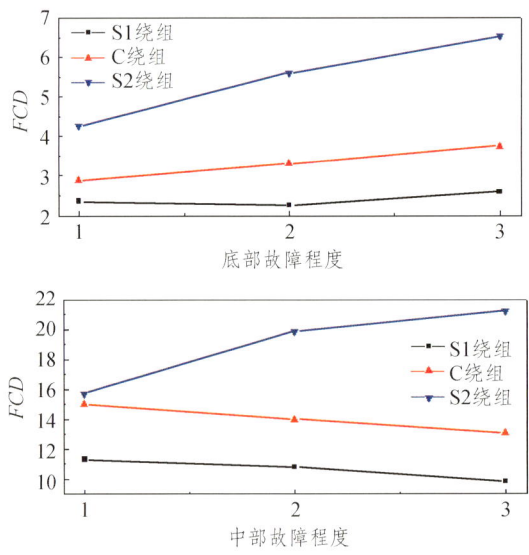

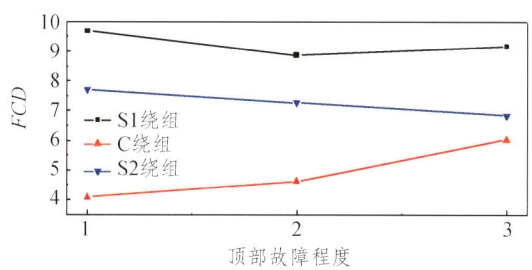

图 6-23 绕组短路七级分解 *FCD* 参数

最后分析串联式绕组并联电容故障,以绕组底部并联电容进行说明。绕组底部并联电容幅频特性曲线使用多级图像特征研究的方法对并联电容故障的数据进行处理,经过多级分解后绘制极坐标图,以第七级极坐标图为例。如图 6-24 所示为不同绕组

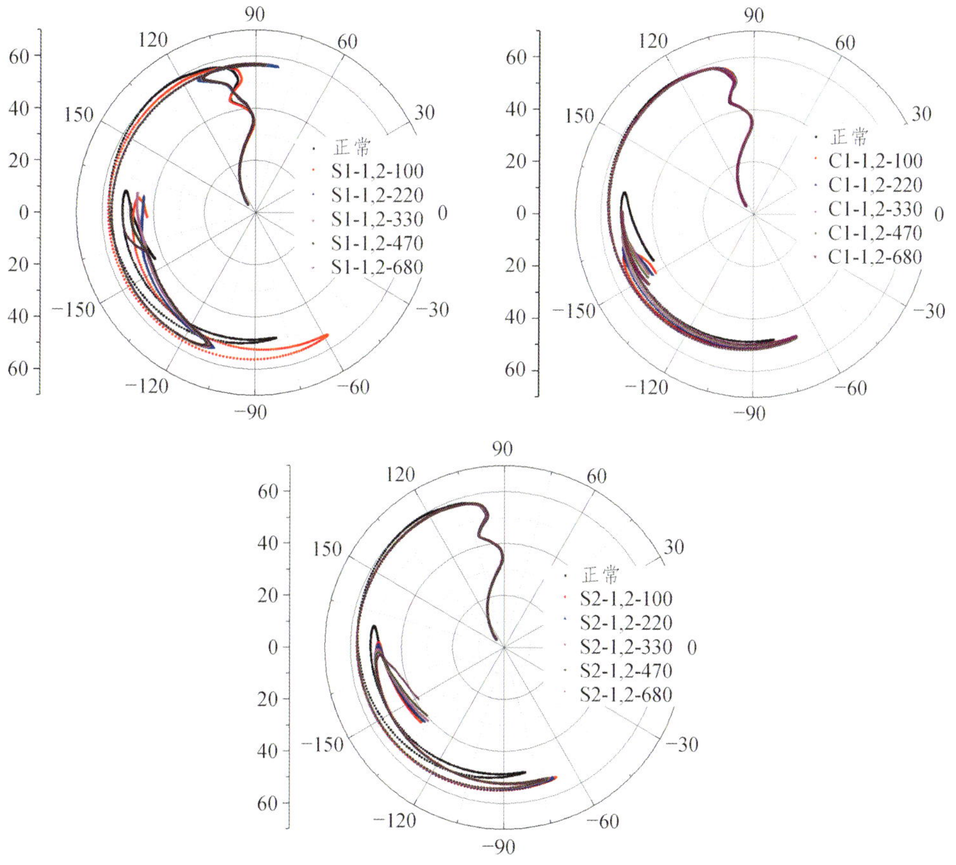

图 6-24 绕组底部并联电容七级分解极坐标图

底部并联电容分解七级后的极坐标图对比。不同绕组饼间并联电容的频响七级极坐标图有明显差异。且 S1 绕组在极坐标图的前端发生了明显变化，与另外两个绕组可从极坐标图上区分。C 绕组的变化主要集中在曲线末段。曲线末段随着故障程度的增加有扩大的趋势。S2 绕组曲线的变化与 C 绕组类似，均在曲线末段，但其变化的部位不同，易区分。如表 6-10～表 6-12 所示为绕组底部并联电容故障时不同绕组的图像特征变化情况。表中 S1-1 中右侧序号的含义为表 6-2 中并联电容的序号，表示并联电容的位置与程度。不同绕组、不同位置发生不同程度的并联电容故障模拟，图像特征有其相应的变化趋势。以 T_3 特征为例，底部故障时，S2 绕组随着故障程度的增加 T_3 数值逐渐减小，且其值均大于正常情况的 T_3 值；S1 绕组随着故障程度的增加 T_3 值也减小，但其值均小于正常情况的 T_3 值。

表 6-10　S1 绕组底部并联电容七级图像特征

特征	正常	S1-1	S1-2	S1-3	S1-4	S1-5
T_1	0.4263	0.4208	0.3569	0.3553	0.3491	0.3351
T_2	25.5152	25.1056	25.4871	23.2686	23.0853	23.0138
T_3	3.6103	3.5871	3.2981	3.2999	3.2713	3.2987
T_4	-72.352	-68.6233	-59.266	-60.2321	-59.8538	-60.4095
T_5	0.0552	0.057	0.0477	0.0466	0.0457	0.0462
T_6	0.0315	0.0312	0.0272	0.0272	0.0268	0.0272
T_7	0.0596	0.0619	0.0514	0.0501	0.0491	0.0496
T_8	0.0027	0.0026	0.0028	0.0026	0.0025	0.0025
T_9	0.0114	0.0129	0.0099	0.0097	0.0095	0.0095
T_{10}	270.4827	330.9214	212.3171	207.3792	199.753	199.2152
T_{11}	0.9631	0.9587	0.9705	0.9714	0.9722	0.9732
T_{12}	0.1938	0.2141	0.1592	0.1545	0.1509	0.1508

表 6-11　C 绕组底部并联电容七级图像特征

特征	正常	C-1	C-2	C-3	C-4	C-5
T_1	0.4263	0.3117	0.3754	0.4003	0.4136	0.3955
T_2	25.5152	24.0911	24.5488	24.7108	24.9591	24.9118
T_3	3.6103	3.0929	3.3908	3.4998	3.5569	3.5692
T_4	－72.352	－61.3049	－64.7355	－67.6887	－69.6136	－70.33
T_5	0.0552	0.044	0.0507	0.0527	0.0538	0.0541
T_6	0.0315	0.0244	0.0284	0.03	0.0308	0.0297
T_7	0.0596	0.0477	0.0549	0.0569	0.0581	0.0582
T_8	0.0027	0.0026	0.0028	0.0027	0.0027	0.0028
T_9	0.0114	0.0097	0.0104	0.0109	0.0113	0.0113
T_{10}	270.4827	259.0902	259.7837	262.0395	265.4247	270.7659
T_{11}	0.9631	0.9725	0.9679	0.9657	0.9645	0.9648
T_{12}	0.1938	0.1495	0.1717	0.1818	0.188	0.1862

表 6-12　S2 绕组底部并联电容七级图像特征

特征	正常	S2-1	S2-2	S2-3	S2-4	S2-5
T_1	0.4263	0.4493	0.4455	0.4446	0.4413	0.4228
T_2	25.5152	25.7184	25.6618	25.5517	25.5705	25.235
T_3	3.6103	3.7051	3.6895	3.6857	3.6721	3.5954
T_4	－72.352	－75.0731	－74.7558	－74.8162	－74.1064	－71.468
T_5	0.0552	0.0579	0.0575	0.0569	0.0566	0.0548
T_6	0.0315	0.0329	0.0327	0.0326	0.0324	0.0313
T_7	0.0596	0.0625	0.062	0.0614	0.0611	0.0591
T_8	0.0027	0.0027	0.0028	0.0027	0.0028	0.0028
T_9	0.0114	0.0122	0.012	0.0117	0.0116	0.0114
T_{10}	270.4827	309.6567	303.1182	299.6968	295.1079	293.2689
T_{11}	0.9631	0.9604	0.9613	0.9622	0.9626	0.9641
T_{12}	0.1938	0.2059	0.2025	0.1981	0.1967	0.1899

不同绕组并联电容时，FCD 参数有明显差别。其中，底部并联电容时，S1 绕组 FCD 最小值 17.2109、最大值 20.8727；C 绕组 FCD 最小值 0.6128、最大值 4.6020；S2 绕组 FCD 最小值 6.5833、最大值 11.336。并且 C 绕组与 S2 绕组随着故障程度的增加，FCD 减小，而 S1 绕组相反。中部并联电容时，S1 绕组 FCD 最小值 10.0152、最大值 13.4642；C 绕组 FCD 最小值 14.4473、最大值 17.6734；S2 绕组 FCD 最小值 0.7760、最大值 2.5505。并且 C 绕组随着故障程度的增加，FCD 增加，而 S1 绕组和 S2 绕组相反。顶部并联电容时，S1 绕组 FCD 最小值 2.3023、最大值 3.3523；C 绕组 FCD 最小值 10.0428、最大值 12.1230；S2 绕组 FCD 最小值 5.1998、最大值 8.3437。并且 C 绕组和 S2 绕组随着故障程度的增加，FCD 增加，而 S1 绕组无明显变化趋势。

综上所述，将多级图像特征的研究方法应用于变压器故障问题时，多级分解的频率响应曲线、多级分解的极坐标图、12 个图像特征与统计特征 FCD 均可用于分析处理、识别故障绕组与故障类型。其中七级分解的极坐标图、图像特征与 FCD 有良好的表现，可以将这三者结合应用于变压器绕组的状态识别中。

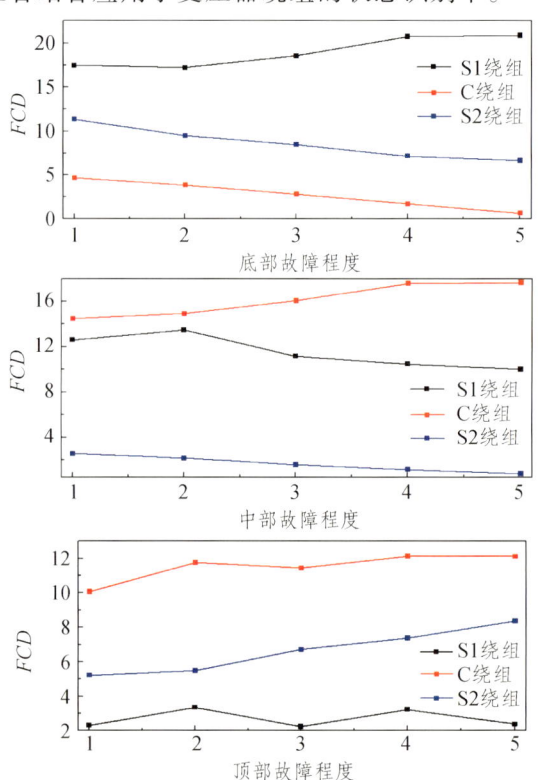

图 6-25　绕组并联电容七级分解 FCD 参数

6.3.4.2 独立绕组故障应用

在本节中使用多级分解的方法处理分析 6.2 节牵引变压器独立绕组故障频率响应曲线数据。首先分析独立绕组轴向移位故障，原始频响使用多级图像特征研究的方法对数据进行处理，经过多级分解后绘制极坐标图，以第七级极坐标图为例。

图 6-26 所示为不同绕组轴向移位分解七级后的极坐标图对比。原始的轴向移位幅频特性曲线差异较小，需要放大才能看出差别。七级分解的极坐标图差异虽然也比较小，但在曲线的拐点处能看出变化的趋势。同时，H 绕组、F 绕组与 T 绕组的极坐标图的变化完全不同，识别故障的绕组没有困难。

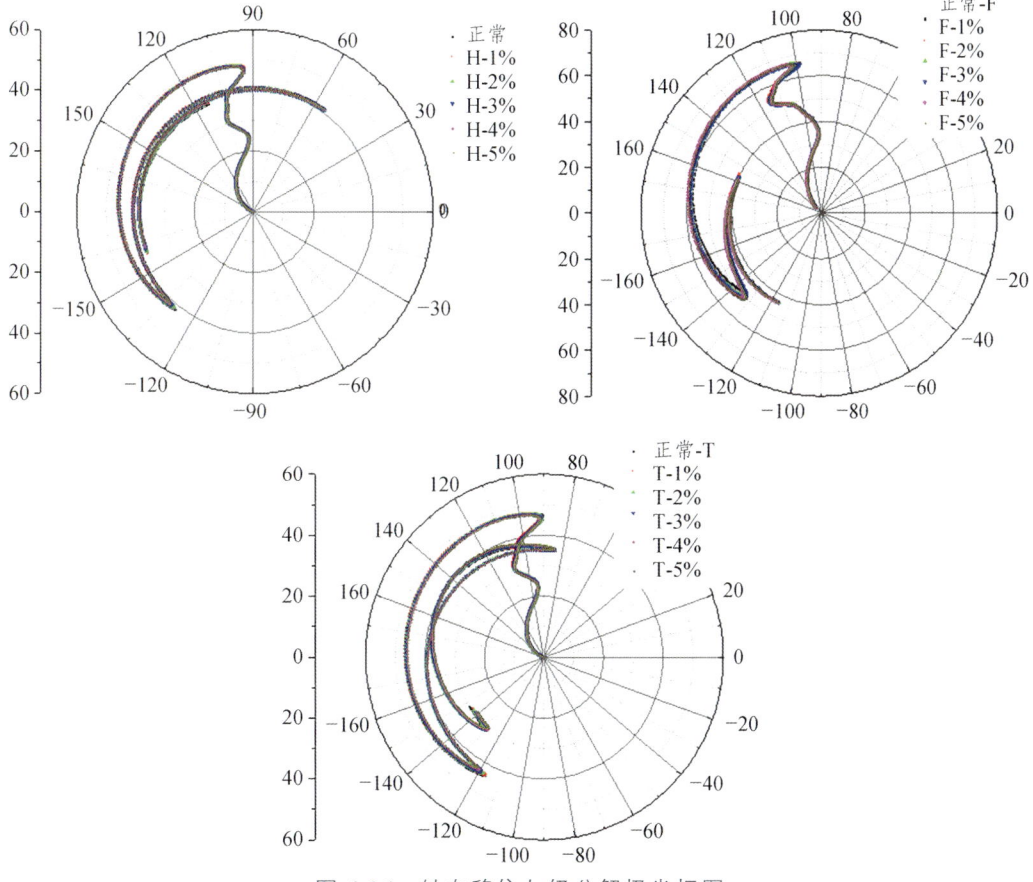

图 6-26 轴向移位七级分解极坐标图

表 6-13～6-15 为独立绕组轴向移位故障的七级图像特征。虽然极坐标图之间的差异较小，但提取的图像特征之间差异明显。如 H 绕组轴向移位时，特征 T_{10} 数值明显

减小；F 绕组轴向移位时，特征 T_{10} 先增后减；T 绕组轴向移位时，特征 T_4 有明显的减小。进一步提取 FCD 参数，如图 6-27 所示。

表 6-13 H 绕组轴向移位七级图像特征

特征	正常-H	H-1%	H-2%	H-3%	H-4%	H-5%
T_1	0.5320	0.5166	0.5025	0.4923	0.4882	0.4774
T_2	28.3693	28.1088	27.682	27.3001	27.2827	27.2749
T_3	4.0258	3.9684	3.9146	3.8754	3.8595	3.8171
T_4	−87.8796	−85.8635	−83.6288	−82.0191	−81.8871	−79.9595
T_5	0.07022	0.06848	0.06662	0.06518	0.06485	0.06457
T_6	0.03768	0.03681	0.036	0.03541	0.03517	0.03454
T_7	0.07648	0.07455	0.07245	0.07085	0.07049	0.07029
T_8	0.00335	0.003431	0.00332	0.003104	0.003162	0.003211
T_9	0.01431	0.01418	0.01388	0.01378	0.01372	0.01348
T_{10}	378.7804	372.5137	371.5677	369.5401	367.9446	357.0965
T_{11}	0.9502	0.9507	0.9525	0.9536	0.9538	0.9546
T_{12}	0.2516	0.2486	0.2408	0.2366	0.2351	0.2316

表 6-14 F 绕组轴向移位七级图像特征

特征	正常-F	F-1%	F-2%	F-3%	F-4%	F-5%
T_1	0.2719	0.2799	0.2747	0.2830	0.2819	0.2847
T_2	22.8339	23.0424	22.9622	23.0747	22.8904	22.9052
T_3	2.8906	2.9328	2.9052	2.9485	2.9430	2.9573
T_4	−50.0932	−50.6253	−49.8769	−51.6477	−51.3385	−51.4581
T_5	0.03984	0.041	0.04050	0.04092	0.04036	0.04077
T_6	0.02183	0.02236	0.02201	0.02256	0.02249	0.02268
T_7	0.04329	0.04457	0.04403	0.04443	0.04377	0.04423
T_8	0.002635	0.002711	0.002711	0.002641	0.002603	0.002579
T_9	0.009163	0.009254	0.00917	0.009216	0.009166	0.009183
T_{10}	205.2861	209.3295	208.5704	207.357	206.0477	205.7615
T_{11}	0.9758	0.9753	0.9758	0.9754	0.9756	0.9756
T_{12}	0.1334	0.1354	0.1331	0.1353	0.1340	0.1341

表 6-15 T绕组轴向移位七级图像特征

特征	正常-T	T-1%	T-2%	T-3%	T-4%	T-5%
T_1	0.5227	0.5180	0.5190	0.5208	0.5217	0.5228
T_2	27.8563	27.8738	27.9015	27.9221	27.9785	27.9999
T_3	3.9913	3.9739	3.9773	3.9757	3.9613	3.9593
T_4	−87.8445	−87.6581	−87.5694	−87.504	−87.4912	−87.3102
T_5	0.06698	0.06683	0.06712	0.06714	0.06667	0.06614
T_6	0.03715	0.03689	0.03694	0.03722	0.03715	0.03647
T_7	0.07262	0.07251	0.07287	0.07281	0.07226	0.07179
T_8	0.003264	0.003222	0.003122	0.003098	0.00316	0.00319
T_9	0.01391	0.01392	0.01393	0.01387	0.01381	0.01377
T_{10}	369.721	370.5601	368.9057	368.8607	368.6961	368.492
T_{11}	0.9523	0.9524	0.9525	0.9526	0.9531	0.9532
T_{12}	0.2416	0.2416	0.2412	0.2407	0.2384	0.2381

图 6-27 所示为轴向移位七级分解的统计特征 FCD 参数的变化图。各绕组在不同轴向移位情况下的 FCD 参数存在差异，H 绕组和 T 绕组有上升的趋势，F 绕组随着位移程度的增加其数值减小。同时三个绕组的 FCD 参数在数值上面存在差异，通过 FCD 参数能较好地识别故障绕组与位移程度，可结合图像特征 T_{10}、T_4 等进一步区分。

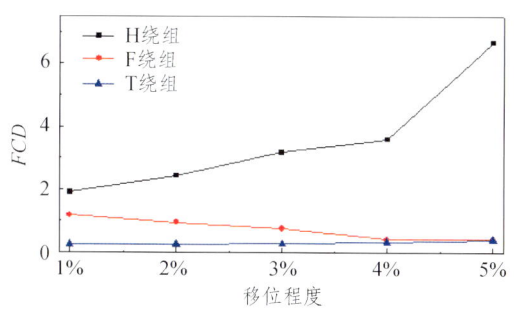

图 6-27 轴向移位七级分解 FCD 参数

然后分析独立绕组短路故障，以绕组底部短路为例进行说明。原始频响使用多级图像特征研究的方法对短路数据进行处理，经过多级分解后绘制极坐标图，以第七级极坐标图为例。图 6-28 所示为不同绕组底部短路分解七级后的极坐标图对比。极坐标图下不同绕组变化趋势不同，区分明显，H 绕组在曲线后部分有明显的偏移，F 绕组在整个频段都有明显的变化，T 绕组在曲线前端变化程度比其他两个绕组要大很多。综合来说，绕组短路时，频响曲线转化而成的极坐标图有很明显的变化，进一步提取图像特征，以 H 绕组短路为例。表 6-16 为 H 绕组短路的七级图像特征，绕组底部、中部与顶部发生短路时，特征之间有明显的差异。

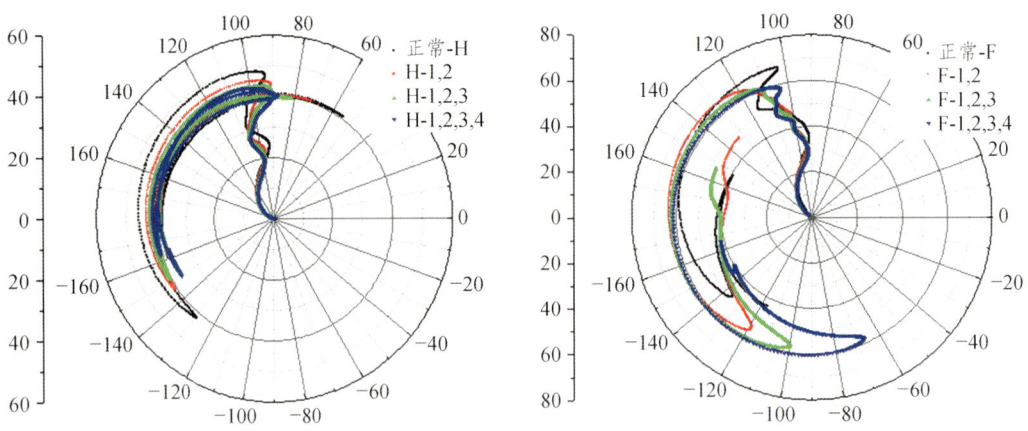

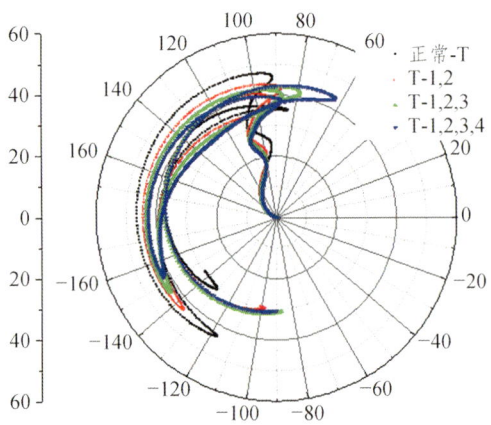

图 6-28 绕组底部短路七级分解极坐标图

表 6-16　H 绕组短路七级图像特征

特征	正常-H	H-1,2	H-1,2,3	H-1,2,3,4	H-8,9	H-8,9,10	H-7,8,9,10	H-16,15	H-16,15,14	H-16,15,14,13
T_1	0.5319	0.3483	0.3441	0.3024	0.2034	0.279	0.3162	0.2107	0.2424	0.2572
T_2	28.36	25.98	26.43	25.99	23.65	25.08	25.79	24.56	23.43	23.35
T_3	4.0258	3.2675	3.2479	3.0471	2.5031	2.9328	3.1149	2.5471	2.7307	2.8122
T_4	−87.87	−62.08	−62.18	−56.72	−37.85	−51.55	−58.22	−39.61	−45.05	−46.94
T_5	0.07022	0.05287	0.05338	0.04931	0.03787	0.04486	0.04844	0.04077	0.04042	0.04168
T_6	0.03768	0.02675	0.02649	0.02383	0.01716	0.02236	0.0247	0.01767	0.0198	0.02085
T_7	0.07648	0.0578	0.05853	0.05414	0.04149	0.04911	0.05302	0.04476	0.04425	0.04557
T_8	0.00335	0.003461	0.003625	0.003517	0.004194	0.003878	0.00357	0.004483	0.003227	0.003006
T_9	0.01430	0.01167	0.01239	0.01156	0.008717	0.01001	0.01071	0.00934	0.01013	0.01066
T_{10}	378.78	293.82	302.28	305.98	189.61	212.95	230.69	241.50	255.20	279.51
T_{11}	0.9502	0.9643	0.9632	0.9672	0.9785	0.9723	0.9688	0.9763	0.9733	0.9716
T_{12}	0.2516	0.1874	0.1923	0.1736	0.1193	0.1496	0.1658	0.1301	0.1448	0.1539

提取独立绕组短路情况下七级图像特征的 FCD 参数，如图 6-29 所示。H 绕组不同位置发生短路时的 FCD 有明显的差异，且都随着故障程度的增加而减小，很容易区分故障位置与故障程度；F 绕组底部短路时随着故障程度的增加而减小，中部与顶部短路时随着故障程度的增加 FCD 参数增加，区分较为明显；T 绕组底部与顶部短路时，随着故障程度的增加 FCD 参数增加，绕组中部短路时相反，同时变化区间较为明显，容易区分。综合来说，独立绕组短路故障时，从极坐标图中容易区分故障的绕组，从图像特征与 FCD 参数中，可以区分故障的位置与故障程度。

最后分析独立绕组并联电容故障，以绕组底部并联电容为例进行说明。绕组底部并联电容幅频特性曲线使用多级图像特征研究的方法对并联电容故障的数据进行处理，经过多级分解后绘制极坐标图，以第七级极坐标图为例。图 6-30 所示为极坐标图，在曲线末端随着故障程度增加，极坐标图有明显变化。

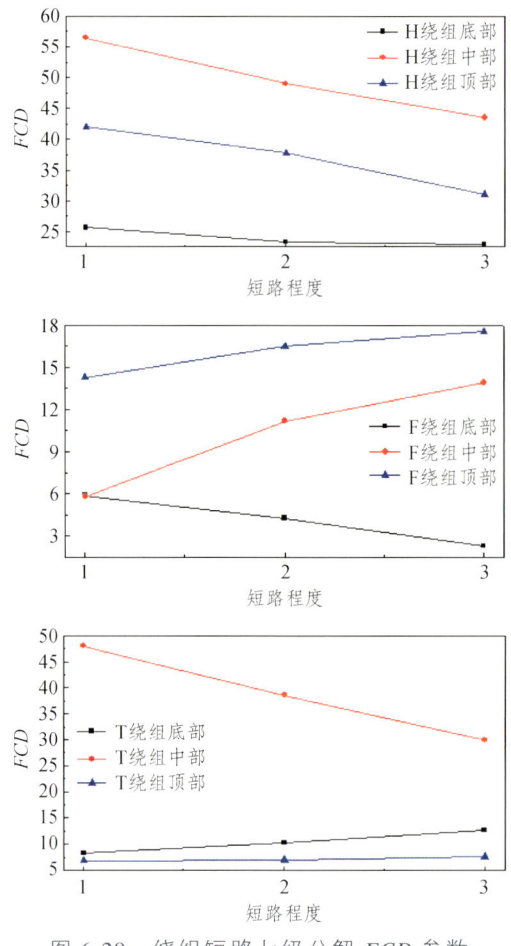

图 6-29 绕组短路七级分解 *FCD* 参数

提取的图像特征以 H 绕组底部并联电容为例,如表 6-17 所示。随着故障程度的增加,T_{10} 特征逐渐减小,T_2 特征总体增加。进一步提取统计特征 *FCD* 参数,如图 6-31 所示为绕组并联电容时七级极坐标图的 *FCD* 参数变化情况。H 绕组的 *FCD* 参数不同位置并联电容时随着故障程度的增加 *FCD* 参数增加,同时变化区间明显,很容易区分 H 绕组中并联电容的故障位置,故障程度也容易区分;F 绕组底部并联电容时,随着故障程度的增加 *FCD* 参数增加,中部与顶部并联电容时随着故障程度的增加 *FCD* 参数降低,有明显的变化区间;T 绕组中部并联电容时随着故障程度的增加而增加,底部与顶部相反,有较明显的变化区间。综上所述,使用七级极坐标图的图像特征与 *FCD* 参数,可以区分绕组并联电容的故障绕组、故障位置与故障程度。

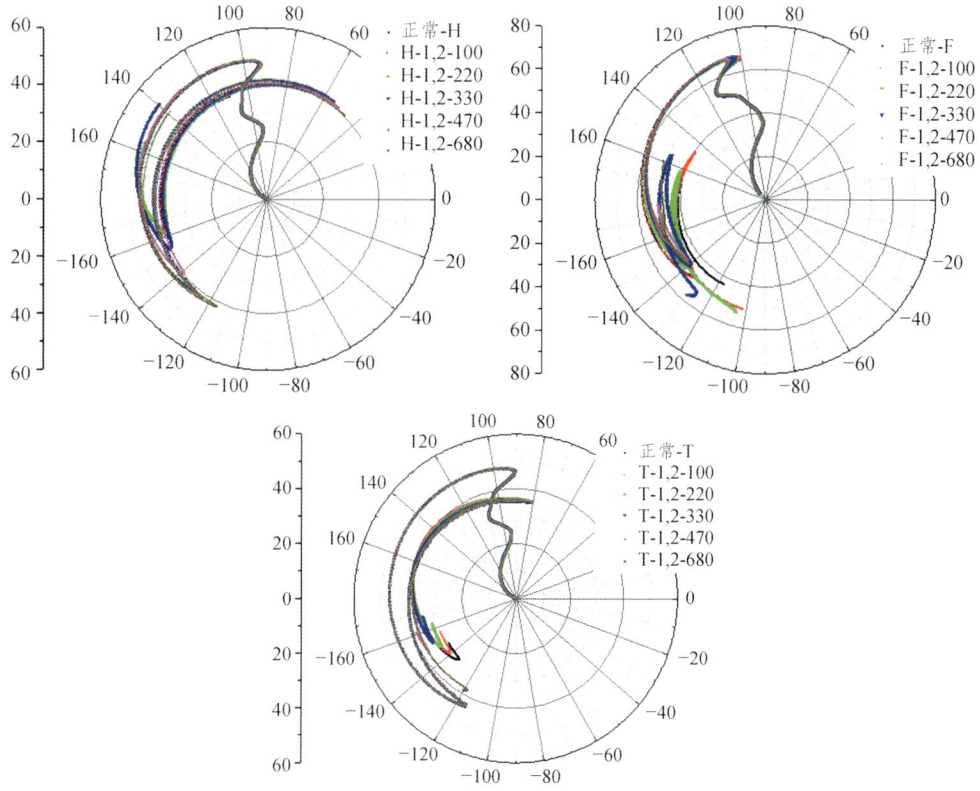

图 6-30 绕组底部并联电容七级分解极坐标图

表 6-17 H 绕组底部并联电容七级图像特征

特征	正常-H	H-1,2~100pF	H-1,2~220pF	H-1,2~330pF	H-1,2~470pF	H-1,2~680pF
T_1	0.5475	0.5101	0.5410	0.5917	0.5891	0.5219
T_2	28.59	26.94	27.98	28.74	28.95	28.17
T_3	4.0834	3.9438	4.0596	4.2418	4.2329	3.9883
T_4	−90.25	−84.09	−90.09	−97.17	−97.82	−89.05
T_5	0.07212	0.06624	0.06931	0.07413	0.07353	0.06728
T_6	0.03856	0.03644	0.0382	0.04102	0.04088	0.03711
T_7	0.07857	0.07184	0.07519	0.08039	0.07971	0.07307
T_8	0.00328	0.002748	0.003038	0.002999	0.003218	0.002988
T_9	0.01483	0.01413	0.01444	0.01538	0.01428	0.01383
T_{10}	398.72	369.36	368.21	365.67	364.81	361.85
T_{11}	0.9478	0.9519	0.9498	0.9447	0.9483	0.9524
T_{12}	0.2625	0.2437	0.2531	0.2753	0.2588	0.2410

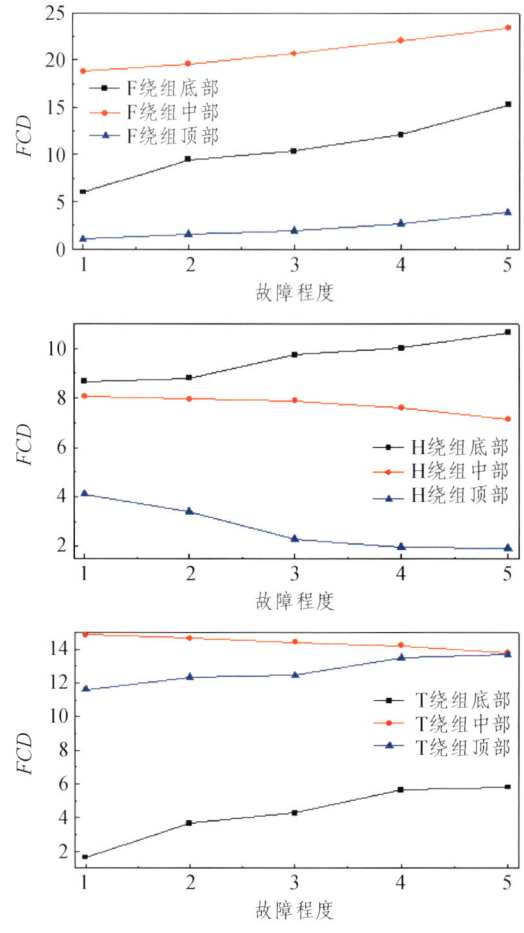

图 6-31　绕组并联电容七级分解 FCD 参数

6.4　多级图像特征故障诊断方法

目前变压器绕组的故障诊断，主要是通过分频段、计算相关系数与谐振点偏移等方法，分析绕组的参数变化从而得出诊断结论，这种诊断需要经验丰富的专业技术人员来完成[110-112]。在传统方法的基础上，发展智能化的诊断方法来弥补依赖专业技术人员的不足，将机器学习方法应用于绕组的状态识别，是变压器绕组诊断的一个研究热点。变压器绕组故障检测，与其他场景如语音识别、人脸识别、文本检测等相比，存在样本较少的问题。支持向量机在小样本情况下也能取得不错的结果，同时对于局部极小值和非线性等问题具有较好的解决方法,可应用于变压器绕组故障诊断中。本书通过多级分解与极坐标图处理获得了大量反映绕组状态变化的特征,若将这些特征应用于变压器绕组的智能诊断中,使用这些多级特征作为智能算法的输入,实现故障绕组、故障类型与故障位置的定位,将有利于排除变压器绕组的潜在故障风险。

6.4.1 支持向量机基本原理

支持向量机(Supor Vector Machine,SVM)对于小样本、局部极小值和非线性等实际问题具有较好的解决方法[106]。假设给定训练样本集 $S=\{(x_1,y_1),(x_2,y_2),\cdots,(x_m,y_m)\}$, $y_i \in \{-1,+1\}$,对样本进行分类。分类学习的思路为寻找一个最优分类的超平面,该超平面如式(6-36)中的线性方程所示:

$$\boldsymbol{w}^\mathrm{T}\boldsymbol{x}+b=0 \tag{6-36}$$

其中, $\boldsymbol{w}=(w_1;w_2;\cdots;w_d)$ 为法向量,该法向量决定了超平面到原点的距离; b 为位移项,该项决定了超平面的方向。假设这个超平面$(\boldsymbol{w},b)$可正确分类训练样本 S,则有当 $(x_i,y_i) \in S$,若 $y_i=+1$ 时, $\boldsymbol{w}^\mathrm{T}x_i+b>0$;若 $y_i=-1$ 时, $\boldsymbol{w}^\mathrm{T}x_i+b<0$,从而得到表达式:

$$\begin{cases} \boldsymbol{w}^\mathrm{T}\boldsymbol{x}_i+b \geqslant +1, & y_i=+1 \\ \boldsymbol{w}^\mathrm{T}\boldsymbol{x}_i+b \leqslant -1, & y_i=-1 \end{cases} \tag{6-37}$$

如图 6-32 所示,"+"表示正类样本;"-"表示负类样本;红线表示超平面;虚线圆圈表示支持向量样本。不同支持向量样本到超平面的距离之和为:

$$\gamma=\frac{2}{\|\boldsymbol{w}\|} \tag{6-38}$$

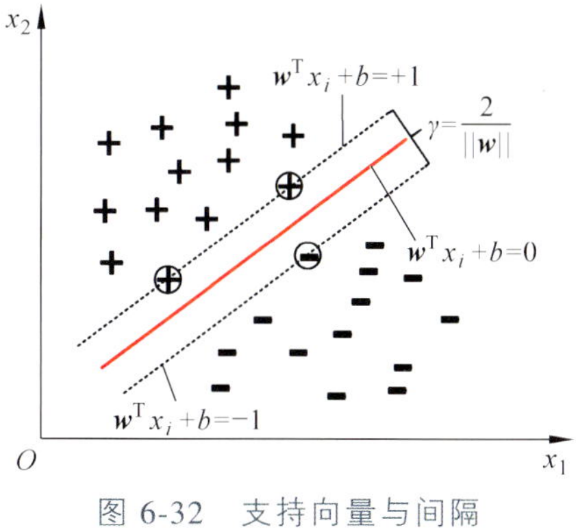

图 6-32 支持向量与间隔

在式（6-38）中，若使距离 γ 最大，仅需最大化 $\|w\|^{-1}$，等价于最小化 $\|w\|^2$，因此可得如下约束条件：

$$\min_{w,b} \frac{1}{2}\|w\|^2, \text{ s.t. } y_i(w^\mathrm{T} x_i + b) \geq 1, \ i = 1, 2, \cdots, m \tag{6-39}$$

式（6-39）实际上是一个凸优化问题，可利用拉格朗日乘子，对其进一步处理，求解对偶问题：

$$\max_{\alpha} \sum_{i=1}^{m} \alpha_i - \frac{1}{2}\sum_{i=1}^{m}\sum_{j=1}^{m}\alpha_i \alpha_j y_i y_j x_i^\mathrm{T} x_j, \text{ s.t.}\sum_{i=1}^{m}\alpha_i y_i = 0, \alpha_i \geq 0, \ i = 1,2,\cdots,m \tag{6-40}$$

通过式（6-40）求得 w 和 b 后，可得最终的决策函数模型为：

$$f(x) = w^\mathrm{T} x + b = \sum_{i=1}^{m} \alpha_i y_i x_i^\mathrm{T} x + b \tag{6-41}$$

式（6-41）为线性可分的情形，在实际应用中线性不可分的情形较多。因此，在支持向量机中引入了核空间的概念，将数据样本映射到高维空间从而线性可分。令 $\Phi(x)$ 表示将 x 映射到高维空间后的特征向量，则式（6-40）变为：

$$\max_{\alpha} \sum_{i=1}^{m} \alpha_i - \frac{1}{2}\sum_{i=1}^{m}\sum_{j=1}^{m}\alpha_i \alpha_j y_i y_j \Phi(x_i)^\mathrm{T} \Phi(x_j), \text{ s.t.}\sum_{i=1}^{m}\alpha_i y_i = 0, \alpha_i \geq 0, \ i = 1,2,\cdots,m \tag{6-42}$$

求解式（6-42）涉及求解 $\Phi(x_i)^\mathrm{T}\Phi(x_j)$，因此引入满足 Mercer 条件的核函数 $k(x_i, x_j)$：

$$k(x_i, x_j) = \langle \Phi(x_i), \Phi(x_j) \rangle = \Phi(x_i)^\mathrm{T}\Phi(x_j) \tag{6-43}$$

将式（6-43）代入式（6-42）中可得：

$$\max_{\alpha} \sum_{i=1}^{m} \alpha_i - \frac{1}{2}\sum_{i=1}^{m}\sum_{j=1}^{m}\alpha_i \alpha_j y_i y_j k(x_i, x_j), \text{ s.t.}\sum_{i=1}^{m}\alpha_i y_i = 0, \alpha_i \geq 0, \ i = 1,2,\cdots,m \tag{6-44}$$

相应的决策函数可表示为：

$$f(x) = \boldsymbol{w}^\mathrm{T}\boldsymbol{\Phi}(\boldsymbol{x}) + b = \sum_{i=1}^{m}\alpha_i y_i \boldsymbol{\Phi}(\boldsymbol{x}_i)^\mathrm{T}\boldsymbol{\Phi}(\boldsymbol{x}) + b = \sum_{i=1}^{m}\alpha_i y_i k(\boldsymbol{x},\boldsymbol{x}_i) + b \quad (6\text{-}45)$$

常用的核函数有线性、多项式、径向基等，在实际应用中可针对具体情况选择相应核函数，使样本在高维线性可分。除此之外，还可使用"软间隔"的支持向量机解决线性可分，如图 6-33 所示。在软间隔支持向量机中引入了松弛变量和惩罚因子后，目标函数和约束条件变为：

$$\min_{w,b,\xi_i}\frac{1}{2}\|\boldsymbol{w}\|^2 + C\sum_{i=1}^{m}\xi_i, \text{ s.t. } y_i(\boldsymbol{w}^\mathrm{T}\boldsymbol{x}_i + b) \geqslant 1 - \xi_i, \xi_i \geqslant 0, i = 1,2,\cdots,m \quad (6\text{-}46)$$

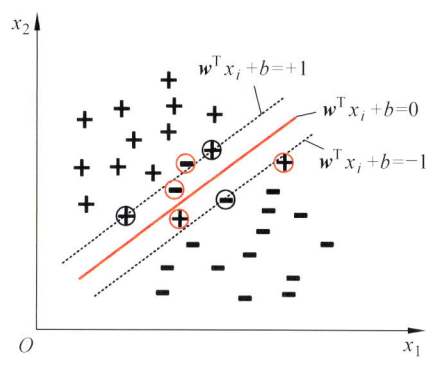

图 6-33　软间隔示意图

6.4.2　特征选取及训练流程

在上节内容中，分别应用多级分解与极坐标图处理获得了不同分解级数下的多个图像特征，在这里基于各分解级数下的 12 个图像特征与 FCD 研究变压器绕组故障的智能诊断。本书讨论的是变压器绕组故障识别问题，特征维数多，属线性不可分的问题，直接对特征进行识别分类存在一定的难度，因此以径向基函数作为支持向量机的核函数。

特征选取中，由于所获得的各级数据多，因此需要探究不同分解级数特征组合对故障识别的影响。由 6.3 节可知，分解前四级的图像与原始频响极坐标图的图像差异较小，因此在这里不具体分析前四级的图像特征。基于原始频响的特征与分解五级、分解六级和分解七级的特征，进行特征之间的组合，寻找在智能分类中表现最好的特征组。

特征组合的情况如表 6-18 所示。本书后续用表中的代号表示特征组，代号 A 表示组合中含有原始频响特征,代号 B 表示组合中未含原始频响特征。

表 6-18 特征组合情况

不同级数特征	代号	不同级数特征	代号
原始频响	A1	分解五级	B1
原始频响、分解五级	A2	分解六级	B2
原始频响、分解六级	A3	分解七级	B3
原始频响、分解七级	A4	分解五级、六级	B4
原始频响、分解五级、六级	A5	分解五级、七级	B5
原始频响、分解五级、七级	A6	分解六级、七级	B6
原始频响、分解六级、七级	A7	分解五级、六级、七级	B7
原始频响、分解五级、六级、七级	A8		

图 6-34 为支持向量机训练集训练预测流程,主要包括:① 提取正常情况与故障情况下不同分解级数的 12 个图像特征与统计特征;② 对获得的特征组合进行特征预处理,按照不同的故障绕组、故障类型等添加相应的标签;③ 从样本数据中选出训练集和测试集,本书模拟的故障样本有轴向移位故障 15 组、并联电容 45 组和短路 27 组共 87 组,在这当中选择 60 组样本为训练集、27 组样本为预测集;④ 对支持向量机中的关键参数(惩罚系数 C 和核函数 g),使用网格法、粒子群算法和布谷鸟算法分别进行寻优计算;⑤ 使用计算出来的最优值对预测集进行故障类型、故障绕组的预测,并通过预测结果确定合适的参数。

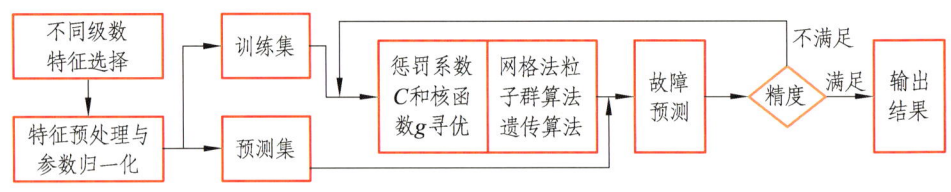

图 6-34 SVM 训练预测流程

6.4.2.1 寻优方法

本书的讨论中共有 15 组特征选择。在下面的寻优讨论中,以 A1 组特征为例进行说明。根据上述智能诊断流程,以串联式绕组的故障样本为例进行分析和讨论。变压器不同绕组轴向移位、并联电容和短路共 87 组样本，选择其中 60 组为训练集，27 组为预测集，特征选择 A1 组 13 个图像特征作为智能算法的输入，进行故障绕组与故障类型的判断。为验证测试结果的稳定性，随机选取 20 次训练集与预测集，并计算平均准确率，对比三种参数寻优方法的准确率。

表 6-19 中列出了经典网格法、经典粒子群算法和经典布谷鸟算法三种常见的参数优化算法对训练集故障绕组的识别效果。使用布谷鸟算法时平均准确率最高，为 94.9%；粒子群算法的准确率最低，为 87.3%。可见布谷鸟算法用于参数寻优时，其莱维飞行的特性有助于找到较好的结果。

表 6-20 中列出了经典网格法、经典粒子群算法和经典布谷鸟算法三种常见的参数优化算法对故障类型的识别效果。布谷鸟算法的平均准确率为 91.3%，网格算法的准确率最低，为 84.5%。综合来看，使用特征组 A1 的情况下三种寻优算法的平均准确率都较高，其中布谷鸟算法的准确率最高，识别变压器的故障绕组与故障类型的平均准确率都超过了 90%。

表 6-19 SVM 对测试集故障绕组的识别结果

序号	参数寻优算法	平均准确率
1	网格算法	93.2%
2	粒子群算法	87.3%
3	布谷鸟算法	94.9%

表 6-20 SVM 对测试集故障类型的识别结果

序号	参数寻优算法	平均准确率
1	网格算法	84.5%
2	粒子群算法	86.6%
3	布谷鸟算法	91.3%

独立绕组中，不存在识别故障绕组的问题，主要需要识别故障类型与故障程度。同样以独立绕组的轴向移位、并联电容和短路共 87 组样本进行分析，选择其中 60 组为训练集，27 组为预测集，特征选择 A1 组 13 个图像特征作为智能算法的输入，进行故障类型的判断。为验证测试结果的稳定性，随机选取 20 次训练集与预测集，并计算平均准确率，对比三种参数寻优方法的准确率。

表 6-21 中列出了经典网格法、经典粒子群算法和经典布谷鸟算法三种常见的参数优化算法对独立绕组的故障类型识别效果。网格算法的平均准确率最高，为 90.1%；粒子群算法正确率最低，为 84.5%；布谷鸟算法的平均正确率为 88.9%。

表 6-21　SVM 对独立绕组测试集故障类型的识别结果

序号	参数寻优算法	平均准确率
1	网格算法	90.1%
2	粒子群算法	84.5%
3	布谷鸟算法	88.9%

综上，布谷鸟算法寻优在变压器串联式绕组与独立绕组中识别的平均准确率都较高，因此在后面的讨论中，对支持向量机的惩罚系数 C 和核函数 g 的寻优使用布谷鸟算法来完成。

6.4.2.2　二叉树构建与训练流程

本书的讨论中共有 15 组特征选择，在下面的二叉树结构搭建中，以 A1 组特征为例进行说明。在牵引变压器独立绕组结构中，支持向量机主要实现故障类型的识别，均属于多分类的识别问题。在多分类识别中，"一对一"和"一对多"多分类算法的准确性较低。另外，在处理不平衡数据时，SVM 算法往往会产生偏差。如果样本数量较大，则分类误差较小；样本数量较小时，分类误差较大。本书将二叉树支持向量机用于多分类识别，构造相应的二叉树结构用于识别绕组故障，其中独立绕组只需识别故障类型，串联式绕组识别故障绕组与故障类型。

本节以绕组故障样本为例，使用模糊 C 均值（FCM）方法，实现二叉树的构建。首先使用模糊 C 均值的方法，计算样本聚类中心分析分布情况，并获得相应的隶属度矩阵值，构建易于区分故障的二叉树结构。自耦变压器故障样本中，轴向移位（AD）样本 15 个，短路（SC）样本 27 个，并联电容（SCV）样本 45 个，计算这些样本的聚类中心，如图 6-35 所示。图中所有样本的聚类中心，主要对应三种故障类型，故障类型的区分较为明显。

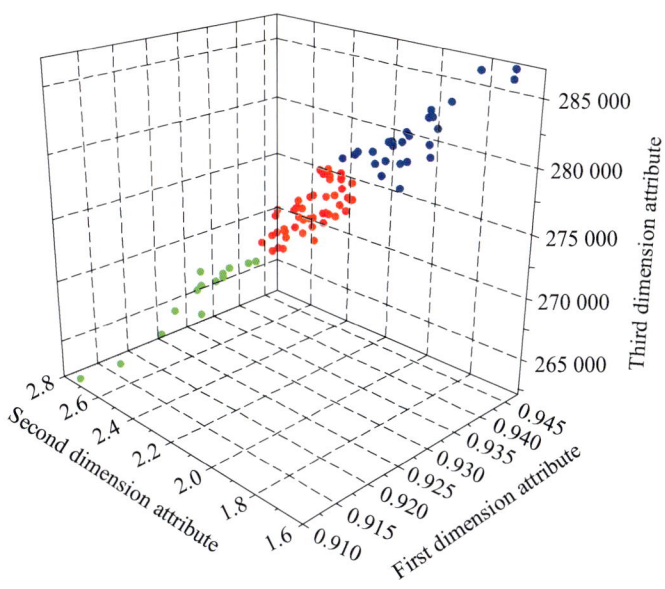

图 6-35 变压器 A1 组聚类中心

计算所有样本中的隶属度矩阵，通过隶属度矩阵的差异，确定识别故障绕组与故障类型的顺序。如表 6-22 所示为故障样本的隶属度矩阵值，其中 C_N 表示隶属矩阵的负分类隶属度矩阵；C_P 表示正分类隶属矩阵。C_N 和 C_P 之间的差异越大，越容易识别。综上，结合聚类中心的分布与隶属度矩阵的值，可在故障绕组与故障类型中先识别出 SCV 故障，再识别出 AD 故障与 SC 故障。故障类型识别结束后，进一步识别故障绕组，先识别 S2 绕组，再识别 S1 绕组与 C 绕组，如图 6-36 所示。

表 6-22 隶属度矩阵

故障		C_N	C_P
故障绕组	S1	0.0007	0.9993
	C	0.8902	0.1098
	S2	0.8785	0.1215
故障类型	AD	0.0293	0.9707
	SC	0.0340	0.9660
	SCV	1	0

图 6-36 所示为构建的二叉树结构，一共有 4 层结构和八级支持向量机，分别为

SVM1～SVM8，依次实现故障绕组、故障类型的识别。下层的 SVM 准确率与上层的 SVM 相关联，SVM1 的准确率即为 SVM1 的准确率，SVM2 的准确率在自身准确率的基础上与 SVM1 的准确率相乘。通过搭建二叉树拓扑结构，在绕组故障中实现了故障类型与故障绕组的识别。其他绕组与故障类型类似，可利用聚类算法计算数据样本的分布情况，从而确定对应的二叉树结构，搭建二叉树支持向量机模型。

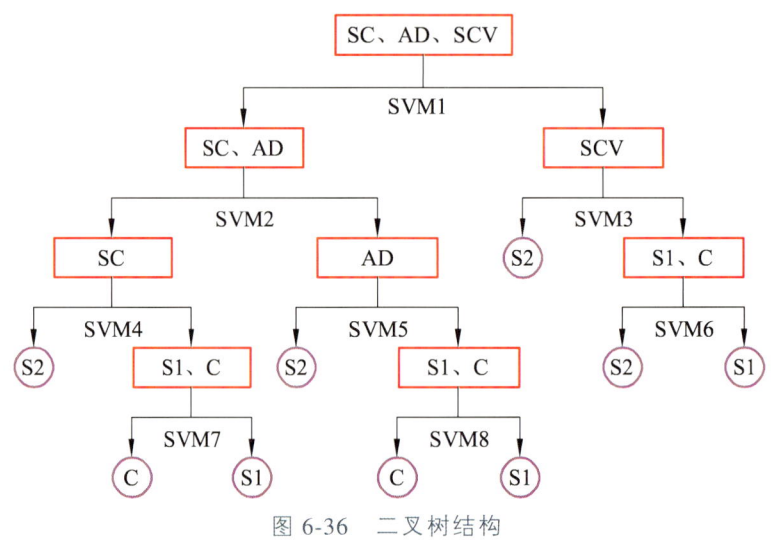

图 6-36 二叉树结构

确定二叉树拓扑结构后，在实现故障识别之前，还需要对已有的故障样本进行训练，以变压器故障的 A1 组特征为例进行说明。惩罚系数 C 和核函数 g 的寻优在此使用布谷鸟算法，防止出现过拟合的问题。共有八级支持向量机，每一级均选择好相应的训练样本与测试样本、SVM1（60-27）、SVM2（30-12）、SVM3（30-15）、SVM4（18-9）、SVM5（9-6）、SVM6（20-10）、SVM7（12-6）、SVM8（6-4），括号中左为训练样本，右为测试样本。

使用布谷鸟搜索算法对 SVM1 至 SVM8 的惩罚系数 C 和核函数 g 进行寻优。在布谷鸟算法实现中设置巢穴数量为 30，迭代次数为 30 次，优化参数为 2 个，被宿主发现的概率为 0.25，最后将基于二叉树支持向量机模型的训练过程随机进行了 20 次，结果如表 6-23 所示。表中"SCV-S1，S2，C"表示发生在 S1 绕组、S2 绕组和 C 绕组中的 SCV 故障类型。不同的支持向量机中，C 和 g 的最优值都是不同的，不同的支持向量机模型获得的 C 和 g 的最优值将有所差异。支持向量机 SVM1～SVM8 的训练平均准确率基本都高于 85%。需要说明的是，下一层的 SVM 准确率与上一层关联，比如 SVM8 的准确率在自身准确率的基础上，还需乘以 SVM1、SVM2 和 SVM5 的准确率。上述以特征组 A1 为例，对二叉树的构建与训练流程进行了说明，后续对不同特征组的案例进行探究。

表 6-23 支持向量机最优参数与训练结果

SVM	训练样本	C 最优值	g 最优值	正类样本	负类样本	训练平均准确率
SVM1	AD，SC，SCV	100	1.7875	30	30	96.26%
SVM2	AD，SC	90.7364	6.4572	21	9	95.85%
SVM3	SCV-S1，S2，C	71.1810	8.9793	10	20	95.33%
SVM4	SC-S1，S2，C	37.1054	17.7764	6	12	94.53%
SVM5	AD-S1，S2，C	59.5803	2.3292	3	6	90.09%
SVM6	SCV-S2，C	1.0310	5.4553	10	10	91.51%
SVM7	SC-S2，C	43.5754	4.9494	6	6	86.16%
SVM8	AD-S2，C	37.7299	34.0237	3	3	83.17%

6.4.3 智能诊断故障分析

6.4.3.1 串联式绕组故障应用

串联式绕组故障，包含故障绕组与故障类型。在 6.4.2 节中，以特征组 A1 为例，对二叉树构建与训练流程进行了说明。在这里，为了诊断测试样本并评估支持向量机模型的有效性，以特征组 A1 为例，分别采用二叉树支持向量机（SVM）、ID3 决策树（ID3 Decision Tree，ID3-DT）和反向传播人工神经网络（Back Propagation Artificial Neural Network，BP-ANN）对变压器测试样本进行评估，结果如表 6-24 所示。其中，ID3-DT 中每个样本数据后添加类别属性。BP-ANN 训练次数为 1000，所有样本均为输入，输出为 9，训练目标为 0.01，学习率为 0.1。

如表 6-24 所示，二叉树 SVM 的平均准确率高于 ID3-DT 和 BP-ANN。首先，BP-ANN 倾向于与局部最优，它的 SC 故障准确率最高、AD 准确率最低。其次，ID3 倾向于选择更多增益的属性信息用于评估标准，这在某些情况下不会提供很多有价值的信息，准确率无法达到最高。综上可知，二叉树 SVM 分类器与其他分类器相比，效果更好，可作为一种方便有效的方法来检测变压器故障绕组与故障类型。基于二叉树 SVM 的方法避免了"一对一"和"一对多"分类重叠和未划分区域的问题，也避免了 DT 过度拟合问题和 ANN 局部最优缺陷，提高了诊断效率[108]。因此，本书使用二叉树 SVM 来实现变压器绕组故障的识别。

表 6-24 特征组 A1 不同算法分类结果

故障类型	故障绕组	ID3-DT 平均准确率	BP-ANN 平均准确率	二叉树 SVM 平均准确率
SC	S1	85%	100%	87.5%
	C	90%	92.5%	85%
	S2	82.5%	100%	92.5%
AD	S1	55%	10%	85%
	C	60%	15%	90%
	S2	45%	20%	97.5%
SCV	S1	90%	88%	86%
	C	83%	91%	93%
	S2	82%	84%	91%

本书经过多级分解与极坐标图处理的分析，有 A1~A8、B1~B7 共 15 个特征组可作为 SVM 的输入特征。A 特征组、B 特征组的平均准确率如表 6-25、6-26 所示。这些特征组可形成各自的特征集，完成相应的训练流程并应用于测试样本中。所有测试过程与训练过程一样，均随机选取 20 组随机样本集，取平均准确率，通过对比不同特征组的平均准确率，确定应用于故障识别时准确率较高的组合。其中，A1 组特征维度为 13×87，A2~A4 组特征维度为 26×87，A5~A7 组特征维度为 39×87，A8 组特征维度为 52×87；B1~B3 组特征维度为 13×87，B4~B6 组特征维度为 26×87，B7 组特征维度为 39×87。在机器学习智能分类中，输入数据维度过高会给数据之间的识别带来一些麻烦，因此，合适的特征组不仅与数据维度有关，也与特征组内的特征与绕组故障的关联性有关。

如表 6-25 所示，只包含原始频响特征的特征组 A1 的总平均正确率为 89.7%；包含原始频响特征与分解七级特征的特征组 A4 的总准确率最高，为 96.6%；包含原始频响特征与分解五级特征的特征组 A2 的总准确率最低，为 86.9%。如表 6-26 所示，包含分解六级与分解七级的特征组 B6 的总准确率最高，为 90.9%，包含分解五级的特征组 B1 的总准确率最低，为 86.2%。综合来看，应用多级分解与原始频响的特征相比，不仅能增加特征的维度，特征之间有差异，能增加故障识别的准确率。特征组 A8 由于特征维度过高，因此获得的结果与特征组 A4 相比存在一定的差距。包含原始频响特征与分解七级特征的特征组 A4 是所有特征组中正确率最高的组合，故障类型与故障绕组识别的总准确率达到了 96.6%，可有效识别绕组故障中的故障绕组与故障类型，为故障检测提供参考。

表 6-25 A 特征组 SVM 平均准确率

故障类型	故障绕组	A1	A2	A3	A4	A5	A6	A7	A8
SC	S1	87.5%	86.7%	88.3%	95%	88.3%	90%	91.7%	91.7%
	C	85%	83.3%	86.7%	96.7%	86.7%	91.7%	93.3%	90%
	S2	92.5%	85%	90%	98.3%	91.7%	93.3%	95%	91.7%
AD	S1	85%%	82.5%	85%	95%	85%	87.5%	90%	90%
	C	90%	87.5%	90%	100%	92.5%	87.5%	95%	92.5%
	S2	97.5%	87.5%	95%	97.5%	95%	92.5%	97.5%	95%
SCV	S1	86%	86%	87%	96%	89%	90%	93%	92%
	C	93%	92%	93%	95%	93%	94%	94%	93%
	S2	91%	92%	92%	96%	92%	94%	93%	93%
总准确率		89.7%	86.9%	89.7%	96.6%	90.4%	91.2%	93.6%	92.1%

表 6-26 B 特征组 SVM 平均准确率

故障类型	故障绕组	B1	B2	B3	B4	B5	B6	B7
SC	S1	83.3%	85%	88.3%	86.7%	88.3%	88.3%	86.7%
	C	85%	83.3%	90%	85%	86.7%	88.3%	91.7%
	S2	81.7%	86.7%	88.3%	85%	86.7%	88.3%	88.3%
AD	S1	82.5%	85%	90%	82.5%	85%	90%	87.5%
	C	87.5%	90%	92.5%	90%	92.5%	92.5%	95%
	S2	90%	87.5%	90%	90%	92.5%	95%	92.5%
SCV	S1	84%	85%	90%	86%	88%	90%	89%
	C	90%	91%	92%	91%	92%	92%	92%
	S2	92%	91%	94%	93%	92%	94%	93%
总准确率		86.2%	87.2	90.6%	87.7%	89.3%	90.9%	90.6%

6.4.3.2 独立绕组故障应用

独立绕组故障识别的问题中,由于发生故障的绕组易于区分,因此主要识别发生的故障类型[113-115]。在本书中有三种故障,二叉树拓扑结构只需要两层两个 SVM 即可实现,在独立绕组中三种故障均有一定差异,可先区分 SCV 故障,再区分 AD 与 SC 故障[116]。

独立绕组中,仍有 A1~A8、B1~B7 共 15 个特征组可作为 SVM 的输入特征。A 特征组、B 特征组的平均准确率如表 6-27、6-28 所示。本节的样本数据维度与 6.4.3.1 节相同,差异之处在于二叉树的拓扑结构变得更为简单,故障分析也只需要分析故障类型,不需要识别故障绕组。

表 6-27　A 特征组支持向量机平均准确率

故障类型	A1	A2	A3	A4	A5	A6	A7	A8
SC	94.4%	93.3%	95%	98.3%	96.1%	96.7%	97.2%	96.7%
AD	95%	95.8%	94.2%	99.7%	95%	95.8%	97.5%	95.8%
SCV	96.7%	95.7%	96%	99.3%	97%	97.7%	98.3%	96.3%
总准确率	95.4%	94.9%	95.1%	99.1%	96%	96.7%	97.7%	96.3%

表 6-28　B 特征组支持向量机平均准确率

故障类型	B1	B2	B3	B4	B5	B6	B7
SC	93.9%	94.4%	96.7%	94.4%	95.6%	97.2%	96.1%
AD	95.8%	94.2%	97.5%	95%	95.8%	96.7%	95.8%
SCV	96%	97.3%	99%	96.7%	97.7%	98%	97%
总准确率	95.2%	95.3%	97.7%	95.4%	96.4%	97.3%	96.3%

如表 6-27 所示,包含原始频响特征与分解五级特征的特征组 A2 的总准确率最低,为 94.9%;包含原始频响特征与分解七级特征的特征组 A4 的总准确率最高,为 99.1%。如表 6-28 所示,包含分解五级特征的特征组 B1 总准确率最低,为 95.2%;包含分解七级特征的特征组 B3 的总准确率最高,为 97.7%。特征组 A4 的准确率最高,可有效识别独立绕组发生的故障类型。与串联式绕组的分类准确率相比,独立绕组的分类

准确率要高。

独立绕组的准确率差异主要有两个原因：一是因为独立绕组不需要分析故障绕组，只需要分析故障类型，二叉树结构简单识别难度低；二是因为独立绕组与串联式绕组的原始频响中，正常情况与故障情况的差异程度不同。综上所述，使用多级图像特征作为二叉树支持向量机的输入，可以区分变压器绕组的故障情况，其中包含原始频响特征与分解七级特征的特征组 A4 的准确率最高。

6.5 卷铁心故障电流测评方法

6.5.1 卷铁心组织结构

卷铁心与叠铁心的组织结构不同，它是由若干根一定形状的硅钢片带料连续卷制成，整个磁路卷绕紧密，其中无空气隙。硅钢带的高导磁方向和磁路要求磁通流通的方向完全一致，料带经计算为宽度渐变的曲线，多条料带连续绕制成铁心，接缝数量少、磁阻小，降低损耗。卷绕完成后经真空退火炉高温退火，消除铁心内部应力，恢复磁畴取向[6, 117]。同时相比叠片式铁心，卷铁心角重较小，节约材料。因此，空载损耗和空载电流得到大幅度降低。

叠铁心每层硅钢片必然会有接缝，总体来说接缝数量巨大，而卷铁心的接缝只存在于料带连接处，整个铁心的接缝非常少[118]，因此磁通在拐角处因穿越而引起的附加损耗减小很多[119]。卷铁心分级通常是按照带材长度横向分级，以一个单相变压器铁心的料带进行说明，如图 6-37 所示，级数一般不会很多，因此产生的接缝很少。

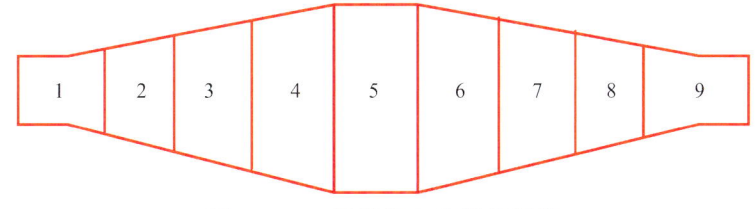

图 6-37 9 级卷铁心硅钢片料带

卷铁心在卷绕过程中，截面宽度连续渐变，如图 6-38 所示，比叠铁心叠片系数更高，导磁效果更优良[120, 121]。硅钢片的叠压方向与叠铁心法向垂直。

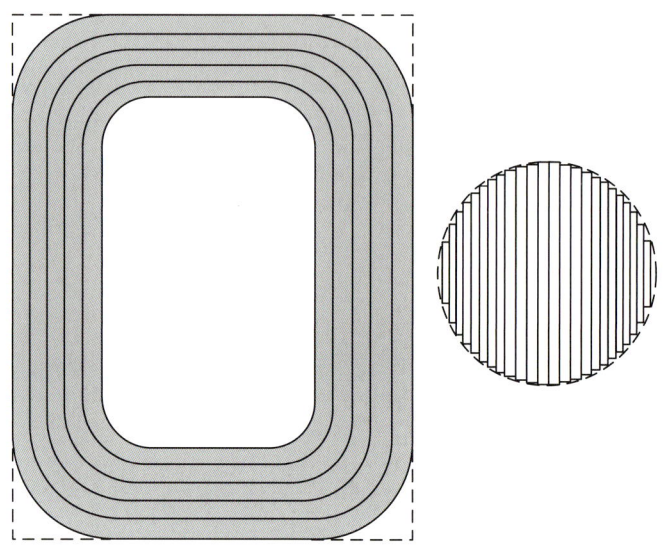

图 6-38 卷铁心横截面示意图

根据对叠铁心片间短路故障与多点接地故障的研究分析，从原理上可以判断片间短路故障为局部故障，而多点接地故障为全局故障。因此片间短路故障与铁心硅钢片的组织形式没有关系，只与硅钢片的叠压方向有关，所以针对卷铁心不需要重新定义故障点等效电导率；而多点接地故障与硅钢片的组织形式有关，所以针对卷铁心，要重新提出卷铁心多点接地均匀化方法，计算故障区域铁心等效电导率。

6.5.2 片间短路时的均匀化建模方法

片间短路故障是当硅钢片两侧同时短路时，片内涡流在短路硅钢片区域受集肤效应的影响形成统一的环流路径，使得涡流损耗增大[122]。卷铁心和叠铁心的不同主要在于铁心半径的连续渐变性，叠铁心每级硅钢片的宽度相同，片间短路故障一般也不会跨级分布，因此对于叠铁心，其短路故障区域一般为矩形；但对卷铁心而言，其铁心半径连续渐变，所以短路故障区域存在弧形区域。以铁轭发生片间短路故障为例，如图 6-39 所示。

在运用均匀化方法对故障区域进行三维涡流场求解时，对卷铁心而言，边界条件的表达会有所区别。但建模思路应与叠铁心相同：确定故障点与故障区域，然后将故障点的等效电导率设置为硅钢片的本体电导率[123]，而对故障区域和铁心其余部分的电导率均设置为：

$$[\sigma] = \begin{bmatrix} 0 & & \\ & F\sigma & \\ & & F\sigma \end{bmatrix} \quad (6\text{-}47)$$

即垂直于叠片平面方向的电导率设置为 0，平行于叠片平面方向的电导率简化为 F。

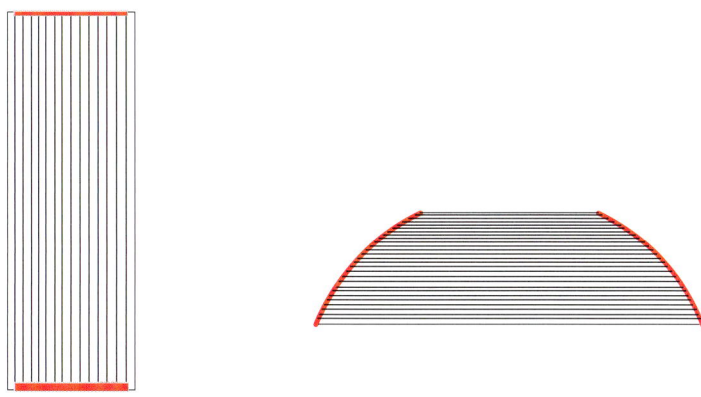

(a) 叠铁心故障区域　　　　(b) 卷铁心故障区域

图 6-39　叠铁心与卷铁心发生片间短路故障时故障区域对比

6.5.3　片间短路故障的三维有限元建模及仿真

本节选取相同容量的卷铁心变压器 QYS-R-31500/220，建立其片间短路故障下的三维涡流场模型，如图 6-40 所示。

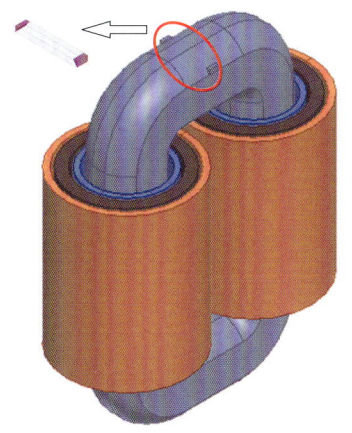

图 6-40　卷铁心片间短路故障模型

因为卷铁心硅钢片的叠压方式较为特殊，而片间短路故障为铁心的局部故障，只会引起短路硅钢片区域内的涡流损耗增加。因此，为了降低建模的难度与模型整体计算量，这里将非故障区域的卷铁心部分电导率设为0。结果表明，这样设置不影响卷铁心内部的磁通分布，也就不影响在故障区域的涡流及涡流损耗计算。

将硅钢片的材质设置为与叠铁心变压器相同，因此将故障区域（除故障点外的区域）的各向异性电导率设置为：

$$[\sigma] = \begin{bmatrix} 0 & & \\ & 1999999 & \\ & & 1999999 \end{bmatrix} \quad (6-48)$$

而图 6-40 中两处红色区域为故障点，模拟真实情况下因硅钢带剪裁等造成的毛刺，将其电导率设置为硅钢片的本体电导率。进行有限元分析时，对模型采用的是四面体剖分，将故障区域与故障点进行手动剖分，加密网格，可大大提高仿真结果的准确性。模型铁心剖分图如图 6-41 所示。

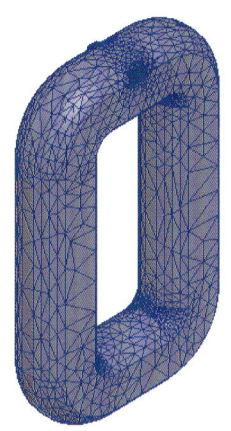

图 6-41　故障铁心剖分图

同时，为了减少计算量，将求解器设置为线性求解，并将硅钢片磁导率设置为常数，求解结果会在铁心拐角等处畸变得较为严重，但对于铁心内部较为均匀的磁通影响很小。为直观地研究卷铁心变压器片间短路工况，对短路片数为50片、磁通密度为1.7 T 的故障工况进行仿真模拟。为模拟空载实验，得到故障下的铁心损耗，在高压绕组中施加励磁电流，T、F 绕组空载，使铁心中产生约 1.7 T 的磁通，如图 6-42 所示。

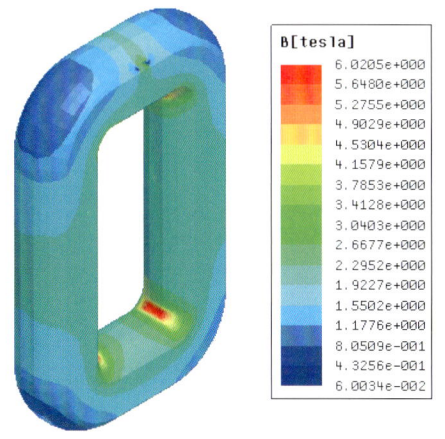 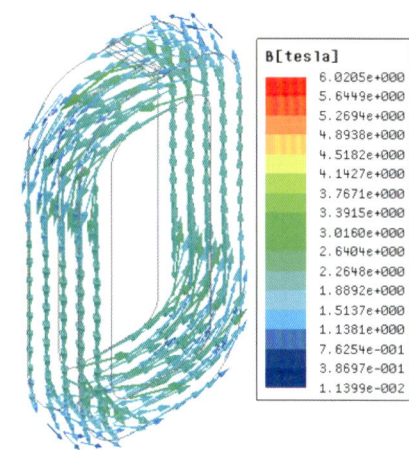

（a）磁通分布云图　　　　　　　　　（b）磁通分布矢量图

图 6-42　故障铁心磁通分布图

从图 6-42（a）可以较为直观地看出变压器铁心的磁通会在故障区域发生畸变，为了更加明确地得到磁通畸变的幅值，沿上铁轭上部的中心线画一条直线，直线穿过短路故障区域，然后利用后处理器得到该直线上磁通幅值的变化曲线，如图 6-43 所示。

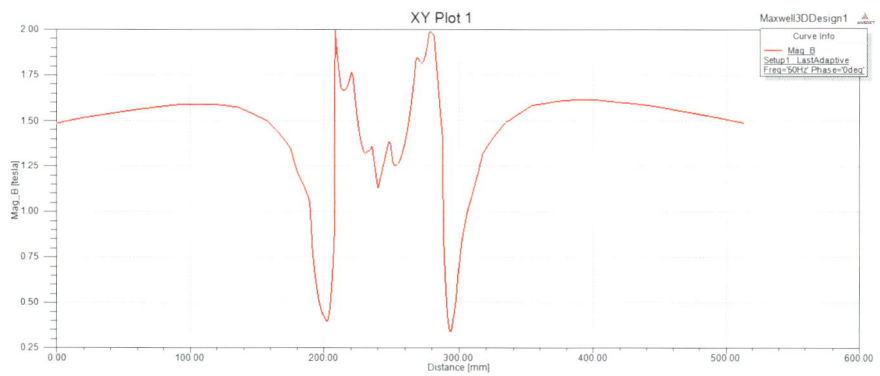

图 6-43　沿上铁轭上部中心线磁通密度分布

从图 6-43 可以看出，在短路故障区域磁通密度会发生畸变，约为 2.0 T，比铁轭中较为均匀的磁通密度大 30% 左右。但相比于叠铁心，短路故障区域的磁通畸变情况较轻。

短路故障区域涡流密度的分布云图如图 6-44 所示。从涡流密度云图可以得出，故障区域涡流密度大部分处于 10^4 数量级，只有受集肤效应影响的区域边缘处涡流密度能够达到 10^5 数量级。

图 6-44　铁心短路故障区域涡流密度分布云图

短路故障区域涡流流通路径如图 6-45 所示，即涡流矢量分布图。从图中可以看出，在涡流场初始相位 0°时，涡流受磁通的影响为逆时针方向流动，且受集肤效应的影响，主要分布在短路故障区域的边缘处。

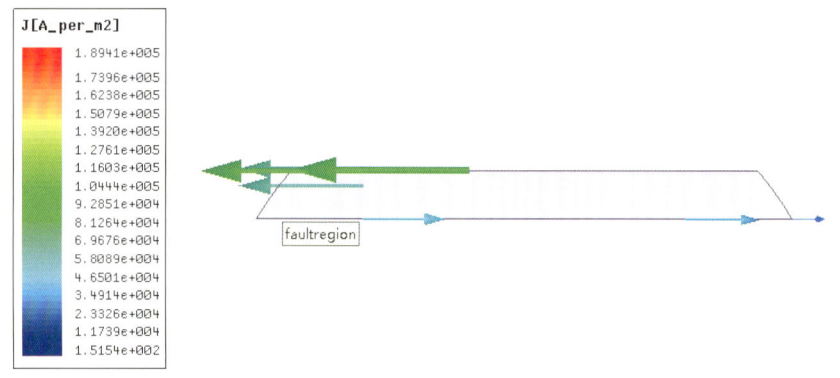

图 6-45　铁心短路故障区域涡流密度分布矢量图

沿上铁轭上部中心线的涡流密度幅值如图 6-46 所示，可以得出，在短路故障区域的涡流密度会发生畸变，但相对于叠铁心的短路故障区域，其幅值只有 10^3 数量级，也没有达到云图的 10^4，主要原因是铁轭上部的中心线穿越故障区域的中心部分，而该部分因集肤效应的原因涡流密度较低。

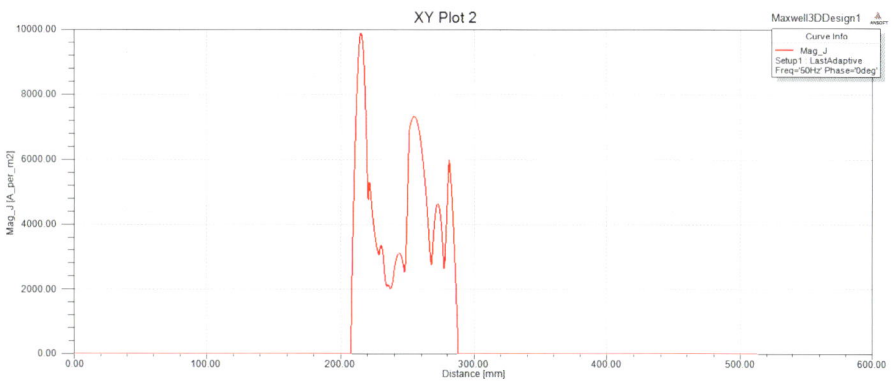

图 6-46　沿上铁轭上部中心线涡流密度分布

涡流损耗密度的分布如图 6-47 所示，图（a）中显示故障区域涡流损耗密度最大处达 10^5 数量级，但是将图例显示的上限修改后可以看出，涡流损耗同样受集肤效应的影响在区域边缘处密度较大，而边界处涡流损耗密度大多只在 10^3 数量级。

（a）未修改上限

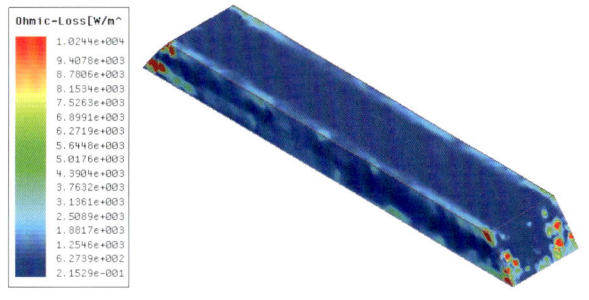

（b）修改上限后

图 6-47　铁心短路故障区域涡流损耗密度分布云图

沿上铁轭上部中心线的涡流损耗密度幅值如图 6-48 所示。由于所选上铁轭上部中心线穿过短路故障区域中部，该部分的涡流损耗密度偏小，所以该区域涡流损耗密度最大只在 400 W/m^2，但可以清楚地看到，故障区域的涡流损耗是激增的。

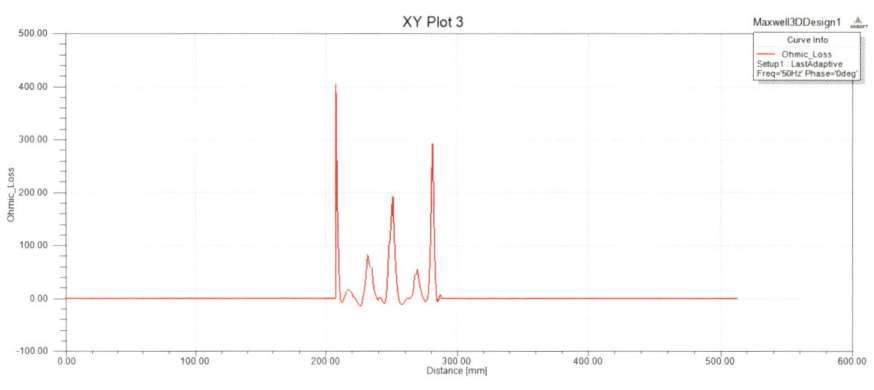

图 6-48 沿上铁轭上部中心线涡流损耗密度分布

6.5.4 多点接地时的均匀化建模方法

根据前面的分析，多点接地故障为两接地点之间铁心的全局故障，即故障电流会扩散至铁心两接地点的全部区域，甚至会穿越铁心硅钢片之间的绝缘层[124]。而且故障电流在故障区域的硅钢片和绝缘层上都会产生欧姆损耗，甚至猜想因为绝缘层的电阻更大，其上产生的损耗更大，产热量更多，进而会导致绝缘层破坏，最严重时烧毁铁心[125]。

卷铁心相较叠铁心，在组织形式上主要有两点不同：① 硅钢带卷绕而成，接缝很少，叠压方向也与叠铁心不同；② 卷铁心截面宽度连续渐变，叠装系数也更高。因此，在对卷铁心多点接地进行均匀化建模时，故障区域的等效电导率计算需考虑到卷铁心组织形式上的特点。

仍采用等效电路的方法计算铁心故障区域的等效电导率，考虑卷铁心中故障电流的流通路径主要分两条：① 同叠铁心一样，电流沿硅钢片叠压方向流动，并穿越硅钢片表面的绝缘层；② 沿硅钢带卷绕方向在硅钢带中流通，不穿越绝缘层。以局部上电流的路径为例，如图 6-49 所示。

从电路来说，故障电流这两条流通路径的阻抗应当并联处理。穿越绝缘层路径的等效阻抗计算方法和叠铁心相同，而沿硅钢带路径的阻抗应当用硅钢带的本体电阻以及接缝处的接触电阻来等效[126]，则等效电路如图 6-50 所示。

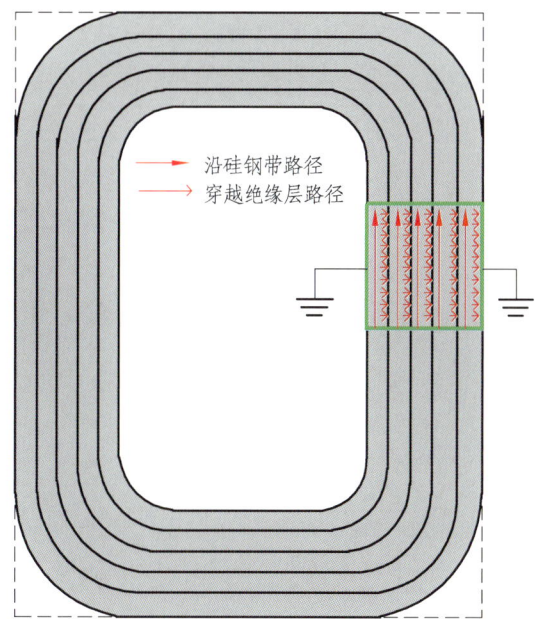

图 6-49 故障电路密度流通路径局部示意图

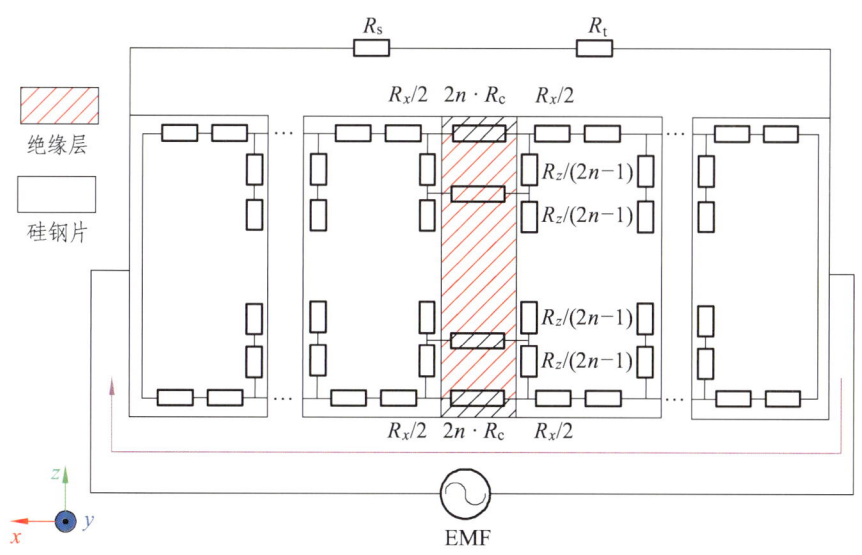

图 6-50 故障电路密度流通路径局部示意图

图 6-50 中,与叠铁心相比多出了并联的硅钢带电阻 R_s 与接缝处的接触电阻 R_t。根据等效电路,可以计算出卷铁心的等效电导率,则卷铁心故障区域一个单元(一片硅钢片及两片绝缘层)的电阻 R'_{eq} 应为:

$$R'_{eq} = R_{eq} // \frac{R_s + R_t}{a} = \frac{(R'_n + R_x)\cdot(R_s + R_t)}{a(R'_n + R_x) + 2(R_s + R_t)} \quad (6\text{-}49)$$

式中，a 代表两接地点之间故障区域的硅钢片总数。

由于卷铁心的卷绕特性，因此需重新确立坐标。因卷铁心硅钢片叠压方向是指向卷铁心中心的，故这里将该叠压方向确定为方向 x，而沿硅钢带磁通流通方向指定为方向 y，与 x 和 y 垂直的方向指定为方向 z。

与叠铁心相同，对于卷铁心的均匀化模型来说，一个单元厚度为 d、长度为 h 的等效电阻可表示为：

$$R'_{eq} = \frac{1}{\sigma_x}\cdot\frac{d}{h\cdot\delta_z} \quad (6\text{-}50)$$

其中，δ_z 为均匀体中故障电流在 z 方向上的集肤深度，可通过以下公式得出：

$$\delta_z = \sqrt{\frac{2}{\omega\mu\sigma_x}} \quad (6\text{-}51)$$

将式（6-51）代入式（6-50），得到 x 方向的等效电导率为：

$$\sigma_x = \frac{d^2\cdot\omega\cdot\mu}{2\cdot R'^2_{eq}\cdot h^2} \quad (6\text{-}52)$$

因此，发生多点接地故障时叠片铁心的各向异性等效电导率应设置为：

$$[\sigma] = \begin{bmatrix} \dfrac{d^2\cdot\omega\cdot\mu}{2\cdot R'^2_{eq}\cdot h^2} & & \\ & F\sigma & \\ & & F\sigma \end{bmatrix} \quad (6\text{-}53)$$

6.5.5 多点接地故障建模仿真及验证

为了能够直观地反映卷铁心的多点接地故障，本小节选取容量为 1 kVA 的卷铁心电源变压器 R1000 VA/220 V 进行仿真分析。将铁心划分为 8 个区域，每个区域都可以根据上述规定的坐标设置各个方向相应的等效电导率。

变压器铁心材料为 Z11 取向电工硅钢片，将铁心的各向异性电导率设置为：

$$[\sigma] = \begin{bmatrix} 7558.91 & & \\ & 1999999 & \\ & & 1999999 \end{bmatrix} \quad (6\text{-}54)$$

所建立的卷铁心多点接地故障三维涡流场模型如图 6-51 所示。采用叠铁心多点接地的建模方法，仿真时利用变压器左旁轭上的线环等效两点接地，将线环设置为单匝线圈，并在线圈设置页面中将对应线圈短路。

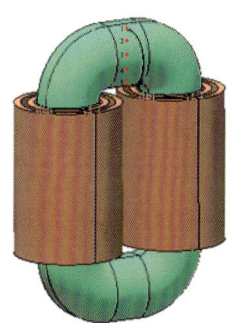

图 6-51 卷铁心多点接地故障三维涡流场模型

选取上铁轭上沿 z 方向均匀距离（1 cm）的 5 个点 1~5，如图 6-52 所示。且在 y 方向上，几个点选取位置为铁轭的中心，因为此处的磁通方向更加均匀，制作模型也相对简单。

采用 Infolytica MagNet 三维时谐场对卷铁心多点接地模型进行仿真分析，以铁心上 1、5 点短路为例，涡流密度分布如图 6-52 所示。

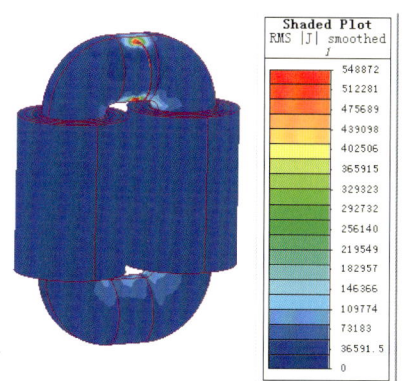

图 6-52 模型涡流密度分布云图

从涡流密度的分布情况可以看出，由于受到多点接地的影响，铁心整体的涡流密度激增，某些区域甚至达到 10^6 数量级，尤其以两个接地点处的涡流密度畸变最为严重。根据计算，接地线上的接地电流为 1010.9 mA。

为了验证所建立卷铁心多点接地模型的有效性，搭建 R1000 VA/220 V 变压器多点接地试验平台进行试验验证。试验平台如图 6-53 所示。

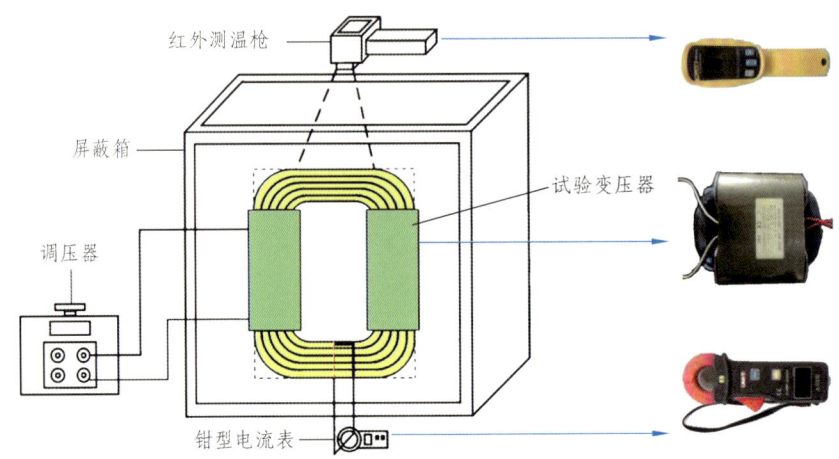

图 6-53　卷铁心多点接地试验平台

进行试验时，首先需将变压器空载运行一段时间，并用红外测温枪测量铁心表面的温度，待温度基本稳定时，将所标记的接地点两两接地，利用钳型电流表进行测量，将所得试验值与仿真值进行对比，结果如表 6-29 所示。

表 6-29　不同两接地点之间的接地电流

接地位置	仿真电流值/mA	试验电流值/mA	误差/%
1，2	279.4	291.5	+4.15
1，3	512.6	460.9	−11.22
1，4	800.8	840.4	+4.71
1，5	1010.9	1103.3	+8.37
2，3	311.3	300.3	−3.66
2，4	486.2	563.2	+13.67
2，5	767.8	866.8	+11.42
3，4	257.4	222.2	−15.84
3，5	536.8	575.3	+6.69
4，5	299.2	328.9	+9.03

由表 6-29 可得,故障电流的试验值与仿真值的平均误差仅为 8.87%,满足工程上的需要,因此证明所建立的卷铁心多点接地三维涡流场模型有效。而且可以看出,两接地点相对距离(沿硅钢片叠压方向)越大,故障电流值越大;且表中最大值为测量所得的 1103.3 mA,相对叠铁心要大一些。主要原因是小型卷铁心在计算时,沿硅钢带卷绕方向的电阻远远小于穿越绝缘层方向的电阻,在并联中起主要作用,因此总体电阻更小,所得等效电导率更大,电流值也相对更大。

6.5.6 多点接地故障模型工程分析

根据以上对卷铁心多点接地故障的分析与计算可以得出,卷铁心发生多点接地故障时,与叠铁心最大的不同在于,对多点接地故障电流会分成两条相互并联的路径:① 沿硅钢带卷绕方向在硅钢带中流动;② 垂直绝缘层表面方向穿越绝缘层。计算得出该变压器发生铁心多点接地故障时,沿硅钢带卷绕方向电阻起主要作用,故障电流主要沿着硅钢带流动,但对于实际工程中更高容量与等级的变压器,随着其体积及硅钢带料带尺寸的增大,穿越绝缘层方向的电阻值会快速降低,而沿硅钢带卷绕方向的电阻值则变化较小。因此在建模时,铁心等效电导率的计算结果会具有趋势性的变化,故障电流也会随之呈现趋势性变化[127-129]。

下面以变压器的单框铁心为例,如图 6-54 所示,其中 h 为铁心辐向中心距,l 为铁心轴向中心距,d 为铁心柱宽度,a 为铁心柱厚度,$a = d$。

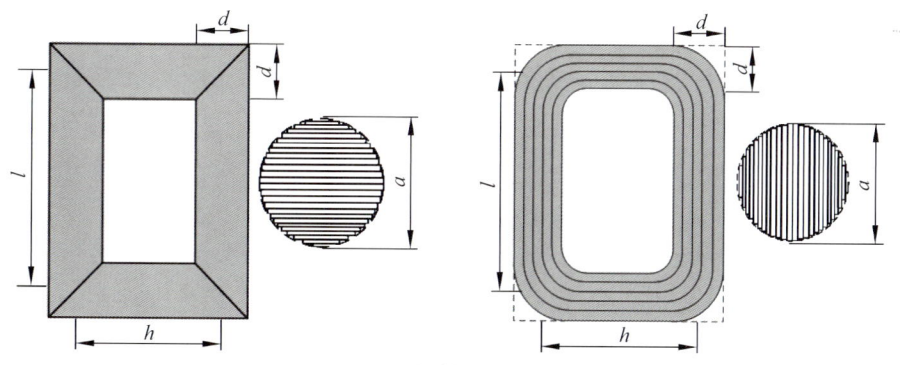

图 6-54 单框铁心尺寸示意图

分别计算 5 种尺寸下的叠铁心与卷铁心变压器铁心等效电导率,铁心尺寸如表 6-30 所示。进一步建模得到最严重故障时 x 方向等效电导率与电流的仿真值,进行对比分析,计算结果如表 6-31 和 6-32 所示。

表 6-30　单框铁心尺寸　　　　　　　　　　　　　　　　　　　单位：m

编号	轴向中心距 l	辐向中心距 h	铁心柱宽度 d	铁心厚度 a
1	0.2	0.1	0.05	0.05
2	0.4	0.2	0.1	0.1
3	1.0	0.5	0.25	0.25
4	1.6	0.8	0.4	0.4
5	2.0	1.0	0.5	0.5

表 6-31　不同尺寸下叠铁心与卷铁心 x 方向等效电导率计算值　　单位：S/m

编号	1	2	3	4	5
卷铁心	7558.91	6913.29	7440.85	8862.30	9643.31
叠铁心	248.03	498.45	1388.15	2196.36	2698.25

表 6-32　不同尺寸下叠铁心与卷铁心 x 方向故障电流仿真值　　单位：mA

编号	1	2	3	4	5
卷铁心	1103.3	1689.98	2763.54	3834.49	4693.74
叠铁心	508.67	1387.24	2423.78	3617.27	4068.15

由表 6-31 可以看出，随着铁心尺寸的增大，卷铁心发生多点接地故障时的等效电导率先减小后增大，原因是当铁心体积较小时，根据计算沿硅钢带方向的电阻远小于穿越绝缘层方向的电阻，因此故障电流主要沿硅钢带方向流动；而随着铁心体积增大，沿硅钢带方向的电阻基本不变，穿越绝缘层方向的电阻呈二次减小，因此穿越绝缘层的故障电流越来越大。代入式（6-54）分析可得，沿 x 方向的等效电导率呈先减小后增大的趋势；而对于叠铁心，电流只能穿越绝缘层跃迁，因此发生多点接地故障时随着铁心体积变大，一个单元的等效电阻呈二次减小，根据式（6-54），x 方向等效电导率计算结果基本呈线性增长。

根据表中结果可以看出，无论叠铁心还是卷铁心，多点接地故障电流都会随着铁心体积的增大而增大，但是叠铁心随着体积的增大其电流增大的速率很快，而卷铁心较慢，原因同样是当卷铁心的铁心体积较小时，根据计算，沿硅钢带方向的电阻远小于穿越绝缘层方向的电阻，因此故障电流主要沿硅钢带方向流动；而随着铁心体积增大，沿硅钢带方向的电阻基本不变，穿越绝缘层方向的电阻成倍减小，穿越绝缘层的故障电流越来越大。但当尺寸大到一定程度，沿硅钢带方向的电阻相比穿越绝缘层方向的电阻大很多时，卷铁心发生多点接地时的故障电流增长会缓慢，而叠铁心由于路径上的电阻始终在减小，因此故障电流始终保持较快增长。

综合起来看，在一定尺寸（轴向中心距 2 m，包含大多数的变压器）以下，卷铁心相对叠铁心，无论体积大还是小，在发生多点接地故障时故障电流都会更大，需要及时发现与准确诊断。

第7章

QYS-R-(31500+25000)/220型卷铁心牵引变压器试验与应用

第7章 QYS-R-（31500+25000）/220 型卷铁心牵引变压器试验与应用

本章旨在大型卷铁心牵引变压器设计、制造和故障诊断的基础上，介绍样机试验与数据考核、现场应用以及节能效果分析的相关情况。

7.1 样机试验

为了验证西南交通大学与常州太平洋电力设备（集团）有限公司联合研制的 QYS-R-（31500+25000）/220 型卷铁心牵引变压器的过载能力、抗短路能力、冲击电压耐受能力和节能减排水平等方面的技术性能，按照 GB 1094.1—2013、GB 1094.2—2013、GB/T 1094.3—2017、GB/T 1094.6—2011 等国家或行业标准规定内容，国家变压器质量监督检验中心对该变压器进行了例行试验、型式试验、特殊试验，具体测试条目参见本书 5.1.2.4 节。

相关试验数据汇总如表 7-1 所示。

表 7-1 试验数据汇总

试验项目	规定值		测量值		项目结论
	标准 QYS-R-（31500+25000）/220 型卷铁心牵引变压器技术条件		短路前	短路后	
电压比测量和联结组标号检定（例行）	主分接电压比偏差 ±0.5% 联结组标号：Vx0（Vx6） 其他分接电压比偏差 ±0.1% 对应联结组标号：（Ii0i0+Ii0i0）		Vv0:0.22%～0.26% Vv6:0.18%～0.31% Ii0:0.27%（AB/a1x1） Ii0:0.19%（AB/a2x2） Ii0:0.30%（BC/b1y1） Ii0:0.22%（BC/b2y2）	Vv0:0.08%～0.10% Vv6:0.06%～0.13% Ii0:0.05%（AB/a1x1） Ii0:0.03%（AB/a2x2） Ii0:0.11%（BC/b1y1） Ii0:0.06%（BC/b2y2）	合格
空载电流和空载损耗测量（例行）	I_0%（31.5 MVA/25 MVA）：<0.3 P_0（k）（31.5 MVA+25 MVA）：<41		0.09/0.12 32.60	0.09/0.13 32.34	合格
短路阻抗和负载损耗测量（例行）	t：75°C Z%（31.5 MVA/25 MVA）： H-（T+F）：10.5（1±7.5%） H-T：14.0（1±7.5%） H-F：9.0（1±7.5%） P_k（kW）：（31.5 MVA+25 MVA）≤205 P_k（kW）：（31.5 MVA+25 MVA）≤246		10.49/10.82 13.86/14.14 9.10/9.42 160.19 192.79	10.46/10.80 13.86/14.16 9.10/9.44 158.17 190.51	合格
外施耐压试验（例行）	高压：395 kV；60 s 低压：85 kV；60 s		395 kV；60 s 85 kV；60 s	395 kV；60 s 85 kV；60 s	合格
感应耐压试验（ACLD）（例行）	U_1（kV）：395 持续时间（s）：120（f_n/f） $U_2 = 1.3U_m$（kV） 持续时间（min）：30 放电量 ≤200 pC		395 30 327.6 30 <30	395 30 327.6 30 <30	合格

续表

试验项目	规定值	测量值		项目结论
	标准（技术服务合同书）	短路前	短路后	
感应耐压试验（ACLD）（例行）	施加电压（kV）：$1.1U_m$ 持续时间（min）：30 放电量≤100 pC 频率（Hz）：>50	277.2 5 <20 200	277.2 5 <20 200	
操作冲击试验（例行）	操作波（kV）：750（1±0.3%）	744.7~756.5	746~753	合格
绝缘油试验（例行）	击穿电压（kV）：≥40 $\tan\delta$（90°C）：≤0.005 含水量（mg/L）：≤15 含气量（%）：≤1.0 提供气相色谱分析	74.3 0.000458 7.13 0.7 气相色谱分析	72.6 0.000663 7.21 — 气相色谱分析	合格
密封试验（例行）	施加压力（kPa）：30 持续时间（h）：24 无渗漏油和损伤	30 24 无渗漏油和损伤		合格
温升试验（型式）	顶层油温升限值（K）：(53) 绕组温升限值（K）：(63)	顶层油：25.0 高压绕组 AB（31.5 MVA）：30.1 高压绕组 BC（25 MVA）：29.8 低压绕组 a1x1（31.5 MVA）：31.4 低压绕组 b1y1（25 MVA）：31.0 低压绕组 a2x2（31.5 MVA）：25.7 低压绕组 b2y2（25 MVA）：24.4		合格
雷电冲击试验（例行、型式）	全波载波 高压（kV）：950 1050（1±3%） 低压（kV）：200 220（1±3%）	全波载波 947.7~950.0 195.7~202.0	1048~1051 215.8~222.7	合格
声级测定（特殊）	声压级 $\overline{L_{PA}}$dB(A)：<62 声功率级 $L_{WA,SN}$dB(A)：<92	47 69		合格
空载电流谐波测量（特殊）	提供各相空载电流谐波值	I_1-I_{19}次空载电流谐波		/
长时间空载试验（特殊）	施加电压（kV）：$1.1U_r$ 运行时间（h）：8 油中无乙炔，总烃含量无明显变化	30.25 8 油中无乙炔，总烃含量无明显变化		合格
无线电干扰测量（特殊）	施加电压（kV）：$1.1U_m$ 无线电干扰水平（μV）：<2500	277.2 A：355 B：282 C：316		合格
短路承受能力试验（特殊）	每相试验次数：3次 持续时间（s）：0.25（1±10%） 试验波形无异常 试验前后测量相电抗偏差≤2% 吊心检查无明显变化 短路后检查项目合格	高压（AB）-低压 3次 0.24 无异常 最大相电抗偏差<0.1% 无明显变化 合格	高压（BC）-低压 3次 0.24	合格

续表

试验项目	规定值 标准（技术服务合同书）	测量值 短路前	测量值 短路后	项目结论
过负荷能力试验（特殊）	t：30°C 顶层油温度（°C）：≤（103） 绕组最热点温度（°C）：≤（138）	66.4 高压绕组 AB（31.5 MVA）：120.1 高压绕组 BC（25 MVA）：117.4 低压绕组 a1x1（31.5 MVA）：123.3 低压绕组 b1y1（25 MVA）：121.4 低压绕组 a2x2（31.5 MVA）：92.4 低压绕组 b2y2（25 MVA）：87.1		合格
油箱表面热点温升测量（特殊）	油箱表面热点温升（K）：（78）	37.4		合格
油箱机械强度试验（特殊）	提供弹性变形量、永久变形量	见 5.1.2.2 节试验		合格

7.1.1 例行试验

（1）介质损耗因数（$\tan\delta$）测量值如表 7-2 所示。其中：相对湿度 60%；油温 27.5°C；大气压 100.1 kPa。

表 7-2 绕组对地绝缘电阻和绝缘系统电容的介质损耗因数（$\tan\delta$）的测量

测试部位	实测绝缘电阻/GΩ			实测吸收比 R_{60}/R_{15}	极化指数测量 R_{600}/R_{60}	C_x/nF	介质损耗数 $\tan\delta$
	R_{15}	R_{60}	R_{600}				
高压 AB-低压 a1x1、低压 a2x2 及地	18.0	23.0	41.7	1.28	1.81	10.32	0.002 04
低压 a1x1-高压 AB、低压 a2x2 及地	18.7	28.7	68.9	1.53	2.40	12.82	0.002 65
低压 a2x2-高压 AB、低压 a1x1 及地	23.8	34.3	66.4	1.44	1.94	11.95	0.00224
高压 AB-低压 a1x1、低压 a2x2 及地	10.8	15.0	—	1.39	—	22.97	0.002 26
高压 AB-低压 a1x1、低压 a2x2-地	20.7	24.3	—	1.17	—	12.81	0.002 54

续表

测试部位	实测绝缘电阻/GΩ			实测吸收比 R_{60}/R_{15}	极化指数测量 R_{600}/R_{60}	C_x/nF	介质损耗数 $\tan\delta$
	R_{15}	R_{60}	R_{600}				
高压 AB-低压 a1x1	—					0.0585	0.00432
高压 AB-低压 a2x2	—					3.412	0.00187
低压 a1x1-低压 a2x2	—					7.656	0.00246
铁心-地	—	3.8		—			
夹件-地	—	3.5		—			
高压 BC-低压 b1y1、低压 b2y2 及地	18.8	23.0	41.7	1.81	1.81	10.33	0.00227
低压 b1y1-高压 BC、低压 b2y2 及地	20.3	30.7	75.7	2.47	2.47	12.90	0.00285
低压 b2y2-高压 BC、低压 b1y1 及地	24.8	36.5	72.4	1.98	1.98	11.80	0.00249
高压 BC-低压 b1y1、低压 b2y2 及地	12.6	16.1	—	1.28	—	23.11	0.00259
高压 BC-低压 b1y1、低压 b2y2-地	22.1	25.6	—	1.16	—	13.03	0.00297
高压 BC-低压 b1y1	—					0.0541	0.00363
高压 BC-低压 b2y2	—					3.224	0.185
低压 b1y1-低压 b2y2	—					7.717	0.00256
铁心-地	—	3.9		—			
夹件-地	—	3.7		—			

（2）电压比测量和联结组标号检定（包括各抽头）结果如表 7-3 所示。

表 7-3 电压比测量和联结组标号检定结果

电压比测量和联结组标号检定（例行）试验						日期：2014 年 11 月 03 日		
高压绕组		低压绕组		计算变比	实测电压比偏差/%			联结组标号
分接位置	电压/kV	分接位置	电压/kV		AB/a1x1	BC/b2y2	CA/y2a1	
1	231.000	—	27.5	8.400	0.39	0.39	0.49	Vv0
2	225.500			8.200	0.33	0.33	0.37	
3	220.000			8.000	0.26	0.26	0.22	
4	214.500			7.800	0.20	0.20	0.08	
5	209.000			7.600	0.13	0.13	−0.07	
高压绕组		低压绕组		计算变比	实测电压比偏差/%			联结组标号
分接位置	电压/kV	分接位置	电压/kV		AB/x2a2	BC/y1b1	CA/b1x2	
1	231.000	—	27.5	8.400	0.33	0.30	0.58	Vv6
2	225.500			8.200	0.26	0.25	0.44	
3	220.000			8.000	0.20	0.18	0.31	
4	214.500			7.800	0.14	0.11	0.16	
5	209.000			7.600	0.06	0.04	0.00	
高压绕组		低压绕组		计算变比	实测电压比偏差/%			联结组标号
分接位置	电压/kV	分接位置	电压/kV		AB/a1x1	AB/a2x2		
1	231.000	—	27.5	8.400	0.38	0.32		Ii0
2	225.500			8.200	0.31	0.25		
3	220.000			8.000	0.27	0.19		
4	214.500			7.800	0.19	0.13		
5	209.000			7.600	0.11	0.06		
高压绕组		低压绕组		计算变比	实测电压比偏差/%			联结组标号
分接位置	电压/kV	分接位置	电压/kV		BC/b1y1	BC/b2y2		
1	231.000	—	27.5	8.400	0.57	0.49		Ii0
2	225.500			8.200	0.43	0.35		
3	220.000			8.000	0.30	0.22		
4	214.500			7.800	0.15	0.07		
5	209.000			7.600	−0.02	−0.08		
试验结论：合格								

（3）空载电流与空载损耗测量如表 7-4 所示。

表 7-4 空载电流与空载损耗测量

绕组电阻测量（例行）试验 油温：27.5°C		日期：2014 年 11 月 03 日 单位：Ω	
绕组	分接位置	实测值	
		A~B a1~x1 a2~x2	C~B b1~y1 b2~y2
高压	1	1.952	2.751
	2	1.904	2.680
	3	1.855	2.610
	4	1.807	2.539
	5	1.758	2.469
低压	—	0.01701	0.02411
		0.02048	0.02764

空载电流和空载损耗测量（例行）试验				日期：2014 年 11 月 04 日		
供电端子	方均根值电压/kV		空载电流/A	空载电流实际值；负载电流额定值/%	空载损耗/kW	
	平均值电压表读数	方均根值电压表读数			实测值	校正值
a1x1	27.497	27.719	1.079	0.09	17.95	17.80
b1y1	27.496	27.712	1.041	0.12	14.91	14.80

总空载损耗为 17.80+14.80 = 32.60（kW），小于产品技术条件规定值 41 kW，也小于 JB/T 12260—2015 规定的 59 kW。

（4）短路阻抗与负载损耗测量如表 7-5 所示。

表 7-5 短路阻抗和负载损耗测量

绕组	分接位置	施加电流(I)/A	I/I_r/%	测电压/kV	高压短路阻抗（每相）（31.5 MVA）/Ω $t=75°C$ $I=I_r$	短路阻抗百分数/% $t=75°C$ $I=I_r$	负载损耗/kW 实测值 $t=25.0°C$	负载损耗/kW 校正值 $t=75°C$ $I=I_r$	总损耗/kW 校正值 $t=75°C$ $I=I_r$
高压（AB）低压（a1x2）（x1a2）（31.5 MVA）	1	73.31	53.75	13.110	178.83	10.56	17.38	64.47	85.27
	3	77.12	53.86	12.431	161.19	10.49	17.94	69.50	87.30
	5	83.35	55.31	12.113	145.33	10.48	19.65	72.15	89.95
高压（AB）低压（a1x1）（31.5 MVA）	1	70.55	51.72	16.648	235.97	13.93	20.23	83.99	101.79
	3	73.97	51.66	15.750	212.92	13.86	20.58	85.85	103.65
	5	77.00	51.10	14.757	191.65	13.82	20.69	88.29	106.09
高压（AB1）低压（a2x2）（16 MVA）	1	69.28	53.28	5.716	154.86	9.16	5.22	21.16	38.96
	3	72.74	62.51	6.354	139.74	9.10	7.42	21.79	39.59
	5	76.55	53.47	5.163	126.14	9.10	5.61	22.50	40.30
高压（BC）低压（b1y2）（y1b2）（25 MVA）	1	59.80	55.27	13.953	233.33	10.93	15.88	58.63	73.43
	3	59.94	52.76	12.557	209.49	10.82	14.85	60.28	75.08
	5	62.51	52.27	11.760	188.13	10.77	15.13	62.56	77.36
高压（BC）低压（a1x1）（25 MVA）	1	57.10	52.77	17.413	304.10	14.29	18.10	72.75	87.55
	3	58.27	51.29	15.951	273.74	14.14	17.43	74.34	89.14
	5	63.05	52.72	15.498	245.81	14.07	18.98	76.63	91.43
高压（BC）低压（b2y2）（12.5 MVA）	1	29.49	54.51	5.996	203.32	9.52	4.63	17.90	32.70
	3	29.77	52.41	5.429	182.37	9.42	4.37	18.29	33.09
	5	31.95	53.43	5.242	164.07	9.39	4.68	18.85	33.65

额定分接总负载损耗为 85.85+74.34 = 160.19（kW）。

（5）外施加耐压试验如表 7-6 所示。其中，相对湿度为 60%；油温为 27.5°C；大气压为 100.1 kPa。

表 7-6 外施加耐压试验

加压部位	试验电压/kV	试验时间/s	结论
高压（A，B，C）-低压及地	395	60	合格
低压（a1，x1）-高压及地	85	60	
低压（a2，x2）-高压及地	85	60	
低压（b1，y1）-高压及地	85	60	
低压（b2，y2）-高压及地	85	60	

（6）感应电压试验（ACLD）、局部放电测量试验如表 7-7 所示，其中，相间试验选择分接装置 5，频率 200 Hz。

表 7-7 感应电压试验（ACLD）、局部放电测量试验

施加电压		时间	局部放电测量/pC		
倍数	相间/kV		A	B	C
$1.1U_m$	277.2	5 min	—	—	—
$U_2 = 1.3U_m$	327.6	5 min	—	—	—
U_1	395	30 s	—	—	—
$U_2 = 1.3U_m$	327.6	5 min	<30	<30	<30
		10 min	<30	<30	<30
		15 min	<30	<30	<30
		20 min	<30	<30	<30
		25 min	<30	<30	<30
		30 min	<30	<30	<30
$1.1U_m$	277.2	5 min	<20	<20	<20

注：U_m = 252 kV；试验前、后的背景噪声水平：<15 pC；起始电压：260 kV；终止电压：245 kV。

（7）操作冲击试验内容如表 7-8 所示。试验大气条件：相对湿度 60%；环境温度 20.0°C；大气压 100.1 kPa。

表 7-8　操作冲击试验

耐受端子	操作冲击耐受电压/kV	分接位置
A、B、C	750	3

试验程序：

一次降低电压的负极性操作波冲击；

三次额定电压的负极性操作波冲击。

试验波形记录：

T_1—波前时间；T_2—第一个过零点的时间；

T_d—大于 90%规定峰值的时间；U_p—峰值电压。

由于在端子 A、B、C 耐受负极性操作波冲击的结果具有相似性，限于篇幅，仅列出端子 A 耐受操作波冲击的波形记录，如图 7-1 所示。图中，左列为电压波，右列为中性点电流波。

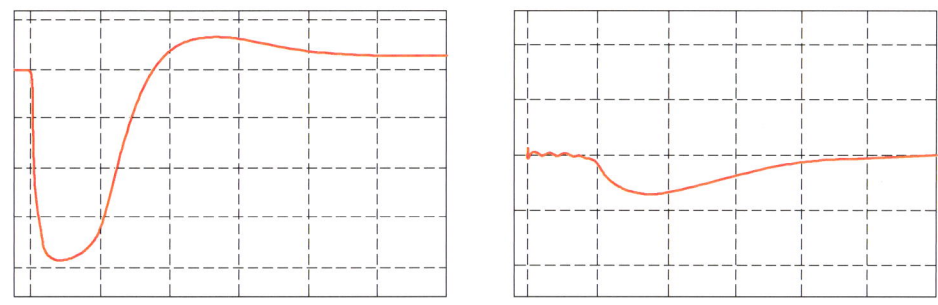

（a）一次降低电压的负极性操作波冲击试验波形

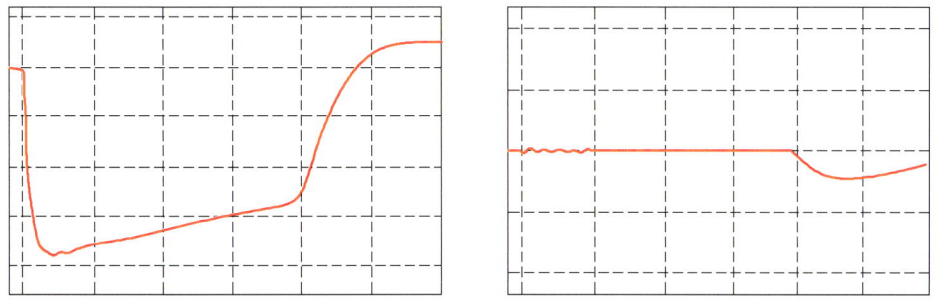

（b）三次额定电压的负极性操作波冲击第 1 次试验波形

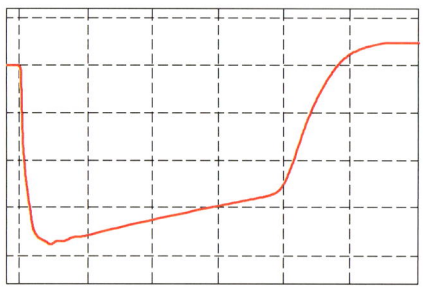
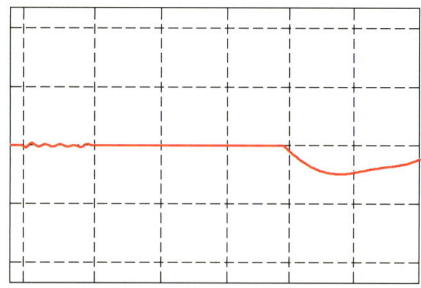

(c) 三次额定电压的负极性操作冲击第 2 次试验波形

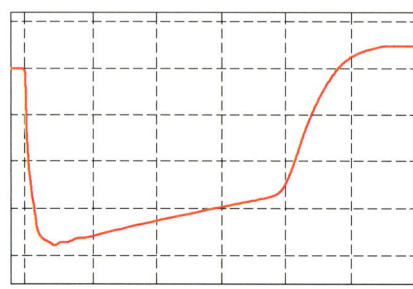
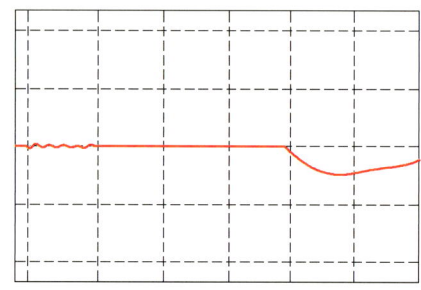

(d) 三次额定电压的负极性操作波冲击第 3 次试验波形

图 7-1 操作冲击试验波形

(8) 绝缘油试验结果如表 7-9 所示。

表 7-9 绝缘油试验

绝缘油试验（例行）			
介质损失角正切（90°C）	击穿电压/kV	含水量/（mg/L）	含气量/%
0.000458	74.3	7.13	0.7
气象色谱分析（例行试验前） μL/L							
H_2	CO	CO_2	CH_4	C_2H_6	C_2H_4	C_2H_2	总烃
0.86	3.00	190.73	0.33	0.00	0.06	0.00	0.39
气象色谱分析（例行试验后） μL/L							
H_2	CO	CO_2	CH_4	C_2H_6	C_2H_4	C_2H_2	总烃
0.99	3.14	214.73	0.40	0.00	0.06	0.00	0.46
气象色谱分析（短路试验后，绝缘试验前） μL/L							
H_2	CO	CO_2	CH_4	C_2H_6	C_2H_4	C_2H_2	总烃
0.00	9.29	94.25	0.09	0.00	0.00	0.00	0.09

续表

气象色谱分析（绝缘试验后，温升试验前）　　μL/L

H_2	CO	CO_2	CH_4	C_2H_6	C_2H_4	C_2H_2	总烃
0.00	10.52	94.36	0.16	0.00	0.00	0.00	0.16

气象色谱分析（温升试验后，过负荷能力试验前）　　μL/L

H_2	CO	CO_2	CH_4	C_2H_6	C_2H_4	C_2H_2	总烃
0.00	14.24	94.60	0.20	0.00	0.00	0.00	0.20

气象色谱分析（过负荷能力试验后，长时间空载试验前）　　μL/L

H_2	CO	CO_2	CH_4	C_2H_6	C_2H_4	C_2H_2	总烃
0.00	32.04	106.57	1.18	0.00	0.00	0.00	1.18

气象色谱分析（长时间空载试验后）　　μL/L

H_2	CO	CO_2	CH_4	C_2H_6	C_2H_4	C_2H_2	总烃
1.21	32.25	109.64	1.24	0.00	0.00	0.00	1.24

（9）密封试验结果如表7-10所示。

表7-10　密封试验

试验方法	施加压力/kPa	剩余压力/kPa	持续时间/h	结论
静气压法	30	30	24	无渗漏油和损伤，合格

7.1.2　型式试验

1. 温升试验

测量顶层油温升：试验采用短路法，高压（分接位置5）供电，低压a1x1短路（31.5 MVA），b1y1低压短路（25 MVA），a2x2和b2y2开路，试验时间14 h，稳定时间4 h，试验时高压绕组应施加规定总损耗197.52 kW，实际施加总损耗197.52 kW。

测量低压绕组a1x1（31.5 MVA），b1y1（25 MVA）时：高压侧应施加规定电流A相150.7 A，C相117.3 A。

测量低压绕组a2x2（16 MVA），b2y2（12.5 MVA）温升时，高压（分接位置5）供电，a1x1、b1y1开路；a2x2（16 MVA）和b2y2（12.5 MVA）短路。测量低压绕组温升时，高压侧应施加规定电流，A相76.55 A，C相59.8 A；实际施加电流，A相76.65 A，C相59.3 A。

测量结果如表 7-11 所示。

表 7-11 温升试验

绕组	顶层油温度/°C		底部油温度/°C		油平均温度/°C		环境温度/°C		电阻测量/Ω	
	总损耗	试验电流	总损耗	试验电流	总损耗	试验电流	总损耗	测冷电阻	热电阻	冷电阻
高压 AB		37.3		24.6		31.0			1.845	1.663
高压 BC		37.3		24.6		31.0			2.583	2.334
低压 a1x1	38.2	37.3	24.3	24.6	31.3	31.0	13.2	15.6	0.01797	0.016121
低压 b1y1		37.3		24.6		31.0			0.02538	0.02284
低压 a2x2		33.3		21.9		21.9			0.02091	0.019392
低压 b2y2		33.3		21.9		21.9			0.02808	0.026180

温升计算结果如表 7-12 所示。

表 7-12 温升计算结果

顶层油温升/K		25.0
绕组温升/K	高压 AB（31.5 MVA）	30.1
	高压 BC（25 MVA）	29.8
	低压 a1x1（31.5 MVA）	31.4
	低压 b1y1（25 MVA）	31.0
	低压 a2x2（16 MVA）	25.7
	低压 b2y2（12.5 MVA）	24.4

热电阻曲线如图 7-2 所示。需要说明的是，限于篇幅，图 7-2 中仅给出了热电阻力为 1.845 K/W 的曲线。

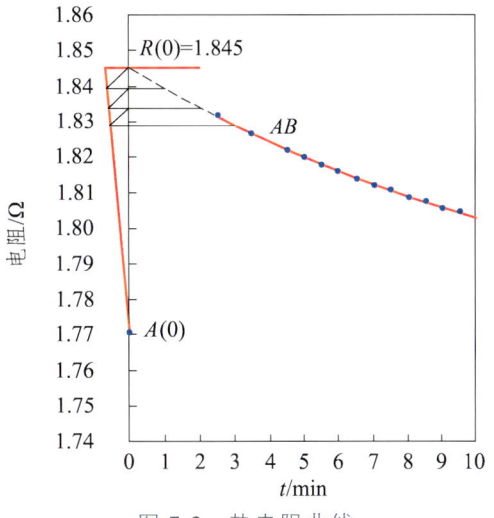

图 7-2 热电阻曲线

2. 雷电冲击试验

雷电冲击试验内容如表 7-13 所示。试验大气条件：相对湿度 35.5%；环境温度 15.5 ℃；大气压 100.5 kPa。

表 7-13 雷电冲击试验

耐受端子	额定耐受电压/kV		分接位置
	雷电全波	雷电截波	
A、B、C	950	1050	3
a1、x1、a2、x2、b1、y1、b2、y2	200	—	—

试验程序（线端）：一次降低电压的负极性全波冲击；一次额定电压的负极性全波冲击；一次降低电压的负极性截波冲击；二次额定电压的负极性截波冲击；二次额定电压的负极性全波冲击。

限于篇幅，仅列出端子 A 和 a1 耐受雷电冲击的试验波形记录，如图 7-3 和图 7-4 所示。图中，蓝色曲线为电压波，红色曲线为中性点电流波；T_1 为波头时间；T_2 为半峰值时间；T_c 为截断时间；U_{p2} 为电压过零系数；U_p 为峰值电压。

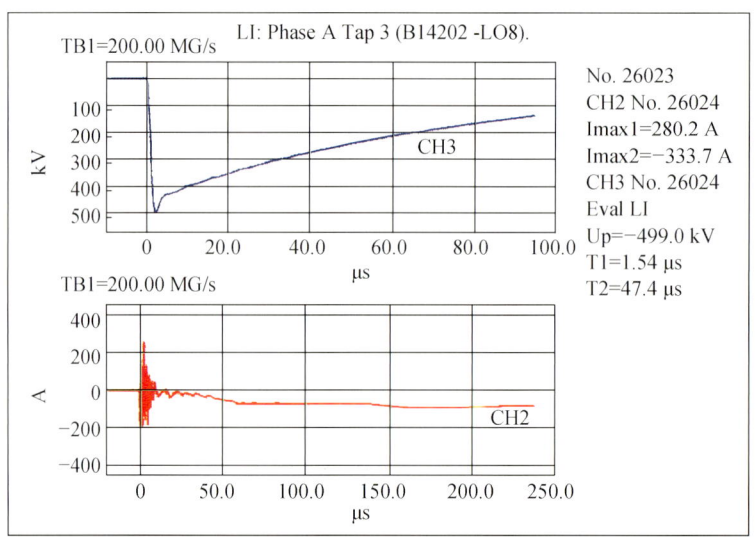

（a）一次降低电压的负极性全波冲击试验波形

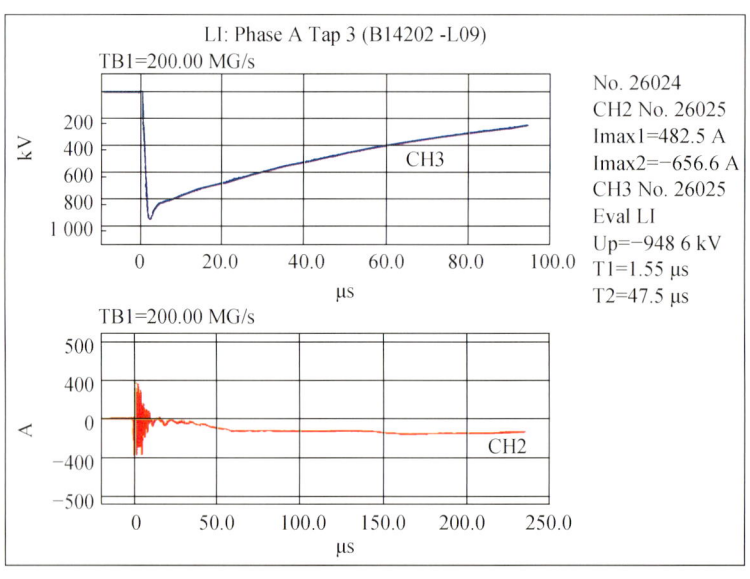

（b）一次额定电压的负极性全波冲击试验波形

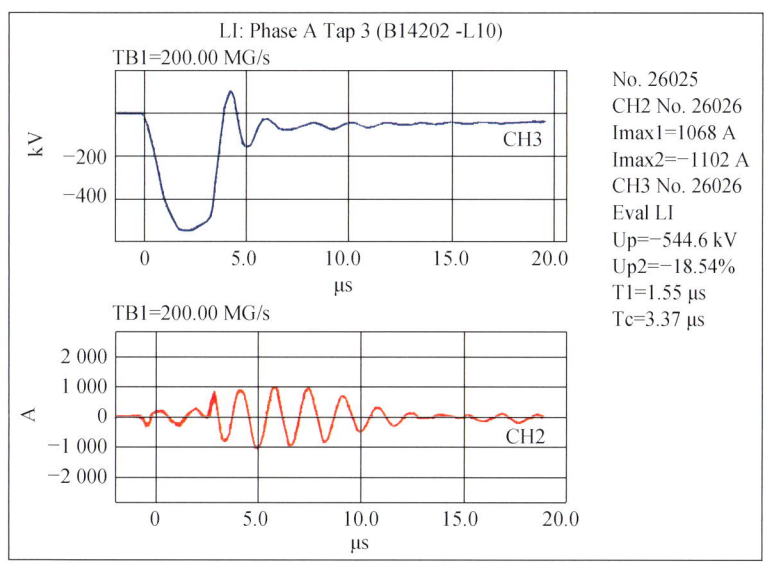

(c) 一次降低电压的负极性截波冲击试验波形

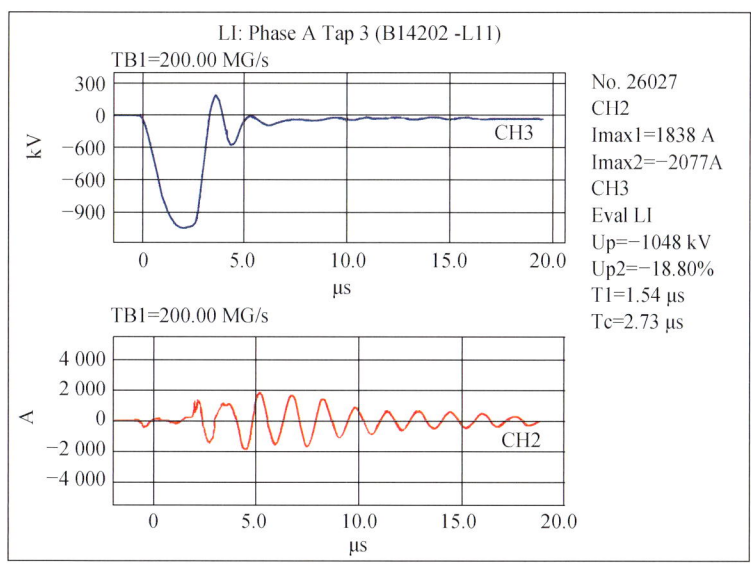

(d) 二次额定电压的负极性截波冲击第 1 次试验试形

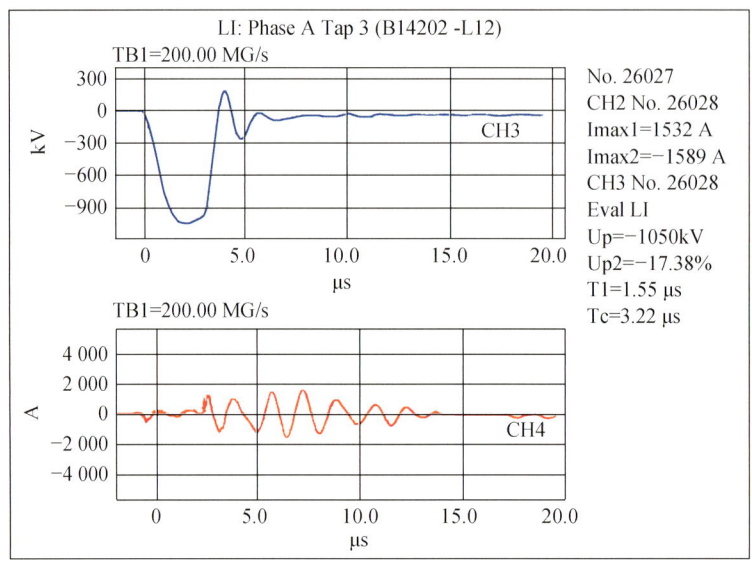

（e）二次额定电压的负极性截波冲击第 2 次试验波形

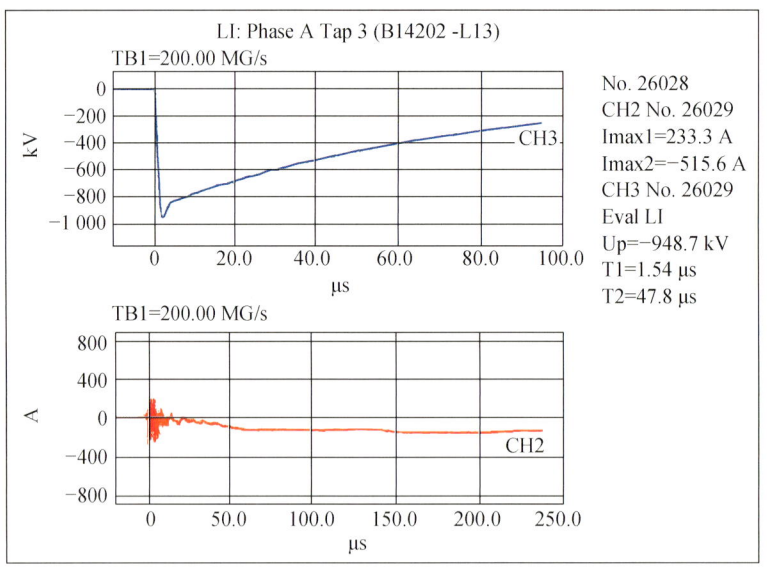

（f）二次额定电压的负极性全波冲击第 1 次试验波形

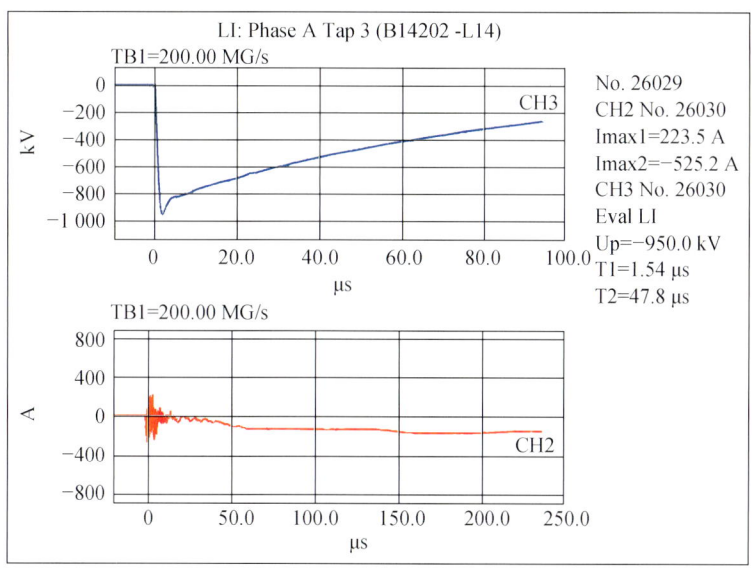

（g）二次额定电压的负极性全波冲击第 2 次试验波形

图 7-3　端子 A 耐受雷电电压波及响应波形

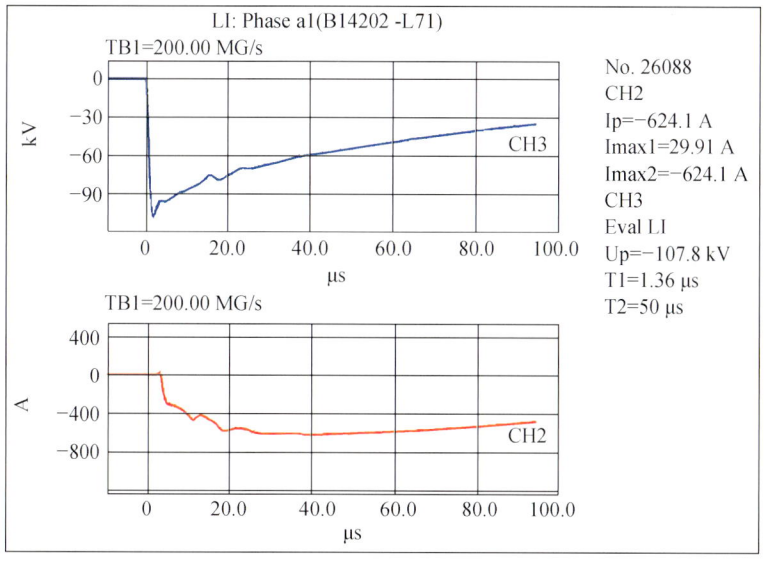

（a）一次降低电压的负极性全波冲击试验波形

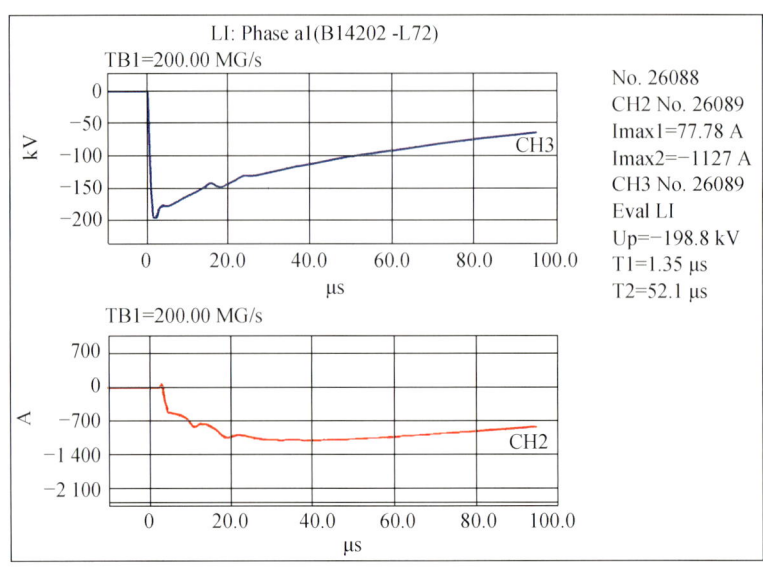

（b）一次额定电压的负极性全波冲击试验波形

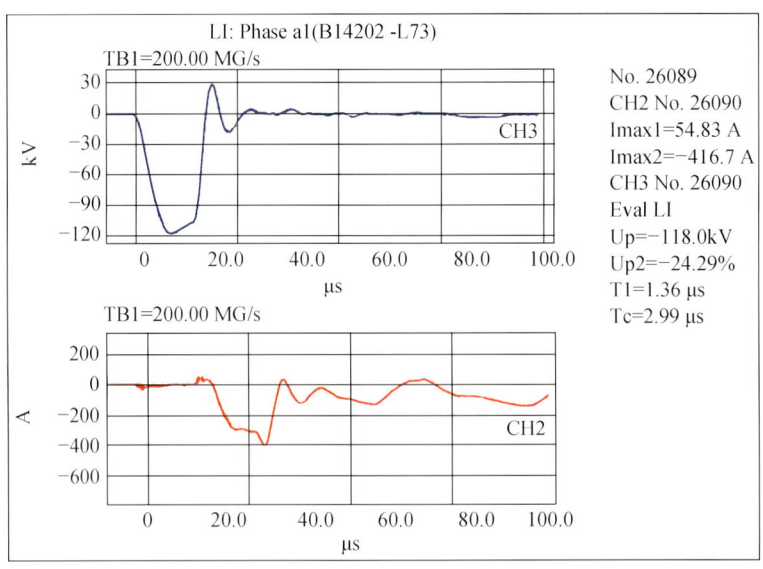

（c）一次降低电压的负极性载波冲击试验波形

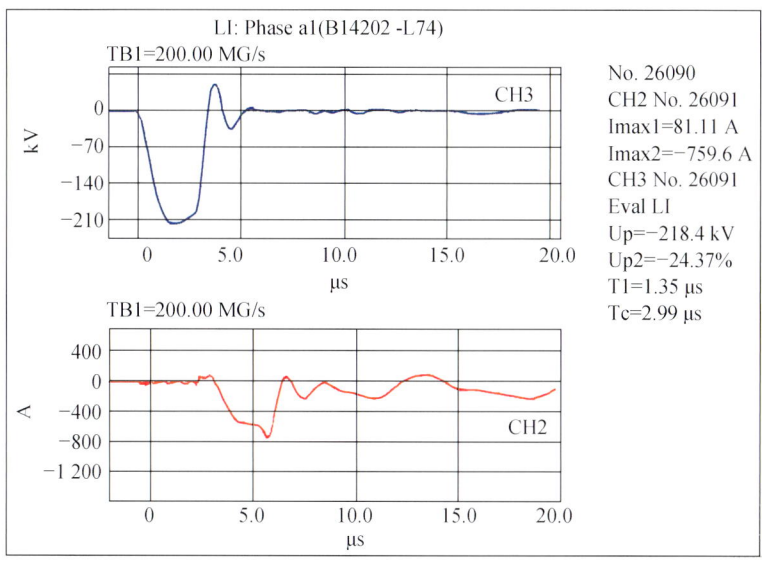

（d）二次额定电压的负极性载波冲击第 1 次试验波形

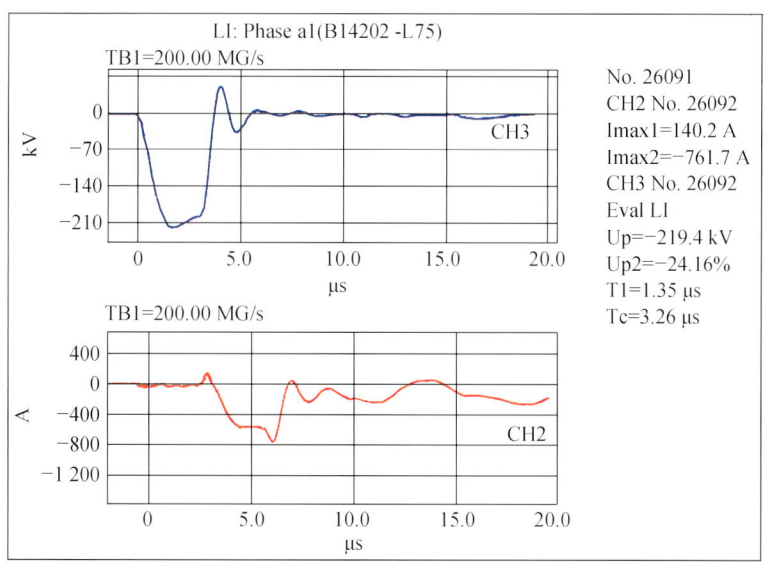

（e）二次额定电压的负极性载波冲击第 2 次试验波形

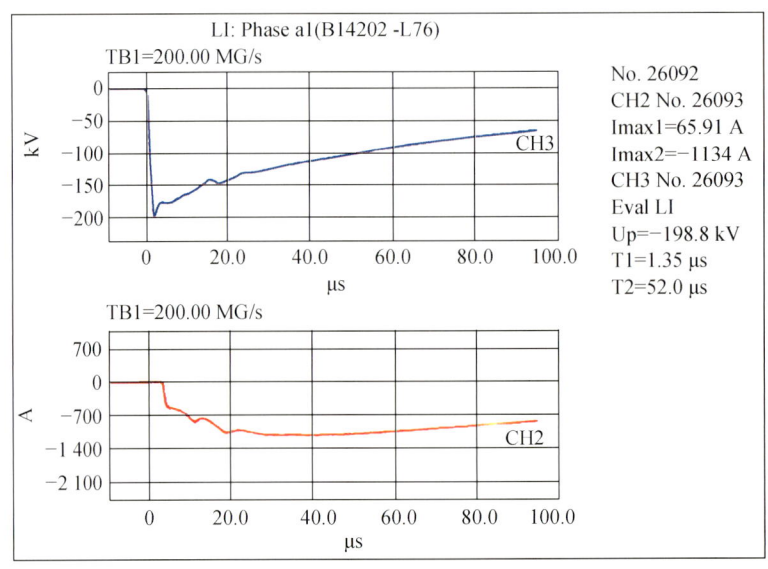

(f)二次额定电压的负极性全波冲击第 1 次试验波形

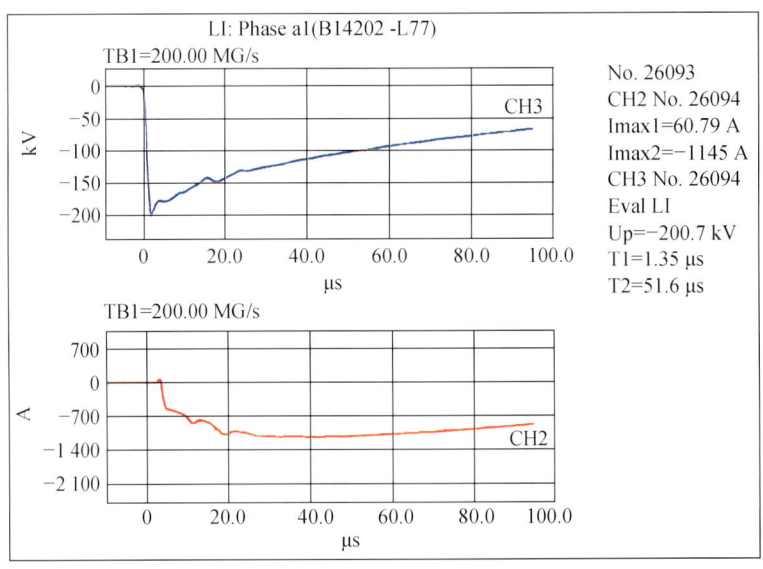

(g)二次额定电压的负极性全波冲击第 2 次试验波形

图 7-4　端子 a1 耐受雷电电压波及响应波形

7.1.3 特殊试验

1. 声级测定

负载电流声级功率级估算公式：

$$L_{WA,IN} \approx 39 + 18\lg\frac{S_r}{S_p} = 72 \text{ (dB)} \tag{7-1}$$

式中　S_p——基准容量为 1 MVA；

　　　S_r——等值容量为 70.75 MVA。

因为 $L_{WA,IN}$ 值比保证的声功率级限值 92 dB（A）低 20 dB（A），按照标准要求，负载电流声级测量不需要进行。

变压器额定励磁，轮廓线距基准面距离 0.3 m，测量点间的距离 0.78 m，测量点布置 28 个，油箱高 3.6 m，测量点高度分别为 1.2 m 和 2.4 m。

测量条件如表 7-14 所示。

表 7-14　测量环境条件

测试总表面积 S_v/m^2	平均吸声系数 a	吸声量 A/m^2	与基准发射面距离/m	测量表面积 S/m^2	环境修正值 $K/dB(A)$
13968	0.5	6984	0.3	143.46	0.3

测量结果如表 7-15 所示，平均噪声为 47 dB，低于设计标准规定的 62 dB。

表 7-15　测量结果

冷却装置状态	背景噪声平均值		变压器噪声平均值 $\overline{L}_{PAO}$	A 计权声压级 $\overline{L}_{PA} = 10\lg(10^{0.1\overline{L}_{PAO}} - 10^{0.1\overline{L}_{bgA}}) - K$	A 计权声功率级 $L_{WA,UN} = \overline{L}_{PA} + 10\lg(S/S_0)$
	试验前	试验后			
ONAN	30.5	30.7	47.4	47	69

2. 长时间空载试验

该试验由低压侧施加 1.1 倍额定电压，运行 8 h。8 h 空载试验前、后油中无乙炔，总烃含量无明显变化。

3. 无线电干扰试验

无线电干扰试验如表 7-16 所示。

表 7-16 无线电干扰试验

测试频率/MHz	测量端子	电阻网络衰减数据/dB	测试回路衰减系数/dB	测试回路无线电干扰水平/dB	施加电压/kV	试品无线电干扰水平/μV
0.6	A	22	18	11	277.2	355
0.6	B	22	17	9	277.2	282
0.6	C	22	18	10	277.2	316

4. 短路承受能力试验

（1）高压（AB）—低压。

短路试验电流计算（参考温度 75°C）如表 7-17 所示。

表 7-17 短路试验电流计算

分接位置	非对称短路电流第一峰值/A	对称短路电流方均根值/A	峰值因数（$K\sqrt{2}$）
1	3198	1254	2.55
3	3369	1321	2.55
5	3537	1387	2.55

短路试验施加电流：采用单相电源试验，试验时高压 AB 相对低压 a1x2 短路，a2x1 短路接地。试验 3 次，试验波形无异常。测量结果如表 7-18 所示。

表 7-18 短路电流测量

分接位置	次数	非对称短路电流第一峰值/A	短路电流百分数/%	对称短路电流方均根值/A	短路电流百分数/%	持续时间/s
1	第一次	3131	97.9	1142	91.1	0.24
3	第二次	3306	98.1	1207	91.4	0.24
5	第三次	3491	98.7	1269	91.5	0.24

短路电抗计算（参考温度 75°C）如表 7-19 所示。

第7章 QYS-R-(31500+25000)/220型卷铁心牵引变压器试验与应用

表7-19 短路电抗测量

次数	相电抗值/Ω		相电抗偏差
	试验前	试验后	
1	178.19	178.25	<0.1%
2	160.57	160.69	<0.1%
3	144.64	144.73	<0.1%

结果表明：最大相电抗偏差<0.1%。

（2）高压（BC）—低压。

短路试验电流计算（参考温度75℃）如表7-20所示。

表7-20 短路试验电流计算

分接位置	非对称短路电流第一峰值/A	对称短路电流方均根值/A	峰值因数（$K\sqrt{2}$）
1	2468	968	2.55
3	2611	1024	2.55
5	2754	1080	2.55

短路试验施加电流：采用单相电源试验，试验时高压BC相对低压b1y2短路，b2y1短路接地。试验3次，试验波形无异常。测量结果如表7-21所示。

表7-21 短路电流测量

分接位置	次数	非对称短路电流第一峰值/A	短路电流百分数/%	对称短路电流方均根值/A	短路电流百分数/%	持续时间/s
1	第一次	2386	96.7	873	90.2	0.24
3	第二次	2556	97.9	934	91.2	0.24
5	第三次	2691	97.7	983	91.0	0.24

短路电抗计算（参考温度 75 ℃）如表 7-22 所示。

表 7-22　短路电抗测量

次数	相电抗值/Ω		相电抗偏差
	试验前	试验后	
1	232.89	232.85	<0.1%
2	208.92	208.98	<0.1%
3	187.49	187.55	<0.1%

结论：最大相电抗偏差<0.1%。

5. 过负荷能力试验

按照图 5-2 所示负荷曲线开展该试验，过程如下：采用短路法，高压（分接位置 5）供电，低压 a1x1 和 b1y1 短路，a2x2 和 b2y2 开路，施加 80%额定电流，A 相 121.54 A，C 相 94.95 A；施加 200%额定电流，A 相 303.85 A，C 相 237.39 A；施加 300%额定电流，A 相 455.77 A，C 相 356.08 A。第三循环 300%额定电流结束后，停电测量高压绕组 AB（31.5 MVA），BC 相（25 MVA）和低压 a1x1（31.5 MVA），b1y1（25 MVA）的热点温升，并按环境温度 30℃时计算热点温度。

高压（分接位置 5）供电，a2x2（16 MVA）和 b2y2（12.5 MVA）短路，a1x1 和 b1y1 开路，施加 200%额定电流，A 相 153.11 A，C 相 119.62 A，持续时间 60 min 后，施加 300%额定电流，A 相 229.67 A，C 相 179.43 A。持续 2 min 后，停电测量低压 a2x2（16 MVA）和 b2y2（12.5 MVA）的热点温升，并按环境温度 30℃时计算热点温度。

高压（分接位置 5）供电，低压 a1x1 和 b1y1 短路，a2x2 和 b2y2 开路，施加 80%额定电流，A 相 121.54 A，C 相 94.95 A，持续 300 min 后，过负荷能力试验结束。

测量结果如表 7-23 所示。

表 7-23　过负荷能力试验

绕组	环境温度/℃		电阻测量/Ω	
	测热电阻	测冷电阻	热电阻	冷电阻
高压 AB	13.0	15.6	2.083	1.663
高压 BC	13.0		2.895	2.334
低压 a1x1	13.0		0.02036	0.016121
低压 b1y1	13.0		0.02861	0.022840
低压 a2x2	13.9		0.02223	0.019392
低压 b2y2	13.9		0.02959	0.026180
计算结果				
环境温度 30/℃ 时，顶层油温度/℃			66.4	
环境温度 30/℃ 时，绕组最热点温度/℃	高压 AB（31.5 MVA）		120.1	
	高压 BC（25 MVA）		117.4	
	低压 a1x1（31.5 MVA）		123.3	
	低压 b1y1（25 MVA）		121.4	
	低压 a2x2（16 MVA）		92.4	
	低压 b2y2（12.5 MVA）		87.1	

6. 励磁特性测量

励磁特性测量如表 7-24、表 7-25 所示。

表 7-24　励磁特性测量（低压端子 a1x1 供电）

电压倍数	施加电压/kV		测点电流/A	空载损耗/kW	
	平均电压值	方均根值电压		实测值	校正值
50%U_r	13.75	13.83	0.464	4.50	4.48
60%U_r	16.50	16.53	0.589	6.37	6.36
70%U_r	19.25	19.29	0.674	8.48	8.47
80%U_r	22.00	22.05	0.787	11.06	11.04
90%U_r	24.75	24.77	0.892	13.99	13.98
100%U_r	27.50	27.52	0.994	17.72	17.71
110%U_r	30.25	30.30	1.105	23.08	23.04
115%U_r	31.63	31.76	1.271	27.91	27.80

表 7-25 励磁特性测量（低压端子 b1y1 供电）

电压倍数	施加电压/kV		实测电流/A	空载损耗/kW	
	平均电压值	方均根值电压		实测值	校正值
50% U_r	13.75	13.85	0.571	3.83	3.80
60% U_r	16.50	16.56	0.690	5.45	5.43
70% U_r	19.25	19.34	0.812	7.31	7.28
80% U_r	22.00	22.04	0.924	9.28	9.27
90% U_r	24.75	24.81	1.051	11.76	11.73
100% U_r	27.50	27.52	1.161	14.65	14.63
110% U_r	30.25	30.28	1.265	18.69	18.67
115% U_r	31.63	31.72	1.359	22.15	22.08

7. 油箱表面热点温升测量

油箱表面热点温升测量结果如图 7-5 所示，最热点温度 51.8°C。

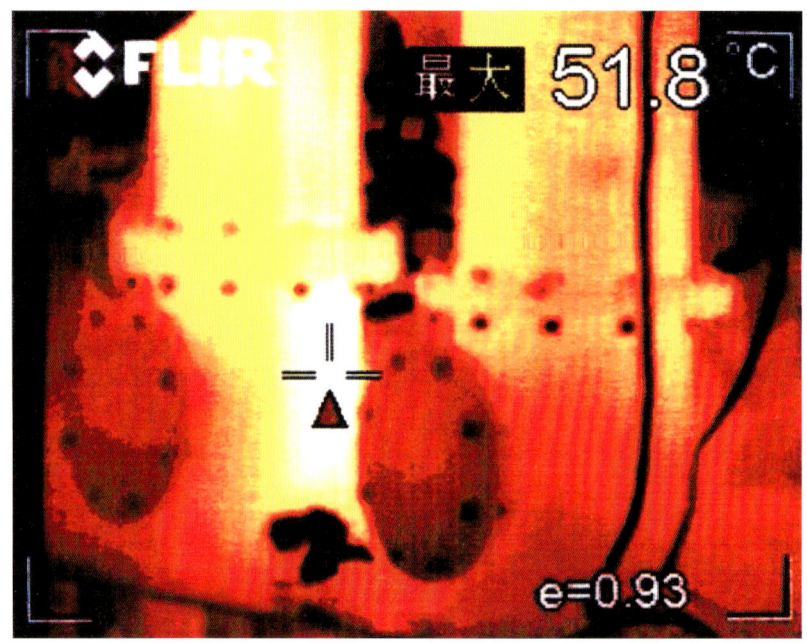

图 7-5 油箱表面热成像

8. 绕组频谱分析测量

见本书 6.1 节的频率响应试验分析部分。

9. 油箱机械强度试验

将状态完好的被试变压器油箱按 5.1.2.2 节标准要求连接好全部真空管路，在油箱壁、箱盖、加强铁、箱沿等易产生较大变形的部位设置 15 个测量点。

对油箱进行逐级抽真空试验，达到每级试验真空度时保持静压 5~10 min，达到标准值时，保持 30 min 后，测量并记录油箱弹性形变尺寸、观察变形情况。解除真空后检查有无损伤且测量其永久变形量。

真空强度试验后，拆去真空管接头，接进气管道。测量点数量及位置不变。对油箱进行逐级充气，使油箱达到正压强标准值，保持 20~30 min 后，测量并记录油箱弹性变形尺寸、观察变形情况。解除压力后检查油箱有无损伤且测量其永久变形量。

图 7-6 为油箱机械强度测量点位置示意图，其中带括号的数字为油箱背面的测试点，1、6 为加强铁的测试点，2、3、4、5、7、8 为箱壁的测试点，13、14、15 为箱盖的测试点，测量结果如表 7-26、表 7-27 所示。

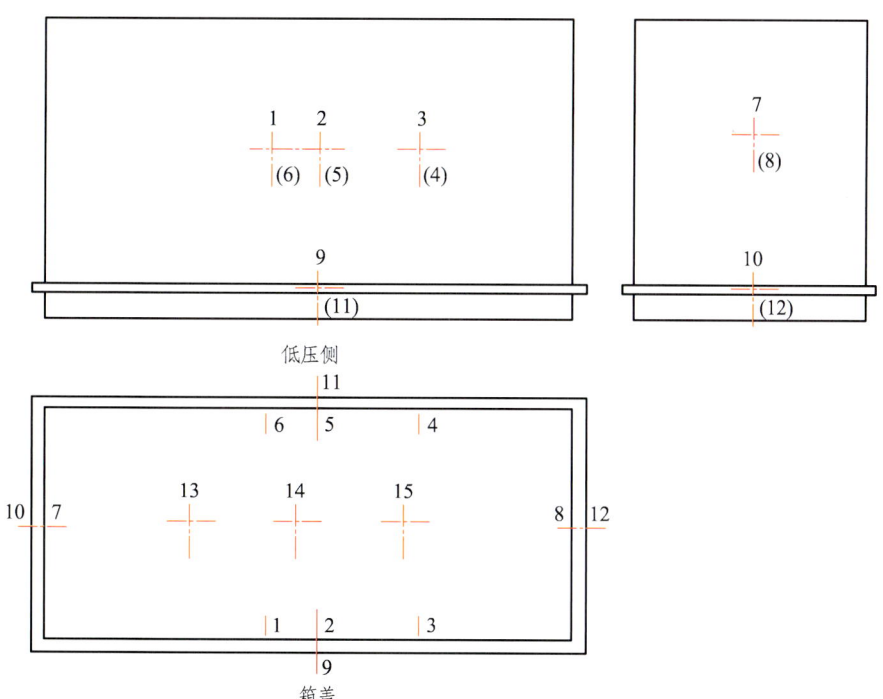

图 7-6 油箱机械强度测量点位置示意图

表 7-26 真空强度试验

初始值/mm		相对湿度：60%				环境温度 23.1°C				
初始值/mm		1	2	3	4	5	6	7	8	9	10
真空压力值/kPa		227	427	426	443	439	144	305	385	113	100
各点测量值/mm	一级：-50	231	431	432	449	445	248	308	387	118	105
	二级：-70	233	433	434	451	447	249	310	388	119	105
	三级：-90	234	434	436	453	449	250	311	390	120	105
	四级：-133	236	437	439	455	452	251	312	391	122	107
解除正压后距离/mm		230	430	430	445	441	245	305	305	118	104
允许最大弹性变形量/mm		30	30	30	30	30	30	30	30	30	30
最大弹性变形量/mm		9	10	13	12	13	7	7	6	9	7
允许弹性变形量/mm		7	7	7	7	7	7	7	7	7	7
永久变形量/mm		3	3	4	2	2	1	0	0	5	4

初始值/mm		11	12	13	14	15
真空压力值/kPa		95	176	460	468	472
各点测量值/mm	一级：-70	99	177	461	469	472
	二级：-80	100	177	461	470	473
	三级：-90	100	178	462	471	473
	四级：-100	101	179	463	472	474
解除正压后距离/mm		97	176	460	469	472
允许最大弹性变形量/mm		30	30	30	30	30
最大弹性变形量/mm		6	3	3	4	2
允许弹性变形量/mm		7	7	7	7	7
永久变形量/mm		2	0	0	1	0
结论	合格	箱壁厚度	10 mm	箱沿厚度	30 mm	箱盖厚度	16 mm	加强铁厚度	12 mm

表 7-27　正压强度试验

相对湿度：60%；环境温度：23.1											
初始值/mm |||| 1	2	3	4	5	6	7	8	9	10
真空压力值/kPa |||| 230	430	430	445	441	245	305	385	118	104
各点测量值/mm	一级：50 || 227	423	427	440	436	243	301	382	114	103
	二级：70 || 226	420	422	438	433	242	300	380	113	103
	三级：90 || 225	418	419	435	431	241	299	379	113	102
	四级：100 || 224	417	416	434	430	240	298	378	112	101
解除正压后距离/mm |||| 228	426	427	444	440	244	305	385	115	105
允许最大弹性变形量/mm |||| 30	30	30	30	30	30	30	30	30	30
最大弹性变形量/mm |||| 6	13	14	11	11	5	7	7	6	3
允许永久变形量/mm |||| 7	7	7	7	7	7	7	7	7	7
永久变形量/mm |||| 2	4	3	1	1	1	0	0	3	1

初始值/mm				11		12		13		14		15	
真空压力值/kPa				97		176		460		469		472	
各点测量值/mm	一级：50		95		175		459		466		470	
	二级：70		94		174		458		465		469	
	三级：90		93		174		457		464		468	
	四级：100		92		173		456		463		467	
解除正压后距离/mm				96		176		460		468		471	
允许最大弹性变形量/mm				30		30		30		30		30	
最大弹性变形量/mm				5		3		4		6		5	
允许永久变形量/mm				7		7		7		7		7	
永久变形量/mm				1		0		0		1		1	
结论	合格		箱壁厚度	10 mm		箱沿厚度	30 mm		箱盖厚度	16 mm		加强铁厚度	12 mm

7.2 现场应用

QYS-R-（31500+25000）/220 型卷铁心牵引变压器经国家变压器质量监督检验中心试验后，于 2014 年 12 月 28 日安装于山西中南部铁路通道王家庄牵引变电所。王家庄牵引变电所位于山西中南部铁路通道 DK545+300 牵引处，线路左侧（日照方向）30 m，从上游所至牵引变电所 220 kV 电源线路 5 km。该变电所共安装牵引变压器 2 台，其中，1 号变压器为常规牵引变压器，2 号变压器为卷铁心牵引变压器。王家庄牵引变电所主接线如图 7-7 所示。

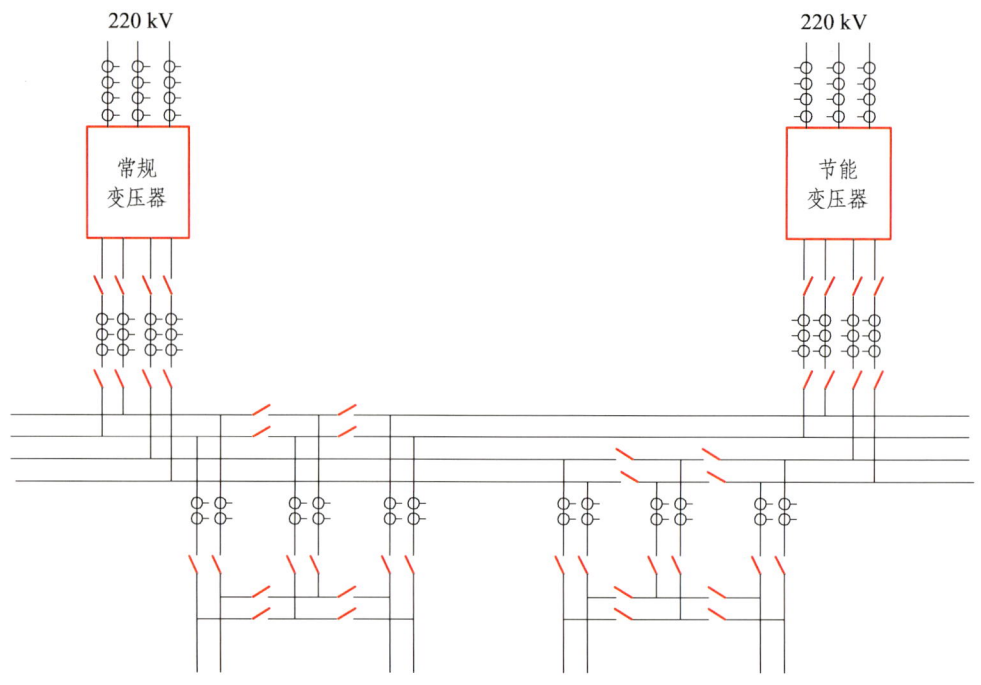

图 7-7　王家庄牵引变电所主接线

2015 年 2 月 6 日，世界首台 220 kV 卷铁心牵引变压器在山西中南部铁路通道王家庄牵引变电所正式投运。图 7-8 为该变压器安装现场。

图 7-8 220 kV 节能型卷铁心牵引变压器安装现场

根据国家变压器质量监督检验中心试验结果，QYS-R-(31500+25000)/220 型卷铁心牵引变压器空载损耗为 32.6 kW、负载损耗为 160.19 kW。《AT 供电方式单相变压器》(JB/T 12260—2015) 规定：220 kV 电压等级的 31.5 MVA、25 MVA 单相变压器空载损耗为 32 kW 和 27 kW，负载损耗为 113 kW 和 95 kW。两者比较，卷铁心牵引变压器空载损耗下降了 44.7%、负载损耗下降了 23.0%。一台 QYS-R-(31500+25000)/220 型卷铁心牵引变压器可降低损耗 74.21 kW，每年可节省电能 65 万千瓦时，相当于每年可减少 208 t 标准煤消耗和 648 t 二氧化碳排放。

为了验证卷铁心牵引变压器的节能效果，在两台牵引变压器的高低压侧各安装一个电能计量表，比较两台牵引变压器的能耗情况。由于两台牵引变压器采用一主一备的运行方式，采用两台牵引变压器单双月轮流切换运行，根据 2015—2016 年的电能计量数据分析，卷铁心牵引变压器年节能约 60 万千瓦时，与国家变压器质量监督检验中心试验结果基本吻合。

截至 2022 年年底，我国电气化铁路总里程超过了 11 万千米，若按每 50 km 设置一座牵引变电所，每座牵引变电所安装 2 台 QYS-R-(31500+25000)/220 型卷铁心牵引变压器（1 台运行）计算，每年可节约电能 15 亿千瓦时，可减少 45.76 万吨标准煤消耗和 142.5 万吨二氧化碳排放。

QYS-R-(31500+25000)/220型卷铁心牵引变压器在现场运用成功后,西南交通大学与常州太平洋电力设备(集团)有限公司合作,相继推出了110 kV、220 kV电压等级系列卷铁心牵引变压器和电力变压器。

参考文献

[1] 国家铁路局. 2022年铁道统计公报: 国家铁路局公告2023年第8号[A/OL]. (2023-05-29)[2023-06-01]. https://www.nra.gov.cn/xwzx/zlzx/hytj/202305/t20230529_341757.shtml.

[2] 国家发展改革委员会, 交通运输部, 中国铁路总公司. 关于印发《中长期铁路网规划》的通知: 发改基础[2016]1536号[A/OL]. (2016-07-13)[2023-06-01]. http://www.nra.gov.cn/xxgkml/xxgk/xxgkml/201908/t20190830_87801.shtml.

[3] 江俊飞. 高速铁路大型变压器绕组频率响应建模及故障诊断研究[D]. 成都: 西南交通大学, 2019.

[4] 王路伽, 周利军, 王东阳, 等. 过负载启动对牵引变压器热点动态温升的影响[J]. 中国电机工程学报, 2017, 37（24）: 7350-7358.

[5] JIANG J F, ZHOU L J, GAO S B. et al. Frequency response features of axial displacement winding faults in autotransformers with split windings[J]. IEEE Transactionson Power Delivery, 2018, 33(4): 1699-1706.

[6] 工业和信息化部办公厅, 市场监管总局办公厅, 国家能源局综合司. 关于印发《变压器能效提升计划（2021—2023年）》的通知: 工信厅联节[2020] 69号 [A/OL]. (2020-12-22) [2023-06-01]. https://baijiahao.baidu.com/s?id= 1689008091450360274& wfr=spider&for=pc.

[7] 高仕斌, 江俊飞, 周利军, 等. 节能型卷铁心牵引变压器的研制与应用[J]. 铁道学报, 2018, 40（1）: 44-49.

[8] 张陈擎宇. 牵引变压器卷铁心涡流场建模及其损耗计算[D]. 成都: 西南交通大学, 2022.

[9] IBRAHIM M, PILLAY P. Advanced testing and modeling of magnetic materials including a new method of core loss separation for electrical machines [J]. IEEE Transactions on Industry Applications, 2012, 48(5): 1507-1515.

[10] 律方成, 郭云翔. 非正弦激励下中频变压器铁损计算方法对比分析[J]. 高电压

技术, 2017, 43（3）：808-813.

[11] WANG T, YUAN W, YUAN J. A novel semi-analytical method for foil winding losses calculation considering edge effect in medium frequency transformers [J]. IEEE Transactions on Magnetics, 2022, 10（1109）：312-315.

[12] 张艳丽, 李玉梅, 刘洋, 等. 考虑不同磁特性模型的感应电机铁心损耗分析[J]. 中国电机工程学报, 2013, 33（27）：120-126.

[13] 李劲松. 电工软磁材料中异常损耗的特性模拟与拓展研究[D]. 天津：河北工业大学, 2016.

[14] 刘洋. 电工钢片矢量磁特性模拟问题研究[D]. 沈阳：沈阳工业大学, 2012.

[15] MTHOMBENI TL, PILLAY P.Physical basis for the variation of lamination core loss coefficients as a function of frequency and flux density [C]//IECON 2006-32nd Annual Conference on IEEE Industrial Electronics.Paris:[s.n.], 2006: 1381-1387.

[16] ZHAOH, ELDEEBHH, ZHANGY L, et al. An improved core loss model of ferromagnetic materials considering high-frequency and non-sinusoidal supply [C]//IEEE Industry Applications Society Annual Meeting.Detroit: [s.n.], 2020: 1-6.

[17] 刘桓成. 大型卷铁心的短路故障建模与特性研究[D]. 成都：西南交通大学, 2018.

[18] JURKOVIĆ Z, JURIŠIĆ B, ŽUPAN T, et al. Fast Hybrid approach for calculation of losses in outer packages of transformer core due to perpendicular stray flux [J]. IEEE Transactions on Magnetics, 2021, 57(6): 481-504.

[19] OLOWU T O, JAFARI H, MOGHADDAMI M, et al. Multiphysics and multiobjective design optimization of high-frequency transformers for solid-state transformer applications [J]. IEEE Transactions on Industry Applications, 2021, 57(1): 1014-1023.

[20] SALON S, LAMATTINA B, SIVASUBRAMANIAM K, et al. Comparison of assumptions in computation of short circuit forces in transformers [J]. IEEE Transactions on Magnetics, 2000, 36(5): 3521-3523.

[21] PATEL M R. Instability of the continuously transposed cable under axial short-circuit forces in transformers[J]. IEEE Transactions on Power Delivery, 2002,

17(1): 149-154.

[22] 冯慈璋, 马西奎. 工程电磁场导论[M]. 北京：高等教育出版社, 2000.

[23] 河北科技大学理学院数学系. 矢量分析与场论[M]. 北京：清华大学出版社, 2015.

[24] WANG J, LIN H Y, HUANG Y K, et al. Numerical analysis of 3D eddy current fields in laminated media under various frequencies [J]. IEEE Transactions on Magnetics, 2012, 48(2): 267-270.

[25] MCLYMAN CWT. Transformer and inductor design handbook [M]. Boca Raton: CRC Press, 2016.

[26] 尹忠东, 魏文思. 基于有限元算法的变压器绕组涡流效应分析及损耗计算[J]. 电网技术, 2018, 46(5): 71-77.

[27] FRATILA M, BENABOU A, TOUNZI A, et al. Iron loss calculation in a synchronous generator using finite element analysis [J]. IEEE Transactions on Energy Conversion, 2017, 32(2): 640-648.

[28] WILKA, NIEZNANSKI J, MOSON I. Nonlinear model of a wound iron core traction transformer with the account of magnetic [C]//The ⅩⅨ International Conference on Electrical Machines. Roma: [s.n.], 2010: 1-7.

[29] BERMUDEZ A, GOMEZ D, SALGADO P, et al. Eddy-current losses in laminated cores and the computation of an equivalent conductivity [J]. IEEE Transactions on Magnetics, 2008, 44(12): 4730-4738.

[30] VALDIVIESO C A, MEUNIER G, RAMDANE B, et al. Time-domain finite-element eddy-current homogenization of windings using foster networks and recursive convolution [J]. IEEE Transactions on Magnetics, 2020, 56(12): 7401408.

[31] 柯导明, 黄志祥, 陈军宁. 数学物理方法[M]. 2版.北京：机械工业出版社, 2018.

[32] CARDELLI E, TORRE E D, PINZAGLIA E, et al. Analysis of magnetic losses of cylindrical cores in the frequency domain [J]. IEEE Transactions on Magnetics, 2003, 39(3): 1365-1368.

[33] RODRÍGUEZ M C, SANZ C. Simple frequency domain model for hysteresis and eddy currents in cylindrical and parallelepipedal cores [J]. IEEE Transactions on

Magnetics, 2007, 43(5): 1912-1919.

[34] 郑继明, 朱伟, 刘勇, 等. 数值分析[M]. 北京: 清华大学出版社, 2016.

[35] 边晓娜, 赵立志. 间断函数的全相位最小二乘逼近方法[J]. 河北师范大学学报(自然科学版), 2008, 3: 345-348.

[36] 赵静月, 张庆, 康运和, 等. 变压器制造工艺[M]. 北京: 中国电力出版社, 2009.

[37] 杨素梅, 程志光, 朱晓荃. 三维涡流场及屏蔽杂散损耗[J]. 电力系统及其自动化学报, 2007, 19(6): 30-34.

[38] DLALA E A simplified iron loss model for laminated magnetic cores [J]. IEEE Transactions on Magnetics, 2008, 44(11): 3169-3172.

[39] LIU J D, DINAVAHI V. Detailed magnetic equivalent circuit based real-time nonlinear power transformer model on FPGA for electromagnetic transient studies [J]. IEEE Transactions on Industrial Electronics, 2016, 63(2): 1191-1202.

[40] 郭爱华. 卷铁心的磁路分析及结构特点[J]. 变压器, 1987, 6: 2-7.

[41] ABEYWICKRAMA K G N B, DASZCZYNSKI T, SERDYUK Y V, et al. Determination of complex permeability of silicon steel for use in high-frequency modeling of power transformers [J]. 2008, 44(4): 438-444.

[42] KEFALAS T D, KLADAS A G. Analysis of transformers working under heavily saturated conditions in grid-connected renewable-energy systems [J]. IEEE Transactions on Industrial Electronics, 2012, 59(5): 2342-2350.

[43] KULKARNI SV, KHAPARDE SA.Transformer engineering: design, technology, and diagnostics [M]. 2nd ed.Boca Raton: CRC Press, 2017.

[44] 潘超, 王格万, 蔡国伟, 等. 交直流混杂模式下变压器励磁电流谐波与箱体损耗映射研究[J]. 电工技术学报, 2019, 34(13): 2830-2838.

[45] 中华人民共和国工业和信息化部. 电力变压器试验导则: JB/T 501—2021[S]. 北京: 机械工业出版社, 2021.

[46] 霍崇业, 陈中明, 陈少华. 三相电力变压器的空载电流谐波[J]. 变压器, 1996, 9: 23-27.

[47] 姚陈果, 刘鑫, 胡迪, 等. 变压器空载电流谐波低频测量方法[J]. 电工技术学报, 2017, 32(22): 115-122.

[48] LIU X, WANG Y, ZHU J, et al. Calculation of capacitance in high-frequency transformer windings[J]. IEEE Transactions on Magnetics, 2016, 52(7): 1-4.

[49] 王东阳, 周利军, 陈雪骄, 等. 变压器油纸绝缘系统低频介电参数方程[J]. 电工技术学报, 2017, 32(17): 218-224.

[50] PRAMANIK S, SATISH L. Estimation of series capacitance of a transformer winding based on frequency-response data: an indirect measurement approach[J]. IEEE Transactions on Power Delivery, 2011, 26(4): 2870-2878.

[51] 张嘉祥. 变压器线圈波过程[M]. 上海: 水利电力出版社, 1982.

[52] BAGHERI M, NEZHIVENKO S, PHUNG B T, et al. Air core transformer winding disk deformation: a precise study on mutual inductance variation and its influence on frequency response spectrum[J]. IEEE Access, 2018, 6: 7476-7488.

[53] MUKHERJEE P, SATISH L. Estimating the equivalent air-cored inductance of transformer winding from measured fra[J]. IEEE Transactions on Power Delivery, 2017: 1-3.

[54] 李文峰. 变压器绕组宽频网络参数提取与宏观建模[D]. 保定: 华北电力大学, 2010.

[55] WILCOXDJ, HURLEYWG, CONLONM. Calculation of self and mutual impedances between sections of transformer windings[J]. IEE Proceedings C - Generation, Transmission and Distribution, 1989, 136(5): 308-314.

[56] SIWEI L, YI L, HUA L, et al. Diagnosis of transformer winding faults based on fem simulation and on-site experiments[J]. IEEE Transactions on Dielectrics and Electrical Insulation, 2016, 23(6).

[57] 赵仲勇, 姚陈果, 李成祥, 等. 基于短时Fourier变换的变压器绕组变形脉冲频率响应曲线获取方法[J]. 高电压技术, 2016, (1): 241-247.

[58] 陈晓晗. 基于有限元法的电力变压器绕组变形检测与识别的仿真研究[D]. 重庆: 重庆大学, 2015.

[59] 李锦平. 牵引变压器内部温升试验与仿真研究[D]. 成都: 西南交通大学, 2016.

[60] 腾黎, 陈伟根, 孙才新. 油浸式电力变压器动态热路改进模型[J]. 电网技术, 2012, 36(4): 236-241.

[61] 陈伟根，苏小平，周渠. 基于顶层油温的变压器绕组热点温度计算改进模型[J]. 重庆大学学报, 2012,35(5):69-75.

[62] TENG L, CHEN W G, SUN C X. An improved dynamic thermal circuit model of oil-immersed power transformer[J]. Power System Technology,2012,36(4):236-241.

[63] GORGAN B, NOTINGHER P V, WETZER J M, VERHAART H F A. influence of solar irradiation on power transformer thermal balance[J]. IEEE Transactions on Dielectrics and Electrical Insulation, 2012,19(6):1843-1850.

[64] 韦国，闵英杰，周利军，等. V/X 接线牵引变压器的温升特性[J]. 中国铁道科学, 2011,32(3):80-85.

[65] ZHOU L J, WU G N, YU J F, et al. Thermal overshoot analysis for hot-spot temperature rise of transformer[J]. IEEE Transactions on Dielectrics and Electrical Insulation,2007,14(5):1316-1322.

[66] 周利军，吴广宁，汤浩，等. 计算 Scott 牵引变压器内部温升的热路模型法[J]. 高电压技术，2007，33(3):136-139.

[67] 闵英杰，吴广宁，周利军，等. 变压器热点温度和等值老化热特征参数的研究[J].高压电器，2012，48(2):50-54.

[68] 郭鑫鑫，解绍锋，赵元哲，等. 基于寿命损失的高速铁路牵引变压器容量优化研究[J]. 变压器，2012，49(9):25-28.

[69] 王宇翔. 变压器绕组涡流损耗及温度分布工程算法研究[D]. 北京：华北电力大学,2011.

[70] 刘丹丹. 电力变压器金属结构件涡流损耗和温度场分析[D]. 哈尔滨：哈尔滨理工大学，2012.

[71] 李建州. 高速电力机车主变压器三维油箱损耗分析及温度场计算[D]. 长沙：湖南大学，2002.

[72] LEDERERC, ALTSTADTS, ANDRIAMONJES, et al. Oil and winding temperature control in power transformers[C]//2023 4th International Conference on Power Engineering, Energy and Electrical Drives. Istanbul: [s.n.],2013:1631-1639.

[73] 苏小平. 油浸式变压器绕组热点温度计算模型及预测方法研究[D]. 重庆：重庆大学，2012.

[74] 李大建. 油浸式变压器温度场分析与油流对内部温升影响因素研究[D]. 成都：西南交通大学, 2013.

[75] 杨蓓. 大型自然油导向冷却结构变压器非稳态温度场计算方法及变压器寿命稳态的研究[D]. 天津：河北工业大学, 2007.

[76] RAHIMPOUR E, BARATI M, SCHAFER M, An investigation of parameters affecting the temperature rise in windings with zigzag cooling flow path [J]. Applied Thermal Engineering, 2007, 27(2007): 1923–1930.

[77] 苏丽娜. 大型自然油循环导向结构变压器自然风冷却和强风冷却温升计算研究[D]. 天津：河北工业大学, 2006.

[78] 廖才波, 阮江军, 刘超, 等. 油浸式变压器三维电磁-流体-温度场耦合分析方法[J]. 电力自动化设备, 2015, 35(9): 150-155.

[79] 黄博文. 卷铁心自耦变压器设计[D]. 成都：西南交通大学, 2016.

[80] 郑黎明. 油浸式立体卷铁心变压器的优化设计研究[D]. 广州：华南理工大学, 2013.

[81] HAMIMID M, MIMOUNE S M, FELIACHI M. Minor hysteresis loops model based on exponential parameters scaling of the modified Jiles-Atherton model [J]. Physica B, 2012, 407(13): 2438-2441.

[82] 田潇阳. 变压器铁心损耗分离与磁特性研究[D]. 北京：华北电力大学, 2018.

[83] ENOKIZONO M. Magnetic characteristic analysis of electrical machines by dynamic vector magneto-hysteretic E&S modeling [C]//2007 International Conference on Electrical Machines and Systems (ICEMS). Seoul: [s.n.], 2007: 1332-1339.

[84] 董智慧. 电气化铁路节能型卷铁心牵引变压器建模与仿真[D]. 成都：西南交通大学, 2014.

[85] BERTOTTI G. General properties of power losses in soft ferromagnetic materials [J]. IEEE Transactions on Magnetics, 1988, 24(1): 621-630.

[86] 马冲. 开口式立体卷铁心干式变压器的研究与设计[D]. 青岛：山东科技大学, 2018.

[87] IONEL D M, POPESCU M, DELLINGER S J, et al. On the variation with flux and frequency of the core loss coefficients in electrical machines [J]. IEEE Transactions

on Industry Applications, 2006, 42(3): 658-667.

[88] 李红艳. 电力机车牵引变压器多物理场分析[D]. 长沙：湖南大学, 2010.

[89] ZHANG C G, LI Y J, LI J S, et al. Measurement of three-dimensional magnetic properties with feedback control and harmonic compensation [J]. IEEE Transactions on Industrial Electronics, 2017, 64(3): 2476-2485.

[90] 吴爽. 6.6 MVA高温超导牵引变压器电磁设计分析[D]. 北京：北京交通大学, 2019.

[91] HANDGRUBER P, STERMECKI A, BÍRÓ O, et al. Anisotropic generalization of vector preisach hysteresis models for nonoriented steels [J]. IEEE Transactions on Magnetics, 2015, 51(3): 601-604.

[92] 井永腾, 王欢, 李岩. 三相油浸变压器新型磁路设计与性能分析[J]. 电机与控制学报, 2019, 23（3）：26-33.

[93] 郭云翔. 大功率中频变压器特性研究与优化设计[D]. 北京：华北电力大学, 2017.

[94] 鲁非, 金雷, 阮羚, 等. 电力变压器轴向位移故障诊断方法[J]. 高电压技术, 2016, 4(9): 2916-2921.

[95] SOFIAN D M, WANG Z, LI J. Interpretation of transformer fra responses— part ii: influence of transformer structure[J]. IEEE Transactions on Power Delivery, 2010, 25(4): 2582-2589.

[96] WANG Z D. Interpretation of transformer fra responses — part i: influence of winding structure[J]. IEEE Transactions on Power Delivery, 2009, 24(2): 703-710.

[97] TARIMORADI H, GHAREHPETIAN G B. Novel calculation method of indices to improve classification of transformer winding fault type, location, and extent[J]. IEEE Transactions on Industrial Informatics, 2017, 13(4): 1531-1540.

[98] GONZALES J C, MOMBELLO E E. Fault interpretation algorithm using frequency- response analysis of power transformers[J]. IEEE Transactions on Power Delivery, 2016, 31(3): 1034-1042.

[99] RAHIMPOUR E, TENBOHLEN S. Experimental and theoretical investigation of disc space variation in real high-voltage windings using transfer function method[J].

IET Electric Power Applications, 2010, 4(6): 451-461.

[100] CHRISTIAN J, FESER K. Procedures for detecting winding displacements in power transformers by the transfer function method[J]. IEEE Transactions on Power Delivery, 2004, 19(1): 214-220.

[101] 熊芬芳. 基于图像处理技术的电气设备故障诊断方法研究[D]. 上海：东华大学, 2015.

[102] XIAOLONG D, KHORRAM S. A feature-based image registration algorithm using improved chain-code representation combined with invariant moments[J]. IEEE Transactions on Geoscience and Remote Sensing, 1999, 37(1): 2351-2362.

[103] 林寰. 基于频响数据的变压器故障诊断[D]. 广州：华南理工大学, 2015.

[104] LIN H, ZHANG Z, TANG W, et al. Equivalent gradient area based fault interpretation for transformer winding using binary morphology[J]. IEEE Transactions on Dielectrics and Electrical Insulation, 2017, 24(3): 1947-1956.

[105] MORTAZAVIAN S, SHABESTARY M. M, MOHAMED A. R. I. Experimental studies on monitoring and metering of radial deformations on transformer hv winding using image processing and uwb transceivers[J]. IEEE Transactions on Industrial Informatics, 2015, 11(6): 1334-1345.

[106] ZHOU L, LIN T, ZHOU X, GAO S, WU Z, ZHANG C. Detection of Winding Faults Using Image Features and Binary Tree Support Vector Machine for Autotransformer[J]. IEEE Transactions on Transportation Electrification, 2020, 6(2): 625-634.

[107] 冈萨雷斯. 数字图像处理[M]. 3版. 北京：电子工业出版社, 2017.

[108] 林桐. 基于FRA多级特征的变压器绕组故障诊断方法研究[D]. 成都：西南交通大学, 2019.

[109] 赵仲勇, 唐超, 李成祥, 等. 基于频率响应二值化图像的变压器绕组变形故障诊断方法[J]. 高电压技术, 2019, 45(5): 1526-1534.

[110] 周利军, 李威, 江俊飞, 等. 牵引变压器绕组改进型频率响应建模与径向变形故障分析[J]. 电力自动化设备, 2019, 39(7): 213-218.

[111] 吴昊. 基于参数辨识的变压器绕组变形监测研究[D]. 北京：华北电力大学,

2018.

[112] DICK E P, ERVEN C C. Transformer diagnosis testing by frequency response analysis [J]. IEEE Transactions on Power Apparatus and Systems, 1978, 97(6): 2144-2153.

[113] 吴广宁, 袁海满, 宋臻杰, 等. 基于粗糙集与多类支持向量机的电力变压器故障诊断[J]. 高电压技术, 2017, 43(11): 3668-3674.

[114] 高仕斌, 严静荷, 周利军, 等. 基于传递函数分析的高速铁路自耦变压器绕组轴向移位故障诊断研究[J]. 铁道学报, 2020, 42(9): 65-73.

[115] USHA K, USA S. Inter disc fault location in transformer windings using sfra [J]. IEEE Transactions on Dielectrics and Electrical Insulation, 2015, 22(6): 3567-3573.

[116] 严静荷. 基于属性选择和支持向量机的高铁自耦变压器绕组故障诊断研究[D]. 成都：西南交通大学, 2019.

[117] 周利军, 刘桓成, 江俊飞, 等. 卷铁心变压器三维涡流场建模与计算[J]. 铁道学报, 2021, 43(3)：70-76.

[118] ZHAO H, ELDEEB H H, ZHANG Y L, et al. An improved core loss model of ferromagnetic materials considering high-frequency and non-sinusoidal supply [C]//2020 IEEE Industry Applications Society Annual Meeting. Detroit: [s.n.], 2020: 1-6.

[119] HUANG P, MAO C X, WANG D, et al. Optimal design and implementation of high-voltage high-power silicon steel core medium-frequency transformer [J]. IEEE Transactions on Industrial Electronics, 2017, 64(6): 4391-4401.

[120] 李劲松. 电工软磁材料中异常损耗的特性模拟与拓展研究[D]. 天津：河北工业大学, 2016.

[121] LIU X, YAO C G, LIANG S B, et al. Measurement of the no-load characteristics of single-phase transformer using an improved low-frequency method[J]. IEEE Transactions on Industrial Electronics, 2018, 65(5): 4347-4356.

[122] 周利军, 刘桓成, 高仕斌, 等. 片间短路时变压器铁芯涡流场的三维建模与分析[J]. 铁道学报, 2018, 249（40）：38-44.

[123] WANG A. M, LIN S, WU J. Z, et al. Relationship analysis between metro rail

potential and neutral direct current of nearby transformers[J]. IEEE Transactions on Transportation Electrification, 2021, 7(3): 1795-1804.

[124] 周利军, 刘桓成, 高仕斌, 等. 考虑多点接地故障的变压器铁心均匀化建模方法[J]. 中国电机工程学报, 2018, 38(12): 3709-3716.

[125] LIU Z, ZHOU H, HUANG K, SONG Y, et al. Extended black-box model of pantograph-catenary detachment arc considering pantograph-catenary dynamics in electrified railway [J]. IEEE Transactions on Industry Applications, 2019, 55(1): 776-785.

[126] 李劲松, 杨庆新, 李永建, 等. 高频高磁密时叠置硅钢片的铁芯损耗计算式改进[J]. 高电压技术, 2016, 42(3): 994-1002.

[127] FUJITA S, IGARASHI H. Reduction of eddy current loss in rectangular coils using magnetic shield: Analysis with homogenization method [J]. IEEE Transactions on Magnetics, 2019, 55(6): 700-704.

[128] 孟大伟, 肖利军, 孟庆伟. 考虑定子铁心片间短路时的涡流及涡流损耗的有限元分析[J]. 电工技术学报, 2014, 29(7): 19-25.

[129] BARONTI F, FEMIA N, SALETTI R, et al. Preisach journal of energy storage modelling of lithium-iron-phosphate battery hysteresis[J]. Journal of Energy Storage, 2015, 4: 51-61.

附录 A 主绝缘校验计算过程

	D13-QY-31500/220 主绝缘校验	1.710.9100.1 JD	
		共　　　页	第 1 页

主绝缘强度校验

（注：距离单位为 mm，场强单位为 kV/mm）

一、铁心—低压线圈间

等价纯油距　$Od=15+8+0.5\times5=25.5$

1. 一般部

AC：$85/25.5=3.33$　　$OH=8$　　不考虑局放　$E=0.77\times(12.3+0.49\times5)\times8^{-0.31}=5.96$　　$sf=1.79$

LI：$200/25.5=7.84$　　$OH=8$　　　　　　　　$E=0.71\times(31.0+0.98\times5)\times8^{-0.31}=13.38$　　$sf=1.79$

PB 贯通耐压：$72.0\times5^{-0.223}(5+0.0988\times5)/(1-0.3\times23/25.5)\times1.0=378.8$ kV　　$sf=1.89$

2. 铁心柱的绝缘校验

工频耐压时　　85.0 kV$<13.5\times25.5^{0.66}=114.5$ kV　　　　　　　　　　　　　　　$sf=1.35$

局放试验时　　39.0 kV$<12.3\times25.5^{0.62}=93.1$ kV　　　　　　　　　　　　　　　$sf=2.39$

3. 内低压（T 或 F）绕组上端部

$D=25.5$　　$R=0.5+2.5\times0.54/2=1.175$　　$D/R=21.7$　　查曲线得 $f_{1A}=2.83$

$D_2=196$　　$D_2/D=7.69$　　查曲线得 $f_2=1.08$

$W/D=42/25.5=1.65$　　查曲线得 $f_{3A}=1.02$

$$f_4=\frac{25.5}{(355+25.5)\ln[(355+25.5)/355]}=0.97 \quad f=2.83\times1.08\times1.02\times0.97=3.02$$

AC：$3.02\times85/25.5=10.1$

容许值　$E=0.77\times(7.08+0.49\times5)\times(0.0222\times5)^{-0.31}=14.51$　　$sf=1.43$

LI：$3.02\times200/25.5=23.7$

容许值　$E=0.71\times(15.5+0.98\times5)\times(0.0222\times5)^{-0.31}=28.63$　　$sf=1.21$

4. 内低压（T 或 F）绕组下端部

$D_2=197.5$　　$D_2/D=197.5/25.5=7.75$　　查曲线得 $f_2=1.08$　　其余同上

二、内低压（T 或 F）绕组—中间低压（T 或 F）绕组间场强校验

等价纯油距　$Od=28-0.5\times7=24.5$

1. 一般部（上端部）

AC：$85/24.5=3.47$

中间低压内侧油道　$OH=8.0$　$E=0.77\times(12.3+0.49\times5)\times8.0^{-0.31}=5.96$　　$sf=1.72$

内部低压外侧油道　$OL=8+1$　$E=0.77\times(12.3+0.49\times5)\times9.0^{-0.31}=5.75$　　$sf=1.66$

中间油道　　　　　$OM=8+2$　$E=0.8\times20.8\times10^{-0.31}=8.15$　　　　　　　　$sf=2.35$

D13-QY-31500/220　主绝缘校验	1.710.9100.1　JD	
	共　　　页	第 2 页

上端部　LI：200/24.5=8.16　　中央部　200×1.1/24.5=8.98

上端部　OH=8.0　E=0.71×(31.0+0.98×5)×8.0$^{-0.31}$=13.3　　　　　　sf=1.63

　　　　OL=8.0　E=1.1×0.71×(31.0+0.98×5)×8.0$^{-0.31}$=14.65　　　sf=1.79

中央部　OH=8.0　E=1.0×(31.0+0.98×5)×8.0$^{-0.31}$=18.84　　　　　sf=2.3

　　　　OL=8.0　E=1.1×(31.0+0.98×5)×8.0$^{-0.31}$=20.72　　　　　sf=2.53

PB 贯通耐压：72.0×5$^{-0.223}$(7+0.0988×10)/(1−0.3×21/24.5)×1.0=563.3 kV　sf=2.56

2. 内部低压线圈上端部（第一饼外径侧整圈加 t1 小角环）　（对应 1.1PU 即 220 kV）

D=24.5　R=0.5+2.5×(0.54+1)/2=2.425　D/R=10.1　查曲线得 f=2.3

f_2=1.08　W/D=42/24.5=1.71　　查曲线得 f_{3B}=1.02

$$f_4 = \frac{24.5}{432\ln[(432+24.5)/432]} = 1.028 \quad f=2.3\times1.08\times1.02\times1.028=2.6$$

AC：2.6×85/24.5=9.02

容许值　E=0.77×(7.08+0.49×5)×(0.0222×18)$^{-0.31}$=14.77　　　　　　sf=1.64

LI：2.6×200/24.5=21.2

容许值　E=0.71×(15.5+0.98×5)×(0.0222×18)$^{-0.31}$=28.1　　　　　　sf=1.33

3. 内部低压线圈下端部（第一饼外径侧整圈加 t1 小角环）

同上。

4. 中间低压线圈上端部

f_1=(2.51+0.018 2×25)×6$^{-0.31}$=1.70　S=162

f_2=0.828×10$^{0.003\,94\times25}$×162$^{0.039\,6-0.001\,9\times25}$=0.998　f_3=1.0

$$f_4 = \frac{24.5}{(460+24.5)\ln[(460+24.5)/460]} = 0.974 \quad f=1.70\times0.998\times1.0\times0.974=1.65$$

AC：1.65×85/24.5=5.72

容许值　E=0.77×(7.08+0.49×5)×(0.0222×5)$^{-0.31}$=14.5　　　　　　　sf=2.53

LI：1.65×200/24.5=13.5

容许值　E=0.71×(15.5+0.98×5)×(0.022 2×5)$^{-0.31}$=28.6　　　　　　 sf=2.11

5. 中间低压线圈下端部

S=163.5　f_2=0.998

其余同上端部。

	D13-QY-31500/220　　主绝缘校验	1.710.9100.1　JD
		共　　　页　　第 3 页

6. 中间低压线圈上端部　静电环表面场强校验

$d_1=13$　　$d_2=52.5$　　$R=9$　　$r=5$　　$d=\sqrt{2} \times d_1+0.4 \times r=20.38$　　$L=25$

$K=1.03 \times 20.38^{-0.0485} \times 25^{-0.012\ 6-0.003\ 26 \times 20.38}=0.69$

AC: $0.69 \times 85/24.5=2.39$　容许值　$E=0.71 \times 20.8 \times 20.38^{-0.31}=5.8$　　　　$sf=2.42$

LI: $0.69 \times 200/24.5=5.63$　容许值　$E=0.71 \times 20.8 \times 20.38^{-0.31} \times 2.2=12.76$　　$sf=2.23$

7. 中间低压线圈下端部　静电环表面场强校验

　同上端部。

三、中间电压线圈—高压线圈间场强校验

等价纯油距　$Od=83-0.5 \times 13=76.5$　端部　$Od=72$

1. 一般部（端部）

AC：$(395-52)/76.5=4.48$

高压内侧油道　$OH=8$　$E=0.77 \times (13.5+0.49 \times 17) \times 8^{-0.31}=8.82$　　　　$sf=1.97$

中压外侧油道　$OL=8+1$　$E=0.77 \times (13.5+0.49 \times 5) \times 9^{-0.31}=8.12$　　　　$sf=1.81$

中间油道　　$OM=13+2$　$E=0.8 \times 20.8 \times 15^{-0.31}=7.18$　　　　　　　　　　$sf=1.60$

端部　LI：$950/76.5=12.42$　中央部　$950 \times 1.13/76.5=14.03$

端部　$OH=8$　$E=0.89 \times (31.0+0.98 \times 17) \times 8^{-0.31}=22.26$　　　　　　　$sf=1.79$

　　　$OL=8+1$　$E=1.1 \times 0.96 \times (31.0+0.98 \times 5) \times 9^{-0.31}=19.18$　　　$sf=1.54$

中央部　$OH=8$　$E=1.0 \times (31.0+0.98 \times 12) \times 8^{-0.31}=22.44$　　　　　　　$sf=1.60$

　　　$OL=8+1$　$E=1.1 \times (31.0+0.98 \times 5) \times 9^{-0.31}=19.98$　　　　　　$sf=1.42$

PB 贯通耐压：$72.0 \times 5^{-0.223} \times (15+0.0988 \times 20)/(1-0.3 \times 70/76.5) \times e^{0.01388 \times 10}=1351$ kV　　$sf=1.26$

2. 中间低压线圈上端部　$Od=72$

$F_1=(2.43+0.014\ 5 \times 72-0.000115 \times 72^2) \times 6^{-0.31}=1.65$　$S=160.5$

$F_2=1.25 \times 10^{-0.00439 \times 72} \times 210^{0.002\ 1 \times 72-0.0463}=1.06$　$F_3=1.0$

$F_4=\dfrac{72}{502\ln(502+72)/502}=1.07$　$F=1.65 \times 1.06 \times 1.0 \times 1.07=1.87$

AC：$1.87 \times (395-52)/72=8.91$

容许值　$E=0.77 \times (7.75+0.49 \times 8) \times (0.0222 \times 6)^{-0.31}=16.78$　　　　$sf=1.88$

D13-QY-31500/220　主绝缘校验	1.710.9100.1　JD
	共　　　页　　第 4 页

LI：$1.87 \times 950/72 = 24.67$

容许值　$E = 0.71 \times (15.5 + 0.98 \times 8) \times (0.0222 \times 6)^{-0.31} \times 1.25 = 38.70$　　　　$sf = 1.57$

3. 中间低压线圈下端部

$S = 162$　　$F_1 = 1.65$

其他同上端部。

4. 中间低压线圈上端部静电环表面场强校验

$d_1 = 10$　$d_2 = 20$　$R = 15$　$r = 5$　$d = 16.14$　$L = 60$

$K = 1.03 \times 16.14^{-0.0485} \times 60^{-0.012\ 6 - 0.00326 \times 16.14} = 0.689$

AC：$0.689 \times 343/60 = 3.93$　　容许值　$E = 0.71 \times 20.8 \times 16.14^{-0.31} = 6.24$　　$sf = 1.59$

LI：$0.689 \times 950/60 = 10.91$　　容许值　$E = 0.71 \times 20.8 \times 16.14^{-0.31} \times 2.2 = 13.73$　　$sf = 1.26$

5. HV 线圈上端部　$Od = 72$

$F_1 = (2.51 + 0.0182 \times 72) \times 16^{-0.31} = 1.62$　　　　$S = 160.5$

$F_2 = 0.828 \times 10^{0.00394 \times 72} \times 160.5^{0.039\ 6 - 0.0019 \times 72} = 0.970$　　$F_3 = 1.0$

$F_4 = \dfrac{72}{(502 + 72)\ln(502 + 72)/502} = 0.936$　　$F = 1.62 \times 1.0 \times 0.970 \times 0.936 = 1.47$

AC：$1.47 \times 343/72 = 7.0$

容许值　$E = 0.77 \times (7.75 + 0.49 \times 17) \times (0.0222 \times 16)^{-0.31} = 17.06$　　$sf = 2.44$

LI：$1.47 \times 950/72 = 19.40$

容许值　$E = 0.71 \times (15.5 + 0.98 \times 17) \times (0.0222 \times 16)^{-0.31} \times 1.25 = 39.34$　　$sf = 2.03$

6. HV 线圈下端部

同上端部。

7. HV 线圈上端部静电环表面场强校验（TD-2457-5.2）

$d_1 = 13$　$d_2 = 6$　$R = 15$　$r = 5$　$d = 9.98$　$L = 60$

$K = 1.03 \times 9.98^{-0.0485} \times 60^{-0.012\ 6 - 0.003\ 26 \times 9.98} = 0.766$

AC：$0.766 \times 342.1/60 = 4.37$　　容许值　$E = 0.71 \times 20.8 \times 9.98^{-0.31} = 7.24$　　$sf = 1.66$

LI：$0.766 \times 1050/60 = 13.41$　　容许值　$E = 0.71 \times 20.8 \times 9.98^{-0.31} \times 2.2 = 15.92$　　$sf = 1.19$

D13-QY-31500/220　主绝缘校验	1.710.9100.1　　JD	
	共　　　　页	第 5 页

四、其他校验

1. 高压线圈—高压线圈间（相间）场强校验

由于两路高压始终并联，压差几乎为零，保留卷铁心绕制线圈的工艺距离即可。

2. 高压线圈与上铁轭下表面间耐压校验（t1.0PB 纸板　2 张全段保护）

等价纯油距　Od=160.5

$V=15.0 \times 160.5^{0.667}=430>395 \text{ kV}$

3. 高压线圈与下铁轭上表面间耐压校验（t1.0PB 纸板　2 张全段保护）

同上端。

4. 高压线圈—油箱间场强校验

等价纯油距　$Od=337-0.5\times5-23-15=299.5$（其中 15 为装配误差）

$V=4.61\times299.5^{0.884}=712$

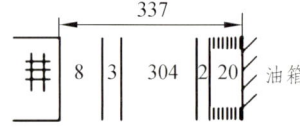

高压绕组纵绝缘校验

一、轴向分担电压（冲击）

1. 整个线圈

$(1.53 \times 1215^{0.69} + 10.6) \times 12.09^{0.774} = 1488 > 950$ $sf = 1.57$

2. 线圈邻近油道对冲击的容许场强校验

中压外侧油道 $0.71 \times (31.0 + 0.98 \times 8.09) \times 8^{-0.31} = 14.51$ kV/mm

高压内侧油道 $0.71 \times (31.0 + 0.98 \times 12.09) \times 8^{-0.31} = 15.97$ kV/mm

线圈间纯油距为 $83 - 13/2 = 76.5$

中压外侧油道 $14.51 \times 76.5 = 1110 > 950$

高压内侧油道 $15.97 \times 76.5 = 1222 > 950$

故在冲击过程中不会有电晕发生。

二、高压绕组饼间电压梯度校验

1. 全波（半波高时间以 T_h 表示）   [参见 HV FULLWAVE 饼间电位波形]

S2～S3 $950 \times 0.1127 = 107.1$ $Od = 5.4$（t0.5U 型垫块）， $T_h \leq 5$ μs；

容许值 $V_p = 0.71 \times (40.3 + 0.98 \times 17) \times 5.4^{-0.31} \times (5.4 + 0.0988 \times 17) = 169.7$ kV $sf = 1.58$

S3～S4 $950 \times 0.1131 = 107.4$ $Od = 6.4$ $T_h < 5$ μs；

容许值 $V_p = 0.71 \times (40.3 + 0.98 \times 12) \times 6.4^{-0.31} \times (6.4 + 0.0988 \times 12) = 157.7$ kV $sf = 1.47$

S13～S14 $950 \times 0.1011 = 96.05$ $Od = 5.4$，$T_h > 5$ μs；

容许值 $V_p = 0.71 \times (31.0 + 0.98 \times 12) \times 5.4^{-0.31} \times (5.4 + 0.0988 \times 12) = 118.5$ kV $sf = 1.23$

5.4 油道中此处梯度最大。

S27～S28 $950 \times 0.097 = 92.15$ $Od = 4.15$，$T_h > 5$ μs；

容许值 $V_p = 0.71 \times (31.0 + 0.98 \times 12) \times 4.05^{-0.31} \times (4.05 + 0.0988 \times 12) = 103.0$ kV $sf = 1.12$

4.05 油道中此处梯度最大。

中断点耐压及场强校验

S40～S41 $950 \times 0.2073 = 196.9$ $Od = 21.6$，$T_h > 5$ μs；

$V_p = 0.71 \times (31.0 + 0.98 \times 12) \times 21.6^{-0.31} \times (21.6 + 0.0988 \times 12) = 266.9$ kV $sf = 1.35$

附录 B 线饼机械强度计算过程

MECHANICAL FORCE OF TRANSFORMER (SEIRI NO=9100)　20C9100JD

COIL SYMBOL=A　　　　　(T+F)-HUMAX (TANK BOUNDARY)

(1) INPUT DATA

LEAKAGE LIMIT R=344.35　H=1675.0　W=830.0　CURRENT MULTIPLE=61.71

COIL INNER DIAMETER: 780.0　COIL BUILD=42.0　2DIVISION

SPACER=35W×16DIVISION

CONDUCTOR(1) NUMBER=21 WIRE=1.6×8.0 1DAN 1RETU T/s=1.88

DIVISION	TURN	CURRENT	LOWER POSITION	STACK
1	13.13	−572.7	1283.1	156.9
5	78.75	−572.7	381.9	901.2
1	13.13	−572.7	225.0	156.9

(2) STRESS OF CONDUCTOR(1)

	KR MAX	KA MAX	TOTAL MAX
HIGH(MM)	832.5	1432.0	1432.7
KR(KG/T)	−1442.1	−1065.1	−1065.7
KA(KG/T)	453.2	−2907.9	−2907.5
SR(KG/CM2)	451.8	646.6	646.6
SA(KG/CM2)	70.9	454.7	454.7
GA（KG/CM2）	0.5427	0.8052	0.8052

(3) AXIAL FORCE

　　UE　　　　.0KG　　　SITA　　　−47659.7KG

(4) STRESS OF SPACER 39425.8/(4.20×3.5×16)=167.6KG/CM2

(5) BUCKLING STRENGTH OF CONDUCTOR(1)

KC=7442.1×2.00/258.2=57.6KG/CM

I=0.80×0.16**3/12=0.00027307

N**2.0=(2×1×10.5)**2.0=441.00

KA=1150000×I×2×N**2.0×(16**2/4−1)/41.10**3=251.3KG/CM

MECHANICAL FORCE OF TRANSFORMER (SEIRI NO=9100)　　20C9100JD

COIL SYMBOL=B　　　　　　(T+F) – HUMAX (TANK BOUNDARY)

(1) INPUT DATA

LEAKAGE LIMIT R=344.35　　H=1675.0　　W=830.0　　CURRENT MULTIPLE=61.71

COIL INNER DIAMETER: 920.0　　COIL BUILD=42.0　　2DIVISION

SPACER=35W×16DIVISION

CONDUCTOR(1) NUMBER=21 WIRE=1.6×8.0 1DAN 1RETU T/s=1.88

DIVISION	TURN	CURRENT	LOWER POSITION	STACK
1	13.13	–572.7	1283.1	156.9
5	78.75	–572.7	381.9	901.2
1	13.13	–572.7	225.0	156.9

(2) STRESS OF CONDUCTOR(1)

	KR MAX	KA MAX	TOTAL MAX
HIGH(MM)	652.3	1432.0	1012.7
KR(KG/T)	–1325.4	–1502.7	–1320.2
KA(KG/T)	1529.7	–2803.5	2675.6
SR(KG/CM2)	840.2	726.5	837.0
SA(KG/CM2)	379.9	330.4	489.6
GA(KG/CM2)	0.7354	0.7729	0.6571

(3) AXIAL FORCE

　　UE　　　　.OKG　　　　SITA　　　　–57219.5KG

(4) STRESS Of SPACER 34650.2/(4.20X3.5X16)=147.3KG/CM2

(5) BUCKLING STRENGTH OF CONDUCTOR(1)

KC=6325.4×2.00/302.2=41.9KG/CM

I=0.80×0.16**3/12=0.00027307

N**2.0=(2×1×10.5)**2.0=441.00

KA=1150000×I×2×N**2.0×(16**2/4 – 1)/48.10**3=156.8KG/CM

MECHANICAL FORCE OF TRANSFORMER (SEIRI NO=9100)　　20C9100JD
COIL SYMBOL=C　　　　　　　(T+F) − HUMAX (TANK BOUNDARY)

(1) INPUT DATA

LEAKAGE LIMIT R=344.35　　H=1675.0　　W=830.0　　CURRENT MULTIPLE=61.71
COIL INNER DIAMETER= 1170.0　　COIL BUILD=153.0　　6DIVISION
SPACER=35W×16DIVISION
CONDUCTOR(1) NUMBER=3 WIRE=1.5×7.1 1DAN 1RETU T/s=20.00

DIVISION	TURN	CURRENT	LOWER POSITION	STACK
1	219.00	68.2	1270.3	174.7
1	251.00	68.2	1111.0	159.3
2	328.00	68.2	907.0	204.0
2	328.00	68.2	564.0	204.0
1	251.00	68.2	404.7	159.3
1	219.00	68.2	238.0	174.7

(2) STRESS OF CONDUCTOR(1)

	KR MAX	KA MAX	TOTAL MAX
HIGH(MM)	760.9	237.1	914.1
KR(KG/T)	1421.5	2062.5	2410.1
KA(KG/T)	1036.2	1623.8	905.7
SR(KG/CM2)	1296.4	2085.4	3290.5
SA(KG/CM2)	780.6	1842.3	960.3
GA(KG/CM2)	0.7963	0.6221	0.8192

(3) AXIAL FORCE

	KR MAX	KA MAX	TOTAL MAX
HIGH(MM)	837.5	899.9	899.9
KR(KG/T)	2452.2	2423.6	2423.6
KA(KG/T)	86.8	871.7	871.7
SR(KG/CM2)	2698.4	2682.0	2682.0
SA(KG/CM2)	103.5	1039.8	1039.8

GA(KG/CM2)   0.5851   0.7811   0.7811

(4) AXIAL FORCE
　UE　　141492.6KG　　　　SITA　　　.0KG

(5) STRESS OF SPACER 442310.6/(15.30×3.5×24)=344.2KG/CM2

　　程序计算结果说明：
　　GA（KG/CM2）：端部综合应力系数，应小于 1.0；
　　AXIAL:轴向机械力，结构件校验以此为依据；
　　STRESS OF SPACER：垫块压缩应力，应小于许用值 400 kg/cm^2；
　　BUCKLING STRENGTH OF CONDUCTOR（1）：线圈的弯曲强度，KA/KC 应大于 1.0。